W0047863

Reisetipps A–Z

Land und **Leute**

Eifelvorland

Osteifel

Eifeler Nord-Süd-Senke

Westeifel

Moseleifel

Anhang

022ei Foto: ot

Barbara und Hans Otzen
<u>Die Eifel</u>

„Warme Tage waren über die Eifel gekommen.
Frühsommertage. Die Sonne brannte auf
die nackten Kuppen, die Felsen schleuderten
die Strahlen zurück."

Clara Viebig, aus: „Das Weiberdorf", 1911

Impressum

Barbara und Hans Otzen
Die Eifel
erschienen im
REISE KNOW-HOW Verlag Peter Rump GmbH
Osnabrücker Str. 79, 33649 Bielefeld

© Peter Rump 2006, 2009
3., neu bearbeitete und komplett aktualisierte Auflage 2011
Alle Rechte vorbehalten.

Gestaltung
  Umschlag: G. Pawlak, P. Rump (Layout);
    Svenja Lutterbeck (Realisierung)
  Inhalt: G. Pawlak (Layout),
    Caroline Tiemann (Realisierung)
  Karten: Catherine Raisin
  Fotos: die Autoren (ot), Caroline Tiemann (ti),
    Christian Griesche (cg, S. 287), Fotostudio Friese (fr, S. 384)
  Umschlagfoto: www.fotolia.de ©corky46

Lektorat: Caroline Tiemann
Lektorat (Aktualisierung): Svenja Lutterbeck

Druck und Bindung: Media Print, Paderborn

ISBN 978-3-8317-2053-8
Printed in Germany

Dieses Buch ist erhältlich in jeder Buchhandlung Deutschlands, der Schweiz, Österreichs, Belgiens und der Niederlande. Bitte informieren Sie Ihren Buchhändler über folgende Bezugsadressen:
Deutschland
  Prolit GmbH, Postfach 9, D–35461 Fernwald (Annerod)
  sowie alle Barsortimente
Schweiz
  AVA-buch 2000, Postfach, CH–8910 Affoltern
Österreich
  Mohr Morawa Buchvertrieb GmbH, Sulzengasse 2, A–1230 Wien
Niederlande, Belgien
  Willems Adventure, www.willemsadventure.nl

Wer im Buchhandel trotzdem kein Glück hat, bekommt unsere Bücher auch direkt über unseren **Büchershop im Internet: www.reise-know-how.de**

Wir freuen uns über Kritik, Kommentare und Verbesserungsvorschläge, gern auch per E-Mail an info@reise-know-how.de.

Alle Informationen in diesem Buch sind von den Autoren mit größter Sorgfalt gesammelt und vom Lektorat des Verlages gewissenhaft bearbeitet und überprüft worden. Da inhaltliche und sachliche Fehler nicht ausgeschlossen werden können, erklärt der Verlag, dass alle Angaben im Sinne der Produkthaftung ohne Garantie erfolgen und dass Verlag wie Autoren keinerlei Verantwortung und Haftung für inhaltliche und sachliche Fehler übernehmen. Die Nennung von Firmen und ihren Produkten und ihre Reihenfolge sind als Beispiel ohne Wertung gegen-über anderen anzusehen. Qualitäts- und Quantitätsangaben sind rein subjektive Einschätzungen der Autoren und dienen keinesfalls der Bewerbung von Firmen oder Produkten.

Barbara und Hans Otzen

Die Eifel

REISE KNOW-HOW im Internet

Vorwort

Der nächste Vulkanausbruch in Deutschland findet garantiert in der Eifel statt. Vulkanologen sind sich darüber einig, dass die letzte Eruptionsphase in der Eifel noch nicht abgeschlossen ist – doch wann wieder ein Eifelberg Feuer spuckt, weiß keiner.

Die Eifel lag als einer der schönsten und vielseitigsten Landschafts- und Kulturräume Deutschlands bis ins beginnende 20. Jahrhundert hinein im Abseits. Früher als das „Sibirien Preußens" verschrien, ist sie heute längst kein Geheimtipp mehr, sondern steht bei Urlaubern hoch im Kurs. Die Eifel bietet in vielen Teilen noch unberührte Kulturlandschaften – ein von Wäldern, Wiesen und Äckern, Tälern und Höhen, Vulkanen, Maaren und Thermalquellen vielseitig geprägtes Erscheinungsbild.

Doch nicht nur die landschaftlichen Reize der Region mit ihren geologischen Besonderheiten, auch ihre Geschichte, die Baudenkmäler, ihre Gastronomie und vor allem die vielfältigen Sport- und Freizeitmöglichkeiten machen das Gebiet im äußersten Westen der Republik nahe der belgischen und luxemburgischen Grenze zu einer beliebten Ferienregion – ein Paradies für Wanderer, Radler, Biker, Reiter, Wellness-Freunde, Wintersportler oder einfach Erholung Suchende.

Das neue Bild der Eifel ist geprägt von der Hingabe zur Natur, ihrer Flora und Fauna und von den Anstrengungen, alles zu erhalten, was schützenswert ist. Die Schaffung des Nationalparks Eifel mit seinem hohen Freizeitwert ist eines der Ergebnisse dieser neuen Sicht der Eifel. Besonders populär ist aber die Eifel durch die vielen Kriminalromane geworden, die die raue Landschaft zum Schauplatz wählen – „Eifel-Krimis" sind in!

Mit seinen zahlreichen praktischen Tipps und Anregungen soll dieses Buch dem Reisenden helfen, die Eifel in all ihren Facetten zu entdecken und erleben. Wir wünschen eine gute Reise!

Barbara und Hans Otzen

Inhalt

Vorwort 7
Kartenverzeichnis 11

Praktische Reisetipps A–Z

Anreise 14
Autofahren 15
Barrierefreies Reisen 16
Einkaufen und Souvenirs 17
Essen und Trinken 18
Feste und Feiertage 22
Fahrradfahren 22
Fliegen 23
Golf 24
Informationsstellen und Internet-Adressen 25
Mit Kindern unterwegs 26
Klima und Reisezeit 27
Motorradfahren 29
Reiten 31
Unterkunft 31
Wandern 33
Wassersport 34
Wellness 34
Wintersport 35

Land und Leute

Die Eifel im Überblick 38
Geografie 39
Flora und Fauna 43
Naturschutz 48
Geschichte 49
Kunst und Kultur 54
Wirtschaft und Tourismus 58

Das Eifelvorland

Die nördlichen Ausläufer der Eifel 64
Oberwinterer Terrassen- und Hügelland 64
Meckenheim 66
Rheinbach 67
Euskirchen 68
Zülpich 70
Düren 70
Stolberg 71
Kornelimünster 73

Die Osteifel

Überblick 78
Unteres Ahrtal 78
Bad Neuenahr 80
Ahrweiler 85
Die Wein-Ahr 88
Altenahr 92

Rheineifel 96
Remagen 97
Sinzig 100
Naturschutzgebiet Ahrmündung 101
Bad Breisig 102
Brohltal 104
Andernach 110
Laacher See 112
Abtei Maria Laach 115

Hocheifel 118
Kesseling 118
Adenau 119
Rund um den Nürburgring 124
Kelberg 127
Hohe Acht 129
Virneburg 130
Schloss Bürresheim 131
Kempenich 134

Vulkaneifel 135
Ulmen 140
Daun 143
Schalkenmehren 150

Gillenfeld	151
Manderscheid	155
Abtei Himmerod	162

Die Eifeler Nord-Süd-Senke

Voreifel	166
Burg Satzvey	166
Burg Zievel	167
Wachendorf	168
Mechernich	170
Bad Münstereifel	173
Nettersheim	180
Hardtburg	184
Tomburg	185

Oberes Ahrtal	188
Schuld	189
Aremberg	191
Ahrhütte	191
Lampertstal	192

Freilingen	196
Lommersdorf	197
Blankenheim	198

Oberes Kylltal	204
Schmidtheim	204
Dahlem	205
Baasem	206
Kronenburg	207
Stadtkyll	209
Jünkerath	210
Hillesheim	211
Kerpen	214

Gerolsteiner Land	216
Gerolstein	216
Bertradaburg	224

Kyllburger Waldeifel	225
St. Thomas	225
Kyllburg	227
Gransdorf	230

Exkurse

- Die Eifel-Maare – Kratermulden mit und ohne Wasser 41
- Die Waldgeschichte der Eifel 47
- Die römische Wasserleitung 50
- Rotwein von der Ahr 79
- Der geologische Aufbau der Kalkeifel 186
- Der Wacholder – Charakterbaum im Lampertstal 193
- Karneval in Blankenheim 203
- Geopark Gerolsteiner Land 220
- Hopfenanbau in der Eifel 248
- Die Allerseelenschlacht im Hürtgenwald 258
- Das Urbar von Prüm – einzigartiges Dokument aus dem Mittelalter 313
- Lavagestein im Mayener Grubenfeld – vom Tagebau zur Skulpturenkunst 343
- Die Genoveva-Sage 347
- Weinbau in der Wittlicher Senke 369

Bitburger Gutland	231
Bitburg	234
Unteres Kylltal	241
Dudeldorf	241
Speicher	243
Kordel	245
Welschbillig	247
Ferschweiler Plateau	248

Die Westeifel

Überblick	254
Hohes Venn	254
Hürtgenwald	255
Monschau	261
Monschauer Heckenland	270
Rureifel	273
Nideggen	273
Heimbach	277
Talsperren in der Rureifel	280
Nationalpark Eifel	286
Kermeter	288
Gemünd	291
Kall	291
Schleiden	294
Reifferscheid und Wildenburg	297
Westliche Hocheifel	301
Hellental	301
Zitterwald	305
Losheim	306
Schneifel	307
Prüm	310
Islek	319
Neuerburg	320
Körperich	324

Dasburg	328
Daleiden	329
Arzfeld	330

Die Moseleifel

Überblick	334
Maifeld	334
Mayen	334
Pellenz	342
Mendig	344
Thür	346
Ochtendung	348
Saffig	348
Bassenheim	349
Münstermaifeld	350
Vordereifel	353
Monreal	354
Burg Pyrmont	356
Burg Eltz	357
Moselbergland	361
Bad Bertrich	361
Burg Arras	365
Kloster Springiersbach	367
Wittlicher Senke	368
Wittlich	368
Salmtal	371
Klausen	373

Anhang

Literaturtipps	378
Register	380
Die Autoren	384

Kartenverzeichnis

Übersichtskarten

Eifel ....Umschlag vorn
Eifel, Karten-Blattschnitt ....Umschlag hinten

Bitburger Gutland 232
Gerolsteiner Land und Kyllburger Waldeifel 217
Hocheifel 120
Hohes Venn und Rureifel 256
Islek 321
Kalkeifel 188
Laacher See 113
Maifeld und Vordereifel 336
Moselbergland 362
Prümerland 311
Unteres Ahrtal und Rheineifel 80
Voreifel 168
Vulkaneifel 136
Zitterwald und Schneifel 303

Stadtpläne

Adenau 123
Bitburg 238
Blankenheim 199
Mayen 340
Monschau 263
Prüm 316

Praktische
Reisetipps A–Z

Anreise

**Haupt-
verkehrs-
straßen**

Da es in der Eifel **keinen Verkehrsflughafen** gibt und nur wenige Bahnstrecken zu Verfügung stehen, vollzieht sich der Verkehr in der Region heute hauptsächlich auf der Straße. Die Anreise in die Eifel mit dem eigenen Fahrzeug ist von diversen Autobahnen aus möglich. Die **A4** führt von Aachen nach Köln am Eifelnordrand entlang. Die **A61** tritt südlich von Bonn in die Rheineifel ein, umrundet den Laacher See und führt durch das Maifeld bei Koblenz über die Mosel. Die **A48** quert vom Koblenzer Kreuz die Südeifel, vereinigt sich mit der **A1** vom Meckenheimer Kreuz und führt dann durch die Wittlicher Senke zum Moseltalkreuz. Die A1 soll zukünftig die gesamte Eifel von Nord nach Süd durchkreuzen, führt aber derzeit nur bis Blankenheim. Für die Folgestrecke ist das Bewilligungsverfahren eingeleitet, die Strecke soll bis 2012 fertig sein. Relativ neu ist die Autobahn **A60** von Wittlich nach Lüttich, die an Bitburg vorbei durch die Westeifel führt. Die **B51** durchquert die Eifel weitgehend kreuzungsfrei in Nord-Süd-Richtung von Euskirchen nach Bitburg, die **B58** in Ost-West-Richtung von Monschau nach Mayen.

**Bus und
Bahn**

War die Eifel bis ins ausgehende 19. Jahrhundert hinein verkehrsmäßig kaum erschlossen, so änderte der Bau von Eisenbahnlinien – meist auch aus militärischen Gründen zur Absicherung der Westgrenze – die Situation grundsätzlich. Ein verzweigtes Netz von Strecken durchzog die Eifel, die aber weitgehend nach dem Zweiten Weltkrieg eingestellt wurden. Als durchgehende Verbindung ist einzig die Strecke **Trier – Gerolstein – Blankenheim – Euskirchen** verblieben, als Stichstrecken die **Ahrtalbahn** und die Eifelquerbahn **von Gerolstein nach Andernach.**

Vorhergehende Seite: Im Zentrum von Bitburg

Dazu gibt es die Museumsbahnen, die aber keine verkehrspolitische Bedeutung haben. Die bekannteste ist der **Vulkan-Express** durch das Brohltal. Leider musste die Vennbahn ihren Museumsverkehr 2003 einstellen. **Buslinien** erreichen aber alle Orte. Die heute bestehenden Verkehrsverbünde erleichtern die allgemeine Information, den Fahrkartenkauf und das Umsteigen.

- **Aachener Verkehrsverbund GmbH:** Neuköllner Str. 1, 52068 Aachen, Tel. 0241 9 68 97-0, Fax 9 68 97-20, www.avv.de.
- **Verkehrsverbund Rhein-Mosel GmbH:** Schlossstr. 18–20, 56068 Koblenz, www.vrminfo.de.
- **Verkehrsverbund Rhein-Sieg GmbH:** Krebsgasse 5–11, 50667 Köln, Tel. 0221 2 08 08-0, Fax 2 08 08-40, www.vrs-info.de.
- **Verkehrsverbund Region Trier GmbH (VRT):** Bahnhofsplatz 1, 54292 Trier, Tel. 0651 1 45 96-0, Fax 1 45 96-14, www.vrt-info.de.

Autofahren

Das Straßennetz der Eifel ist gut ausgebaut, Durchgangsstraßen queren das gesamte Gebiet (siehe oben). Doch die von Tälern durchschnittene Oberflächenstruktur macht die Landstraßen unübersichtlich. Auf **kurvigen Strecken** ist Vorsicht geboten, weiß man doch nie, was einen hinter der nächsten Biegung erwartet. Der häufig auftretende **Regen** trocknet zwar auf offener Strecke – auch durch den Wind – schnell wieder weg, aber in den Waldgebieten bleibt der Asphalt lange nass. Wenn dann im Herbst auch noch Laub fällt, wird die Fahrbahn umso rutschiger. Noch gefährlicher ist die Situation im Winter, wenn **Schnee und Glatteis** auf den von der Sonne beschienenen Abschnitten abgetaut sind, es aber bei Eintritt in die Waldabschnitte plötzlich glatt wird!

Gefährliche Situationen entstehen auch durch **Radfahrer,** die oft in ganzen Pulks zu mehreren nebeneinander die Straße für sich in Anspruch nehmen. Die Beliebtheit der Eifel bei **Motorrad-fahrern** macht so manchem Autofahrer zu schaffen. Oft kann man nur noch mit dem Kopf schütteln, wenn sie mit weit überhöhter Geschwindigkeit über die schmalen Straßen jagen, riskant überholen und andere Verkehrsteilnehmer in Bedrängnis bringen. Glücklicherweise trifft dies nur auf einen kleinen Teil der Zweiradfahrer zu, die meisten erleben ihre Fahrfreude in der Eifel diszipliniert. Offensichtlich stellt die kurvige Eifel aber auch für manchen PKW-Fahrer eine Herausforderung dar und reizt zu riskantem Überholen. Dennoch – die Eifel ist so schön, dass man die Freude an der Landschaft in Ruhe genießen sollte. Und wenn man genügend Vorsicht walten lässt, kann man auch unversehrt und reich an Eindrücken wieder nach Hause zurückkehren.

Barrierefreies Reisen

Die Tourismus- und Freizeitbranche der Eifel wie gleichermaßen Gastronomie, Veranstalter und Institutionen haben in den letzten Jahren viel unternommen, um behinderten Menschen den Zugang zur Eifel zu ermöglichen. Dabei geht es nicht nur um Menschen mit Mobilitätseinschränkung, sondern auch um Gehörlose, Blinde oder auch lernbehinderte Menschen. Unter den Tipps zu den einzelnen Ortsbeschreibungen in diesem Buch sind vor allem entsprechende **Hinweise für Rollstuhlfahrer** aufgenommen worden.

Vorbildlich ist beispielsweise die Initiative der Verwaltung des Deutsch-Belgischen Naturparks, die in der Broschüre „Eifel barrierefrei – Natur erleben für Menschen mit Behinderung" auf spezielle Angebote hinweist. Sie ist in den entsprechenden Fremdenverkehrsämtern erhältlich. Infos gibt es auch unter **www.eifel-barrierefrei.de.**

Einkaufen und Souvenirs

Hand-werkser-zeugnisse

Die Eifel bietet eine Vielzahl regionaler Produkte, die es lohnt, als Mitbringsel mit nach Hause zu nehmen. Es handelt sich dabei meist um handwerkliche Erzeugnisse, deren Herstellung eine lange Tradition aufweisen. Eigentlich jeder größere Ort hat neben Fleischereien und Bäckereien auch **Souvenir- und Geschenkeläden.** Da gibt es Spielzeug, schmiedeeiserne Waren, Holzerzeugnisse, Gläser und Glasprodukte, Kerzen, Textilien und vieles andere mehr. Eine Kuriosität stellt das Monschauer Weihnachtshaus dar, in dem ganzjährig Weihnachtsartikel verkauft werden.

● **Monschauer Weihnachtshaus:** 52156 Monschau, Markt 6, Tel. 02472 94 01 19, Fax 94 01 12, www.weihnachtshaus-monschau.de, geöffnet 1. Februarwochenende bis 31. März 11–17 Uhr, April bis 23.12. 11–18 Uhr. Im Angebot sind gläserner Baumschmuck, Weihnachtsmänner, Lichterketten, Engel, Krippensätze, Kerzen, Tischdekoration etc.

Spezia-litäten

Im Bereich der Lebensmittel und Getränke bieten sich an: Fleisch- und Wursterzeugnisse, insbesondere Wildfleisch, Milchprodukte, so auch Schafs- und Ziegenkäse, Brot- und Backwaren, Obst und Gemüse, Säfte, Liköre und Schnäpse, Teigwaren und Honig und nicht zuletzt Wein von der Ahr. Eine besondere Spezialität stellen die Senfsorten dar, wie sie die Monschauer Senfmühle anbietet (siehe Monschau). Überhaupt bietet Monschau mit seinem Handwerkermarkt ein großes Angebot zum Einkauf von Eifeler Spezialitäten.

● **Monschauer Handwerkermarkt:** Euregio Event Monschau GmbH, Burgau 15, Tel. 02472 99 01 60, Fax 99 01 62, www.monschauer-handwerker-markt.de. Geschäfte mit Seidenmalerei, Holzschnitzkunst, Schmuck, Holzbrandmalerei, Glasmalerei und Geschenkartikeln sowie Weinhandlung und Bäckerei, täglich geöffnet 10–18 Uhr, an Adventwochenenden Fr–So bis 20 Uhr, Heiligabend, 1. und 2. Weihnachtstag, Silvester und 1.1. geöffnet, 2 Wochen im Januar geschlossen. In der **Römischen Glashütte** im Handwerkermarkt führen Glaskünstler das Glasblasen und die Glasgestaltung an Schmelze und Glasofen vor und zeigen, wie Glas künstlerisch geschliffen wird. Vorführungen am Glasofen: 10.15, 11, 11.45, 12.30, 13.45, 14.30, 15.15, 16, 16.45 und 17.30 Uhr, Demonstrationsdauer ca. eine halbe Stunde, Anmeldung für Führungen Tel. 02472 99 01 15, Fax 99 01 30. Alle Geschäfte sind täglich 10–18 Uhr geöffnet.

Vom Bauernhof

Besondere Bedeutung hat der Ab-Hof-Verkauf in der Eifel gewonnen. Viele landwirtschaftliche Betriebe hätten angesichts der ungünstigen Voraussetzungen und der zunehmenden Konkurrenz aus der Europäischen Union aufgeben müssen, wenn sich ihnen nicht die Möglichkeit der Direktvermarktung eröffnet hätte. Aus der Idee heraus, solchen regionalen Erzeugern eine neue Absatzplattform zu bieten, hat sich ein Zusammenschluss gebildet, um ihren Eifeler Qualitätsprodukten unter der **Regionalmarke EIFEL** zu einem erweiterten Marktauftritt zu verhelfen. Strenge Qualitätskriterien und umfassende Kontrollen garantieren aber nicht nur diese echte Eifeler Qualität, sondern tragen auch zur nachhaltigen Wirtschaftsweise in der Kulturlandschaft Eifel bei.

● **Regionalmarke EIFEL GmbH,** 54595 Prüm, Kalvarienbergstr. 1, Tel. 06551 9 81 09-0, Fax 9 81 09-10, www. regionalmarke-eifel.de.

Essen und Trinken

Traditionelle Essgewohnheiten

Die Bevölkerung der Eifel war jahrhundertelang der Armut ausgesetzt. Abgeschnitten von Verdienstmöglichkeiten, waren die Menschen auf **Selbstversorgung** angewiesen, also auf das, was Äcker und Wiesen hergaben. Die wenigen, im Stall aufgezogenen Tiere wurden meist verkauft, um wenigstens gelegentlich auch Geldeinkünfte zu haben. Und an das Fleisch aus den Wäldern kam man nicht heran, war doch die Jagd den hohen Herren vorbehalten. So blieben einzig Milch und Eier als selbst zu verwertende Nebenprodukte der Tierhaltung. Daher ist die traditionelle Er-

nährungsweise in der Eifel durch **einfache Produkte** gekennzeichnet, die auch auf möglichst einfache Weise zubereitet wurden.

Grundlage der bäuerlichen Eifel-Ernährung stellten **Breie und dicke Suppen** dar. Getreide wurde gemahlen und durch Kochen genießbar gemacht. Suppen mit Fleischeinlage oder Eierstich waren den Sonn- und Feiertagen vorbehalten. Anstelle von Milchsuppe gab es Buttermilchsuppe, angereichert mit Graupen oder Dörrobst. Buchweizen gab es häufig, vor allem als **Buchweizengrütze.** Unter den Gemüsen war der *Kappes* genannte Weißkohl allgegenwärtig, konnte er doch durch Säuerung zu **Sauerkraut** haltbar verarbeitet werden, wodurch er auch im Winter zur Verfügung stand. **Steckrüben** wurden genauso gern zu Eintöpfen verarbeitet wie **Hülsenfrüchte:** grüne und weiße Bohnen, Fitschbohnen, Erbsen und Linsen. Ab und zu kam etwas Blutwurst in den Topf. Selten war auch, dass alltags Speck an **Pfannkuchen** oder **Bratkartoffeln** kam, dann gab es eher schon

Eifelgasthöfe, wie hier in Kyllburg, vermieten meist auch Zimmer

Eiergerichte. So waren wochentags auch süße Speisen beliebt, wozu vor allem **Aufläufe** gehörten. **Obst** war reichlich in den Hausgärten vorhanden, es wurde gern eingekocht und ersetzte so den fast unbezahlbaren Zucker. Und natürlich verarbeitete man, was die Natur sonst noch so hergab, z.B. Löwenzahn, Giersch oder Brennnessel.

Ein großes Ereignis stellte regelmäßig das **Schlachtfest** dar. Fast jeder Haushalt päppelte ein oder zwei Schweine mit Küchenabfällen hoch. Viele freiwillige Hände halfen beim Schlachten, gab es an diesem Tag doch reichlich zu essen. Ein Teil des Fleisches wurde durch Pökeln haltbar gemacht, ein Teil zu Wurst verarbeitet und die Wurstsuppe noch am gleichen Tag von allen Dorfbewohnern aufgegessen.

Doch „täglich Brei und nix dabei" war üblich in der Eifeler Alltagsernährung. So wurden denn die Eifeler Kinder von den Rheinländern abwertend als *Breipänz* (Breikinder) bezeichnet, der Rest der Bevölkerung als *Breibüch* (Breibäuche). Weitere „liebevolle" Bezeichnungen waren *Stutzfresser* (Stutz = Kartoffelbrei), *Seimlöffel* (womit auf den dick gekochten Sirup aus Obst angespielt wurde) oder *Muuremänn* (wegen des häufigen Verzehrs von Wurzelgemüse wie Möhren). Grundsätzlich wurden die *Feldbure* auf den fetten Lössböden der Zülpicher Börde von den *Bergbure,* die den kargen Eifeler Boden bearbeiteten, unterschieden. Diese wiederum unterteilten sich in *Mistbure* und *Oaßebure* (Ochsenbauern) – aber *Kappesköpp* (Kohlköpfe) waren sie alle.

Die bescheidenen Lebensumstände ließen die Menschen in der Eifel zu jeder Mahlzeit den Segen für das täglich' Brot erbitten. Mit dem Tischgebet brachte man zum Ausdruck, wie sehr man hinsichtlich der Ernährung der Unbill der Natur ausgesetzt und auf Gottes Gnade angewiesen war. Und natürlich wurde das Kreuzzeichen mit dem Messer unter dem Brot gemacht, bevor man es anschnitt!

Typische Speisen

Typische Gerichte auf den Speisekarten der Eifeler Restaurants sind heutzutage neben dem **Rheinischen Sauerbraten** vor allem **Wildgerichte** und **Fischgerichte** aus Forelle, Karpfen, Zander oder Hecht. In vielen einfacheren Speisen kommt alte Eifeler Kochtradition zum Tragen, etwa bei **Linsen-, Erbsen- oder Kohleintöpfen.** Feiertagstradition spiegeln dagegen beispielsweise festliche **Gänsebraten** wider. Und dann gibt es die ganze Palette an Süßspeisen wie etwa Obstaufläufe, Milchreis mit Zucker und Zimt und die vielen herrlichen Kuchen und Torten!

Gastronomie

Vorbei sind die Zeiten, in denen die Preise in der abgelegenen Eifel unter denen des Bundesdurchschnitts lagen. Heute ist das gastronomische Angebot der Eifel so weit ausgebaut, dass es längst allgemeines Niveau erreicht hat. Mit der Qualität des Angebots haben sich auch die Preise entsprechend angepasst.

Die Eifel bietet heute Restaurants aller Kategorien. Da gibt es die **Spitzenbetriebe,** wie etwa Die Alte Post des Starkochs *Steinheuer* in Heimersheim bei Bad Neuenahr. Groß ist inzwischen die Zahl der **gehobenen Restaurants,** die heute in allen größeren Orten der Eifel anzutreffen sind. Oft gehören sie zu Hotels, die sich nicht nur auf Feriengäste spezialisiert haben, sondern vor allem auch für Konferenzen und Seminare – fernab von allen betrieblichen Ablenkungen – aufgesucht werden. Dann gibt es überall die typischen Eifeler **Gasthöfe und Kneipen,** wo vor allem die Einheimischen anzutreffen sind.

Restaurant-Kategorien

In diesem Buch sind die beschriebenen Restaurants in folgende **Preiskategorien** unterteilt, dargestellt durch hochgestellte Eurozeichen hinter dem Namen. Die Einteilung erfolgt anhand der Preise für ein Hauptgericht (in Klammern für ein Menü). Ist bei einer Hotelbeschreibung das zugehörige Restaurant nicht mit hochgestellten

Eurozeichen versehen, so gilt die gleiche Kategorie wie beim Hotel.

€   unter 10 € (unter 15 €)
€€   10–15 € (unter 20 €)
€€€   15–20 € (unter 25 €)
€€€€   20–25 € (unter 30 €)
€€€€€   Luxusklasse

Feste und Feiertage

In der Alteifeler Festtagstradition der vorwiegend katholischen Bevölkerung war der Jahreslauf durch die **kirchlichen Feiertage** bestimmt – Ostern, Christi Himmelfahrt, Pfingsten, Fronleichnam, dann der wegen der Feldarbeit festtagsfreie Sommer bis zum Erntedank, Allerheiligen, Advent und Weihnachten. Daneben zählen bis heute die **Kirmes** (zu der zumindest in den kleineren Orten die Kinder schulfrei haben) und der **Karneval** zu den jährlichen Höhepunkten des Festkalenders.

Veranstaltungen　Heute hat der Eifeler Veranstaltungskalender neue Akzente aufzuweisen. Da gibt es Musikfestivals, Burgfeste, den Gebietsweinmarkt zu Pfingsten in Ahrweiler, Burgfestspiele in Mayen, das Große Nürburgringrennen, das Folklorefestival in Bitburg und das Rurseefeuerwerk, Töpfer- und Handwerkermärkte, Advents- und Weihnachtsmärkte. Die einzelnen Events sind in den jeweiligen Ortsbeschreibungen aufgeführt.

Fahrradfahren

In der Eifel sind in den letzten Jahren viele Wegstrecken für Radfahrer ausgebaut worden. Vor allem hat man **nicht mehr benutzte Bahntrassen** mit einem entsprechenden Belag versehen, sodass sie nun – ohne große Steigungen und frei von Autoverkehr – ideal sind zum Radfahren. So kann man beispielsweise den **Maare-Mosel-Radweg** auf einer Strecke von 55 Kilometern ohne Verkehrsbeeinträchtigungen von der Vulkaneifel bis zur Mosel befahren. Der nahezu flache Streckenverlauf mit einer durchschnittlichen Steigung von 2,5 % ist auch für ungeübte Radfahrer und Kinder wie geschaffen.

Auch der **Kylltal-Radweg** entlang der Kyll nutzt eine ehemalige Bahntrasse, wobei allerdings ein Teil der noch nicht überall ausgebauten Strecke durch das Gelände mit einer erheblichen Steigung (die aber umgangen werden kann) führt. Die Radwege im **Ahrtal** nutzen teilweise das früher einmal am Oberlauf weiter verzweigte Eisenbahnnetz.

Infos

- **Broschüre „Bahn und Rad im Kylltal":** DB Regio AG, Region Südwest, 56068 Koblenz, Bahnhofsplatz 7, www.bahn.de.
- **Eifel-Radmagazin:** Eifel-Tourismus GmbH, Kalvarienbergstr. 1, 54595 Prüm, Tel. 06551 9 65 60, Fax 96 56 96, www.eifel.info.
- **Eifelbike:** 54531 Manderscheid, Am Hohlen Weg, Tel. 0151 27 06 36 19, www.eifelbike.de, Anbieter von MTB-Kursen und -Touren sowie geführten Fahrradtouren durch die Vulkaneifel.

Fliegen

Fliegen ist von verschiedenen Sportflugplätzen möglich. Am größten ist das Flugsportzentrum Dahlemer Binz, des Weiteren gibt es die Flugplätze Hinterweiler und Senheld. Neben der klassischen **Motorsportfliegerei** wird unter anderem **Drachenfliegen, Paragliding** und **Ultraleicht-Fliegen** ausgeübt.

Möglichkeiten und Grenzen dieser Sportarten in der Eifel seien am Beispiel Bausenberg für Gleitschirmfliegerei gezeigt: Das **Fluggelände Bausenberg** bei Niederzissen ist beschränkt auf Piloten von Rhein-Mosel-Lahn (Geländehalter) und DGC Siebengebirge. Um das Gelände nicht zu gefährden, gilt: Parken ist am Bausenberg nur im Wohngebiet erlaubt, zum Ausladen darf jedoch bis ans Ende des Weges gefahren werden, Drachen sind nicht zugelassen, es dürfen nur maximal acht Schirme gleichzeitig in der Luft sein, Topp-Landen ist verboten, die Anweisungen des örtlichen Naturschutz-Vertreters sind für alle Piloten bindend.

**Sport-
flugplätze**

●**Öffentlicher Verkehrslandeplatz und Segelflugplatz Dahlemer Binz:** 53949 Dahlemer Binz, Flugplatz (Tower) Tel. 02447 14 93, Fax 95 55 55, www.dahlemer-binz.de. Möglichkeiten zu Segelflug, Motorflug, Ultraleichtflug, Fallschirmabsprung und Ballonaufstieg, darüber hinaus Schulungsangebote zum Segelflug, Motorflug wie auch für den Ultraleichtflug, Rundflüge mit dem Motor- oder Segelflugzeug über die Eifel.

●**Flugplatz Hinterweiler:** betrieben durch den DFC-Vulkaneifel e.V., www.dfc-vulkaneifel.de, für Rundflüge Auskünfte und Terminanfrage bei dem UL-Piloten *Günter Hens* Tel. 06592 1 01 85. Ultraleicht-Sonderlandeplatz, hier werden Drachen in die Luft gezogen, auch Tandemflüge mit einem modernen Doppelsitzerdrachen oder mit Ultraleicht sind möglich, Gastpiloten sind willkommen. Der Flugplatz ist von der B 410 kommend erreichbar, Richtung Hinterweiler abbiegen, dann den ersten Feldweg (ca. 100 m) rechts den Berg hochfahren, nach ca. 200 m ist schon der Windsack zu sehen.

●**Segelflugplatz Senheld,** Segelflugverein Vulkaneifel, 54552 Daun, Tel. 06592 29 76 oder 27 55, www.flugplatz-daun.de. Rundflüge mit Motorflugzeugen, Motorseglern und Ultraleichtflugzeugen samstags, sonntags, in der Ferienzeit täglich und nach Vereinbarung, Kurzflüge über die Dauner Maare, 1-Std.-Flüge zum Nürburgring oder zur Mosel, großer Rundflug (Dauer 60 Minuten) bis zur Mosel und zum Rhein, Mindestpreis 180 €.

●**Flugplatz Bitburg GmbH:** Am Tower 14, 54634 Bitburg, Tel. 06561 9 63 60, Fax 96 36 19, www.flugplatz-bitburg.de. Mit dem „Bitburger Flughafenmodell" ist die Symbiose von Regionalflugplatz mit Freizeitzentrum, Dienstleistungs-, Industrie- und Gewerbestandort gelungen.

Golf

In der Eifel gibt es zahlreiche Golfplätze. Die meist landschaftlich reizvoll gelegenen Plätze stehen teilweise auch Gästen offen.

Golfplätze

●**Golf- und Landclub Bad Neuenahr:** 53474 Bad Neuenahr-Lohrsdorf, Grosser Weg 100, Tel. 02641 95 09 50, Fax

9 50 95 95, www.glc-badneuenahr.de. 18-Loch-Platz, mit Golfschule und Clubhaus im ehemaligen Koehlerhof, geführt von Starkoch *Steinheuer*.

● **Golfclub Burg Zievel:** 53894 Mechernich, Tel. 02256 16 51, www.burg-zievel.de. 18-Loch-Golfplatz mit Driving-Range mit offenen und überdachten, beheizten Abschlagsplätzen; Übungsgrün, Sandbunker und Pitchgrün sorgen für gute Trainingsbedingungen.

● **Golf Bad Münstereifel,** 53896 Bad Münstereifel, Eschweiler, Moselweg 4, Tel. 02253 27 41, www.golfbadmuenstereifel.de. 18-Loch-Platz in mittlerer Schwierigkeitslage, idyllische Lage mit abwechslungsreichen Bahnen, Restaurant im Clubhaus, mit Jugendmannschaft und Golf-Shop.

● **Golf Club Eifel:** 54576 Hillesheim, Milanweg, Tel. 06593 12 41, Fax 94 21, www.golfclub-eifel.de. 18-Loch-Platz, mit Gastronomie, Golf-Schule, Shop.

● **Golfclub Kyllburger Waldeifel,** 54597 Burbach, Lietzenhof, Tel. 06553 96 10 39, Fax 32 82, www.golf-lietzenhof.de. 18-Loch-Anlage mit Golfschule und Shop, Spielort des Golfclubs Kyllburger Waldeifel und des Golfclubs 2000.

● **Golf-Resort Bitburger Land,** 54636 Wißmannsdorf, Zur Weilersheck 1, Tel. 06527 92 72-0, Fax 92 72-30, www.bitgolf.de. 18-Loch-Platz mit Gastronomie, Golf-Shop, Golf-Schule, Unterricht inmitten der reizvollen Landschaft.

Informationsstellen und Internet-Adressen

Tourist-informationen

Die Eifel ist als Tourismusgebiet hervorragend mit Informationsstellen bestückt. Es gibt sowohl überregionale Fremdenverkehrsämter als auch örtliche Tourismusbüros mit hervorragenden Dienstleistungs- und Informationsangeboten sowohl in schriftlicher als auch in digitaler Form. Die Adressen und Webseiten der lokalen Touristinformationen sind bei den jeweiligen Orten angegeben. Zu den regionalen Informationsstellen zählen z.B.:

● **Eifel Tourismus (ET) GmbH:** Kalvarienbergstr. 1, 54595 Prüm, Tel. 06551 9 65 60, Fax 96 56 96, www.eifel.info.

● **Ahr Rhein Eifel, Tourismus & Service GmbH:** 53507 Marienthal, Klosterstraße 3–5, Tel. 02641 9 77 30, www.ahr-rhein-eifel.de.

● **Tourist-Information Bitburger und Speicherer Land:** Im Graben 2, 54634 Bitburg, Tel. 06561 9 43 40, Fax 94 34 20, www.eifel-direkt.de.

- **Rhein-Mosel-Eifel-Touristik:** Tourismuszweckverband des Landkreises Mayen-Koblenz, Bahnhofstr. 9, 56068 Koblenz, Tel. 0261 10 84 19, Fax 3 00 27 97, www.remet.de.
- **Rureifel-Tourismus:** Karl-H.-Krischer-Platz 1, 52396 Heimbach, Tel. 02446 80 57-90, Fax 80 57-9 30, www.rureifel-tourismus.de.
- **Monschauer Land Touristik:** Seeufer 3, 52152 Simmerath, Tel. 02473 93 77-0, Fax 93 77-20, www.eifel-tipp.de.
- **Touristik Schleidener Tal:** Kurhausstr. 6, 53937 Schleiden, Tel. 02444 20 11, Fax 16 41, www. gemuend.de.

Internet Darüber hinaus gibt es Internet-Adressen, unter denen man umfangreiche Informationen über alle touristischen Themen der Eifel abrufen kann. Die Webseite des Eifel-Vereins sei besonders empfohlen.

- **Eifelverein e.V.:** Stürtzstr. 2–6, 52349 Düren, Tel. 02421 1 31 21, Fax 1 37 64, www.eifel.de.
- **www.eifeltour.de**
- **www.eifelreise.de**
- **www.eifel-ardennen-wandern.com**
- **www.eifel-ardennen-wasserland.com**

Neben diesen allgemein gehaltenen Informationsadressen gibt es weitere, die sich mit speziellen Themen oder ausgewählten Regionen befassen. Dazu zählen beispielsweise:

- **www.radroutenplaner.nrw.de,** bietet allgemeine Radfahrhinweise und spezielle für die Eifel, listet darüber hinaus Sehenswürdigkeiten auf.
- **www.roscheiderhof.de,** Datenbank der Kulturgüter in der Region Trier des Freilichtmuseums Roscheider Hof, Konz.

Mit Kindern unterwegs

Die Ferien- und Erholungsregion Eifel kann als besonders familienfreundlich und jugend- und kindergerecht bezeichnet werden. Dies gilt sowohl für die Unterkünfte als auch für die Gastronomie. Fast jedes Restaurant bietet Kinderteller oder spezielle **Kindergerichte** an, und beinahe jedes Hotel hat **Kinderermäßigungen.** Die vielen schön gelegenen **Campingplätze** sind ein Paradies für Kinder und Jugendliche, darüber hinaus verfügt die Eifel über mehrere **Jugendherbergen und Jugendlager** (siehe Ortsbeschreibungen und Stichpunkt „Unterkunft").

Museen und Veranstaltungen

Auch Veranstalter und Museen bemühen sich, die interessanten und erfahrenswerten Dinge der Eifel kindgerecht zu präsentieren. In Museen werden spezielle **Kinderführungen** angeboten; die Ranger des Nationalparks Eifel bieten **Familienwanderungen** an, bei denen ganz besonders auf die Wissbegierde von Kindern und Jugendlichen eingegangen wird. Das Tourismusbüro Gerolsteiner Land hat die Comicfigur „Willi Basalt" kreiert, mittels derer Phänomene wie Gesteine, Mineralien und Versteinerungen spannend erklärt werden, sodass sie Menschen jeden Alters faszinieren. Jedes Fremdenverkehrsamt in der Eifel hat spezielle Kinderprogramme im Angebot.

Klima und Reisezeit

Die Eifel ist eine nach Nordwesten hin exponierte Berglandschaft, die den atlantischen Witterungseinflüssen stärker ausgesetzt ist als alle anderen Regionen Deutschlands. Sie wirkt wie eine Barriere gegen die vom Atlantik heranziehenden Tiefausläufer und wird dadurch mit **reichlichen Niederschlägen** versehen. Es herrscht jedoch ein Klima, das nur mäßig kalte Winter bringt, die aber ausgedehnt und schneereich sind. Die Sommer sind eher feucht und relativ kühl.

Diese generelle Aussage trifft nicht für alle Teile der Eifel zu. Der Süden und Südosten präsentieren sich mit größerer Trockenheit und Wärme im Windschatten der vorgelagerten Bergrücken. Auch verursacht die Oberflächenstruktur abweichende Witterungserscheinungen. Die Kalkmulden, die die Eifel mittig von Norden nach Süden durchziehen, sind wasserdurchlässig, weniger bodenfeucht und damit auch klimatisch trockener. Extremer ist dies noch in den Engtälern der Eifel, so beispielsweise im unteren Ahrtal, wo die abstrahlende Wärme des Schiefers herrlichen Wein gedeihen lässt.

Raues und wechselhaftes Wetter kennzeichnet vor allem die **Winter** in der Eifel. Wenn auch durch die gemäßigten Klimaeinflüsse vom Westen her eine dauerhafte Schneedecke in den niedrigeren Lagen nur für wenige Tage im Jahr zu erwarten ist, so sieht dies in den Höhenlagen anders aus – dies allerdings mit großen jährlichen Schwankungen, denn sibirische Kaltluft bleibt in der Regel auch in den höheren Lagen wenig wetterwirksam. Dennoch ist in der Schneifel mit 70 Schneefalltagen zu rechnen, die hier oben auch geschlossene Schneedecken hinterlassen, dagegen in Bitburg mit 35 Tagen und in Mayen gar nur mit 30 Tagen. Die Schneehöhen liegen zwischen 15 und 60 Zentimetern, die Mitteltemperaturen betragen im kältesten Monat Januar –1,5 °C in den Hochlagen, im Gebirgsvorland 1,5 bis 2 °C.

Die **Sommer** der Eifel sind wie die Winter durch abwechslungsreiches Wetter gekennzeichnet. Der wärmste Monat Juli hat im Schnitt nur eine Temperatur von 14 °C in den Hochlagen. Die Niederschlagsmenge nimmt allerdings von Westen nach Osten ab – auf ihrem Weg haben sich die Wolken schon an den Hängen abgeregnet. So gibt es in der Schneifel durchschnittlich 1200 Millimeter Niederschlag, im Maifeld sind es nur noch 600 Millimeter.

Frischer Wind sorgt für saubere Luft – insofern ist die Eifel eine **heilklimatisch begünstigte Region.** Die Sommer sind nicht schwül und belasten den Kreislauf nicht. Die Luft ist von Schadstoffen rein gefegt. Das gemäßigte Reizklima sorgt für erholsame Urlaubstage. So ist in der Eifel immer Saison. Im Winter locken der Schnee und der Karneval, die Eifelorte ziehen mit ihren Weihnachtsmärkten die Besucher an. Im Frühjahr faszinieren die blühende Natur und die zahlreichen Narzissenfelder, im Sommer geht es raus mit dem Motorrad, dem Fahrrad oder auf Schusters Rappen. Der Herbst kann in der Eifel mit seiner Laubfärbung so schön sein wie kaum andernorts.

Ausrüstung und Kleidung Das wechselhafte Klima der Eifel setzt die Maßstäbe für Ausrüstung und Kleidung der Besucher dieses Landstriches. Selbst im Sommer sollten Pullover und warme Jacke immer dabei sein. Auch ist immer mit Regen zu rechnen, sodass eine Regenausrüstung zwingend erforderlich ist. Es kann im Sommer aber auch sehr warm werden, deshalb sollte die Badehose nicht fehlen. Aber die braucht man für die vielen Thermalbäder sowieso.

Motorradfahren

Der Motorradspaß in der Eifel findet nicht nur auf dem Nürburgring statt – Biker haben längst die ganze Eifel für sich entdeckt. Die Straßen sind gut ausgebaut, die Landschaft wechselt ständig, Steigung und Gefälle wie Kurven und Kehren fordern den Fahrer immer wieder heraus. Längst gibt es in der Eifel eine eigenständige **Gastronomie für Motorradfahrer.** In Biker-Treffs ist man unter seinesgleichen, tauscht Erfahrungen und Neuigkeiten aus. In den Ortsbeschreibungen wird auf solche Gasthäuser verwiesen. Legendär ist das Café Fahrtwind im Ahrtal, das seinen Anfang in Ahrbrück nahm und heute weiter flussaufwärts nach Hönningen umgezogen ist.

●**Café Fahrtwind:** 53506 Hönningen, In den Weidenhecken 34, Tel. 02643 60 06, www.cafe-fahrtwind.de, Mo–Fr 12–22 Uhr, Sa, So und feiertags 9–22 Uhr je nach Wetterlage, im Winter nur an Wochenenden. Mit Bike-Börse für Motorräder und Ersatzteile, Bike-Auktionen, Kontaktbörse für Biker-Termine und -Freundschaften.
●**Motorrad-Reisekarten:** RV Reise- und Verkehrswege Verlag München, Norddeutschland 1:300.000, Süd-

deutschland 1:300.000 (beide für die Eifel erforderlich). Die Karten sind versiegelt herausnehmbar und weisen schöne Strecken aus (grün unterlegt), Hinweise auf Werkstätten und spezielle Gastronomie.

Gefahren Auf die Gefahren der kurvenreichen Strecken, vor allem in Verbindung mit plötzlich auftretender Nässe in waldigen Abschnitten, kann man nicht oft genug hinweisen. Vor allem die Wasserscheide in Richtung Schuld scheint viele Biker herauszufordern. Die Polizei weiß ein Lied von dieser Strecke zu singen, sind hier doch schon Fahrer mit Geschwindigkeiten an die 200 Stundenkilometer verunglückt. Dann hilft auch die Unterfütterung der Leitplanken nicht mehr! Und die vielen Kreuze an Eifeler Straßenrändern zeugen vom Übermut und der Gefahrenunterschätzung vieler Fahrer.

Das Steinerberghaus in der Ahreifel: beliebter Biker-Treff

Reiten

Der Reitsport ist in der Eifel allgegenwärtig. Überall gibt es Reiterhöfe und Pferdepensionen, die neben Reitunterricht, Ausritten und Pferdeunterbringung auch Unterkunft und Verpflegung bieten. Groß in Mode ist **Westernreiten,** eine ganz spezielle Art der Ausübung dieses Sports mit entsprechenden gesellschaftlichen Aktivitäten.

Zu den ganz „edlen" Reiterhöfen zählt das Gestüt „El Marees" in Blankenheim-Reetz.

●**Gestüt El Marees:** Reit- und Zuchtanlage Hof Grefenstein, 53945 Blankenheim-Reetz, Tel. 02449 91 98 51 oder 91 98 53, www.grefensteinerhof.de. Vollblutaraber-Gestüt in herrlicher Lage, wo sogar die Pferde aus ihren Boxen die freie Sicht auf die Eifel genießen können. Große Zuchterfolge mit rein ägyptisch gezogenen Vollblutarabern, große Reitanlage, Durchführung von Turnieren, Pensionsstall, Reitunterricht, Ferienwohnung.

Wanderreiten bietet der Zusammenschluss „Eifel zu Pferd" an. Mehrtägige Touren führen mit und ohne Berittführer durch die schönsten Gebiete der Eifel, Unterkunft jeweils in Reiterhöfen, teilweise auch mit Verleihpferden, Gepäck wird separat transportiert.

●**„Eifel zu Pferd":** Geschäftsstelle Rolf Roßbach, 54619 Großkampenberg, Auf dem Dackscheid, Tel. 06559 9 30 51, Fax 9 30 52, www.eifelzupferd.de.

Unterkunft

Die Ferienregion Eifel hat eine breite Palette von Unterkünften zu bieten, vom Luxushotel bis zu Pensionen jeder Preislage. Sehr zugenommen hat das Angebot an überwiegend gut ausgestatteten Ferienwohnungen. Viele Hotels und Pensionen gehen dazu über, auch Appartements anzubieten – ein attraktives Angebot, gerade für Familien. Weitere reizvolle Unterkünfte bieten Bauern und Winzer und zunehmend auch Reiterhöfe. Unterkunftsverzeichnisse erhält man über die Fremdenverkehrsbüros (s. „Informationsstellen").

Hotel-Kategorien In diesem Buch sind die beschriebenen Hotels in folgende **Preiskategorien** unterteilt, dargestellt durch hochgestellte Eurozeichen hinter dem Namen. Die Preise gelten für ein Doppelzimmer pro Nacht mit Frühstück:

€   bis 50 €
€€   50 bis 75 €
€€€   75 bis 100 €
€€€€   100 bis ca. 150 €
€€€€€   Luxusklasse

Bei den angegebenen Preisen handelt es sich um Hochsaisonpreise. Inzwischen bieten eigentlich alle Hotels spezielle Arrangements an, um ihre Belegzeiten zu verlängern. Es lohnt also auf jeden Fall, sich nach solchen Sonderangeboten zu erkundigen.

Camping Recht groß ist die Zahl der Campingplätze, meist an landschaftlich besonders attraktiven Standorten gelegen.

●**Broschüre Campingmagazin Eifel:** Eifel-Tourismus GmbH, Kalvarienbergstr. 1, 54595 Prüm, Tel. 06551 9 65 60, Fax 96 56 96, www.eifel.info.

Ferienparks Geradezu geschaffen für Familien mit Kindern sind die Ferienparks, in denen Urlauber **Bungalows** mieten können. Sie sind mit allem ausgestattet, was für Erholung, Spiel und Spaß erforderlich ist, vor allem verfügen sie über **Erlebnisbäder.** Beispielhaft seien in diesem Zusammenhang der Landal Park im Wirfttal (siehe Stadtkyll) und der Center Park Heilbachsee erwähnt.

●**Center Park Heilbachsee:** 56767 Gunderath, Am Kurberg, Tel. 01805 43 45 22, www.centerparcs.de. Großzügiger Ferienpark im oberen Elztal, am besten von Kelbach zu erreichen, Anfang Jan. bis Mitte Sept. „all inclusive", großes Sportangebot von der Tauchschule über Tennis bis zum

Volleyball, umfangreiches Kinderprogramm mit der „kids factory", vier verschiedene Ferienhauskategorien: Standard, Comfort, Premium und VIP, behindertengerechte und allergikerfreundliche Ferienhäuser.

Jugend-herbergen

In vielen Eifelorten stehen Jugendherbergen zur Verfügung (s. Ortsbeschreibungen). Ein **Jugend-herbergsausweis,** den man auch als Familie beantragen kann, ist notwendig, man erhält ihn für 12,50–21 € über das Deutsche Jugendherbergswerk.

● **Deutsches Jugendherbergswerk,** Bismarckstr. 8, 32657 Detmold, Tel. 05231 7 40 10, www.jugendherberge.de.

Wandern

Die Eifel ist ein Paradies für Wanderer. Markierte Wege durchziehen die grandiose Berglandschaft. Ein Großteil der überregionalen Wanderwege wird durch die Mitglieder des Eifel-Wandervereins betreut und markiert. Es gibt **Fernwanderwege,** die mit „FWW" gekennzeichnet sind, **Weitwanderwege** („WWW"), **Hauptwanderwege** („HWW"), **Regionalwanderwege** („RWW") und **Gebietswanderwege** („GWW"). Dazu kommen die vielen örtlichen Wanderwege, die oft als Rundwege angelegt sind. Für den leichteren Zugang sind an allen Eifellandstraßen Wanderparkplätze angelegt und ausgeschildert worden.

● **Eifelverein:** 52349 Düren, Stürtzstr. 2–6, Tel. 02421 1 31 21, Fax 1 37 64, www.eifelverein.de. Der Eifelverein wurde 1888 gegründet und zählt mit 30.000 Mitgliedern, organisiert in 158 Ortsgruppen und 13 Bezirksgruppen, zu den größten Wander- und Heimatvereinen. Er betreut Wanderwege, übt aktiv Naturschutz aus, betreibt Kulturpflege und Jugendarbeit und gibt Publikationen heraus, vor allem Wanderkarten. Insbesondere die Karten im Maßstab 1:25.000 sind empfehlenswert.
● **Broschüre Wanderland Eifel:** Eifel-Tourismus GmbH, Kalvarienbergstr. 1, 54595 Prüm, Tel. 06551 9 65 60, Fax 96 56 96, www.eifel.info.

Reisetipps A–Z

Der **313 Kilometer lange Eifelsteig** führt in fünfzehn Etappen durch die gesamte Eifel unter dem Motto „Wo Fels und Wasser Dich begleiten" durchquert. Er geht von Aachen über das Hohe Venn, durch das Rurtal, vorbei an den großen Eifelstauseen, durch den Nationalpark Eifel und über die Kalk- und die Vulkaneifel bis hinunter zur Südeifel bis Trier. Die offizielle Eröffnung des Eifelsteiges erfolgte am 4. April 2009 im Rahmen einer „grenzüberschreitenden" Wanderung von Nordrhein-Westfalen nach Rheinland-Pfalz.

● **Eifelsteig:** Informationen zu den einzelnen Etappen findet man unter www.eifelsteig.de.

Parallel zum wohl bekannten **Rotweinwanderweg** gibt es neuerdings auch den **Ahrsteig,** der von Blankenheim bis zur Ahrmündung führt. Im Bereich der Weinahr führt dieser Weg auf der dem Rotweinwanderweg gegenüber liegenden Ahrseite entlang (siehe „Osteifel/Altenahr").

Wassersport

Wassersport ist in der Eifel vielfach möglich. Die **Flüsse** eignen sich für Kanu- und Schlauchbootfahrten. Die großen **Talsperren** laden zum Baden, Surfen und Segeln ein, sofern sie für Wassersport zugelassen sind. Motorboote sind auf keinem der Seen erlaubt.

Wellness

Die **Thermalquellen** der Eifel wurden schon von den Römern geschätzt und genutzt. Ausgegrabene Baureste, Brunnenfassungen und Badeanlagen zeugen von der antiken Badekultur in der Eifel. Mit dem Untergang des Römischen Reichs verfielen die bislang genutzten Thermalquellen. Doch schon im Mittelalter erkannte man die heilende Wirkung dieser Quellen wieder. Heute bilden die Thermalquellen die Grundlage des Heil- und Wellnessbetriebes der Kurorte in der Eifel, allen voran **Bad Neuenahr, Bad Bertrich** und **Bad Münstereifel.** Sie bieten großzügige Thermalbadeanlagen mit dem dazu gehörigen Service.

Darüber hinaus hat sich eine Vielzahl von Eifelorten als **Luft- oder Kneippkurort** qualifiziert, so vor allem Daun, Gemünd, Kyllburg und Manderscheid. Landschaft und Klima bieten die Grundlage für erholsame Aufenthalte.

Wintersport

Aufgrund der Höhenlage und der Witterungsbedingungen kann in der Eifel an mehreren Stellen Wintersport betrieben werden. Im Vordergrund steht der **Skilanglauf,** obwohl auch einige Abfahrten vorhanden sind, die mit **Schleppliften** versehen sind. Über Schnee-Telefonnummern kann man sich über die örtlichen Schneebedingungen erkundigen.

Die besten Bedingungen finden sich meist in den Wintersportgebieten „Weißer Stein" bei Udenbreth und „Schwarzer Mann" in der Nähe von Prüm. Diese Gebiete liegen über 600 Meter hoch und bieten neben mehreren Kilometern Langlaufloipen auch Lifte und **Rodelpisten** an. Des Weiteren sind noch die Skigebiete Hohe Acht bei Jammelshofen, Mäuseberg bei Daun, Wolfsschlucht bei Prüm und das Langlaufgebiet bei Blankenheim zu erwähnen.

●**Aktueller Schneebericht Schneifel:** Tel. 06551 44 22.

Land und Leute

Die Eifel im Überblick

Die Eifel umfasst als linksrheinischer Teil des **Rheinischen Schiefergebirges** eine Fläche von über 5000 km². Im Laufe erdgeschichtlicher Zeiträume wurde die nach Norden abfallende Hochfläche der Eifel mit ihrem Untergrund aus Schiefer, Kalk- und Sandsteinen sowie Quarziten der Devonzeit abgetragen und von Flussläufen durchschnitten. In mehreren vulkanischen Phasen entstanden durch Ausbrüche eine Vielzahl von **Bergkegeln und Maaren,** die teilweise mit Wasser gefüllt sind und ganz wesentlich zum vielgestaltigen und reizvollen Bild der Eifeler Landschaft beitragen. Bis heute gilt die Eifel als **vulkanisch aktiv,** denn man geht davon aus, dass sich in ihrem Untergrund ein so genannter „Hot Spot" befindet. Kennzeichen dieser vulkanischen Aktivität sind die vielen **Mineralquellen** und austretendes Kohlensäuregas, wie dies etwa im Laacher See zu beobachten ist.

Klimatisch zählt die Eifel zum **atlantischen Einflussgebiet** mit reichlichen Niederschlägen, die in den Hochlagen anhaltend als Schnee fallen.

Schon vor 100.000 Jahren durchstreiften die ersten Menschen das Gebiet. Während der Kaltperioden der Eiszeit lag die Eifel zwar nicht unter einer tiefen Eisschicht, aber die Lebensbedingungen für Menschen gestalteten sich erst mit der beginnenden Warmzeit wieder besser. Vielfältige Funde belegen die Besiedlung der klimatisch bevorzugten Räume im Süden und in den niederschlagsärmeren Flusstälern. Die **Römer** erschlossen sich dann die **Bodenschätze** wie Galmei und Eisen, nutzten Kalk und Stein und legten große **Fernstraßen** durch die Eifel an. Im Hochmittelalter war die Eifel Grenzgebiet zwischen den Erzbistümern Köln und Trier, der Grafschaft Luxemburg und dem Herzogtum Jülich. Dies erklärt die große

Zahl an **Burgruinen,** welche vor allem zur Grenzsicherung erbaut wurden.

Erzverarbeitung sowie Bau- und Brennholzbe-
darf führten bis zum 18. Jahrhundert zur weitge-
henden Entwaldung der Eifel. Erst die Preußen begannen im beginnenden 19. Jahrhundert mit der
Wiederaufforstung, doch an den sozialen Zustän-
den änderte sich wenig – die Eifel war als **ärmli-
ches Randgebiet des Reiches** nur aus militärischen Gründen von Interesse. Erst der Bau vieler
Eisenbahnstrecken, die vor allem strategischen
Zwecken dienten, und später der Bau von Straßen
brachten eine Verbesserung der Wirtschaftslage
und nebenbei auch den Tourismus in Schwung.

Heute lebt die Eifel im Wesentlichen vom
Dienstleistungssektor. Zwar haben alle Eifelge-
meinden längst eigene Gewerbegebiete, doch der
Fremdenverkehr stellt die Haupterwerbsquelle
dar. Es sind die naturgegebenen Voraussetzungen,
die die Eifel zum Anziehungspunkt für Urlauber
machen!

Geografie

Die Eifel zählt zu den erdgeschichtlich alten Gebir-
gen. Ihre Entstehung geht im Wesentlichen auf
das **Zeitalter des Karbon** vor 300 Millionen Jahren zurück. In dieser Periode wurden die Mittelgebirge in Europa aufgefaltet, so unter anderem das
Rheinische Schiefergebirge, das sich beiderseits
des heutigen Mittelrheingrabens erstreckt.

Die Eifel wird als **Teil des Rheinischen Schiefergebirges** im Osten durch den Rhein, im Süden
durch die Mosel und im Norden durch die Ausläufer der Norddeutschen Tiefebene begrenzt. Im
Westen geht die Eifel in die **Ardennen** über und
setzt sich auf belgisch-luxemburgischem Territorium fort. Die Täler der Hauptflüsse sind zum Teil
tief in ihre Randlandschaften eingeschnitten – **Kyll,
Lieser, Alf** und **Elz** entwässern südlich in die Mo-

Erdzeitalter	Formation	Jahre
Erdurzeit		vor 1 Milliarde
Erdfrühzeit	Präkambrium	vor 590–1000 Mio.
Erdaltertum	Kambrium	vor 490–590 Mio.
(Paläozoikum)	Silur	vor 390–490 Mio.
	Devon	vor 340–390 Mio.
	Karbon	vor 260–340 Mio.
	Perm	vor 215–260 Mio.
Erdmittelalter	Trias	vor 170–215 Mio.
(Mesozoikum)	Jura	vor 125–170 Mio.
	Kreide	vor 60–125 Mio.
Erdneuzeit	Tertiär	vor 2–60 Mio.
(Känozoikum)	Quartär	vor 11.500–2 Mio.
Gegenwart (Holozän)	Alluvium	seit 11.500

sel, **Ahr, Brohl** und **Nette** westlich in den Rhein, die **Rur** nördlich in die Maas und die **Erft** nördlich in den Rhein.

Geologische Formationen

Einst breitete sich auf dem heutigen Gebiet der Eifel ein großes Meer aus, dessen Sedimente im Zuge von Erdauffaltungen an die Oberfläche gerieten. Aus dieser Zeit stammen die **Sandsteine** und **Schiefer,** aus denen große Teile des Eifeluntergrundes zusammengesetzt sind. Im Erdzeitalter des Devon bildeten sich Korallenriffe, deren **Kalke** an verschiedenen Stellen der Eifel auftauchen. Im Laufe der folgenden erdgeschichtlichen Zeiträume wurden die Auffaltungen weitgehend zu einem Rumpfgebirge abgetragen. Es herrschte trocken-heißes Klima in diesem Erdzeitalter von Perm und Trias. Das Meer überflutete nur noch Randbereiche des Eifelrumpfes – aus diesem Zeitraum stammen rötliche Buntsandsteinablagerungen.

Vulkanismus

Im folgenden **Erdzeitalter des Tertiär** wurde der Eifelrumpf angehoben. Im Zuge dieser tektonischen Bewegungen brachen die Niederrheinische Bucht und auch das Neuwieder Becken ein. Mit dem so entstandenen Gefälle begann die Erosionskraft der Flüsse auf den Rumpf einzuwirken,

Die Eifel-Maare – Kratermulden mit und ohne Wasser

Die Eifel-Maare (lateinisch *mare* = die See, das Meer), von der Dichterin *Clara Viebig* als die „Augen der Eifel" bezeichnet, sind überwiegend in der letzten Ausbruchsperiode des Eifel-Vulkanismus entstanden. Es handelt sich um kraterförmige Vertiefungen, die durch **vulkanische Gasexplosionen,** so genannte phreatomagmatische Explosionen entstanden. Maare sind großteils kreisförmig und teilweise mit Wasser gefüllt, sodass man **Maarseen** von **Trockenmaaren** unterscheidet.

In der ersten Entstehungsphase eines Maares trifft aufsteigendes Magma mit Wasser führenden Gesteinsschichten zusammen. Beim Kontakt von Wasser und Magma kommt es zu jenen Explosionen, bei denen das umgebende Gestein zusammen mit der Magma in kleinste Bestandteile zerfetzt und aus dem Explosionstrichter geschleudert wird. Das Gestein bricht über dem Explosionsschlot zusammen, der Maartrichter entsteht und nachfolgendes Auswurfmaterial bricht in den Trichter ein. Bleibt ein Trichter erhalten, füllt sich dieser mit **Grund- und Oberflächenwasser,** der Maarsee entsteht. Verfüllt sich der Trichter, auch durch spätere Sedimente, entsteht ein Trockenmaar.

Der schönste Maarsee ist das kreisrunde **Pulvermaar** bei Gillenfeld, das interessanteste Trockenmaar wird vom **Booser Doppelmaar** westlich von Boos bei Kelberg gebildet. Der **Laacher See** ist übrigens kein Maar im eigentlichen Sinne. Es handelt sich hierbei um einen See, der im ehemaligen Einbruchkrater des Laacher Vulkans entstanden ist.

Als das älteste Maar wird das **Eckfelder Maar** bei Manderscheid angesehen. Es stammt aus der erdgeschichtlichen Epoche des Eozän, der zweiten Epoche des Tertiär vor etwa 50 Millionen Jahren. In diese Periode fällt die sprunghafte Weiterentwicklung der Säugetiere, vor allem der Unpaarhufer, Fledertiere, Primaten und Nagetiere. Und so hat man im Untergrund dieses Maares so sensationelle Funde gemacht wie das Eckfelder Urpferd, ein vollständig erhaltenes Skelett einer trächtigen Stute, sowie den Flügel einer vorzeitlichen Fledermaus.

Das jüngste Maar ist das **Eichholzmaar** bei Steffeln. In den Jahren 2007/08 wurden Renaturierungsmaßnahmen durchgeführt, um das zu Beginn des vorigen Jahrhunderts zum Erhalt von Wiesenflächen trocken gelegte Becken wieder zu füllen. Das Eichholzmaar bedeckt nun wieder eine Wasserfläche von einem Hektar, es hat einen Durchmesser von 120 Metern und seine größte Tiefe beträgt drei Meter.

Land und Leute

das Eifelgebirge wurde langsam durch **Flusstäler** und Abtragungen strukturiert. Diese tektonischen Bewegungen machten gleichzeitig die Erdoberfläche unruhig und rissig – so setzte im Tertiär die erste Phase des Eifelvulkanismus ein. Tertiäre Vulkankuppen charakterisieren noch heute das landschaftliche Erscheinungsbild der Hocheifel. Hier drängte vulkanisches Material an die Erdoberfläche und hinterließ die höchsten Berge der Eifel, so die **Hohe Acht** (747 m), die **Nürburg** (678 m), den **Hochkehlberg** (674 m) und den **Aremberg** (623 m). Ingesamt gibt es – unabhängig von der Frage möglicher noch eintretender Eruptionsphasen in der Zukunft – derzeit **340 Vulkane** in der Eifel, die als erloschen gelten können.

Der Höhepunkt dieser primären tektonischen Unruhe in der Eifel lag vor 35 bis 45 Millionen Jahren und ist bis heute keinesfalls abgeschlossen, wie unter anderem die **häufigen Erdbeben** im Köln-Bonner Raum zeigen.

Die Umwandlung des Eifelrumpfgebirges zum heutigen Erscheinungsbild einer typischen **Mittelgebirgslandschaft** ist das Ergebnis der in den letzten 500.000 Jahren auf die Erdoberfläche einwirkenden Kräfte. Das Rumpfgebirge wurde stärker angehoben, die Flusstäler schnitten sich immer tiefer ein, der Mittelrheingraben senkte sich um 150 Meter ab. Im Wechselklima dieses Erdzeitalters des **Quartär** hinterließ die Einwirkung von Niederschlägen immer tiefere Spuren. Gleichzeitig war die erneute Eifelanhebungsphase von lebhaftem Vulkanismus begleitet. Dieses jüngste mitteleuropäische Vulkangebiet hatte seine geographischen Schwerpunkte in der Westeifel und im Maria-Laach-Gebiet. Aus dieser Zeit stammen auch die **Maare,** jene vielfach mit Wasser gefüllten Vulkantrichter, die die Eifel – neben vielfältigen Fossilienfunden – so berühmt gemacht haben.

Die drei Dauner Maare sind durch Wanderwege miteinander verbunden

Flora und Fauna

Die Pflanzenwelt

Die Eifel weist die typische Pflanzen- und Tierwelt der **deutschen Mittelgebirge** auf. Wenn es auch keine endemischen Arten gibt, so ist die Vielzahl ihrer Pflanzengesellschaften in Abhängigkeit von den hier anzutreffenden unterschiedlichen Lebensbedingungen beachtenswert. Von besonderer Attraktivität sind unter anderem die Orchideenstandorte in verschiedenen Regionen der Eifel und die Narzissenbestände in den Tälern der Westeifel.

Kaum ein anderes Mittelgebirge in Deutschland hat einen so vielfältigen Landschaftscharakter wie die Eifel. Die wechselnde Oberflächengestalt, klimatische und witterungsbedingte Abweichungen, unterschiedliche Bodenbeschaffenheiten und menschliche Eingriffe bedingen eine entsprechend vielfältige Vegetation. Was auf den ersten Blick nur als abwechslungsreiche Komposition aus Feld, Weide und Wald erscheint, bietet bei genauerer Betrachtung höchst beachtenswerte As-

102ei Foto: ti

Land und Leute

pekte, die der landschaftlichen Unterteilung der Eifel in Östliche Hoch- und Vulkaneifel, Nord-Süd-Senke, Westliche Hocheifel und Moseleifel entsprechen.

Osteifel

So wird beispielsweise die Flora der Vulkankuppen der Osteifel von **Rotbuchenwald** beherrscht, in deren Krautunterbewuchs **Orchideenarten** wie das Waldvögelein, aber auch Nest- und Zahnwurz vorkommen. Die Maare dieser Region zeigen typische Wasserpflanzengesellschaften aus **Seerosen, Laichkraut** und **Binsen** sowie **Röhricht** in den Verlandungszonen, soweit sie vorhanden sind. Im Flussverlauf der Ahr findet man im unteren Bereich kurz vor der Mündung unterhalb der Landskrone auf nicht mehr bewirtschafteten Wein- und Obsthängen der Lohrsdorfer Wiesen Orchideenstandorte. Hier geben Hinweistafeln

Die Moselberge begrenzen die Eifel im Südosten

Typische Landschaft in der Vulkaneifel

dem Besucher weitergehende Erklärungen zu diesem Biotop. Im Bereich der Wein-Ahr mit den steilen, Wärme speichernden Felsformationen kommen **mediterrane Steingartengewächse** vor. Im oberen Ahrbereich haben sich im Lampertstal noch entwaldete Flächen erhalten, die durch Beweidung mit Schafen unter Naturschutz stehende **Wacholderheiden** tragen.

Nord-Süd-Senke

Die Nord-Süd-Senke der Eifel ist durch ihre Kalkmulden gekennzeichnet. Hier ist der Niederschlag geringer, die Wasserdurchlässigkeit des Bodens erheblich. Neben **Orchideen,** vor allem Knabenkräutern und den Ragwurzarten im Trierer Muschelkalk, findet man vor allem verschiedene **Nelkenarten** und auf Magerwiesen die violett blühende **Kuhschelle.** Auch der **Ginster** ist weit verbreitet, der wegen seiner üppigen gelben Blüten als „Eifelgold" bezeichnet wird.

Westeifel

Die Westeifel geht in Teilbereichen in das Hohe Venn über, das durch Hochmoore gekennzeichnet ist – hier wachsen **Moose, Wollgras** und **Seg-**

gen und an den Torfrändern **Heide.** Vor allem im Perlenbachtal, aber auch in anderen Bachtälern der Region trifft man auf ausgedehnte **Narzissenstandorte.** In den Wäldern der Hochlagen von Zitterwald und Schneifel findet man am Boden üppigen **Farnbewuchs.** Neben der **Rotbuche** trifft man auf **Bergahorn** und **Esche. Efeu** ist weit verbreitet und es wachsen auch verschiedene **Beerenarten.** An den Hängen tritt **Ilex** auf. Ein ganz besonderes Biotop weist die Westeifel in den nördlichen Ausläufern des Hürtgenwaldes auf – hier zählt der Schlangenberg zu Europas bekanntesten Vorkommen der seltenen Schwermetallvegetation. Seine hervorragend ausgebildeten Schwermetallrasen und -heiden zählen zu den artenreichsten Vorkommen ganz Deutschlands. Es sind bedeutende Refugialbiotope für das **Gelbe Galmei-Veilchen,** das **Galmei-Täschelkraut** und die **Galmei-Grasnelke.**

Moseleifel Die Moseleifel ist klimatisch begünstigter als die anderen Eifelregionen. An den nach Süden exponierten Hängen sind **Eichenmischwälder** typisch. An den Steilhängen zur Mosel treten die **Weichselkirsche** auf, Wärme liebende **Farnarten** wie der Streifenfarn, **Fettkräuter, Felsheide, Mauerpfeffer,** die für warme Felsstandorte so typische **Felsenmispel** und **Felsenbirne** und vieles andere mehr.

Die Tierwelt

Genauso wie der Mensch in die Vegetation der Eifel eingegriffen hat, betrifft dies auch die Tierwelt. Auerochs und Wisent waren spätestens im 16. Jahrhundert, der Bär im 17. Jahrhundert, Luchs und Wolf im 19. Jahrhundert ausgerottet. Auch Hirsche wurden Opfer der Entwaldung. Doch mit der Wiederaufforstung verbesserten sich die Lebensbedingungen. Heute ist **Rehwild** häufig, **Mufflons** wurden eingebürgert. Das **Wildschwein** vermehrt

Die Waldgeschichte der Eifel

Im Zuge der nacheiszeitlichen Erwärmung hatte die **Buche** in der Eifel die bis dahin in den Mittelgebirgen dominierenden Eichen und Linden verdrängt. Als die Bevölkerung im Mittelalter stark zunahm, war es erforderlich, das Land immer intensiver zu bewirtschaften und auch die Wälder stärker zu nutzen. Neben den **Forsten,** den Jagdrevieren der Grundherren, gab es die **Buschen,** den Gemeindewald als Nutzwald für die Dorfbevölkerung. Ab dem 15. Jahrhundert wurden die Forsten zunehmend zur Gewinnung von Holz und Holzkohle erschlossen, die Buschen zum Holzeinschlag, zum Sammeln von Streu, zum Abrinden und als Waldweide „missbraucht". Danach erfolgte weitgehender **Kahlschlag** in den Buchenwäldern, um Holzkohle für die sich auch in der Eifel stark entwickelnde Eisenindustrie zu gewinnen.

Als die Eifel – und damit auch die östlichen Teile des Hohen Venns – preußisch wurden, begann dort die gezielte **Aufforstung** mit der schnell wachsenden **Fichte,** die seither in der Eifel auch als „Preußenbaum" bezeichnet wird. Um 1900 betrug der Anteil von Fichten nach weiterer Vernichtung der Laubholzbestände in vielen Revieren schon um die 70 %. Heute bemüht man sich zunehmend um die **Wiederanpflanzung von einzelnen Laubholzbeständen,** sodass die Forste der Eifel wieder mehr durch Misch- und Laubwälder geprägt sind.

●**Ausstellung 400 Millionen Jahre Wald:** Naturzentrum Eifel, 53947 Nettersheim, Römerplatz 8–10 (s. Nettersheim).

Land und Leute

sich stark. Den **Fuchs** als größtes Raubtier findet man allerorten. Selten geworden ist die **Wildkatze.** Sie soll vor allem im neuen Nationalpark Eifel bessere Lebensbedingungen finden. Daneben gibt es **Dachs, Iltis** und **Wiesel. Biber** wurden wieder ausgesetzt, der **Waschbär** kam aus Pelztierfarmen. Zu den fliegenden Säugetierspezies der Eifel zählen verschiedene **Fledermausarten.**

In der Luft dominieren Raubvögel, vor allem der **Bussard,** aber auch **Milan, Habicht,** selten die **Kornweihe.** Der **Uhu** ist an mehreren Standorten erfolgreich wieder eingebürgert worden. Selten ist der **Schwarzstorch,** aber es gibt ihn in der Eifel.

Selten sind auch der **Eisvogel,** dessen Bestand sich aber ausweitet, die **Wasseramsel** und der **Pirol,** der einen Standort an der Ahrmündung hat. Daneben ist die Eifel Durchzugsgebiet für Vögel, aber auch Winterstandort, etwa für **Bergfinken.**

Kröten und Frösche sind weit verbreitet, auch der seltene **Laubfrosch.** Unter den Reptilien ist vor allem der **Feuersalamander** zu erwähnen. **Nattern** sind seltener geworden, **Eidechsen** sieht man überall an warmen Standorten.

Die Flüsse beherbergen eine große Artenvielfalt an **Fischen** – die Flüsse und Seen der Eifel sind sauber! Hier haben viele **Libellenarten** ihren Lebensraum. Groß ist auch die Zahl der **Käferarten** und **Schmetterlinge.**

Insgesamt kann man sagen, dass die vielen menschlichen Eingriffe in die Natur der Eifel in den zurückliegenden Jahrhunderten zwar ihre Lebenswelt beschränkt haben, dass aber heute der aktive Naturschutz dazu beiträgt, die Pflanzen- und Tiergesellschaften der Eifel zu erhalten und ihnen neuen Lebensraum bereitzustellen.

Naturschutz

Zwei große Naturparks, neuerdings auch ein Nationalpark und viele Naturschutzgebiete erstrecken sich auf dem Gebiet der Eifel.

Naturparks Im Norden liegt der **Naturpark Nordeifel** als Teil des „Deutsch-Belgischen Naturparks Hohes Venn – Eifel". Seine Gesamtfläche umfasst 1760 km² zwischen dem Hohen Venn und dem Kermeter mit dem Rurtal, seinen Stauseen und der Schneifel. Im Süden der Eifel findet sich der **Naturpark Südeifel** als Teil des Deutsch-Luxemburgischen Naturparks mit einer Fläche von 433 km². Im Kern umfasst er die Gebiete des Ferschweiler Plateaus und verläuft entlang der Flüsse Sauer und Our bis hinter Dasburg. Darüber hinaus ragt südlich von Köln noch ein kleiner Teil des **Naturparks Kottenforst-Ville** mit dem Rheinbacher Wald in die Eifel hinein.

National-park Eifel

Im Jahre 2003 hat das Land Nordrhein-Westfalen 10.700 Hektar der Nordeifel unter den Schutz des **ersten Nationalparks in Nordrhein-Westfalen** gestellt. Der Nationalpark Eifel zeichnet sich durch seine weiten Buchenwälder, knorrigen Eichenwälder, Schluchten und wilden Bäche aus. Er umfasst das Gelände südlich der Rurtalsperren, das bis Ende 2005 von den Belgiern als Truppenübungsplatz genutzt wurde und bis dahin Besuchern nur beschränkt offen stand.

● www.nationalpark-eifel.de

Natur-schutz-gebiete

Viele der geologischen, geographischen und landschaftlichen Besonderheiten der Eifel konnten unter Naturschutz gestellt werden. An die 150 solcher Naturschutzgebiete gibt es, wovon das Gebiet **Laacher See** mit seinen Randgebieten das größte ist. Es geht um den Schutz der Moore, Bachläufe und Felsformationen, um Orchideen- oder Narzissen-Biotope oder auch um Wacholderflächen oder spezifische forstliche Biotope, um nur eine Auswahl zu nennen.

Geschichte

Frühge-schichte

Bereits in vorgeschichtlicher Zeit durchwanderten Menschen die Eifel – entsprechende Funde lassen sich an die 100.000 Jahre zurückdatieren. Mit dem Ende der letzten Eiszeit verbesserten sich die klimatischen Bedingungen und die Menschen stießen intensiver in die Eifel vor. Das **Ferschweiler Plateau** im Süden ist ein gutes Beispiel für die Siedlungsgeschichte der letzten Jahrtausende vor der Römerzeit.

Römer

Die Römer bescherten der Eifel vom 1. Jahrhundert v. Chr. bis ins 3. Jahrhundert n. Chr. eine fried-

Die römische Wasserleitung

Die etwa 100 Kilometer lange Eifelwasserleitung von Nettersheim nach Köln zählt zu den **längsten Fernwasserleitungen des Römischen Reiches.** Sie versorgte vom Ende des 1. bis zum 3. Jahrhundert n. Chr. Köln als Provinzhauptstadt Niedergermaniens mit Frischwasser. Die Leitung hatte ihren Ausgangspunkt unterhalb von Nettersheim im Flusstal der Urft an der Quellfassung „Grüner Pütz". Als reine Gefälleleitung zog sie sich am Talhang der Urft entlang nach Kall, um dort die europäische Wasserscheide zwischen Maas und Rhein zu überwinden. Anschließend verlief sie parallel zum Nordhang der Eifel, überquerte die Erft bei Euskirchen-Kreuzweingarten und den Swistbach mit gemauerten Gewölbebrücken, um dann im Kottenforst nordwestlich von Bonn den Höhenrücken des Vorgebirges zu passieren. Weiter führte die Leitung über Brühl und Hürth nach Köln.

Die Leitung verlief zum Schutz vor Frost großteils etwa **einen Meter unterhalb der Erdoberfläche.** Sie hatte innen eine Breite von siebzig Zentimetern und eine Höhe von einem Meter und konnte auch begangen werden. Das Innere der Leitung war mit einem rötlichen Putz versehen, der neben Kalk auch zerstoßene Ziegelsteine enthielt. Dieses Material erhärtete unter Wasser und diente zur Abdichtung gegen Wasserverluste.

Eine zweite Verwendung erhielt die römische Eifelwasserleitung im **Mittelalter.** Die Baumeister der Kirchen, Klöster und Burgen in der Umgebung nutzten das Baumaterial, vor allem auch den **Kalksinter,** der sich in der Leitung durch das von den Römern so geschätzte kalkhaltige Wasser gebildet hatte. Der bis zu 30 Zentimeter dicke Kalksinter wurde wie Marmor verwendet – daher sein Name **„Eifelmarmor"!**

Der rund 110 Kilometer lange **Römerkanal-Wanderweg** folgt der Trasse der Eifelwasserleitung von Nettersheim nach Köln.

fertige Zeit, in der das Gebiet sich zu einem **bedeutenden Wirtschaftsraum** entwickelte. Die Bodenschätze (Blei, Galmei, Eisen, Kalk und Steine zum Bauen) wurden abgebaut, große Fernstraßen quer durch die Eifel und die Fernwasserleitung nach Köln angelegt.

Römischer Gedenkstein in Bitburg

Franken-reich

Ab dem 5. Jahrhundert drangen Franken in die nachrömische, entvölkerte Eifel vor. Das Gebiet lag am Ende des 1. Jahrtausends inmitten der fränkisch-karolingischen Herrschaftszentren **Aachen und Trier.** Die Karolinger statteten die **Abtei Prüm** zu einem der reichsten Klöster des gesamten Frankenreichs aus. Viele weitere Klostergründungen ließen die Eifel wirtschaftlich und kulturell aufblühen. Doch allmählich gewannen die Territorialstaaten im Reich an Gewicht.

Hoch-mittelalter

Im Hochmittelalter war die Eifel Grenzgebiet zwischen den **Erzbistümern Köln und Trier,** der **Grafschaft Luxemburg** und dem **Herzogtum Jülich.** Sie alle strebten danach, ihr Herrschaftsgebiet im Hinterland der Eifel abzusichern. Die kleinen Eifelterritorien mussten sich gegen die Machtansprüche der Großen behaupten. Dies erklärt die große Zahl an **Burgen** in der Eifel, die vor allem zur Grenzsicherung erbaut wurden, von denen wir die meisten nur noch als Ruinen oder von späteren Wiederaufbauten kennen. Durch geschickte Politik konnten einige kleinere **Fürstentümer** und Abteien ihre Selbstständigkeit bewahren, so z.B. das Haus Manderscheid-Blankenheim, die Grafschaft Salm-Reifferscheid oder die Herzöge von Arenberg.

Land und Leute

Zeit der Kriege

So litt das Bergland der Eifel vom ausgehenden Mittelalter an bis in die Neuzeit hinein unter kriegerischen Eingriffen. In mehreren Wellen wurden viele Kulturgüter durch Brandschatzung und Plünderung zerstört. Es begann mit der so genannten **Jülicher Fehde.** Der Jülicher Herzog lehnte sich gegen Kaiser *Karl V.* auf, der im Gegenzug mit seinen Truppen 1542/43 den Nordwesten der Eifel mit Nideggen und Monschau verwüstete. Gegen Ende des 16. Jahrhunderts durchzogen im **Kölner Krieg** spanische Truppen das Rur- und Erftgebiet. Entsetzlich wütete der **Dreißigjährige Krieg** in der Eifel. Städte, Burgen und Dörfer wurden zerstört, Einquartierungen und Plünderungen taten ein Übriges. Noch schlimmer wüteten die **Truppen Ludwigs XIV.,** die ab 1667, insbesondere in den Jahren 1688/89 Frankreichs Traum von der Rheingrenze durchsetzen sollten. Diesen Raubkriegen fielen fast alle Burgen und Städte der Eifel zum Opfer.

Französische Herrschaft

Am Ende dieser kriegerischen Ereignisse war die Eifel ausgeblutet und **verarmt.** Die Berg- und Hüttenwerke sowie der große Bedarf an Bau- und Brennholz führten ab dem 17. Jahrhundert zu einer fast völligen **Abholzung der Wälder,** sodass sich die Eifel bis zum Ende des 18. Jahrhunderts zu einer Wiesen- und Heidelandschaft zurückentwickelte, in der vor allem Schafherden weideten. Gleichzeitig verarmte die Bevölkerung der Eifel weiter, da die kargen Ackerböden keine ausreichenden Ernten zuließen. Da erwies sich der Einmarsch französischer Revolutionstruppen im Jahre 1794 geradezu als Segen für die Eifel. Die Feudalstrukturen, die von Frondiensten und Abgaben charakterisiert waren, wurden aufgehoben und das in Départements und Kantone aufgeteilte Land wurde an Frankreich und dessen Wirtschaftsraum angegliedert. Endlich lohnte sich wieder handwerkliches und industrielles Engagement der Bevölkerung.

Preußen 1815 sprach der Wiener Kongress das Gebiet der Eifel Preußen zu, wo es bis 1945 verblieb. Preußen war um sein neues, an Frankreich grenzendes Herrschaftsgebiet bemüht, doch die Bevölkerung blieb verarmt. Die Infrastruktur wurde primär aus militärischen Gründen aufgebaut, das Land wieder aufgeforstet. Die Bevölkerung profitierte vom Eisenbahn- und späteren Straßenbau. Doch die Infrastruktur brachte auch billigere Produkte in die Eifel – hier mussten viele Industriebetriebe ihre Tore schließen. So blieb die Eifel bis in die Zeit nach dem Ersten Weltkrieg **einer der ärmsten Landstriche Deutschlands.**

Der Bau des **Nürburgringes** südlich des entlegenen Adenau ab 1925 setzte dann ein erstes Zeichen für den **wirtschaftlichen Neuanfang.** Diese Arbeitsbeschaffungsmaßnahme brachte Touristen in die Eifel! Doch zunächst musste der Zweite Weltkrieg mit seinen verheerenden Folgen überstanden werden.

Zweiter Weltkrieg Der schon vor dem Zweiten Weltkrieg errichtete **Westwall** machte die Eifel noch kurz vor Kriegsende zu einem der verlustreichsten Schlachtfelder. Im Hürtgenwald starben 1944/45 fast 70.000 Soldaten. Zur Unterbrechung der Nachschublinien hatten die Alliierten bis zum Ende des Krieges fast alle Städte, Dörfer, Verkehrsknotenpunkte und Industrieanlagen zerbombt.

Wiederaufbau Nach dem Krieg wurde die Grenze zwischen britischer und französischer Besatzungszone durch die Eifel gezogen. Mit der Konstituierung der Bundesländer kam der Nordteil der Eifel an **Nordrhein-Westfalen,** der größere Südteil an **Rheinland-Pfalz.** Der Wiederaufbau in der Eifel begann zunächst etwas zögerlicher als in den Ballungsgebieten der jungen Bundesrepublik. Auch gelang städtebaulich nicht immer der "große Wurf". Doch das Bewusstsein für die traditionelle Kultur wurde stärker. Vor allem die besonders schönen

Land und Leute

Fachwerkstädte wie Monschau, Monreal und Bad Münstereifel entstanden, von Putz und Verblendung befreit, neu.

Tourismus Es entwickelte sich eine touristische Infrastruktur mit Freizeiteinrichtungen, Gastronomie, Ferienparks und Erholungsangeboten. Heute stellt sich die Eifel als **moderne Freizeitregion** dar, die für ihre Besucher zu allen Jahreszeiten attraktiv ist.

Kunst und Kultur

Spuren der Römer In vorrömischer Zeit waren primär die klimatisch bevorzugten Randlagen von Menschen bewohnt – im Norden von den Eburonen und im Süden von den keltischen Treverern. Mit dem Einzug der Römer wurde der gesamte Eifelraum erschlossen. Die Reste römischer Gutshöfe und Villen, römischer Straßen und der Wasserleitung, dazu Häuser- und Tempelreste, Befestigungsanlagen, aber auch Spuren des Bergbaus, der Industrie und der Kalkbrennerei sind Zeugen dieser Zeit. Anschaulich wird römische Kultur, wenn man die **Mosaiken der Villa Otrang** oder die **Römervilla am Silberberg** von Ahrweiler betrachtet oder beispielsweise den **Archäologischen Rundwanderweg** in Bitburg entlanggeht.

Romanik und Gotik Die nachrömisch-fränkische Kulturepoche der stark entvölkerten Eifel hat kaum Spuren hinterlassen. Mit der Christianisierung entstanden die ersten **Klosterbauten,** als wichtigstes die Abtei Prüm im Jahre 721 durch Bertrada aus dem Geschlecht der Karolinger. Die Karolinger richteten an die 50 Königsgüter in der Eifel ein, was zeigt, dass diese Region nunmehr wieder politisch und wirtschaftlich an Gewicht gewann. Weitere Klöster entstanden, Land wurde gerodet und urbar gemacht, Dörfer wurden errichtet, Mühlen gebaut und Weinberge angelegt. Die die Grundherren vertretenden Vögte verselbstständigten sich, richteten sich eigene kleine Herrschaften ein und bauten **Burgen** zu ihrer Verteidigung. So soll es im frühen Mittelalter an die 150 Burgen in der Eifel gegeben haben.

Das Mittelalter ist auch die Zeit des großartigen **Kirchenbaus** in der Eifel. In **Ahrweiler, Münstereifel, Münstermaifeld, Maria Laach, Prüm** und **Klausen** entstanden Sakralbauten von hohem künstlerischen Rang. Zu ihren Innenausstattungen zählen wertvolle Statuen, Fresken, Altäre und Gemälde. Nur zu leicht werden dabei die vielen **Dorfkirchen** aus jener Bauzeit übersehen, die man ganz verstreut über die Eifel findet, so in **Baasem** mit dem Renaissancealtar, die Wehrkirche in **Berndorf,** die Wallfahrtskirche **Fraukirch** mit dem berühmten Genoveva-Altar oder die Burgkapelle von **Kerpen.**

In der Spätgotik entwickelte sich mit der von *Nikolaus von Cusanus* geförderten Einstützenkirche ein eigenständiger Eifeler Baustil, der vor allem durch die Manderscheider Grafen in ihrem Herrschaftsgebiet zum Tragen kam, so beispielsweise in der Pfarrkirche St. Johann Baptist von **Kronenburg** oder in der Kirche von **Steinborn.**

Barock und Rokoko

Obwohl vom 16. bis zum ausgehenden 17. Jahrhundert die Eifel immer wieder von Kriegen und durchziehenden Truppen heimgesucht wurde, hat diese Zeit viele bauliche Spuren hinterlassen. Das imposante **Barockschloss von Malberg** bei Kyllburg ist eines der klassischen Bauwerke dieser Zeit, das Rokoko-Ensemble von **Wittlich** hat seinen ganz besonderen Charme. Aus dieser Zeit stammen im Wesentlichen auch die großartigen **Fachwerkbauten,** wie sie heute restauriert als geschlossene Bausubstanz in den Altstadtkernen von **Ahrweiler, Monschau, Bad Münstereifel** und **Monreal,** aber auch in vielen kleineren Orten anzutreffen sind. Aus dieser Barock- und Rokoko-Epoche stammen auch viele **Klosteranlagen,** so

Land und Leute

die in **Steinfeld, Springiersbach, Niederehe** und in **Prüm.** Ein besonderes Kleinod stellt die **Pfarrkirche von Saffig** dar, deren Baumeister niemand anders als *Balthasar Neumann* war.

Sakrale Kunst

Neben den baulichen Leistungen, die über Jahrtausende in der Eifel vollzogen wurden, hat dieser Landstrich auch Akzente in anderen Kulturbereichen gesetzt. Großartig sind die vielen **Altäre und Skulpturen** in den Eifeler Kirchen, die der Romanik und Gotik, der Renaissance und dem Barock wie auch der Moderne entstammen. Der **Bassenheimer Reiter** des Naumburger Meisters in der Pfarrkirche von Bassenheim soll hier nur beispielhaft genannt sein – er zählt zu den künstlerisch wertvollsten Reliefskulpturen der Romanik ganz Deutschlands.

Bitburger Barockschlösschen

Literatur

Zu den großen literarischen Leistungen zählt das um 1250 im Kloster Marienthal im Ahrtal entstandene **„Marienlob"**, ein 5000 Verse umfassendes **mittelhochdeutsches Mariengedicht.** Es beginnt, indem der Verfasser das Buch selbst sprechen lässt: „Ich bin das Lob der reinsten Frau, die Gottes Augen je erschauen konnten ...". Als Verfasser wird der damalige Prior des Nonnenklosters Marienthal vermutet – männliche Vorsteher von Nonnenklöstern waren damals nicht unüblich. **Volkspoesie** entstand in der abgeschiedenen Landschaft der Eifel mit ihren langen Wintern und drückte sich in Sagen, Legenden und Märchen aus. Mit der **Romantik** setzte das überörtliche Interesse an der „wilden, fernen Eifel" ein. *Karl Simrock* und *Gottfried Kinkel* aus Bonn bereisten die Eifel und schrieben ihre Eindrücke für ein großes Publikum nieder.

Prominenteste Eifelschriftstellerin ist die in Trier geborene **Clara Viebig** (1860–1952), deren sozialkritische Romane wie vor allem „Das Weiberdorf" einen tiefen Einblick in das dörfliche Leben dieses verarmten Gebietes vermittelten – und die Eifel zu einer Literaturlandschaft machten. Diesen Hintergrund nutzt auch der 1936 geborene Kriminalschriftsteller **Jacques Berndorf,** der mit seinen Eifel-Krimis ein großes Publikum in ganz Deutschland erreicht und mit seinen spannenden Schilderungen heute die Eifel noch berühmter gemacht hat. *Jacques Berndorf* ist heute der meistgelesene deutsche Krimiautor. In seinem Gefolge sind viele weitere Krimis anderer Autoren aus der Eifel entstanden.

So gibt es vielerorts **Krimi-Lesungen.** Ein **„Eifel-Krimi-Wanderweg"** führt von Hillesheim zu verschiedenen Schauplätzen der Eifel-Krimis (siehe „Eifeler Nord-Süd-Senke/Hillesheim") und Daun richtet alle zwei Jahre das **Krimifestival der Eifel „Tatort Eifel"** mit Lesungen, Autorenpreisverleihung, Kurzfilmen etc. aus (siehe „Osteifel/Daun").

Land und Leute

Wirtschaft und Tourismus

Boden-schätze

Die Eifel hat im Laufe ihrer Besiedlungsgeschichte ganz spezifische Wirtschaftsformen hervorgebracht. Ausgangspunkt der Eifelwirtschaft bildeten die Bodenschätze der Region. Dies betraf zum einen Erze wie **Blei, Galmei, Eisen** und **Kalk** und zum anderen Gestein als Baumaterial. Schon seit vorrömischer Zeit wurden diese Bodenschätze genutzt. Der **Erzabbau** spielte in vielen Regionen der Eifel eine große Rolle, so in Jünkerath oder für die Herzöge von Arenberg. Erst mit den verbesserten Verkehrsbedingungen im 18./19. Jahrhundert wurde der Erzbergbau immer konkurrenzunfähiger, sodass die letzten Gruben im 20. Jahrhundert geschlossen wurden.

Grundlage der Steinindustrie bilden die vulkanischen Gesteine der Eifel, **Schiefer** und **Sandstein.** Harter **Basalt** wurde schon prähistorisch für die Herstellung von Waffen genutzt. Die Römer setzten Basalt und Tuffe als Baumaterialien für ihre Straßen und beispielsweise für die Herstellung von Mühlsteinen ein. Heute noch gehört das Gebiet um Mayen und Kottenheim zu den größten zusammenhängenden Abbaugebieten für Natursteine in Deutschland. Der von den Vulkanen des Laacher Sees zu Tage geförderte **Bims** ist wegen seiner guten Wärmedämmeigenschaften Rohmaterial für die Produktion von Bimssteinen. Die im Neuwieder Becken hergestellten Bimssteine finden weit über das Rheinland hinaus im Hausbau Verwendung.

Land-wirtschaft

Während sich die Steinindustrie in der Eifel punktuell ausbreitete, wurde seit dem Mittelalter Landwirtschaft flächendeckend betrieben. Dort, wo Ackerbau möglich ist, zählten bis vor dem Zweiten Weltkrieg **Hafer** und **Roggen** neben der **Kartoffel** zur Hauptnahrungsgrundlage der im Wesentlichen auf Selbstversorgung ausgerichteten Eifeler Landwirtschaft. Als weiteres traditionelles

Getreide des Eifeler Hochlands stand **Dinkel** im Anbau. **Buchweizen,** auch Heidekorn oder Hederich genannt, gehört zu den Knöterichgewächsen und war die typische Kulturpflanze für die ärmsten Eifelzonen. Hafer und Buchweizen haben einen festen Platz in der traditionellen Eifeler Küche. Sie erleben heute eine kleine Renaissance, nachdem sie über Jahre aus dem Anbauspektrum verschwunden waren.

Noch um die Jahrhundertwende wurde der **Flachsanbau** auch in der Eifel betrieben. Der Samen der Pflanze wurde zur Erzeugung von Leinöl benutzt, während die Bastfäden des Stängels zur Herstellung von Textilien dienten.

In den Höhenlagen dominiert die Dauergrünlandnutzung zum **Futteranbau** und für die **Weidewirtschaft.** Wie überall ist auch in der Eifel die Milchviehhaltung in der Folge des rapiden Strukturwandels unter starken wirtschaftlichen Druck geraten.

**Forst-
wirtschaft**

Auch die Forstwirtschaft der Eifel leidet zunehmend unter dem internationalen Wettbewerb. Zwar beträgt das Rundholzaufkommen der Eifel immerhin 700.000 Festmeter, doch werden heute die Aufgaben des Waldes nicht mehr ausschließlich als Rohstoff- und Einkommensquelle gesehen. Die Bedeutung für das Allgemeinwohl liegt in seinen **Schutz- und Erholungsfunktionen.** Mit seiner stabilisierenden Wirkung auf Wasserhaushalt und Klima ist der Wald ein bedeutender ökologischer Faktor im sensiblen Naturgefüge. Als wertvolle Erholungsräume prägen die Wälder der Eifel die Landschaft, deren Erscheinungsbild eine der Grundlagen für den Tourismus ist, der inzwischen den Hauptwirtschaftsfaktor der Eifel darstellt.

Tourismus

Der Tourismus hat eine lange Tradition in der Eifel – wenn man die Jagdausflüge der Karolinger von Aachen aus als eine Art Freizeitbeschäftigung betrachtet, reichen die Anfänge weit zurück. Doch der eigentliche Fremdenverkehr im heutigen Sinne fand seinen Ursprung im 19. Jahrhundert. In der Epoche der **Romantik** suchten Maler der Düsseldorfer Kunstakademie wie *Johann Wilhelm Schirmer* und *Karl Friedrich Lessing* die Schönheiten der Eifel und erwanderten in den 1820er und 1830er Jahren vornehmlich das Ahrtal. Ihre Bilder begründeten den Ruf der Eifel als malerische Landschaft. Neben den Malern waren es auch die Schriftsteller, die durch das Eifelgebiet wanderten, wie *Hoffmann von Fallersleben, Ernst Moritz Arndt* und *Gottfried Kinkel,* die literarische Zeugnisse von der Schönheit der Eifellandschaft ablegten. Ihnen folgten dann die ersten – wohlhabenden und gebildeten – Sommerfrischler auf den inzwischen gebauten Provinzialstraßen mit Posthaltestellen.

Kur- und Bäderreisende suchten die neu entstehenden **Kurorte** Bad Neuenahr und Bad Bertrich auf. Mit dem beginnenden Eisenbahnbau in den 1870er und 1880er Jahren wurde auch die innere Eifel für Touristen zugänglich. Eine gezielte Förderung des Eifeltourismus unternahm der 1888 gegründete **Eifelverein,** der sich die Imageförderung und den Ausbau touristischer Angebote zum Ziel gesetzt hatte. In seinem ersten Eifelführer (1889) wurden zahlreiche Tourenvorschläge vor allem entlang der Eisenbahnlinien gemacht.

Die Anfänge des **Wintersports** gehen auf das erste Jahrzehnt des 20. Jahrhunderts zurück, als Bonner Professoren in Hollerath einen Skiclub gründeten. 1909 entstand der „Wintersportverband der Eifel".

Ein Zeichen setzte die Eröffnung des **Nürburgrings** 1927, der vor allem der Region um Adenau den erhofften Aufschwung brachte. An der Rur entstand Mitte der 1930er Jahre mit dem Bau der **Staudämme** bei Obermaubach, Heimbach und Schwammenauel ein riesiges Naherholungsgebiet mit zahlreichen **Wassersportmöglichkeiten.** Straßenbau und Motorisierung erschlossen dann auch die Vulkaneifel mit ihren zahlreichen **geologischen Attraktionen** dem Tourismus. Aber richtig los ging es erst nach dem Zweiten Weltkrieg. Der Autobahnbau machte die Eifel als **Naherholungsgebiet** für die Menschen aus den Ballungsräumen an Rhein und Ruhr erreichbar. Auch für Niederländer wurde die Eifel zu einem immer begehrteren Ziel.

Parallel vollzog sich der Strukturwandel in der Landwirtschaft. Man erkennt ihn einerseits schon von Weitem an den Windparks mit den großen Windrädern, die vielfach als landwirtschaftliche Nebennutzung betrieben werden, andererseits an den neuen Betätigungsfeldern der Landwirte, die ihnen angesichts der Strukturschwäche zusätzliche Einkommensquellen verschaffen – **Ferien auf dem Bauernhof** und Selbstvermarktung sind zwei Beispiele für diese Betätigungsfelder, die auch die Attraktivität der Eifel für Besucher weiter erhöhen. Überall in der Eifel sieht man heute die Hinweisschilder zu **Bauernhofläden,** in denen man nicht nur Obst und Gemüse, sondern auch selbst hergestellten Schnaps, Fleischwaren oder Käse erwerben kann.

Im Zuge dieser Entwicklung wurde die touristische Infrastruktur flächendeckend ausgebaut. Jeder Ort hat sein **Fremdenverkehrsamt,** das nicht nur Gastgewerbe und Ferieneinrichtungen vertritt, sondern vielfältigste Veranstaltungen anbietet, um die jeweilige Region noch attraktiver zu machen. So stellt sich die Eifel heute als eine professionell organisierte Ferienregion mit umfassenden **Erholungs- und Kulturangeboten** dar, deren Attraktivität das ganze Jahr über gegeben ist.

Neuer Besuchermagnet in der Eifel soll der erweiterte **Erlebnispark Nürburgring** werden. Die bereits errichteten neuen Gebäude für ein ganzjähriges Freizeit- und Businesszentrum mit „Boulevard", „Arena", „Themenpark", „Ringwerk" und dem Eifeldorf „Grüne Hölle" erfüllen bislang noch nicht die in sie gesetzten Erwartungen (Welcome Center: www.nuerburgring.de).

Land und Leute

Das Eifelvorland

Die nördlichen Ausläufer der Eifel

Das von Tälern strukturierte Rumpfbergland der Eifel senkt sich zum Norden hin flacher ab als im Osten zum Rhein und im Süden zur Mosel. Die Übergangslandschaft zur Norddeutschen Tiefebene, die mit der **Zülpicher Börde** tief in die Eifellandschaft eingreift, wird vom so genannten Eifelvorland gebildet.

Oberwinterer Terrassen- und Hügelland

Die östlichen Teile dieser Übergangslandschaft werden vom Oberwinterer Terrassen- und Hügelland und Drachenfelser Ländchen gebildet. Die Bezeichnung als **Drachenfelser Ländchen** leuchtet zunächst nicht ein, erhebt sich doch der Drachenfels auf der gegenüberliegenden Seite des Rheins. Doch im Jahre 1402 ging der Besitz an der Burg Gudenau bei **Villip** an die Drachenfelser Grafen über, worauf die Bezeichnung des Gebietes zurückgeht. Die heute zur Gemeinde **Wachtberg** zählenden Ortschaften Adendorf, Arzdorf, Fritzdorf und Klein-Villip gehörten vormals zum Herrschaftsbereich der Grafen von Neuenahr, weshalb der südliche Teil des Oberwinterer Terrassen- und Hügellandes als **Grafschaft** bezeichnet wird.

Burg Gudenau

Burg Gudenau zählt zu den am besten gepflegten **Wasserburgen** des gesamten Rheinlands. Die Burganlage besteht aus einem weitläufigen, über Jahrhunderte gewachsenen Baukomplex aus von Wassergräben umgebenem Wohnturm, Herren-

---

Vorhergehende Seite:
Im historischen Ortskern von Kornelimünster bei Aachen

haus, Torturm und Alter Vorburg mit einem anschließenden Renaissancegarten, der in die Landschaft des Kottenforstes übergeht. Als die Herren von Waldbott zu Bassenheim in den Besitz der Burg gelangten und diesen erheblich erweiterten, erhob Kaiser *Leopold I.* das Gebiet des Drachenfelser Ländchens im Jahre 1659 zur Reichsherrschaft.

●**Burg Gudenau:** 53343 Wachtberg-Villip, Burg Gudenau 1, in Privatbesitz und nicht öffentlich zugänglich, bei anhaltendem Frost wird der Burggraben einmal im Jahr zum Schlittschuhlaufen frei gegeben.

Rodderberg

Die Oberflächenstruktur des Oberwinterer Terrassen- und Hügellandes, das sich weitgehend auf der Hauptterrasse des Rheins erstreckt, wurde durch vulkanische und tektonische Einwirkungen des sich tiefer eingrabenden Rheins geschaffen. Im Gegensatz zu den Vulkankuppen des Drachenfelser Ländchens und der Grafschaft ist der sich unmittelbar am Rhein erhebende Rodderberg der jüngsten Ausbruchsperiode des vor etwa 600.000 Jahren einsetzenden quartären Eifelvulkanismus mit Schwerpunkten in der Westeifel und dem Laacher Gebiet zuzurechnen. Er bildet auch keine Kuppe, sondern ist vielmehr durch seine charakteristische **Caldera** (Kraterkessel) gekennzeichnet. Sein Ausbruch liegt „nur" etwa 150.000 Jahre zurück. Es entstand ein Tuffring mit einem Durchmesser von 800 Metern, der eine etwa 50 Meter tiefe Senke umschließt, in deren Mitte sich heute der Broichhof befindet. Der Auswurfschlot liegt am Rand, gut einsehbar vom Feldweg, der zum Rolandsboden führt. Klimatisch in der Senke begünstigt, konnte sich auf den Verwitterungsböden der Senke ein spezifischer Lebensraum für Tier- und Pflanzengemeinschaften ausbilden, die ansonsten eher in südlicheren Gefilden anzutreffen sind. Aufgrund der geologischen und biologischen Besonderheiten des Rodderberges wurde das gesamte Areal unter **Naturschutz** gestellt.

Eifelvorland

Info

●**Rhein-Voreifel Touristik eV.:** 53343 Wachtberg, Rathausstr. 34, Tel. 0228 9 54 41 00, Fax 9 54 41 72, www. rhein-voreifel-touristik.de.

Essen & Trinken

●**Gasthaus Kräutergarten** €€€€: 53343 Wachtberg-Adendorf, Töpferstr. 30, Tel. 02225 75 58, Fax 70 28 01, www. gasthauskraeutergarten.de. In einem alten Adendorfer Wohnhaus, nur wenige Tische, Spitzenrestaurant im Bonner Raum, das für seine niveauvolle Küche mit kleiner, gepflegter Karte und reichhaltiger Weinkarte bekannt ist. Auf jeden Fall Reservierung empfohlen, geöffnet Di–Sa ab 18 Uhr, So 12–18 Uhr.

●**Waldesruh** €: 53343 Wachtberg-Villiprott, Dorfstr. 62, Tel. 0228 32 54 88, www.waldesruh.net. Gartenlokal mit schönem Baumbestand am Kottenforst, an schönen Tagen und Abenden gern von Radlern aufgesucht, rustikale Speisekarte, geöffnet Di–Sa ab 12 Uhr, So ab 10 Uhr, Mo Ruhetag.

Aktivitäten

●**Reitschule Rodderberg:** Gut Broichhof, 53343 Wachtberg-Niederbachem, Rodderbergpark, Tel. 0228 34 50 36, Fax 34 94 86, www.rodderberg.de.

Veranstaltungen

●**Töpfertage:** In Adendorf, dem Töpferdorf mit vielen Töpfereien an der Hauptstraße und den Nebenstraßen, jeweils im Oktober, www.wachtberg.de.

●**Reitturniere Rodderberg:** Rodderberg Park-Derby, Nationale und internationale Vielseitigkeitsreitturniere, jährlich Ende Juli/Anfang August. Deutsche Meisterschaft Vielseitigkeit Senioren, Junioren und Junge Reiter.

Meckenheim

Nordwestlich von Wachtberg liegt Meckenheim. Der erstmals im Jahre 853 erwähnte Ort besaß einst eine Ummauerung und eine Stadtburg. Das alte Stadtbild ging jedoch völlig im Bombenhagel des März 1945 unter. Der sehenswerteste Ortsteil ist Lüftelberg mit seinen reizvollen Fachwerkhäusern, seiner Wasserburg und seiner romanischen Kirche.

Lüftelberg

In Lüftelberg nördlich von Meckenheim an der Swist war ein fränkisches Straßendorf entstanden, das seinen Namen der Heiligen *Lüfthildis* verdankt, die hier um 800 gelebt haben soll und deren Grabstätte in der hiesigen Pfarrkirche St. Peter verehrt wird. **Burg Lüftelberg,** Sitz einer kurkölnischen Unterherrschaft und unmittelbar neben der Pfarrkirche gelegen, wird 1260 erstmals erwähnt. Im 15. Jahrhundert erfolgte der Ausbau der Anlage zu einem steinernen Herrensitz mit vier runden Ecktürmen, der ab 1730 barockisiert wurde. Der Gartensaal als zentraler Raum der Burg wurde repräsentativ als Festsaal mit Gemälden und Stuckaturen ausgeschmückt. Oberhalb der Burg steht die Pfarrkirchkirche St. Peter, ehemals Eigenkirche der Ortsherren und ein Kleinod rheinischer Kirchenromanik.

● **Burg Lüftelberg:** 53340 Meckenheim-Lüftelberg, Besichtigung: am Tag des Offenen Denkmals; Gartensaal kann für private Veranstaltungen gemietet werden (Tel. 02225 77 49); Veranstaltungen: Konzerte im Gartensaal, Weihnachtsmarkt; Honigverkauf: *Anne von Jordans,* im Seitentrakt der Burg Lüftelberg.

● **Lüfthildis-Mysterienspiele:** Wiederbelebung der Wallfahrtstradition durch jährlich neue Inszenierungen, aufgeführt durch Laienschauspieler des Theatervereins, Kontakt: *Herman-Josef Dahlhausen,* 53340 Meckenheim, Kolberger Weg 6, Tel. 02225 1 82 27, www.mysterienspiele.de.

Rheinbach

Weiter nach Westen auf dem Weg durch das Eifelvorland kommt man von Meckenheim nach Rheinbach. Der Ort geht auf ein Lehen der Abtei Prüm aus dem 9. Jahrhundert zurück. 1247 übernahmen die Kurkölner die Herrenrechte und bauten die vorhandene Burg zur Landesburg als militärischen Stützpunkt gegen die Grafen von Jülich aus. Die Stadt litt schwer unter dem Bombenhagel am Ende des Zweiten Weltkrieges, doch die Rheinbacher Hauptstraße mit ihren vielen renovierten Fachwerkhäusern vermittelt immer noch einen Eindruck von dieser einst so schönen Stadt.

Von der mit acht Befestigungstürmen versehenen ehemaligen Stadtbefestigung, die schon ab 1820 weitgehend niedergelegt wurde, sind noch

Eifelvorland

der runde **Wasemer Turm** am Prümer Wall und der viereckige **Kallenturm** an der Grabenstraße erhalten. Die **Kurkölner Landesburg** war wie in Zülpich und Lechenich in den Befestigungsring einbezogen. Von dieser einst so stattlichen Anlage sind noch der Bergfried und der Torbau aus dem 12. Jahrhundert erhalten.

Glas-museum

Zwischen Wasemer Turm und ehemaliger Landesburg steht der **Himmeroder Hof,** ein innerhalb der Stadtmauer gelegener Landwirtschaftshof von Mönchen des Klosters Himmerod in der Eifel. Der schöne Fachwerkgebäudekomplex beherbergt heute das Glasmuseum der Stadt, ein Spezialmuseum für nordböhmisches Hohlglas – Glasbläser aus Böhmen, die sich nach dem Zweiten Weltkrieg in Rheinbach niederließen, begründeten die neue „Tradition" Rheinbachs als Glasstadt mit entsprechender, 1995 gegründeter Fachhochschule. Heute ist sie in die Fachhochschule Bonn-Rhein-Sieg integriert und hat hier zusätzlich ihren betriebswirtschaftlichen Zweig.

●**Glasmuseum Rheinbach:** 53359 Rheinbach, Himmeroder Wall 6, Tel. 02226 91 75 00, www.glasmuseum-rhein bach.de; Di–Fr 10–12 und 14–17 Uhr, Sa und So 11–17 Uhr, Mo geschl., Eintritt 2,50 €, Jugendliche 1 €, auch Sonderausstellungen, Café-Weinstube im Himmeroder Hof.

Euskirchen

Die erstmals im Jahre 870 urkundlich erwähnte Stadt Euskirchen, westlich von Rheinbach gelegen, befand sich später im Besitz der Herren von Monschau, die der Ortschaft 1302 die Stadtrechte verliehen. 1355 kam Zülpich an die Grafen von Jülich, die den Ort als Grenzfeste gegen Kurköln ausbauten. Weithin herausragendes Gebäude aus der mittelalterlichen Stadt ist die katholische

Erster Schnee im Herbst im Eifelvorland

Pfarrkirche St. Martin. Die dreischiffige Basilika stammt im Kern aus dem 12. Jahrhundert – möglicherweise sind Bauteile einer vorangegangenen Saalkirche einbezogen worden.

Industriemuseum

Sehenswertes Technikmuseum in der 1961 stillgelegten **Tuchfabrik Müller,** deren gesamtes Betriebsinventar noch vorhanden und einsatzfähig ist. Nur im Rahmen von Führungen zu besichtigen, bei denen die alten Maschinen in Gang gesetzt werden. Die Kraftübertragung erfolgt noch durch Treibriemen.

●**Rheinisches Industriemuseum Kuchenheim:** Euskirchen-Kuchenheim, Carl-Koenen-Str., Tel. 02251 1 48 80, www.freunde-rim-euskirchen.de. Führungen Di–Sa 11, 14, 15.30 Uhr, So 11, 12, 13, 14, 15, 16 Uhr; 1.1., Weiberfastnacht bis Karnevalsdienstag geschlossen, Eintritt 7 €, ermäßigt 3 €, Jugendliche bis 18 Jahren frei.

Info

●**Stadtverwaltung Euskirchen:** 53879 Euskirchen, Kölner Str. 75, Tel. 02251 1 40, Fax 1 42 49, www.euskirchen.de.

Eifelvorland

002ei Fotx: ot

Zülpich

Der zentrale Ort des Eifelvorlands ist Zülpich. Hier an der Kreuzung der Straßenverbindungen Trier – Neuß und Reims – Köln hatten die Römer ein Kastell errichtet, dessen Namen uns der römische Geschichtsschreiber Tacitus als *Tolbiacum* überliefert hat. Die **römische Badeanlage** an der Südseite der Peterskirche, die vom **Heimatmuseum** in den ehemaligen Propsteigebäuden zugänglich ist, zeugt noch aus dieser Epoche. In nachrömischer Zeit schrieb Zülpich sogar Weltgeschichte – hier schlug der Frankenkönig *Chlodwig* im Jahre 496 ein Heer der Alemannen vernichtend, einer der wichtigsten Schritte auf dem Weg zur fränkischen Vorherrschaft in Mitteleuropa, die unter *Karl dem Großen* ihren Höhepunkt erreichte.

1255 erhielt Zülpich Stadtrechte, der Ort war eine weit vorgeschobene Bastion der Kölner Erzbischöfe gegen die Grafen von Jülich. Die Kölner versahen Zülpich im 13. und 14. Jahrhundert mit einer Stadtmauer mit vier teils doppeltürmigen Stadttoren. Innerhalb der Ummauerung errichteten sie ihre **Landesburg** – der rechteckige Bau mit seinen vier Ecktürmen beherbergt heute eine Brennerei.

●**Propsteimuseum Zülpich:** 53909 Zülpich, Am Mühlenberg 7, Tel. 02252 5 22 84, www.kreis-euskirchen.de, geöffnet Di, Mi, Fr 11–13 Uhr und 15–19 Uhr, Do 17–21 Uhr, So 15–19 Uhr. Jungsteinzeitliche Exponate, Besichtigung der 1929 entdeckten Römerthermen.

Info

●**Stadtverwaltung Zülpich:** 53909 Zülpich, Markt 21, Tel. 02252 5 22 80, www.zuelpich.de.

Düren

Im Jahre 747 hielt der fränkische Hausmeier *Karlmann* „in Villa, quae dictur duria" eine Reichsversammlung ab – ihm war dieses Hausmeieramt nach *Karl Martells* Reichsteilung 741 für den Osten des Frankenreichs zugekommen, das er in politischer Übereinstimmung mit seinem Bruder *Pippin* ausübte, der im Westen des Frankenreichs amtierte. Damit wird auch erstmals die heutige Stadt Düren urkundlich erwähnt. Ab Ende des 12. Jahrhunderts wurde mit dem Bau der Ummauerung begonnen, der bis ins 16. Jahrhundert die Stadt beschäftigte. Kaiser *Friedrich I.* verpfändete die Freie Reichsstadt Düren, die dadurch in den Besitz der Grafen von Jülich geriet. Im Zuge der Jülicher Fehde eroberten Truppen Kaiser *Karls V.* Düren – große Teile der Stadt brannten ab. Im 18. Jahrhundert entwickelte sich dann in der bislang handwerklich geprägten Stadt ein Metall- und Textilgewerbe, das die Grundlage der späteren Industrialisierung im Dürener Raum bildete. Nach der fast vollständigen Zerstörung im 2. Weltkrieg erfolgte der Wiederaufbau der Stadt im Stil der 50er und 60er Jahre des 20. Jahrhunderts.

**Schloss
Burgau**

Das restaurierte **Wasserschloss** Burgau, mit dessen Bau ab dem 14. Jahrhundert begonnen wurde, ist heutiges **Kulturzentrum** der Stadt Düren. Es liegt etwas außerhalb des Zentrums im Stadtwald, mit Zimmertheater, Theaterschule, Ausstellungsräumen, Café und Weinlokal sowie Winkelsaal für private Veranstaltungen und Trauungen.

● **Schloss Burgau:** 52349 Düren-Niederau, Von-Aue-Str. 1, Tel. 0160 91 76 44 50, www.schloss-burgau-events.de.

Info

● **Stadtverwaltung Düren:** 52349 Düren, Kaiserplatz 2–4, Tel. 02421 2 50, Fax 25 22 51, www.dueren.de.

Stolberg

Stolberg erstreckt sich am Rand der Eifel entlang des Tales des Vichtbachs, der in den Höhen der Nordeifel entspringt. Die Wasserkraft des Bachs war es auch, die hier seit dem 13. Jahrhundert den Betrieb von Hammerwerken ermöglichte, die das

Eifelvorland

Erz aus dem Tal mit den nahe gelegenen Kohlevorkommen verarbeiteten. Bereits die Römer hatten im nördlich gelegenen, heutigen Vorort Atsch Erzbergbau betrieben. Seit dem 16. Jahrhundert ist die Kupferproduktion beurkundet, und auf der Basis der hier gefundenen Galmei-Erze mit Zink- und Bleianteilen entwickelte sich eine frühe Messingindustrie. Die Metallverarbeitung erfolgte in wehrhaften Hofanlagen. Mehrere der herrschaftlichen Kupferhöfe aus dem 15. bis 17. Jahrhundert sowie einige **historische Schmelzöfen** aus dem 17. Jahrhundert sind noch als Zeugnisse dieser Zeit erhalten.

Das Stadtbild von Stolberg wird nach wie vor von der ab etwa 1100 errichteten **Burg** geprägt. Sie erhebt sich auf einem mächtigen Kalksteinfelsen oberhalb des Vichtbachtals mit Herrenhaus, doppeltem Mauerring, drei Rundtürmen und rundem Bergfried. Besonders reizvoll ist das Bau-Ensemble der **Altstadt** beiderseits des Vichtbachs mit seinen wunderschön restaurierten alten Bürgerhäusern.

Kupferhöfe Zu den sehenswerten Kupferhöfen zählen der 1699 gegründete **Sonnenhof,** der 1600 gegründete **Hof Schardt,** dessen hinterer Teil als Wohngebäude diente, der **Kupferhof** an der Burgstraße, der **Kupferhof Rose,** der heute als Kunsthof Künstlerateliers beherbergt, der **Seifenhof,** der 1575 erbaute **Hof Schleicher,** seit 1750 Apotheke – das älteste Steinhaus Stolbergs – sowie der **Zinkhütter Hof** in Münsterbusch, heute ein Industriedenkmal aus einer 1830 errichteten Glashütte mit Herrenhaus und Arbeiterwohnungen.

Info

● **Stadtverwaltung Stolberg:** 52222 Stolberg, Rathausstr. 11–13, Tel. 02402 1 32 00, Fax 1 32 22, www.stolberg.de.

Kornelimünster

Die Geschichte von Kornelimünster, am Nord-
westrand der Eifel im Aachener Raum gelegen,
reicht bis in die Römerzeit zurück. Hier wurde eine **römische Kultstätte** mit Tempel, Nebengebäuden und zweiflügeligem Portalbau aus dem
2. Jahrhundert n. Chr. frei gelegt. An dieser Stelle
kreuzte sich im frühen Mittelalter die bedeutende
Fernstraße von Köln über Jülich nach Bauvais
(Nordfrankreich) mit der von Aachen nach Trier.

Abtei

Diesen zentralen Standort wählte Kaiser *Ludwig
der Fromme* im Jahr 814 aus, um mit dem Bau der
Reichsabtei Kornelimünster ein Vorbild für die Erneuerung des gesamten Klosterwesens im Frankenreich zu schaffen. Ihre **Reliquienschätze** aus
der Gründerzeit führten seit der Mitte des
14. Jahrhunderts so große Pilgerscharen nach
Kornelimünster, dass die Abteikirche im 15. und
16. Jahrhundert mehrmals durch Anbauten ver-
größert werden musste. Seither wird bis heute die
Tradition der **Wallfahrten** „Kornelioktav" und
„Heiligtumsfahrt" gepflegt. Der allgemeine Wohlstand des 18. Jahrhunderts ermöglichte der Abtei
den Neubau des Klosters und die Barockausstattung der Kirche. Nach der Säkularisation im Jahre
1802 wurde die Abteikirche Pfarrkirche, die Klostergebäude nutzte man nacheinander als Fabrik,
Lehrerseminar und Heimatmuseum, heute beherbergen sie Bundesarchiv und Kunstsammlung.

Der heutige **fünfschiffige Kirchenbau** der Klosteranlage spiegelt seine Funktion als Wallfahrtskirche wider. Nach der Zerstörung des ersten Kirchenbaus durch die Wikinger Ende des 9. Jahrhunderts entstand zunächst ein ottonisch-romani-
scher Bau, dessen gotischer Neubau sich am Mit-
telschiffgrundriss des ottonischen Baus ausrichte-
te. Ihm wurde zu Beginn des 18. Jahrhunderts die
Korneliuskapelle als achteckige Barockkapelle vorgesetzt und mit der Apsis verbunden. An der Süd-

Eifelvorland

seite schließt sich eine zweischiffige Säulenhalle an, die ostwärts mit zwei Chören abschließt – sie entstand im 15. bzw. 16. Jahrhundert. An der Nordseite befinden sich ebenfalls zwei Seitenschiffe, das innere beinhaltet eine Sängerempore und an das verkürzte äußere sind die Sakristei und die Schatzkammer angebaut. Das lang gestreckte Mittelschiff mit dem Hauptaltar im Chor diente den Mönchen als Gebetsstätte, in der doppelschiffigen Halle wallfahrten die Pilger an den ausgestellten Reliquien vorbei, in den Nordschiffen präsentierte der Abt die Reliquien auserwählten Pilgern und Gönnern des Klosters zur Verehrung. Zu den wertvollsten Stücken der Innenausstattung der Abteikirche zählen der Hochaltar, das Rokoko-Tabernakel, geschaffen von *Johann Joseph Couven,* dem großen Aachener Baumeister, eine gotische Skulptur des Heiligen *Kornelius,* das gotische

Chorgestühl, der Anna-Altar im inneren südlichen Seitenschiff sowie die Orgel.

Die **Abteigebäude** wurden zwischen 1721 und 1745 als fünfflügelige Barockanlage neu errichtet. Besonders sehenswert ist der Kapitelsaal mit seinen Deckengemälden und schönen Stuckaturen. Der Mitteltrakt wird heute für **Ausstellungen moderner Kunst** genutzt. Nach der **Säkularisation** wurde die Abteikirche zur Ortspfarrkirche von Kornelimünster. Die Neugründung der Benediktinerabtei Kornelimünster erfolgte 1906. Das neue Kloster steht auf einer Anhöhe zwischen Kornelimünster und Oberforstbach.

● **Benediktinerabtei Kornelimünster:** 52076 Aachen-Kornelimünster, Oberforstbacher Str. 71, Tel. 02408 30 55, Fax 30 56, www.abtei-kornelimuenster.de. Gottesdienste Abteikirche: So 8 Uhr, 10.30 Uhr Eucharistiefeier, 17.30 Uhr Vesper, Mo–Fr 18 Uhr Konventamt und Vesper, Sa 11.30 Uhr Konventamt. Wallfahrten: Kornelioktav Mitte September, Heiligtumsfahrt alle 7 Jahre zu den drei großen biblischen Heiligtümern Schürztuch, Schweißtuch und Grabtuch Christi aus dem Reliquienfundus der Abtei.

● **Kunst aus NRW:** Abteigarten 6, Tel. 02408 64 92, Fax 95 94 15, www.kunst-aus-nrw.nrw.de. Wechselausstellungen in den Abteigebäuden, geöffnet Di/Mi 10–13 Uhr und 15–17 Uhr, Sa 15–18 Uhr, So 12–18 Uhr, Eintritt frei.

Ortschaft   Sehenswert im historischen Ortskern von Kornelimünster ist das Bau-Ensemble teils denkmalgeschützter Häuser am **Korneliusmarkt** und am angrenzenden **Benediktusmarkt**.

Essen & Trinken/ Unterkunft

● **Zur Abtei** €€: 52076 Aachen-Kornelimünster, Napoleonsberg 132, Tel. 02408 92 55 00, Fax 41 51, www.zur-abtei.de. Design-Hotel, Restaurant €€€ mit anspruchsvoller Küche, insbesondere raffinierte Menüs, Bistro und Außenterrasse.

● **St. Benedikt** €€€: 52076 Aachen-Kornelimünster, Benediktusplatz 12, Tel. 02408 28 88, www.stbenedikt.de. Das antik eingerichtete Restaurant bietet regionale und französische Spezialitäten in einem Fachwerkhaus von 1755 inmitten der Altstadt, abends vorwiegend Menüs, großartiger Weinkeller, mit Bistro, So Ruhetag.

Die Abteikirche Kornelimünster mit der Korneliuskapelle

Eifelvorland

Die Osteifel

Überblick

Im Gegensatz zur Nordseite der Eifel, die relativ flach in die Norddeutsche Tiefebene ausläuft, fällt die Ostseite viel steiler zum **Rhein** hin ab. Als größere Flüsse haben die **Ahr** und der **Brohlbach** streckenweise tiefe Engtäler in die Höhenzüge der Osteifel gegraben. Beide Flussläufe weisen ein typisches Erscheinungsbild auf. Den schönsten Abschnitt der Ahr bildet die Wein-Ahr zwischen Altenahr und Neuenahr. Das Tal des Brohlbaches besticht durch seine geologischen Aufschlüsse, die einen tiefen Einblick in die vulkanische Geschichte dieses Teils der Eifel im Einzugsgebiet des Laacher Sees ermöglichen.

Unteres Ahrtal

Das Ahrtal lässt sich in drei Abschnitte untergliedern. Von der Quelle in Blankenberg führt ihr Oberlauf durch die Dollendorfer Kalkmulde der Hocheifel südostwärts bis Ahrdorf. Hier macht der Flusslauf eine Wende nach Nordosten. Ihr oberer Mittellauf führt am Aremberg vorbei und richtet sich dann unter Windungen nach Osten bis Dümpelfeld aus. Hier mündet der in nördlicher Richtung fließende Adenauer Bach – nun folgt die Ahr in ihrem unteren Mittellauf dieser Talrichtung bis **Altenahr.** Hier beginnt das Engtal der unteren Ahr, das sich erst östlich von **Bad Neuenahr** zum Rhein hin öffnet.

Vorhergehende Seite:
Rech an der Ahr – das untere Ahrtal ist vom Weinbau geprägt

Rotwein von der Ahr

Die antike Geschichte des Weinbaus nördlich der Alpen beginnt mit der griechischen Kolonisation Südfrankreichs. Von Marseille aus, einer griechischen Stadtgründung aus dem 6. Jahrhundert v. Chr., gelangte der Wein die Rhône aufwärts nach Burgund. Mit den **Römern** kam dann die Kultur des Weinbaus an die Mosel und von dort aus an den Rhein und auch an die Ahr.

Mit dem Ende des Römischen Reiches setzte der Niedergang der Rebkulturen ein, doch wurde die Weinbautradition von den Franken wieder aufgegriffen. Mit der Christianisierung breitete sich das **Klosterwesen** als großer Förderer des Weinbaus aus. Im Ahrtal war dies vor allem das Kloster Prüm. Als die Normannen dieses Kloster Ende des 9. Jahrhunderts zweimal gebrandschatzt hatten, beschloss sein Abt 893, ein Güterverzeichnis aller seiner Besitzungen anfertigen zu lassen. Dieses so genannte „Prümer Urbar" ist eine bedeutende Quelle für die Geschichte des Weinbaus an der Ahr.

Über Jahrhunderte spielte der Weinbau eine wichtige wirtschaftliche Rolle an der Ahr. Doch Marktferne und der Reblausbefall brachten im 19. Jahrhundert einen Einbruch, von dem sich die Ahrwinzer nur langsam erholten. Ein wichtiger Schritt auf diesem Weg war die Gründung von **Winzergenossenschaften.**

Lange richtete man sich an der Nachfrage nach süffigen Massenweinen aus, doch vor einigen Jahren setzte ein wahrer Qualitätssprung ein. Einzelne Winzer wie auch Winzergenossenschaften an der Ahr konnten in den letzten Jahren **höchste Auszeichnungen** für ihre Weine erringen.

Die Ahr ist das einzige größere deutsche Rotweingebiet. Traditionell wird hier der **Spätburgunder** kultiviert, daneben auch der **Portugieser.** Eine wahre Ahrspezialität ist der **Frühburgunder,** vor allem aus dem östlichen Teil des Ahrweingebietes. Doch wachsen auch an einigen Steillagen mit Schieferverwitterungsböden qualitätsvolle **Rieslingreben.**

Osteifel

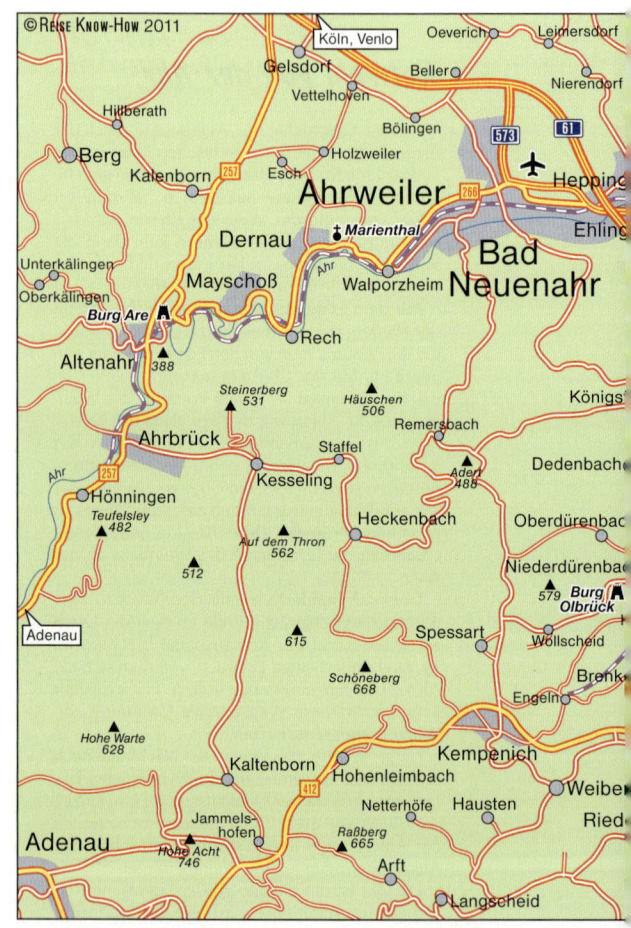

Bad Neuenahr

Wie viele der Orte an der Ahr hat auch Bad Neuenahr seine „herrschaftliche" Geschichte. Doch
diese währte nicht lange. Die Anfang des 13. Jahrhunderts von Graf *Otto von Neuenahr* auf dem

Unteres Ahrtal und Rheineifel

Remagen

Linz

Sinzig

Löhndorf

Bad Hönningen

Franken

Bad Breisig

Rheinbrohl

Waldorf

Gönnersdorf

Forsthof

Lützing

Brohl

Hammerstein

Vulkanexpress

Schloss Schweppenburg

ederzissen

Bad Tönisstein

Leutesdorf

erzissen

Burgbrohl

Kell

Namedy

Neuwied

Buchholz

enberg

Glees

Wassenach

Wehr

Veitskopf 428

Eich

Nickenich

Andernach

Laacher See

NATURSCHUTZGEBIET

Gänsehals 575

Maria Laach

Plaidt

Bell

Kruft

Mainz, Worms

Saffig

0   4 km

Rhein

Neuenahrer Berg errichtete Burg wurde schon 1372 von Ahrweiler Schützen im Auftrag des Kölner Erzbischofs erobert und zerstört.

Neuenahr erlangte erst wieder überregionale Bedeutung, als der Winzer *Georg Kreuzberg* in seinem Weinberg im Neuenahrer Ortsteil Wadenheim die **Apollinarisquelle** erbohrte. Die daraufhin gebauten Kur- und Badeanlagen wurden 1859 von der preußischen Prinzessin *Augusta* eingeweiht. Damit waren alle Voraussetzungen gegeben, um aus den bestehenden Ortsteilen Wadenheim, Hemmessen und Beul ein prominentes Heilbad entstehen zu lassen, das sich ab 1927 Bad Neuenahr nennen durfte.

Kurbetrieb Der Neuenahrer Kurbetrieb erstreckt sich am rechten Ahrufer. Im Zentrum steht das **Kurhaus,** ein zwischen 1903 und 1905 errichteter, dem Casino von Monte Carlo nachempfundener barocker Prachtbau mit dem von zwei Pavillontürmen flankierten Fest- und Theatersaal. Der angrenzende Flügel des Baus beherbergt die **Spielbank.** Gegenüber steht das **Badehaus** von Bad Neuenahr als „Tempel der Heilkunst". Entsprechend pompös gestaltet ist sein Eingang mit vorgesetztem Giebelportikus, der von vier Säulen getragen wird. Gegenüber vom Kurhaus setzt sich die Bäderarchitektur mit dem **Steigenberger Kursanatorium** fort, geprägt von einem großen Turm mit polygonalem, fünffach gestuftem Helm. Östlich der zentralen Kurgebäude findet man die **Ahr-Thermen,** unübersehbar durch ihre moderne Rundarchitektur.

An der Landskrone Wenn Bad Neuenahr heute auch primär auf den Kurbetrieb ausgerichtet ist, so ist der Wein doch allgegenwärtig. Die Hänge am linken Ahrufer sind ganz mit **Weinbergen** bedeckt und hier hat die größte Winzergenossenschaft der Ahr, die Ahr-Winzer e.G., ihren Sitz. Die Weinberge erstrecken sich flussabwärts weiter über **Heppingen** unterhalb der weithin sichtbaren Vulkankuppe der Landskrone mit der gleichnamigen Burgruine bis **Lohrsdorf** und am anderen Flussufer bis **Ehlingen.**

Info • **Postleitzahl:** 53474, **Tel.-Vorwahl:** 02641
• **Kurverwaltung:** Kurgartenstr. 1, Tel. 80 10, Fax 80 11 19, www.kurverwaltung-bad-neuenahr.de.

Wellness

● **Sinfonie der Sinne:** Kurgartenstraße 1, Tel. 80 11 00, Fax 80 11 46, www.sinfonie-der-sinne.de. Das elegante Jugendstilambiente des Badehauses bietet breit gefächerte Wellness-Angebote von der Heilwasser- und Kneippbehandlung über Fango, Schönheitspflege, Heilpflanzenanwendungen, Lichtthearpie, Bewegungstherapie, Aromamassagen etc., Kosten für z.B. Heilwassertrinkkur 3,50 € pro Tag, Vital-Energie-Massage 52 €, Heilpflanzenessigwickel 42 €, Eifelfango-Ganzkörperpackung 45 €, Kräuterinhalation 11 €.

● **Garten der Sinne:** Im 19. Jahrhundert an der Ahrpromenade westlich vom Kurhaus angelegter Kurpark mit altem Baumbestand, Trinkhalle, Kneipp-Tret-Anlage, Konzerthalle, Lesesaal etc., geöffnet 9–21.45 Uhr, Eintritt 2,50 €, Abendkarte 2 €.

● **Ahr-Thermen:** Felix-Rütten-Straße 3, Tel. 80 12 00, Fax 80 11 46, www.ah-resort.de. Thermalbad in architektonisch interessantem Rundbau mit weitläufiger Badelandschaft, Sauna, Bewegungs- und medizinischen Gymnastikangeboten sowie Restaurant mit regionaler und mediterraner Küche, täglich geöffnet von 9–23 Uhr, Eintritt 2 Std. 10 € (am Wochenende 12 €), 3 Std. 12/14 €, Tageskarte 15/17 €, Senioren tagsüber 10 €, Kindertagestarif 10/12 €, es gibt darüber hinaus Spartarife, Saunazuschlag, Preisnachlass über Wertkarten etc.

Essen & Trinken/ Unterkunft

● **Steigenberger Hotel Bad Neuenahr** €€€€: Kurgartenstr. 1, Tel. 94 10, Fax 94 14 10, www.bad-neuenahr.steigenberger.de. Spitzenhotel in architektonisch beachtenswertem Prachtbau vom Beginn des 20. Jahrhunderts, über 200 luxuriöse Zimmer und Suiten. Das **Parkrestaurant** €€€€ bietet lokale Spezialitäten und internationale Küche, verschiedene Diätformen und vegetarische Menüs, Do und Sa (abends) Vollwert- und Spezialitätenbuffet, täglich geöffnet 12–14 Uhr und 18.30–21 Uhr. **Café und Bistro** bieten Kaffeespezialitäten und kleine Gerichte, täglich geöffnet 12–24 Uhr; Hotelbar **Cocktails&More,** täglich ab 17.30 Uhr geöffnet; Sommerterrasse, Konferenzräume.

● **Hotel Fürstenberg:** Mittelstraße 4–6, Tel. 9 40 70, Fax 94 07 11, www.hotel-fuerstenberg.de mit **Metzeler's Restaurant Habsburg** €€€ in elegantem toskanisch-mediterranem Ambiente, mit wechselnden Dekorationen, preiswerten Mittags-Menüs, Biergarten sowie angeschlossenem Hotelbetrieb und dem Gästehaus „Beethovenhaus" nebenan. In dem Barockbau (damals als Wohnhaus errichtet) weilte die Familie *van Beethoven* mit Sohn *Ludwig,* der die Kinder des Hausbesitzers am Klavier unterrichtete, 1786–92 den Sommer über.

● **Steinheuers L'Art de Vivre-Restaurant** €€€€€: Ortsteil Heppingen, Landskroner Str. 110, Tel. 9 48 60, Fax 94 86 10, www.steinheuers.de. Gourmetrestaurant an der Ahr

Osteifel

von Starkoch *Hans Stefan Steinheuer*, hoch dekoriert. Steinheuer führt auch persönlich Kochkurse durch. Als regionale Ergänzung zum Spitzenrestaurant bietet der **Landgasthof Poststuben** €€€€ rheinische Küche auf höchstem Niveau. Beide Restaurants Di und Mi (mittags) geschlossen. Gegenüber liegt **Steinheuers Landhaus** €€€€ als Dépendance mit drei luxuriösen Suiten und einem Penthouse.

●**Idille** €€€: Am Johannisberg 101, Tel. 2 84 29, Fax 2 50 09, www.idille.de. In feiner Wohnlage oberhalb von Neuenahr gelegen hat sich dieser ehemalige Geheimtipp in die Reihe der gehobenen Restaurants an der Ahr hocharbeiten können. Es hat das Ambiente einer 100 Jahre alten Villa mit idyllisch-wildem Garten, hervorragender Küche und großer Weinkarte, täglich ab 18 Uhr geöffnet, Sa, So und feiertags ab 12 Uhr.

Winzer

●**Weingut Sonnenberg:** Heerstr. 98, Tel. 67 13, Fax 20 10 37, www.weingut-sonnenberg.de. Renommiertes Weingut, auf trockene, feinfruchtige Spätburgunder spezialisiert, vielfach ausgezeichnet, bietet Weinproben auf Anfrage (6 Weine pro Person 15 €), Fr und Sa 18–22 Uhr; Straußwirtschaft (Ausschank des eigenen Weins) 15.4.–21.5.

●**Weingut Peter Lingen:** Teichstraße 3, Tel. 2 95 45, Fax 20 11 36, www.weingut-lingen.de. Das Weingut bietet in 10. Generation ein breites Weinsortiment, Spezialität sind Rotweine aus neuen kleinen Eichenholzfässern, Probierkeller für Weinproben auf Anfrage, vermietet werden auch Ferienwohnungen, der Verkauf ist tagsüber geöffnet.

●**Dagernova Weinmanufaktur (Ahr Winzer e.G):** Heerstraße 91–93, Tel. 9 47 20, Fax 94 72 94, www.ahrwinzer.de. Sie zählt zu den fortschrittlichsten Winzergenossenschaften Deutschlands und bietet überzeugende trockene Rotweine, Weinproben sind auf Anfrage möglich, geöffnet Mo–Fr 8–18 Uhr, Sa bis 12 Uhr.

●**Weingut Franz Schäfer:** Ortsteil Ehlingen, Bodendorfer Str. 11, Tel. 9 46 60, Fax 94 66 20, www.weinhaus-schaefer.de. Inmitten der Weinberge mit Weinstube, die als eine der schönsten an Ahr und Rhein prämiert ist, Spezialität: Reibekuchen (Fr); Mi–Sa ab 14 Uhr geöffnet (ab Oktober Fr–So), 23.12.–1.3. geschl.; vermietet auch rustikale Appartements (pro Tag 49 €).

Veranstaltungen

●**Burgunderfest:** letzter Samstag im Juli, ein Sommerabend auf Strohballen mit Wein, Vesper und Musik, Tanz auf dem Festplatz, Weinprobierstände (www.burgunderfest.de).

Ahrweiler

Ahrweiler ist eine der wenigen Städte in Deutschland mit gänzlich erhaltener **Stadtbefestigung.** Das Gebiet des heutigen Ahrweiler am Beginn des unteren Ahrtals war schon von Kelten besiedelt. Viele Funde in und um Ahrweiler erinnern an die **Römerzeit.** So fand man vier römische Gutshäuser, darunter die Römervilla am Fuße des Silberberges. Des weiteren hat man Reste von Wasserleitungen, Münzen sowie eine römische Eisenschmelzersiedlung südlich der Stadt gefunden.

Die erste Erwähnung von Ahrweiler als *Arwilre* erfolgt im Urbar, dem Güterverzeichnis der Abtei Prüm aus dem Jahr 893. Die Abtei belehnte um 1100 die Grafen von Are, die hier auch schon begütert waren, mit den Vogtsrechten von Ahrwei-

Osteifel

005ei Foto: ot

ler. Das heutige Stadtbild entstand nach dem Franzoseneinfall vom 2. Mai 1689.

Altstadt

Für den Besucher zeigt sich Ahrweiler mit seinem Mauerring zunächst von der wehrhaften Seite. An der **Stadtmauer** mit ihren Tortürmen und Wehrgängen wurde zwei Jahrhunderte lang gebaut. Mittelpunkt des Ortes ist der **Marktplatz.** Die von hier zu den Tortürmen führenden Straßen sind teilweise zur Fußgängerzone ausgebaut und von schönen, mit Schnitzereien, Ornamenten und Skulpturen versehenen **Fachwerk- und Bürgerhäusern** flankiert. Die **Pfarrkirche St. Laurentius** aus dem 13. Jahrhundert mit den großflächigen Freskenresten aus dem 14. und 15. Jahrhundert beinhaltet als wertvollstes Stück des Kirchenschatzes die so genannte „Ahrweiler Monstranz", ein Meisterstück spätmittelalterlicher Feinschmiedekunst.

Museum

Sehenswert sind auch die Kloster- und Adelshöfe, die über die Altstadt verteilt liegen, allen voran der gotische **Weiße Turm,** ein dreigeschossiger Wohnturm aus der zweiten Hälfte des 13. Jahrhunderts. In dem markantesten der historischen Gebäude Ahrweilers ist das städtische Museum untergebracht, mit einer Dokumentation der Geschichte von Ahrweiler und Bad Neuenahr und heimatkundlichen Ausstellungen.

●**Museum der Stadt Ahrweiler:** Altenbaustr. 5, Tel. 3 15 16, Mi–Mo 10–17 Uhr, Jan./Feb. geschlossen, Eintritt 2,50 €, ermäßigt 1,50 €.

Römervilla

Im Jahr 1980 hat man bei Straßenbauarbeiten am Fuße des Silberberges oberhalb von Ahrweiler ein römisches Herrenhaus entdeckt und freigelegt. Die Reste mit aufschlussreichen **Grundmauern** und teilweise noch erhaltenen **Fresken** sind 1993 überdacht und als Museum hergerichtet worden.

●**Museum Römervilla:** Am Silberberg 1, Tel. 53 11, www.museum-roemervilla.de, geöffnet Ende März bis Mitte November Di–So 10–17 Uhr, Eintritt 4 €, ermäßigt 2 €.

AhrWein-Forum

Ahrweiler zählt zu den „großen" Weinbaugebieten der Ahr. Auch hier schlossen sich die Winzer zu einer Genossenschaft zusammen. So wurde im Jahre 1874 der **Ahrweiler Winzerverein** gegründet, dem seit einigen Jahren das AhrWeinForum angeschlossen ist, welches über die Kulturgeschichte des Weinbaus an der Ahr vom Mittelalter bis zur Gegenwart informiert.

●**Ahrweiler-Winzer-Verein:** Walporzheimer Straße 19, Tel. 97 73 50, Fax 97 73 77, www.ahrweiler-winzerverein.de. Der Verein bietet den Ausbau von Rotweinen im Barrique-Fass, kaltvergorene Weißweine und Weißherbste, Weißwein aus Rotweintrauben (blanc de noir) sowie die Herstellung von Hefe-, Trester- und Weinbrand in der eigenen Brennerei. Es finden Weinproben und Kellereiführungen im Gewölbekeller statt, zudem gibt es eine Weinstube und das *Restaurant Lanz am Kautenturm* mit Tafelfreuden der „besonderen Art", geöffnet Sa, So und Mo mittags und abends, Do/Fr nur abends, Di/Mi Ruhetag.

●**AhrWeinForum:** (im Winzer-Verein), Tel. 3 15 16, Fax 90 23 64. Das Forum verbindet auf eindrucksvolle Weise wirtschaftliche und kulturhistorische Aspekte rund um den Weinbau des Ahrtals, zeigt auf dem historischen Gelände des Ahrweiler Winzervereins eine Ausstellung zur Kulturgeschichte des Weinbaus an der Ahr vom Mittelalter bis in die Gegenwart, geöffnet April bis Mitte Nov. Sa/So 14–17 Uhr, für Gruppen auf Anfrage, Eintritt 2,80 €, ermäßigt 2,30 €.

Info

●**Postleitzahl:** 53474, **Tel.-Vorwahl:** 02641
●**Tourist-Information:** Blankartshof 1, Tel. 91 71 67, Fax 91 71 51, www.ahrtaltourismus.de.

Essen & Trinken/ Unterkunft

●**Rodderhof** €€€: Oberhutstraße 48, Tel. 39 90, Fax 3 99 33, www.rodderhof.de. Hotelbetrieb mit eleganten Zimmern im ehemaligen Klosterrather Hof gegenüber dem Obertor gelegen. Es besteht aus einem zweigeschossigen Bruchsteinbau, einem rechtwinklig anschließenden Gebäudetrakt sowie einem lang gestreckten Wirtschaftsgebäude mit Tordurchfahrt zum Innenhof. Es bietet ein ehemaliges Wohnhaus mit Stuckdecke im Erdgeschos und das *Restaurant Augustiner Stuben* mit Innenhofterrasse und täglich wechselnden Menüs und regionaler Küche, Spezialität: Fondueabend, mit Weinkeller.

●**Gasthof Prümer Hof Ahrweinstuben** €€: Marktplatz 12, Tel. 47 57, Fax 90 12 1, www.pruemerhof.de. Ehemaliger Verwaltungshof der in Ahrweiler begüterten Reichsabtei Prüm, bietet niveauvolle regionaltypische und mediterrane

Osteifel

Gerichte zu angemessenen Preisen, mit Außengastronomie auf dem Marktplatz, Mo Ruhetag.
- **Restaurant Eifelstube** €€: Ahrhutstraße 26, Tel. 3 48 50, Fax 3 60 22, www.eifelstube-ahrweiler.de. Historisches Gasthaus mit Bistro, in altem Fachwerkhaus mit Kachelofen gelegen, bietet frische Küche in rustikalem Ambiente und ein angeschlossenes Hotel mit ruhigen Zimmern.

Winzer
- **Weingut J.J. Adeneuer:** Max-Planck-Str. 8, Tel. 3 44 73, Fax 3 73 79, www.adeneuer.de. Oft prämiertes Weingut, seit 500 Jahren in Familienbesitz, Spitzenlage „Walporzheimer Gärkammer" im Alleinbesitz, Spezialität: Auslesen von Portugieser und Spätburgunder, Gewinner des Deutschen Rotweinpreises; Verkauf Mo–Fr 9–12 Uhr und 13.30–18 Uhr, Sa 10–15 Uhr, Weinproben auf Anfrage (bis 30 Pers.).

Veran-staltungen

- **Gebietsweinmarkt:** Die Winzer der Ahr präsentieren alljährlich zu Pfingsten ihre Weine auf dem Marktplatz, dazu Live-Musik, Proklamation der Weinkönigin (www.ahrtaltourismus.de).
- **Großes Winzerfest:** 1. Wochenende im September mit Festzug am Samstag und Sonntag, Höhenfeuerwerk am Sonntag.
- **Weinmarkt und Altstadtfest:** 2. Wochenende im September, verkaufsoffener Sonntag.

Die Wein-Ahr

Reizvoll ist die Fahrt durch das Engtal der Ahr flussaufwärts nach Altenahr – ein Weinort folgt dem anderen. In **Walporzheim** steht das Gasthaus Sanct Peter, das älteste Gasthaus an der Ahr, dessen Tradition als Kurkölner Domhof und Weingut bis zum Jahr 1246 zurückreicht.

Kloster Marienthal diente mit seinen Weinbergen als Weinbaudomäne mit Weinbauschule des Landes Rheinland-Pfalz. Die Domäne wurde inzwischen an eine Gruppe von vier Ahr-Winzern mit dem Starwinzer *Meyer-Näkel* an der Spitze verkauft, die in den Wirtschaftsgebäuden eine Weinschänke eingerichtet haben. Im Sommer kann man gemütlich im alten Kreuzgang sitzen. Die ab 1137 errichtete Klosterkirche Marienthal steht malerisch als Ruine in den Weinbergen. Der Rokokopavillon diente einst der Weinbaudomäne als Sitz.

Das Weingut Meyer-Näkel hat im nächsten Weinort **Dernau** seinen Sitz. Weiter talaufwärts führt in **Rech,** im Zentrum der Wein-Ahr, eine barocke Steinbrücke über den Fluss, die von einer Statue des Brückenheiligen Sankt Nepomuk geziert wird.

Unterhalb der auf einem weit ins Ahrtal hineinreichenden Felsvorsprung errichteten **Saffenburg,** heute Ruine, liegt **Mayschoß,** wo die erste Winzergenossenschaft Deutschlands gegründet wurde. Interessant ist die Lage des Ortes am Etzhardt, einem einst von der Ahr umflossenen Berg. In der auf leicht erhöhtem Standort errichteten Ortspfarrkirche aus dem frühen 18. Jahrhundert mit einem neoromanischen Langhaus befindet sich das Grabmal der 1646 verstorbenen Gräfin *Katharina*

Dernau an der Wein-Ahr

von der Mark, Herrin der Saffenburg. Als einstige Magd avancierte sie zur dritten Frau des Grafen *Ernst von der Mark.* Ihr Sarkophag ist aus schwarzem Marmor, der Deckel trägt ein plastisches, barockes Bildnis der Gräfin.

Flussaufwärts trifft man auf die **Lochmühle,** eine ehemalige Bannmühle der Herrschaft Saffenburg, die bereits 1475 erwähnt wird und heute als Hotel-Restaurant zu den Spitzenbetrieben an der Ahr zählt (s.u.).

Info 	●**Walporzheim:** Tourist-Information Ahrweiler (s. dort). ●**Gemeindeverwaltung Dernau:** 53507 Dernau, Ahrstr. 7, Tel. 02643 20 08, Fax 33 18, www.dernau.de. ●**Heimat- und Verkehrsverein Rech:** 53506 Rech, Nollstr. 31, Tel. 02643 70 72, Fax 18 57, www.weinort-rech.de. ●**Verkehrs- und Verschönerungsverein Mayschoß:** 53508 Mayschoß, Ahrrotweinstr. 42, Tel. 02643 83 08, Fax 93 60 93, www.mayschoss.de.
Essen & Trinken/ Unterkunft 	●**Restaurant Weinkirche in Brogsitter's Gasthaus Sanct Peter** €€€€: 53474 Walporzheim, Walporzheimer Str. 134, Tel. 02641 9 77 50, Fax 97 75 25, www.sanct-peter.de. Traditionsreichstes Gasthaus an der Ahr, von 1246 bis 1805 war Sanct Peter Hof und Weingut des Kölner Domstifts, benannt nach dem Schutzpatron von Köln. Nach der Franzosenzeit gelangte der Domhof in verschiedene Hände, bis er nach dem Zweiten Weltkrieg von der Familie *Brogsitter,* die sich seit 400 Jahren im Ahrtal mit dem Weinbau beschäftigt, erworben und zu einem renommierten Spitzenbetrieb mit Kaminstube und Vinothek ausgebaut wurde. ●**Restaurant-Hotel Hohenzollern** €€€: 53474 Walporzheim, Am Silberberg 50, Tel. 02641 97 30, Fax 59 97, www.hohenzollern.com. Gepflegte Gastronomie €€€ in herrlicher Lage über dem Ahrtal, hervorragende Küche, umfangreiche Weinkarte. Im Haus gibt es auch Hotelbetrieb in den oberen Stockwerken, luxuriöse Zimmer überwiegend mit Balkon oder Loggia zum Ahrtal sind zu mieten. ●**Altenwegshof** €: 53474 Walporzheim, Im Teufenbach 100, Tel. 02641 3 89 20, www.altenwegshof.de. Oberhalb von Walporzheim am Rotweinwanderweg gelegen, Weinschänke mit wunderschöner Terrasse unter Lindenbäumen, bietet kleine Gerichte und deftige Wandererkost, Di Ruhetag. ●**Hofgarten** €€: 53507 Dernau, Bachstr. 26, Tel. 02643 15 40, Fax 29 95, www.hofgarten-dernau.de. Gutsschänke des Weinguts Meyer-Näkel (im Gebäudekomplex des Weinguts), mit schöner Weinlaube im Innenhof, gepflegte kleine Gastronomie, täglich 11–23 Uhr geöffnet.

●**Die Lochmühle** €€€€: 53508 Mayschoß-Laach, Ahr-Rotweinstr. 62, Tel. 02643 80 80, Fax 80 84 45, www.hotel-lochmuehle.com. Die Lochmühle wird als ehemalige Bannmühle der Herrschaft Saffenburg bereits 1475 erwähnt. Ein künstlicher Stollen durch den Felsen der Lochmühlerley versorgte die Mühle mit Wasser der Ahr. 1921 übernahm ein neuer Besitzer das Anwesen und richtete darin ein Restaurant ein, das – mit dem 1972 erbauten Hotel – zu den Spitzenbetrieben an der Ahr zählt.

Winzer

●**Winzergenossenschaft Walporzheim:** 53474 Walporzheim, Walporzheimer Str. 173, Tel. 02641 3 47 63, Fax 3 14 10, www.winzergenossenschaft-walporzheim.de. Besondere Auszeichnung für Frühburgunder-Weine, mit Restaurant **Weingarten Walporzheim** €, Tel. 02641 90 06 88, Fax 18 18, Spezialität: deftige Winzerspeisen.

●**Weingut Meyer-Näkel:** 53507 Dernau, Hardtbergstr. 20 (Eingang: Friedenstr. 15), Tel. 02643 16 28, Fax 33 63, www.meyer-naekel.de. Spitzenwinzer der Ahr, der mit seinen Auszeichnungen (u.a. „Winzer des Jahres") entscheidend zur Qualitätsverbesserung des gesamten Weinbaus an der Ahr beigetragen hat, Kellerbesichtigung und Weinprobe auf Anfrage (bis zu 25 Personen).

●**Jean Stodden – Das Weinhaus:** 53506 Rech, Rotweinstr. 7–9, Tel. 02643 30 01, Fax 30 03, www.stodden.de. Ein weiterer Spitzenwinzer an der Ahr, der auch schon als „Winzer des Jahres" ausgezeichnet wurde, produziert vor allem meisterhaft ausgebaute Rotweine, führt Weinseminare mit Voranmeldung für bis zu 20 Personen durch und veranstaltet Kunstausstellungen. Dazu gibt es die Straußwirtschaft in der Rotweinstraße 7, mit kleiner Außenterrasse. Sie ist geöffnet von Mai bis Mitte Juni sowie September bis Mitte November, Fr ab 15 Uhr, Sa/So und feiertags ab 11 Uhr.

●**Winzergenossenschaft Mayschoß-Altenahr:** 53508 Mayschoß, Ahr-Rotweinstr. 42, Tel. 02643 93 60-0, Fax 93 60 93, www.winzergenossenschaft-mayschoss.de. Älteste Winzergenossenschaft Deutschlands, bietet hervorragende Weine, mit **Restaurant und Weinstube** Winzerverein, Tel. 02643 21 36, Fax 90 13 22; täglich Weinproben und Kellerbesichtigung für 10–300 Personen.

Veranstaltungen

●**Ländliches Weinfest Walporzheim:** letztes August-Wochenende mit Umzug und Feuerwerk.
●**Weinfest Dernau:** letztes Wochenende im September.
●**Weinfest Rech:** 3. Wochenende im September mit Feuerwerk am Samstag und Winzerfestzug am Sonntag.
●**Lucia-Markt Rech:** 2. Advent, Buden entlang der gesamten Dorfstraße, mit Lucia-Umzug im Kerzenschein.
●**Weinfest Mayschoß:** an allen Oktober-Wochenenden.

Altenahr

Altenahr, reizvoll im Inneren einer Ahrschleife gelegen, entstand zu Füßen der **Burg Are,** mit deren
Bau Graf *Theoderich I. von Are* um 1100 begonnen hatte. Die Engelsley bot sich mit ihrem zerklüfteten Gestein geradezu für den Bau einer Be-
festigungsanlage an. Nach drei Seiten fällt der Fels
uneinnehmbar ab, nur nach Norden einen Zugang frei lassend. Von der Nase des Burgfelsens
aus ließ sich das Ahrtal in beide Richtungen kon-
trollieren. Besonders bemerkenswert an der Burganlage ist die Doppelkapelle, die um 1200 an der
Ostseite der Kernburg unmittelbar an den steil abfallenden Felsen neben dem am besten erhaltenen
östlichen Eckturm errichtet wurde. 1246 kamen
Ort und Burg vom Geschlecht der *Are-Hochstaden* durch eine Schenkung an Kurköln – der letzte
Graf hatte keine männlichen Nachkommen.

Fast sechshundert Jahre lang blieb Burg Are un-
eingenommen, bis die Franzosen sie 1690 stürm-
ten. Da war ihr militärischer Wert jedoch längst
fraglich geworden. Altenahr hatte zeitweise Stadtrechte und war kurkölnischer, ab 1816 preußischer Verwaltungssitz im mittleren Ahrtal. Mit
dem Bau des Straßentunnels 1834, für den ein
Durchgang durch den Felsgrad des Langfig gesprengt wurde – und endgültig mit dem Bau der
Eisenbahnlinie nach Altenahr – setzte auch hier
der Fremdenverkehr ein.

An der Hauptkreuzung im Ort steht das historische Weinhaus „Schäferkarre", eine bemerkenswerte gastronomische Adresse hinter einer schönen Fachwerkfassade, an deren Giebel ein
Glockenspiel angebracht ist. Gleichermaßen bemerkenswert ist die Fassade des Hotels „Zum
Schwarzen Kreuz".

Burg Kreuzberg thront majestätisch über der Ahr

Pfarrkirche Die erste urkundliche Erwähnung der Ortspfarrkirche Mariä Verkündigung, die sich etwas zurückversetzt erhebt, erfolgte im Jahr 1166 in einer Urkunde, in der das Burgrecht an Burg Are festgelegt wird. Der heutige Bau entstand im zweiten Viertel des 12. Jahrhunderts als dreischiffige **romanische Bruchstein-Basilika.** Im 14. Jahrhundert wurde ein gotischer Chor angefügt und Ende des 19. Jahrhunderts das Langhaus verlängert. Außerdem erhielt die Kirche ihren nördlichen Turm wie auch das südliche Querschiff.

Ditschard-höhe Folgt man der Straße über die Ahr, so verläuft rechts hinter der Ahrbrücke der Weg zur Talstation des **Sesselliftes,** der auf die Ditschardhöhe führt. Von oben kann man einen wunderbaren Blick über das Ahrtal genießen.

Osteifel

007:ei Foto: ot

Burg Kreuzberg	Oberhalb von Altenahr erhebt sich Burg Kreuzberg markant auf einem **Felsen über der Ahr.** Erstmals erwähnt wird sie im Prümer Urbar aus dem Jahre 893 als *Cruceberge*. Den Kern der Höhenburg auf dreieckigem Grundriss bildet der im Jahr 1343 errichtete Turm, der mit der Burgmauer die Zufahrt sichert – an den anderen Seiten fällt der Kreuzbergfelsen steil ab. Anstelle der 1686 von den Franzosen zerstörten Anlage wurde 1760 der heutige Bau unter Einbeziehung noch vorhandener alter Bauteile, so vor allem des alten Bergfrieds, errichtet und in eine Wohnburg umfunktioniert. Die zur Burg gehörige Kapelle wurde 1783 erbaut. Auf Burg Kreuzberg lebte der am 1. Mai 2008 verstorbene *Philipp Freiherr von Boeselager,* einer der letzten Widerstandskämpfer gegen das Nazi-Regime.
Langfigtal	In einer großen Mäanderschlinge umrundet die Ahr unmittelbar unterhalb des Ortskerns von Altenahr den Langfig, einen Bergrücken mit zwei ausgeprägten Gipfeln. Der Nord- wie der Südgipfel sind jeweils an die 300 Meter hoch und können auf einem Felsgrat von der Burg Are erklettert werden. Wegen der landschaftlichen Schönheit der wilden Felsgruppen, der interessanten Schichtverwerfungen und seiner Wärme liebenden Pflanzen- und Tierwelt steht das Gebiet schon seit über 30 Jahren unter Naturschutz. Ein zauberhafter **Spazierweg** mit herrlichen Ausblicken auf Burg Are führt entlang des Flusses durch das Tal.
Info	●**Postleitzahl:** 53505, **Tel.-Vorwahl:** 02643 ●**Tourist-Information Altenahr:** 53505 Altenahr, Haus des Gastes, Altenburger Straße 1a, Tel. 84 48, Fax 35 16, www.altenahr.de.
Essen & Trinken/ Unterkunft	●**Zum Schwarzen Kreuz** €€: Brückenstr. 5–7, Tel. 15 34, Fax 90 12 78, www.zumschwarzenkreuz.de. Historisches Haus mit zauberhafter Fassadengestaltung, rustikal eingerichtetes Restaurant mit gehobener regionaler Küche, Weinstube und uriger Weinkeller, Hotelbetrieb nebenan. ●**Weingasthaus Schäferkarre:** Brückenstr. 29, Tel. 71 28, Fax 12 47. Gehobene Küche in historischer Atmosphäre; im

hinteren Gastraum erinnert ein alter Karren daran, dass ein Onkel des Inhabers von Beruf Schäfer war. Regionale Spezialitäten wie Felchen aus dem Laacher See, Lammtopf, Weinschaumschüsselchen als Nachspeise, Mo Ruhetag.

Jugend-
herberge

● **Naturschutz-Jugendherberge:** Langfigtal 8, Tel. 18 80, Fax 81 36, www.diejugendherbergen.de. Das Programm und die Informationsangebote dieser Jugendherberge sind ganz auf Natur und Naturschutz ausgerichtet, 19 Schlafräu-

Osteifel

Der Rotweinwanderweg und der Ahrsteig

Der Rotweinwanderweg als wohl populärster Weinwanderweg von Bad Bodendorf nach Altenahr führt auf einer Länge von 35 Kilometern durch das „Tal der roten Trauben". Der 1972 eingerichtete Wanderweg ist ganzjährig begehbar, also auch während der Zeit der Traubenlese.

Los geht's in **Bad Bodendorf** (km 0), von wo der Weg leicht ansteigt und durch die Lohrsdorfer Orchideenwiesen zu den ersten Weinbergslagen gegenüber von **Heimersheim** (km 3,4) führt. Die nächste Station ist **Heppingen** (km 4,5), wo sich über dem Ort die Ruine der Landskrone erhebt. Danach geht es weiter nach **Bad Neuenahr** (km 6,8) und entlang der Ahrpromenade bis **Bachem** (km 9,4). Als Etappenziel folgt nun **Ahrweiler** (km 13,5), dessen historische, mit Türmen bewehrte Stadtmauer schon von weitem zu sehen ist. Danach folgt **Walporzheim** (km 16,9), wo der Weinbaulehrpfad hinunter ins Tal führt (siehe dort). Über den Weinort **Marienthal** (km 20) mit seiner Klosterruine führt der Weg weiter nach **Dernau** (km 24) und **Rech** (km 28), wo das Ahrtal enger wird. Nun streift der weitere Weg die extremen Steillagen über der Ahr – vielleicht der schönste Abschnitt des Rotweinwanderwegs – wo einzelne Terrassen nur für wenige Weinstöcke Platz bieten. Weiter geht es nach **Mayschoß** (km 31). Der letzte Abschnitt endet, nachdem Reimerzhoven passiert ist, in **Altenahr** (km 35).

Neu dazu gekommen ist der **Ahrsteig,** der die ganze Ahr entlang von Blankenheim bis zu ihrer Mündung führt. Dieser **107 Kilometer lange Wanderweg** ist in mehrere Etappen unterteilt. Im Bereich der Weinahr führt er auf der dem Rotweinwanderweg gegenüber liegenden Ahrseite entlang.

me mit 1–4 Betten, alle Zimmer mit Dusche/WC, Rezeption, Speiseraum, Bistro, Café-Bar, Snackbereich und Kinderspielecke, 4 Aufenthalts- und Tagungsräume unterschiedlicher Größe, Ausstattung für Seminare, Workshops, Musikfreizeiten, zusätzliche Ausstattung für den Seminarbetrieb im Bereich Umwelt- und Naturschutz wie z.B. Mikroskope werden geboten. Übernachtung mit Frühstück ab 18,40 €.

Camping

●**Campingplatz Altenahr:** Zur Burgwiese, am linken Ahrufer in Richtung der Talstation des Sesselliftes, Tel. 85 03, Fax 90 07 64, www.camping-altenahr.de. Gepflegter Familienplatz mit 38 Dauerstellplätzen, 40 Saisonplätzen und rund 180 Touristenstellplätzen, modern ausgestattetes Sanitärgebäude, Kinderspielplatz, große separate Jugendwiese sowie Laden und **Gaststätte Teufelsloch** mit Imbiss. Geöffnet April bis Oktober

Winzer

●**Weingut Sermann-Kreuzberg:** Seilbahnstraße 22, Tel. 71 05, Fax 90 16 46, www.sermann.de. Das Weingut existiert seit 1775, hier wird Spätburgunder, Frühburgunder und Riesling angebaut, der Gutsausschank ist geöffnet 10–18 Uhr, Mi Ruhetag, dazu gibt es ein Gästehaus.

Aktivitäten

●**Sommerrodelbahn Altenahr:** Am Rossberg, Tel. 23 21, www.sommerrodelbahn-altenahr.de. Hier kann man Rodeln ohne Schnee, mit 200 Meter Auffahrt im Zugschlitten, 500-Meter-Abfahrtsbahn mit 7 Serpentinen, dazu gibt es einen Streichelzoo und Ponyreiten und eine Restauration. Schlitten für 1 Person kosten 2 €, für 2 Personen 3 €, für Jugendliche unter 17 Jahren 1,70/2,40 €, geöffnet April bis Nov. 10–18 Uhr, Sa/So und in den Sommerferien bis 19 Uhr, im Winter Sa ab 13 Uhr, So ab 11 Uhr jeweils bis zur Dunkelheit.

Veranstaltungen

●**Weinfest:** Letztes Septemberwochenende und an den vier Wochenenden im Oktober.
●**Wein- und Burgfest:** Anfang August.

Rheineifel

Unter dem Begriff Rheineifel werden die zum **Mittelrhein** hin ausgerichteten Höhenzüge der Eifel zusammengefasst. Das Gebiet erstreckt sich von Remagen im Norden bis nach Andernach und dem Laacher See im Süden.

Remagen

Remagen liegt am äußersten nordöstlichen Ausläufer der Eifel am Rhein. Die Ortsbezeichnung,
von *Rigomagus* abgeleitet, soll bereits keltischen
Ursprungs sein. Im Jahr 43 n. Chr. ließ der römische Kaiser *Claudius* hier ein erstes Kastell errichten. Reste der antiken Umfassungsmauer findet
man noch in den Bögen der Stützmauer unterhalb
der Pfarrkirche St. Peter und Paul. Im Mittelalter
entwickelte sich Remagen zu einer ansehnlichen
Siedlung mit Stadtrecht. Ab Mitte des 14. Jahrhunderts wurde mit dem Bau der Ummauerung begonnen. Dennoch blieb die Stadt nicht von Heim-
suchungen verschont. Schwere Schäden erlitt Remagen im Dreißigjährigen Krieg und am Ende des
Zweiten Weltkrieges, als die Amerikaner zum
Rhein vorstießen.

Pfarrkirche Die Ursprünge der das Stadtbild von Remagen beherrschenden Pfarrkirche **St. Peter und Paul** gehen auf das Jahr 1003 zurück. Der romanische
Neubau wurde gemäß einer Inschrift am Ostchor
am 6. Mai 1246 geweiht. Bei Erneuerungsarbeiten
zu Beginn des 20. Jahrhunderts versetzte man das
spätromanische Pfarrhoftor an die Ostseite der
Basilika. Dieses Doppeltor mit rundbogiger, großer Öffnung für Wagen und einer Fußgängerpfor-
te ist mit reichem Flachreliefschmuck mit heidni-
schen und christlichen Motiven versehen.

Römisches Folgt man der Rheinstraße in Richtung Rhein, fin-
Museum det man das Römische Museum. In der ehemaligen Kapelle der Abtei Knechtsteden aus dem
15. Jahrhundert, die auf römischen Fundamenten
steht, werden Exponate aus der römischen Zeit zu
den Themen Religion (mit römischem und fränki-
schem Totenkult), Kunst und Alltagsleben gezeigt.
Man sieht Gegenstände des täglichen Gebrauchs
wie Waffen, Schmuck, Münzen, Spielzeug und
Gefäße aus Glas und Keramik.

Osteifel

●**Römisches Museum:** Kirchstr. 9, Tel. 2 01 59, www.rema
gen.de/Tourismus/Museen, geöffnet März bis Oktober
Mi–So 15–17 Uhr, für Gruppen nach Vereinbarung, Eintritt
2 €, Kinder 1 €.

Apollinaris-
kirche

Oberhalb von Remagen erhebt sich weithin über
dem Rheintal sichtbar die neugotische Apollinariskirche. Hier stand einst eine Martinskapelle, doch
als Erzbischof *Reinald von Dassel* in seiner Eigenschaft als Kanzler von Kaiser *Friedrich I. Barbarossa*
die Reliquien des heiligen *Apollinaris* hierher ver-
bringen ließ, setzte ein zunehmender Pilgerstrom
ein. Nach der Säkularisation wurde durch den
Kölner Dombaumeister *Ernst-Friedrich Zwirner*
1839–42 die neue Apollinariskirche in Form eines

Neogotik aus dem 19. Jahrhundert: die Apollinariskirche in Remagen

griechischen Kreuzes mit filigranen Türmen errichtet und großflächig von Künstlern der Naza-
rener-Malschule ausgemalt. In der überwölbten
Krypta steht das Hochgrab mit der silbernen Reliquienbüste des heiligen Apollinaris, die alljährlich
zur Wallfahrtszeit im Juli aus dem Sarg gehoben
wird.

Brücke von Remagen

Die südlich von Remagen im Ersten Weltkrieg errichtete **„Ludendorff"-Eisenbahnbrücke** fiel am
7. März 1945 den amerikanischen Truppen als erste noch befahrbare Rheinbrücke in die Hände,
brach aber wenig später in sich zusammen. Die
Doppelpfeiler auf der Remagener Seite sind inzwischen zum **Friedensmuseum** „Brücke von Remagen" ausgebaut worden. In den Türmen auf der
Remagener Seite (vorn) befindet sich das Museum, betrieben von einem Förderverein, das mit Exponaten über den Bau, die Eroberung und den
Zusammenbruch der Brücke sowie über das nahe
gelegene Gefangenenlager zwischen Remagen
und Sinzig informiert. Der Verein organisiert auch
Treffen mit ehemaligen amerikanischen Soldaten.

- **Friedensmuseum Brücke von Remagen:** Tel. 2 18 63,
Fax 2 01 27, www.bruecke-remagen.de, geöffnet Anf. März
bis Mitte Nov. 10–17 Uhr, Mai–Okt. 10–18 Uhr, Eintritt
3,50 €, Kinder 1 €.

Info
🛈

- **Postleitzahl:** 53424, **Tel.-Vorwahl:** 02641
- **Touristinformation Stadt Remagen:** Kirchstr. 7, Tel. 2 01
87, Fax 2 01 27, www.remagen.de.

Essen & Trinken
🍽

- **Weinhaus Grüner Kranz** €€€: Kirchstr. 4, Tel. 99 89 50,
www.weinhaus-gruener-kranz.de. In einer ehemaligen
Apotheke von 1840, mit Weinhandel, gemütliche Atmosphäre in stilvoller Einrichtung, aufmerksame Bedienung,
fantasievolle, kreative Küche von hoher Qualität und Raf-
finesse, sehr gute Auswahl deutscher Weine. Mo Ruhetag.
- **Restaurant Bellevuechen** €€€: Remagen-Rolandseck,
Bonner Str. 68, Tel./Fax 02228 79 09, www.bellevuechen.
de. Idyllisch und landschaftlich besonders reizvoll am
Rhein gegenüber dem Künstlerbahnhof Rolandseck in
Sichtweite des Siebengebirges gelegen. Die kleine, ausgewogene Speisekarte bietet anspruchsvolle Küche mit mediterranem Einschlag, große Weinkarte, Mo und Di Ruhetag.

Osteifel

Sinzig

Der Ortsname von Sinzig leitet sich von der römischen Siedlung *Santiacum* ab. Später stand an diesem erhöhten Standort über der Ahrmündung ein fränkischer Königshof, dann eine Kaiserpfalz zur Sicherung der hier verlaufenden Aachen-Frankfurter Heerstraße, der wichtigsten Verkehrsverbindung im Deutschen Kaiserreich. 1267 erhielt Sinzig Stadtrechte, wenig später wurde mit dem Bau der Stadtmauer begonnen. Brände der zum Herzogtum Kleve-Jülich gehörenden Stadt richteten mehrfach große Schäden an, die Häuser wurden in den Jahren 1583 und 1758 fast vollkommen zerstört.

Hoch über dem Rhein- und Ahrtal erhebt sich die 1220–40 errichtete **Pfarrkirche St. Peter,** eine spätromanische Emporenbasilika mit Vierungsturm von großer baugeschichtlicher Bedeutung, die heute wieder in ihrer ursprünglichen Farbgebung mit abgesetzten Kanten, Lisenen und Gesimsen erstrahlt. Chorpartie und Apsis weisen besonders deutlich auf die Architekturtradition der niederrheinisch-kölnischen Romanik hin. Der Innenraum der Kirche mit wertvoller Ausstattung wirkt besonders harmonisch, denn die Emporen werden im Querschiff und im Chor als Umgang weitergeführt. Außergewöhnlich ist die Mumie, die in der rechten Chorkapelle in einem gläsernen Sarg ausgestellt ist – im Volksmund als der „Heilige Vogt" bezeichnet. Diese Mumie taucht erstmals 1736 in den Kirchenunterlagen auf – es soll sich um einen Sinziger Amtmann gehandelt haben, der auf diese Weise bis in die Gegenwart „überlebt" hat.

Am Kirchplatz steht auch das **klassizistische Rathaus** der Stadt, 1834–37 als Stadt- und Schulhaus erbaut. Unterhalb der Kirche findet man den alten **Zehnthof** mit seinem sehenswerten Innenhof und dem „Rittersaal".

Heimat-museum   Im neugotischen **Sinziger Schloss** ist heute das Heimatmuseum untergebracht. Den bestehenden

Bau ließ sich ein Kölner Kaufmann im neugotischen Stil der Rheinromantik am Standort der alten Sinziger Burg als Sommerresidenz errichten.
Das Museum zeigt eine ständige Ausstellung mit
Stadtmodell, eine Gemäldesammlung mit Arbeiten von *Johann Martin Niederée, Franz Ittenbach*
und *Joseph Keller* (allesamt Künstler der Düsseldorfer Akademie, die im 19. Jahrhundert internationales Ansehen genoss), Glasfensterentwürfe
des Künstlers *Carl Andreae,* dazu heimatkundliche
Apothekergerätschaften sowie Medizin- und Ge-
setzbücher des 17. und 18. Jahrhunderts, darunter
ein Medizin- und Kräuterbuch aus dem späten
15. Jahrhundert und das Medizinbuch des *Paracel-
sus* von 1530.

●**Heimatmuseum Sinzig:** Barbarossastr. 35, Tel. 34 06,
www.museum-sinzig.de, geöffnet Sa/So 14–17 Uhr, Do
10–12 Uhr und nach Vereinbarung, Eintritt frei.

Info

●**Postleitzahl:** 53489, **Tel.-Vorwahl:** 02642
●**Tourist-Service Sinzig-Bad Bodendorf:** Bad Bodendorf,
Am Kurgarten, Tel. 98 05 00, Fax 98 05 0, www.sinzig.de.

**Essen &
Trinken**

●**Aux Vieux Sinzig** €€€€: Kölner Straße 6, Tel. 4 27 57, Fax 4
30 51, www.vieux-sinzig.de. Spitzenrestaurant, welches bekannt ist für seine frische Natur- und Kräuterküche aus eigenem Garten, mit ausgewählter Weinkarte. Der Inhaber
und Chefkoch *Jean Marie Dumaine* bietet Kochseminare
an, geöffnet mittags und abends, Mo/Di Ruhetag.

Naturschutzgebiet Ahrmündung

Das Naturschutzgebiet der Ahrmündung umfasst
den letzten Stromkilometer des Flusses zwischen
dem nördlich auf einem flachen Schwemmkegel
gelegenen Kripp und dem südlich gelegenen Sinzig. Es handelt sich um die einzige noch im natürlichen Zustand belassene Flussmündung im Mittel-
rheingebiet. Typisch dafür ist, dass die Ahr in
ihrem Mündungsbereich noch das Flussbett je
nach Wasserführung ändert. Es ist sogar davon
auszugehen, dass sich die Ahr eines Tages knapp
100 Meter weiter südlich einen Austritt freispülen

Osteifel

wird. Wenn das eintrifft, muss die hölzerne Fußgängerbrücke über die Mündung entsprechend verlegt werden.

Die Flora an der Ahrmündung ist vielfältig. Im Uferbereich sind es Schmalblattweiden-Gebüsche. Knöterich- und Gänsefußgewächse wie beispielsweise auch Rainfarn-Beifuß-Hochstauden und Natternkopf-Steinkleehochstauden findet man auf den Schottern. Hier fühlen sich Insekten wohl und es findet manch andernorts selten gewordene Vogelart ihren Lebensraum, so Grasmücke, Nachtigall, Girlitz, Teichrohrsänger und der auffallend gelb gefärbte Pirol.

Bad Breisig

An der Mündung des Vinxtbaches in den Rhein liegt Bad Breisig. Dieser kleine Bach markierte einst die Grenze zwischen den römischen Provinzen Ober- und Niedergermanien, hier liegt die Sprachgrenze zwischen Ober- und Niederdeutsch. Der Ort entwickelte sich im Mittelalter gut und erhielt Ende des 13. Jahrhunderts eine Stadtmauer. Der heutige Kurort verfügt über drei **Thermalquellen,** der **Kurpark** zieht sich bis fast zum Rhein hinunter.

Das Breisiger Ländchen befand sich einst im Besitz des Damenstiftes zu Essen, verbunden mit dem kaiserlich verbrieften Recht, hier am Rhein Zoll zu erheben. Am Rheinufer steht noch das um 1500 erbaute **Alte Zollhaus** mit eindrucksvollen Hochwassermarken. Der **Templerhof** an der Koblenzer Straße wurde nach dem Dreißigjährigen Krieg neu errichtet und beherbergt heute eine Weinstube. Die rückwärtig angebaute Donatuskapelle aus dem 13. Jahrhundert barg früher eine wertvolle Kreuzreliquie, die heute in der barocken **Ortspfarrkirche St. Marien** mit dem weithin sichtbaren quadratischen Turm mit doppelter Barockhaube im Zentrum untergebracht ist.

Puppen-museum

Wer die Räume des ehemaligen, im neoklassizistischen Stil errichteten Rathauses betritt, fühlt sich in die so genannte gute alte Zeit des ausgehenden 19. Jahrhunderts versetzt, spiegeln doch die Puppen und die ausgestellten Spielzeuge ein Stück Alltagsgeschichte dieser Zeit wieder. Die vielen alten Puppen, das Zubehör und die Puppenstuben wurden von einem Sammler zusammengetragen. Gezeigt werden u.a. deutsche Puppen aus dem thüringischen Raum und französische aus der Zeit von 1850 bis 1930.

● **Puppenmuseum Bad Breisig:** Koblenzer Straße 31, Tel. 94 25, www.sugmu.de/tort/mu-badb.htm, im alten Rathaus, täglich geöffnet 10–12 Uhr und 15–17 Uhr, Mo geschlossen, von Dezember bis Ostern nur an Wochenenden, Eintritt 3 €.

Burg Rheineck

Oberhalb von Breisig erhebt sich Burg Rheineck. Der aus dem 11. Jahrhundert stammende Bau, der 1832 im Stil der Rheinromantik wieder aufgebaut wurde, befindet sich in Privatbesitz und kann nicht besichtigt werden.

Info

● **Postleitzahl:** 53498, **Tel.-Vorwahl:** 02633
● **Tourist-Information:** Koblenzer Straße 59, Tel. 4 56 30, Fax 45 63 50, www.bad-breisig.de.

Essen & Trinken/ Unterkunft

● **Rheinhotel Vier Jahreszeiten** €€€€: Rheinstr. 11, Tel. 60 70, Fax 932 20, www.breisig.de. In direkter Lage am Rhein, komfortable Zimmer, A-la-carte-Restaurant mit regionalen und internationalen Spezialitäten, Café-Wintergarten, Rhein-Terrassen unter Schatten spendenden Bäumen, Bier- und Weinstube „Alt-Breisig", Tanzbar „Sunrise" mit Discobetrieb bis in den frühen Morgen.
● **Templerhof:** Koblenzer Straße 45, Tel. 94 35, Fax 73 94, www.templerhof.de. Historisches Weinhaus mit sommerlicher Gartenterrasse im ehemaligen Ordenshaus. Erste urkundliche Erwähnung des Gebäudes um 1245, in seinem heutigen Aussehen stammt das Haus aus dem Jahre 1657. Aus dieser Zeit ist auch die Inschrift über dem Eingang des Restaurants. 1957 wurde der Templerhof zu einem Weinhaus umgebaut, sehr gute Küche und hervorragender Service, besonders empfehlenswerte Fischgerichte, Mi geschlossen.

Osteifel

Wellness

● **Römer-Thermen:** Albert-Mertès-Straße 11, Tel. 48 07 10, www.roemer-thermen.de. Thermalbecken innen 280 m², außen 130 m², 31 °C im Innenbecken, 32 °C im Außenbecken, geöffnet Mo 10–22 Uhr, Di–Fr 8–22 Uhr, Sa/So 8–22 Uhr, Eintritt Thermalbad ab 9,50 €, Sauna und Bad ab 14 €, Fitness-Studio ab 9,20 €.

Freizeit

● **Märchenwald:** Am Kesselberg, Tel. 02633 85 34, Fax 47 54 50, www.maerchenwald-bad-breisg.de. Darstellung von 13 Märchenthemen in einem Parkgelände oberhalb des Ortes, mit Märchenlehrpfad und Gastronomie, Eintritt 4,50 €, Kinder 3 €.

Veranstaltungen

● **Zwibblesmaat (Zwiebelmarkt):** 3. Wochenende im September (Sa–Di) auf der Koblenzer Straße. Traditioneller Markt seit dem Mittelalter mit religiösem Hintergrund, zu diesem Fest kamen viele Gläubige, um hier die Kreuzpartikel, welche von den Templern aus dem Heiligen Land nach Breisig gebracht worden waren, zu verehren. Heute großer Trödel-, Obst- und Gemüsemarkt.

Brohltal

Das Brohltal nimmt seinen Ausgang im Brohler Ortsteil Lützing. Die Fahrt talaufwärts führt durch interessante Felsformationen aus Schiefer- und vulkanischem Trass- und Tuffgestein über Bad Tönisstein, Burgbrohl, Niederzissen und Oberzissen am Bausenberg bis hin zur Burg Olbrück.

Mosenmühle

Im unteren Engtalabschnitt erscheint **Schloss Schweppenburg,** erstmals um 1160 urkundlich erwähnt. Das ehemalige kurkölnische Lehen kam im 14. Jahrhundert mit der dazugehörigen Mosenmühle an den Andernacher Schöffen *Arnold von Schweppenburg.* Der heutige Bau, von dem der Ostflügel erhalten ist, entstand im 17. Jahrhundert. Die 1268 erstmals urkundlich erwähnte Mosenmühle ist noch in Betrieb. Das gewaltige eiserne Wasserrad hat sieben Meter Durchmesser und 1,60 Meter Schaufelbreite. Ein Schaufelbecher fasst 128 Liter. Damit erzeugt es eine Antriebskraft

Barockschloss in Burgbrohl

von 50 PS bei sieben bis acht Umdrehungen pro Minute.

● **Mosenmühle:** Getreidemühle Schweppenburg 1, 56656 Brohl-Lützing, Tel. 02633 15 13, Fax 22 59, www.mosen muehle.de. Mühlenladen geöffnet Mo–Fr 9–12.30 und 13.30–18 Uhr, Sa 9–12 Uhr, Führungen nach telefonischer Voranmeldung.

Bad Tönisstein und Burgbrohl

Über Bad Tönisstein mit der **Kurfürstenquelle** und den Ruinen des ehemaligen **Klosters Antoniusstein** aus dem 14. Jahrhundert, das dem Ort den Namen gab, geht es nach Burgbrohl, dem Hauptort des Brohltals. Hier hatten die Herren *von Brule* seit dem 11. Jahrhundert ihren Sitz. Anstelle ihrer einstigen Burg steht heute ein schlichtes **Barockschloss** auf einem Felsplateau. In Sichtweite des idyllischen Bahnhofs schaut man auf die seinerzeit futuristische **Kaiserhalle,** eine dem Pantheon ähnliche Leichtbeton-Kuppelhalle aus dem Jahr 1896, die Veranstaltungszwecken dient.

St. Servatius

Von Burgbrohl führt eine schmale Straße nach **Buchholz,** wo die 1135 gegründete ehemalige Propstei des Benediktinerklosters St. Vitus in Mön-

Osteifel

009ei Foto: ot

chengladbach steht. Die ursprünglich bedeutende, dreischiffige romanische **Propsteikirche** St. Servatius wurde mehrfach umgestaltet und mit einer barocken Fassade versehen. Sehenswert ist ihr aus der Mitte des 13. Jahrhunderts stammender, prachtvoller Blattrankenfries aus der Werkstatt des Laacher Samson-Meisters. Der gesamte Komplex der Propstei ist längst säkularisiert, die inzwischen renovierte Kirche dient Konzertveranstaltungen.

●**Propsteikirche St. Servatius:** Förderverein zur Wiederherstellung und Unterhaltung der Propstei Buchholz e.V., *Gerd Rothbrust,* 56659 Burgbrohl Buchholz, Buchholz 7, Tel. 02636 94 13 00, www.propstei-buchholz.de.

Niederzissen

Im Zentrum des Brohltals liegt Niederzissen, Sitz der Verbandsgemeinde mit dem **Vulkanpark-Infozentrum.** In Sichtweite erhebt sich die 340 Meter hohe Kuppe des **Bausenberges,** eines vor 140.000 Jahren ausgebrochenen Vulkans, der durch seine vielfältige Flora und Fauna weithin bekannt ist. Der Bausenberg wurde durch Schlacken gebildet, die nach ihrem Auswurf nicht schnell genug erkalteten und so am Boden verschweißten. Fließende Lava konnte durch eine seitliche Öffnung entweichen, wodurch kein Kegel, sondern eine Schweißschlackenkuppe entstand. Der Wärme haltende vulkanische Boden dieses Hufeisenkraters bietet den Lebensraum für eine außerordentliche Artenvielfalt – hier gibt es Tiere, die sonst nur im Mittelmeerraum vorkommen. Man zählt 640 Schmetterlingsarten, es gibt flügellose Urinsekten, Wärme liebende Käfer und seltene Pflanzen. Wegen seiner außerordentlichen Flora und Fauna wurde das Gebiet des Bausenberges 1981 zum **Naturschutzgebiet** erklärt.

Burg Olbrück

Weiter geht es über Oberzissen nach Niederdürrenbach, wo die oberhalb liegende Fläche des **Rodder Maares** als Wasserfläche renaturiert wurde. Über allem erhebt sich die eindrucksvolle Burgruine Olbrück. Die Grafen von Wied hatten

Osteifel

um 975 mit ihrem Bau begonnen, 1093 wird ein *Burchard de Ulbrucke* als Besitzer genannt. Ab 1345 erfolgte der Ausbau zur Ganerbenburg. Um diese Zeit erhielt die Anlage einen mächtigen rechteckigen, 24 Meter hohen Bergfried. Durch Erbe, Heirat oder auch Verkauf erlebte die Burg viele unterschiedliche Herrschergeschlechter und veränderte durch An- und Umbauten ihr Erscheinungsbild. Im Jahr 1689 legten französische Truppen sie dann in Schutt und Asche. Zwar wurde danach das Herrenhaus wieder aufgebaut, aber im 18. Jahrhundert verfiel die Anlage und wurde zeitweise sogar als Steinbruch genutzt. Erst Ende des 20. Jahrhunderts setzte sich die Verbandsgemeinde Brohltal für ihren Erhalt ein. Die Gemeinde übernahm die renovierungsbedürftige Anlage, reparierte sie und baute sie zu einem **historischen Erlebnispark** aus, in dem die Burgführer „lebendiges Mittelalter" zeigen.

Das Rodder Maar mit Burg Olbrück bei Niederzissen

●**Burg Olbrück:** 56651 Niederdürrenbach-Hain, Tel. 02636 96 89 40, Fax 96 89 41, www.olbrueck.de. Informationen und Schautafeln zur Geschichte, zum Burgenbau und mittelalterlichen Burgleben, Besichtigung des Bergfrieds, mit Souvenirladen und Burggastronomie **Olbrücker Kastellaney,** Tel. 96 89 40, www.burg.brohltal.de. Im Bergfried der Burg kann man standesamtlich getraut werden, weitere Informationen vermittelt die Tourist-Information Brohltal (s.u.). **Mittelalterliches Spectaculum** im Mai mit Handwerker- und Händlermarkt, Künstlern und Vorführungen. **„Open Air auf Burg Olbrück"** findet am vorletzten Augustwochenende um je 20 Uhr statt, Burg und Gastronomie sind geöffnet von März bis Allerheiligen Di–So 10–18 Uhr, dazu Abventssonntage 10–18 Uhr, Eintritt 3,50 €, ermäßigt 2,50 €, Kinder bis 6 Jahre frei, Führungen am 1. So im Monat 1 € zusätzlich.

Vulkan-Express

Die Brohltalbahn, die einst von Lützing am Rhein das Brohltal aufwärts bis Kempenich verkehrte, fährt heute als **Museumsbahn** unter der liebevollen Bezeichnung Vulkan-Express bis Engeln. Es ist eine abwechslungs- und erlebnisreiche Fahrt durch eines der landschaftlich schönsten Seitentäler des Rheins, wo schon die Römer Trass abbauten und zu Ziegeln verarbeiteten. Die von **Dampf- und Diesellokomotiven** gezogenen Züge bringen die Fahrgäste mit einer Geschwindigkeit von 20 km/h über Bad Tönisstein bis Burgbrohl entlang des Brohlbaches. Weiter geht es über Niederzissen und Oberzissen in Sichtweite des Vulkankegels des Bausenberges sowie der Burg Olbrück. Hier steigt die Strecke bis kurz vor Engeln stark an. Diese Passage war den Dampfloks bis 1934 nur mit Hilfe der Abt'schen Zahnstange möglich.

Nach fast 400 Metern Höhenunterschied vom Ausgangspunkt in Brohl-Lützing hält der Vulkan-Express an der Endhaltestelle auf 465 Metern Höhe im Naturschutzgebiet des Engelner und Lehrenkopfes. Das Bahnhofsgebäude von Engeln bietet dem Wanderer Einkehr und einen sicheren Unterstand vor dem starken Wind, der hier beinahe zu allen Jahreszeiten herrscht.

●**Vulkan-Express:** 56651 Niederzissen, Kapellenstr. 12 (Rathaus), Tel. 02636 8 03 03, Fax 8 01 46, Fahrplanansage: Tel. 02636 80 500, www.vulkan-express.de. Verkehrt Ende April bis Ende Okt. Di, Do, Sa und So 9.30 und 14.10 Uhr ab Lützing, zurück 12.44 und 17.44 Uhr ab Engeln, Sonderfahrten auf Absprache, Fahrpreis Gesamtstrecke 12 €, Dampfzuschlag 4 € (Dampfbetrieb ist aber erst später wieder möglich).

●**Royal's Vulkanstube:** 56651 Oberzissen, Brohltalstr. 21, Bahnhof Engeln, Tel. 02636 68 84, Fax 8 02 21, www. royals-vulkanstube.de. Rustikal eingerichtete Gaststube, großer mietbarer Saal.

Vulkanpark Brohltal/ Laacher See

 Osteifel

Das als Laacher-See-Gebiet bezeichnete junge Vulkangebiet der Osteifel bietet interessierten Besuchern auf **fünf Wanderrouten** an 50 geologischen Punkten Einblicke in die vielfältigen erdgeschichtlichen Vorgänge dieser Region. Je ein Weg führt durch das obere, das mittlere und das untere Brohltal – jeweils auch von Haltestellen des Vulkan-Expresses (s.o.) aus erreichbar –, der vierte um den Laacher See und der fünfte durch das Vinxtbachtal. Die Strecken sind bis zu 20 km lang, können aber abgekürzt werden. Zusammenfassend führt eine 67 km lange **Fahrrad- oder Autoroute** zu den wichtigsten dieser geologischen Aufschlüsse.

●**Info-Zentrum Vulkanpark:** Rathaus Niederzissen, mit Ausstellung, Kapellenstr. 12, Tel. 02636 1 94 33, Fax 8 01 46, www.brohltal.de.

Info

●**Tourist-Information Brohltal,** 56651 Niederzissen, Kapellenstr. 12 (Rathaus), Tel. 02636 1 94 33, Fax 8 01 46, www.brohltal.de.

Essen & Trinken/ Unterkunft

●**Gasthaus Ratsschenke** €: 56651 Niederzissen, Kapellenstraße 17, Tel. 02636 62 80, Fax 97 03 71, www.ratsschenke-niederzissen.de. Hier gibt es rustikale Küche und eine kleinen Biergarten, außerdem werden Zimmer mit und ohne Bad/WC vermietet.

●**Landgasthaus Rothbrust** €: Burgbrohl-Weiler, Brohltalstr. 245, Tel. 02636 25 94, Fax 43 92, www.landgasthaus-rothbrust.de. Sonnige Südhanglage am Ortsrand, großzügigmodern eingerichtete Gästezimmer, teilweise mit Balkon, sonnige Gartenterrasse mit Blick ins Brohltal; das Restaurant € bietet gutbürgerliche Küche.

Museum

●**Tuffsteinmuseum – Steinmetzbahnhof:** 56745 Weibern, Tel. 02636 9 74 04 10, www.weibern.de. Umfassende Sammlung Osteifeler Gesteine, Information und Exponate zum Weiberner Tuff und seiner kulturgeschichtlichen Bedeutung sowie zur alten Steinbruchzeit. Geöffnet Mai–Okt. Sa 11.30–14.30 Uhr, Eintritt 1 €; Kinder von 8 bis 16 Jahren 0,50 €.

Veranstaltungen

●**Apfelprobiertage:** Alljährlich zum Erntedank am 1. Oktoberwochenende auf dem Kahlenberger Hof, 56659 Burgbrohl, Wilhelm-Bell-Str. 6, Tel./Fax 02636 31 26, www.kahlenbergerhof.de. Es gibt hausgemachte *Kröbbelchen* (Kartoffelreibekuchen) und *Äppelschmeer* (hausgemachtes Apfelmus), dazu frisch gepressten Apfelsaft oder *Apfelfietz* (Apfelfederweißer), Fruchtweine, Schnäppsken etc.; verkauft werden Äpfel, Apfelsaft, Kirschen, Erdbeeren, Kirschwein, Apfelbrand, Apfelfietz, Kartoffeln, Gemüse und Eier. Der Hof besitzt eine interessante Sammlung von Oldtimer-Traktoren.

Andernach

Bei Andernach öffnet sich rheinaufwärts das Neuwieder Becken. Der Standort wurde von den Römern befestigt, die Merowinger bauten sich den Ort zu einer Residenz aus. Kaiser *Barbarossa* unterstellte Andernach der Hoheit seines Kanzlers, dem Kölner Erzbischof *Rainald van Dassel*.

Das Stadtbild wird vom **Runden Turm** geprägt, einem der gewaltigsten Wehrtürme am Rhein, der Mitte des 15. Jahrhunderts errichtet wurde und den selbst die Franzosen Ende des 17. Jahrhunderts nicht zu sprengen vermochten. Es handelt sich um den nordwestlichen Eckpfeiler der mittelalterlichen Stadtbefestigung, deren **Rheintor** aus staufischer Zeit als Doppeltor ausgebaut ist. Neben dem **Koblenzer Tor** breitet sich die alte kurkölnische **Burg** aus – als Zwingburg wurde sie von den Andernachern gehasst und von diesen auch teilweise zerstört. Übrig geblieben sind der Bergfried, der Pulverturm und dazwischen die Außenmauern des Palas.

Architekturhistorisch bedeutsam ist die zu Beginn des 13. Jahrhunderts im kölnisch-niederrheinischen Stil vollendete katholische **Pfarrkirche**

Mariä Himmelfahrt. Ebenfalls bedeutend ist die **Minoriten-Hallenkirche,** ein feingliedriger spätgotischer Bau mit großartiger Raumwirkung. Zahlreiche teils repräsentative Wohnbauten aus dem 16.–18. Jahrhundert zeugen noch vom Reichtum der alten Handelsstadt Andernach, deren aus dem Mittelalter stammender **Alter Kran** am Rhein noch bis 1911 benutzt wurde.

Stadt-museum

Im **Haus von der Leyen** aus dem 16. Jahrhundert mit beeindruckendem Renaissance-Portikus, früher Stadtpalast des Oberamtmannes, ist ein Heimatmuseum untergebracht.

●**Stadtmuseum:** Hochstr. 99, Tel. 92 22 18, geöffnet Di–Fr 10–12 und 13–17 Uhr, Sa, So und feiertags 14–17 Uhr, Sonderausstellungen, Eintritt 1,50 €, Kinder 1 €.

Namedy

Vor gut hundert Jahren wurden aufsteigende Gasblasen im toten Rheinarm der Halbinsel **Namedyer Werth** nördlich von Andernach beobachtet. Bei der Erschließung dieser Quelle sprang ein **Kaltwasser-Geysir** an die 40 Meter in die Höhe. Nach Beeinträchtigungen im Zweiten Weltkrieg kam der Geysir 1957 zum Erliegen. Inzwischen ist er durch Bohrungen wieder aktiviert worden. Die Eruptionsdauer beträgt acht Minuten bei einem natürlichen Intervall von 115–120 Minuten zwischen den einzelnen Ausbrüchen. Angetrieben wird der Geysir mit Kohlendioxidgas aus 4000 m Tiefe.

●**Geysir Andernach:** Erlebniszentrum, 56626 Andernach, Konrad-Adenauer-Allee 40, www.geysir-andernach.de. Nach einem empfohlenem ca. 1,5-stündigen Besuch des Erlebniszentrums legen Fahrgastschiffe um 11.15, 13.05, 15 und 17 Uhr zur Halbinsel Namedyer Werth ab, wo dann der Geysir springt, Eintritt und Fahrt 12 €, ermäßigt 9,50 €, Öffnungszeiten Erlebniszentrum: März bis einschließlich Oktober Mo–So 9–17.30 Uhr.

Der kleine Ort Namedy ist auch für sein am westlichen Rand gelegenes **Schloss** bekannt. Die Anla-

Osteifel

ge entstand im 13. Jahrhundert als Burg und wurde im 16. Jahrhundert erweitert. Im 19. Jahrhundert erfolgte der historisierende Ausbau. Das heutige Schloss wird für kulturelle Zwecke genutzt,
vor allem finden hier alljährlich die **Andernacher
Musiktage** statt.

Info

- **Postleitzahl:** 56626, **Tel.-Vorwahl:** 02632
- **Tourist-Information:** Läufstr. 4, Tel. 29 84 00, Fax 29 84 40, www.andernach.net.

**Essen &
Trinken/
Unterkunft**

- **Alte Kanzlei** €€€: Steinweg 30, Tel. 9 66 60, www.alte-kanzlei.de. Historisches, unter Denkmalschutz stehendes Gebäude aus dem Jahr 1677, gehobenes Restaurant in dem mit Antiquitäten eingerichteten alten Gewölbekeller, gehobene Küche, sommerliche Gartenterrasse, abends geöffnet, So Ruhetag; Hotel €€ mit liebevoll eingerichteten Zimmern.
- **Fischer** €€€: Am Helmwartsturm 4–6, Tel. 9 63 60, www.hotel-fischer.net/de/home/index.htm. Kleiner Betrieb der gehobenen Klasse, Restaurant Ratsstube und Bistro, hervorragende Küche des vielfach ausgezeichneten Chefkochs *André Fischer* mit raffinierten Rezepten. Hotel €€€ mit stilvoll eingerichteten Zimmern, Suite mit Dachterrasse und Blick über Andernach.
- **Weinhaus Merowingerhof:** Hochstr. 30, Tel. 4 48 48, www.merowingerhof.de. In einem Rheinschifferhaus aus dem Jahr 1787. Sein Zeichen, einen Anker, kann man noch im Stein über dem Brunnen im Hof sehen. Mit Weinstube Stockerauer Stuben (früher die Werkstatt des Schiffers), historischer Innenhof, dazu zwei separate Gaststuben, abwechslungsreiche regionale Küche, große Weinkarte vor allem mit Weinen aus den deutschen Anbaugebieten. Mo Ruhetag.

**Veran-
staltungen**

- **Andernacher Musiktage:** Kammerkonzerte Anfang Mai auf Burg Namedy, Tel. 4 86 25, www.burg-namedy.de.

Laacher See

Oberhalb von Andernach erstreckt sich in den
Ostausläufern der Eifel der Laacher See, der mit
Wasser gefüllte **Doppelkrater** einstiger Vulkane
der letzten Ausbruchsperiode. Vor rund 12.000
Jahren bescherte ein vermutlich nur wenige Tage
dauernder, gewaltiger Ausbruch des Laacher-See-

Laacher See

Glees Wassenach
Wehr

🏊 Freibad am Campingplatz
⚠ Camping
Laacher See
Nickenich

N A T U R S C H U T Z G E B I E T

Bad Neuenahr

Laacher See

Laacher Kopf
442,5
▲

🏰 Alte Burg ▲ 447

Seehotel 🏨 P

▲ 462

ℹ 🔒
B
Abtei
Maria
Laach

Naturkunde-
museum Ⓜ

▲ 400

A61

0   1 km

Bell

Koblenz

© REISE KNOW-HOW 2011

Mendig

Osteifel

Vulkans weiten Teilen Mitteleuropas Ascheregen. In rund drei Kilometern Tiefe hatte sich eine Magmakammer gebildet, in der die heiße Gesteinsschmelze stagnierte und sich im oberen Bereich der Magmakammer stark mit leichtflüchtigen Gasen anreicherte. Dadurch verringerte sich die Dichte der Schmelze, ihr weiterer Aufstieg wurde erleichtert. Als das Magma schließlich in Kontakt mit dem Grundwasser geriet, öffnete sich unter gewaltigen Wasserdampfexplosionen ein trichterförmiger Schlot. Eine Eruptionssäule aus Bims und Ascheteilchen, getrieben von der Schubkraft der sich ausdehnenden Gase, stieg wohl zeitweise bis über 30 Kilometer in den Himmel auf.

Bis heute ist es unter dem Laacher See heißer als anderswo in Mitteleuropa, und aus der langsam abkühlenden Magmakammer im Untergrund entweicht ständig Kohlendioxid, das in feinen Spalten und Rissen aufsteigt. Wo es im Laacher See austritt, ist es durch **aufsteigende Gasblasen** sichtbar. Wegen seiner außergewöhnlichen geologischen Historie sind der Laacher See und die ihn umgebende Landschaft zum **Naturschutzgebiet** erklärt worden.

Essen & Trinken/ Unterkunft

● **Hotel Burgklause** €€: 56645 Nickenich, Hauptstr. 78–80, Tel. 02632 98 33-0, Fax 98 33-33, www.hotel-burgklause.de. Gaststube in Landhaus-Atmosphäre, mit Burgkeller und Kegelbahn, organisiert für Gäste und Gruppen Veranstaltungsprogramme. Modern eingerichtete Gästezimmer.

● **Seehotel Maria Laach** €€€€: 56653 Wassenach – Maria Laach, Tel. 02652 58 40, www.seehotel-maria-laach.de. Entstanden Mitte des 19. Jahrhunderts, moderner Hoteltrakt mit Hallenbad, gepflegte Gastronomie mit eigener Konditorei, sonntagvormittags Familienbrunch; Bier- und **Weinstube Im Eichenkamp** (Mo–Sa ab 19 Uhr), Sommerterrasse.

Camping

● **Camping Laacher See:** 56653 Wassenach, Tel. 02636 24 85, www.camping-laacher-see.de. Exklusive Lage am See, zweckmäßig-einfache Standplätze, mit **Gaststätte Seeblick,** geöffnet April bis September.

Aktivitäten

● **Segeln:** Segelclub Laacher See Mayen, Tel. 02636 26 10, www.sclm.de. Clubgelände am Campingplatz, führt auch Regatten auf dem See durch.

Die Abtei Maria Laach

Abtei Maria Laach

Am Ostufer des von bewaldeten Basaltkuppen umgebenen Laacher Sees hat Pfalzgraf *Heinrich II.* eine **Burg** errichten lassen, deren Spuren heute noch erkennbar sind. Gemeinsam mit seiner Frau *Adelheid von Meißen-Orlamünde* berief er im Jahr 1093 Benediktinermönche zur Gründung eines Klosters am gegenüberliegenden Ufer des Sees. Als er 1095 starb, setzte Adelheid das großartige Werk an der **Abteikirche Maria Laach** fort, das den Vorbildern der Dome von Speyer, Mainz und Worms nacheiferte. Die Weihe der Kirche erfolgte durch den Trierer Erzbischof *Hillin* mit dem zweiten Klosterabt *Fulbert* (1152–77). Den Abschluss der Bauarbeiten bildete der zwischen 1220 und 1230 erfolgte Vorbau des Paradieses an der Westfront der Kirche. Die Einwölbung wurde offensichtlich erst später im 13. Jahrhundert vorgenommen.

Es war Abt Fulbert, der dem abflusslosen Laacher See, der neben unterseeischen Quellen als

Zufluss nur das Beller Wiesenbächlein hat, durch die Anlage eines 750 Meter langen Stollens einen ersten Abfluss schuf und damit den Wasserspiegel nachhaltig zum Sinken brachte, wodurch am See wertvolle Landwirtschaftsflächen für das Kloster geschaffen werden konnten. Eine weitere Absenkung wurde zwischen 1842 und 1844 vorgenommen.

Die Klosterkirche Maria Laach verkörpert das **karolingisch-ottonische Konstruktionsideal** von Sakralbauten. Äußerlich wird sie von ihren beiden **Turmgruppen** im Westen und Osten beherrscht, beide mit eigener Choranlage und durch das Langhaus miteinander verbunden. Im Inneren sind die Bauteile des Ostwerkes, des Westwerkes und des Langhauses harmonisch miteinander abgestimmt, doch kommt gerade hierdurch der im Laufe des Mittelalters zunehmende Gegensatz zwischen weltlicher Macht und kirchlichem Anspruch im Heiligen Römischen Reich Deutscher Nation zum Ausdruck. Traditionell war das **Westwerk** die „Fürstenkirche" und das **Ostwerk** die „Priesterkirche", wobei das verbindende Langhaus die Klostergemeinde aufnahm. Dass hier in Maria Laach das Westwerk geradezu festungshaft ausgebaut wurde, war demonstrative Opposition gegen den zunehmenden weltlichen Anspruch des Papstes.

Der Zutritt zur **dreischiffigen Hallenkrypta** erfolgt vom Querschiff seitlich des Chores. Hier wird das Vorbild des Speyerer Doms an den hohen Basen und glatten Schäften der Säulen mit ihren Würfelkapitellen besonders deutlich. In der Mitte der Krypta liegt die Grabplatte des ersten Abtes *Gilbert* – es ist eine Kopie, das Original ist im Rheinischen Landesmuseum Bonn zu sehen.

Der letzte Bauteil der Abteikirche Maria Laach war das vorgesetzte **Paradies.** Diese Vorhalle ist ein Spätwerk deutscher Romanik, ein letzter künstlerischer Höhepunkt, denn in Frankreich begann man zu dieser Zeit bereits, gotische Kathedralen zu errichten. Es handelt sich um einen

rechteckigen Wandelgang, der immer wieder wechselnde Durchblicke durch seine von Doppelsäulen getragenen Arkaden in den Innenhof frei gibt, in dem heute eine moderne, von vier Löwen getragene Brunnenschale steht. Einzigartig sind die skulptierten Kapitelle mit ihren feingliedrigen figürlichen, pflanzlichen und tierischen Motiven.

Besondere Beachtung verdienen schon die Kapitellfriese beim Betreten des Paradieses durch das mit Säulen bewehrte **Portal.** Hier erkennt man die so genannten „Haarraufer", Figuren, die sich streitend in den Haaren liegen, und den Teufel, der die *peccata populi,* die Sünden des Volkes, notiert, damit der Kirchgänger vor Betreten der Kirche schuldbeladen die innerliche Reinigung seiner Seele vornimmt.

Die **barocken Klostergebäude** der Abtei Maria Laach sind bis auf einen 1775 errichteten Flügel und ein Gartenhaus aus dem 19. Jahrhundert nicht mehr vorhanden. Die heutigen Gebäude stammen aus dem 20. Jahrhundert.

●**Benediktinerabtei Maria Laach,** 56653 Wassenach – Maria Laach, Tel. 02652 59-0, www.maria-laach.de, Öffnungszeiten: tagsüber, Informationshalle (mit 20-minütigem Kurzfilm) Ostern bis Allerheiligen So 13–16.30 Uhr, wochentags 9.30–11 und 13–16.30 Uhr, Allerheiligen bis Ostern So 13–15.30 Uhr, wochentags 10–11 und 14.30–16 Uhr, Führungen auf Anfrage.
●**Buch- und Kunsthandlung Maria Laach:** Tel. 02652 5 93 65, buchhandlung@maria-laach.de.
●**Gärtnerei Maria Laach:** Tel. 02652 5 94 20, klostergaertnerei@maria-laach.de.
●**Hofladen:** Tel. 02652 52 86 90, Fax 93 65 44, www.klostergut-maria-laach.de, geöffnet Mo–Sa 9–18 Uhr, So 10–18 Uhr. Breites Angebot an Waren aus Kloster und Hofgut, neben frischem Fleisch aus eigener Tierhaltung, Gesundem aus Getreide, Obst und Gemüse sind hier auch Weine und Säfte sowie kunsthandwerkliche Produkte und Geschenkartikel zu finden.
●**Naturkundemuseum St. Winfrid:** neben der Abtei, www.naturkundemuseum-maria-laach.de. Stein- und Mineraliensammlung, Dioramen der Eifelnatur, täglich 9.30–18 Uhr (Nov. bis Jan. bis 17 Uhr), Dez. bis Ende Feb. geschlossen, Eintritt 4 €, Kinder von 4 bis 16 Jahren 3 €, darunter frei.

Osteifel

Hocheifel

Im Umfeld der **Nürburg,** um die sich die Rennstrecke des Nürburgrings windet, erheben sich die höchsten Berge der Eifel – den höchsten unter ihnen bildet die 747 Meter hohe Vulkankuppe der **Hohen Acht.** Es sind Kuppen des tertiären Vulkanismus, die hier das typischste Landschaftsbild der Eifel geschaffen haben. Erosion gab ihre harten Kerne frei, die nun markant in die Höhe ragen. Eckpunkte dieses Teils der Eifel bilden die Orte Adenau, Kempenich und Kelberg.

Kesseling

Nähert man sich von Norden dem Gebiet der Hohen Acht, so nimmt man am besten den Weg durch das mittlere Ahrtal. Reizvoll ist das **Tal des Staffeler Bachs,** der von Osten bei Ahrbrück mündet. Hauptort im Tal ist Kesseling. Die Pfarrkirche St. Petrus mit ihrem Turm aus dem 13. Jahrhundert erhebt sich auf einer Anhöhe über dem Ort.

Von hier führt eine schmale Straße hinauf zum **Steinerberghaus,** eine der reizvollen Hütten des Eifelvereins inmitten eines großartigen Wandergebietes. Von der Terrasse oder aus dem Panoramafenster hat man einen Ausblick über das Kesselinger Tal hinüber zur Hohen Acht. Links davon erhebt sich der 652 Meter hohe Schellkopf mit seinem markanten Fernmeldeturm. Ein weiterer Panoramablick eröffnet sich vom **Gipfel des Steinerbergs,** nur wenige Meter von der Berghütte entfernt: vom Siebengebirge im Osten über die Grafschaft, den Rheinbacher Stadtwald mit der Tomburg bis hin zu dem markanten Gipfel des Aremberges.

Info   ● **Ahr Rhein Eifel, Tourismus & Service GmbH:** 53507 Marienthal, Klosterstraße 3–5, www.ahr-rhein-eifel.de, Tel. 02641 9 77 30, www.altenahr.de/kesseling.html.

**Essen &
Trinken/
Unterkunft**

●**Landgasthaus Steinerberg:** 53506 Kesseling-Ahrbrück, Tel./Fax 02647 32 16, www.steinerberg-haus.com. Rustikale Wanderer- und Motorradfahrergaststätte auf 531 Metern Höhe mit Unterkunft in 1–8-Bett-Zimmern mit Dusche/WC, geöffnet April–Okt. Mi–So 10–19 Uhr, im Winter bis 17 Uhr.

Adenau

Folgt man der mittleren Ahr bis Dümpelfeld, so führt der Weg weiter durch das reizvolle Adenbacher Tal nach Adenau, dem **Hauptort der Westlichen Hocheifel.** Von besonderer Bedeutung für die Stadt war die Einweihung des nahe gelegenen Nürburgrings im Jahre 1927 – als Strukturförderungsmaßnahme gedacht, hat der „Ring" längst internationale Ausstrahlung und bringt immer mehr Besucher nach Adenau (s.u.).

Funde zeigen an, dass das Tal bereits in römischer Zeit besiedelt war, nachweislich wird der Ort im Jahre 992 in einer Urkunde König *Ottos III.* erwähnt, wo es um die Jagdrechte im Tal geht. Graf *Ulrich von Are-Nürburg* richtete in Adenau 1162 eine Kommende des Johanniterordens ein, die durch ihr karitatives Wirken viele Schenkungen erhielt und deswegen in der Hocheifel reich begütert war. 1601 verlieh der Kölner Erzbischof Adenau Marktrechte. Ab 1689 wurde der Ort Verwaltungsmittelpunkt des kurkölnischen Amtes Nürburg nach der Zerstörung der Burg durch französische Truppen.

All das zog einen nachhaltigen wirtschaftlichen Aufschwung nach sich, was bis heute noch an vielen historischen Bauten zu sehen ist. So bietet der Marktplatz ein stattliches Ensemble prachtvoller **Fachwerkhäuser,** beispielsweise Haus Nr. 8 mit seinen vier vorkragenden Geschossen. Hinter dem Marktplatz erhebt sich der mit abgeflachten Ecken versehene Turm der romanischen **Pfarrkirche St. Johannes,** deren Bausubstanz aber bis ins 19. Jahrhundert hinein immer wieder verändert wurde. Der Taufstein stammt noch aus der Entste-

Osteifel

Hocheifel

Ahrweiler/Bad Neue

Ahrbrück

Hilterscheid

Rupperath

Ohlerath

Hönninge

Ahr

Teufelsley
▲ 482

Wershofen

Schuld

Dümpelfeld

Ahr

Insul

Eichenbach

Winnerath

Fuchshofen

Aremberg
623

Adenauer Bach

257

Hohe Warte
628

Reifferscheid

Antweiler

Leimbach

Rodder

Adenau

Hohe

Müsch

Ahr

Breidscheid

Wirft

Nürburgring
Nordschleife

Herschbr

Barweiler

Nürburg

258

Nürburg

Nürburgring
Südschleife

D

Dankerath

Wiesemscheid

Trier-Bach

Müllenbach

Bodenbach

Rote Heck
640

Gelenberg

Bongard

410

Kelberg

Manneb

410

Boxberg

287

Bereborn

Neichen

Beinhausen

Hochkelberg
675

Dreiser Höhe
611 ▲

Gunderath

1

0   4 km

Gefell

Ulmen Berenbach

hungszeit, sehenswert ist auch der Altar aus dem 16. Jahrhundert. Die **Komturei der Johanniter** am Kirchplatz wurde in den 1870er Jahren renoviert und dient heute kulturellen Zwecken.

Ein zweites historisches Stadtviertel Adenaus bietet der **Buttermarkt** (in Richtung Nürburg gelegen), wo die ältesten Gebäude des Ortes stehen, so das Burghaus der Herren zu Adenau aus dem 14. Jahrhundert.

Bauern-
haus-
museum

In einem Fachwerkhaus aus dem 17. Jahrhundert am Buttermarkt ist das Bauernhausmuseum untergebracht. Es zeigt Exponate zum bäuerlichen Leben des 19. Jahrhunderts in der Eifel: Wohn- und Kücheneinrichtung mit Webzimmer und Knechtzimmer neben einem Fruchtspeicher sowie bäuerliche Gerätschaften.

●**Eifeler Bauernhausmuseum Säujass:** In der Schulstr. oberhalb des Dr.-Creutz-Platzes, Tel. 3 05 30, www.stadt-adenau.de, geöffnet April bis Nov. Sa, So und feiertags 13–15 Uhr, Führungen nach Vereinbarung, Eintritt frei.

Zunft-
museum

Im Haus des letzten Adenauer **Nagelschmiedes** kann man sich über viele ausgestorbene **Handwerksberufe** informieren, so zeigt das Museum unter anderem eine komplett eingerichtete Nagelschmiede, eine Schuhmacherwerkstatt, eine Schneiderei, eine Stellmacher- und eine Sattlerwerkstatt. Auch andere Handwerksgruppen, wie z.B. Zimmermann, Dachdecker, Gerber, Schreiner, Weber und Seilmacher sind mit ihren typischen Handwerkszeugen vertreten.

●**Zunftmuseum:** Kirchplatz, Tel. 02691 3 05 30, www.heimatverein-adenau.de, betreut durch den „Verein für Heimatpflege", geöffnet April bis Nov. Sa und So. 10.30–12.30 Uhr, Führungen nach Vereinbarung, Eintritt frei.

Info

●**Postleitzahl:** 53518, Tel.-Vorwahl: 02691
●**Tourist-Information Hocheifel-Nürburgring:** Kirchstr. 15, Tel. 3 05 16, www.hocheifel-nuerburgring.de; www.stadt-adenau.de.

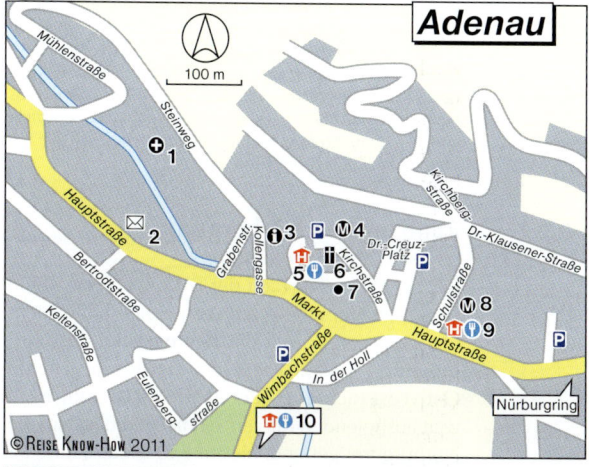

Osteifel

✚	1 Krankenhaus	☷	6	St. Johannes
✉	2 Post	●	7	Komturei
❶	3 Information	Ⓜ	8	Bauernhausmuseum
Ⓜ	4 Zunftmuseum	🏠❶	9	Zum Wilden Schwein
🏠❶	5 Historisches Haus	🏠❶	10	Landhaus Sonnenhof

**Essen &
Trinken/
Unterkunft**

● **Zum Wilden Schwein** €€€: Hauptstr. 117, Tel. 91 09 20, www.hotel-zum-wilden-schwein.de. Traditionshaus seit 1844, unübersehbar in der Altstadt von Adenau gelegen. Gemütliches, rustikales Restaurant, regionale und internationale Küche, Spezialität: Wildgerichte, Wildschweingerichte zur Jagdsaison. Mit Eingangsterrasse, gemütliche Zimmer, im Januar 14 Tage geschlossen.

● **Hotel-Restaurant „Historisches Haus" Blaue Ecke** €€€: Am Marktbrunnen 4–5, in einem der alten Fachwerkhäuser am Marktplatz, Tel. 20 05, www.blaueecke.de. Historisches Gasthaus, erste urkundliche Erwähnung 1578, Neubau um 1640, 2005 Renovierung und moderne Erweiterung. Das Restaurant bietet gehobene deutsche Küche, dazu Café, Bistro und Bar, große Außengastronomie, im zweiten Stock im alten Teil der „Blauen Ecke" komplett renovierter Rittersaal und Johannitersaal für größere Veranstaltungen. Anfang 2006 neu fertig gestellte Hotelzimmer, 65 Hotelbetten in verschiedenen Kategorien von liebevoll restaurierten Zimmern der „Blauen Ecke" bis hin zum großen, zeitlos-eleganten Raum im Neubau.

● **Landhaus Sonnenhof** €€€: Auf dem Hirzenstein 1, Tel. 70 34, www.sonnenhof-adenau.de. Oberhalb der Stadt in Waldrandlage ruhig gelegenes, elegant-rustikales Haus. Das Restaurant bietet vielseitige Küche mit Eifeler Gerichten, Feinschmeckerspezialitäten, auch Vollwertkost aus biologischem Anbau, hausgebackene Kuchen und Waffeln und deftige Brotzeit; geräumige Hotelzimmer, fast alle mit Zugang zu Balkon oder Terrasse.

Rund um den Nürburgring

Bei der Weiterfahrt auf der B 257 von Adenau in die Hocheifel unterquert man gleich hinter dem Ort zum ersten Mal die **Rennstrecke** des Nürburgrings. Bis zur Kreuzung mit der die Eifel in Ost-West-Richtung querenden B 410 geht es in weit ausholenden Kurven, einmal den Blick auf die Nürburg frei gebend, bis auf 650 Meter Höhe hinauf.

Der Bau des Nürburgrings in den Jahren 1925–27 war primär als eine Maßnahme der Wirtschaftsförderung für die Region zu verstehen. In dieser Bauphase war die Nürburgring-Schleife über 25 Kilometer lang, hatte 87 Kurven und bis zu 17 % Steigung. Später wurde die Strecke mehrfach umgebaut, entschärft und modernen Rennbedingungen angepasst. Heute hat die Nordschleife 20,8 Kilometer Länge mit 73 Kurven. Seit 1984 besteht die **Grand-Prix-Strecke** für nationale und internationale Rennen und für Motorrad-Weltmeisterschaften. Im Sommer finden **Oldtimer-Rennen** und der **Truck-Grand-Prix** statt. Das Gelände ist ebenfalls Austragungsort des schon legendären Rock-Festivals **„Rock am Ring"**, dem größten in Deutschland. Eine Zeitreise durch den Automobilsport bietet der Freizeitpark **Erlebniswelt am Nürburgring** – hier ist Spaß, Spannung und Action rund um den Motorsport angesagt! Diese Erlebniswelt am Nürburgring wird zu einem Attraktionspark erweitert, von dem man sich vier Millionen Besucher jährlich erhofft. Die offizielle Eröffnung fand am 12. Juli 2009 statt.

- **Tourist-Info-Zentrale:** Nürburgring GmbH, 53520 Nürburg, Otto-Flimm-Straße, Tel. 02691 30 20, www.nuerburgring.de.
- **Formel-1-Rennen:** Anfang Juli auf der Grand-Prix-Strecke, Wochenend-Ticket 84,40–474,77 €; auf der Familientribüne gibt es je Erwachsenenticket ein Gratisticket für Kinder/Jugendliche bis 17 J. (buchbar über Tel. 0221 28 01), auf den anderen Tribünen 50 % Ermäßigung.
- **Oldtimer-Grand-Prix:** jährlich drei Tage Anfang August, Wochenendkarte 58 €, Frühbucher 20 % Rabatt; Veranstalter: AvD Wirtschaftsdienst, Tel. 069 6 60 60, www.avd.de.
- **Truck-Grand-Prix:** Ende Juli, Wochenend-Ticket 40,90–75,90 €, Jugendliche 27,90–37,90 €.
- **Fahrsicherheitstraining:** „Race & Fun"-Training auf der Rennstrecke mit teilnehmereigenen Fahrzeugen ab 420 €, Termine und Anmeldung beim „Auto Motor und Sport Fahrsicherheitszentrum", 53520 Nürburg, an der B 258, Tel. 02691 3 01 50.
- **Classic Race Museum:** 53520 Kaltenborn-Jammelshofen, Tel. 0171 1 22 41 82, www.classic-race.de. Das Museum nordöstlich des Rings zeigt einen Querschnitt durch die Rennsportgeschichte anhand von über 200 historischen und modernen Rennfahrzeugen, geöffnet Sa/So 10–18 Uhr, Gruppen n. Vereinbarung, Eintritt 6 €, Kinder frei.
- **Rock am Ring:** seit über 20 Jahren drei Tage im Juni legendäre Rock-Konzerte, Ticketpreis 135 € inkl. Parken und Campen, Tel. 0180 5 57 00 00 (0,12 €/Min.).
- **Erlebniswelt am Nürburgring:** 53520 Nürburg, Otto-Flimm-Straße, Tel. 02691 30 20, Fax 30 21 55, www.nuerburgring.de. Erweiterter Erlebnispark rund um die Rennstrecke, neue Gebäude für ein ganzjähriges Freizeit- und Businesszentrum mit „Boulevard". **Ring-Werk:** (Autosport-Museum) geöffnet Mo–Fr 12–17 Uhr, Sa/So und feiertags 10–18 Uhr, 24.12. geschlossen, 25. und 26.12. 12–18 Uhr, 31.12. 10–16 Uhr, 1.1. 12–18 Uhr, Eintritt 19,50 €, Kinder von 5 bis 11 Jahren 11 €, Familienkarte (2 Erw. und 2 Kinder 5–11 Jahre) 55 €. **Ring-Kino:** im 3-D-Format, Reservierungen Tel. 02691 3 02 66 07. **Ring-Kartbahn:** Tel. 3 02 66 70, geöffnet Mo–Fr 14–22 Uhr, Sa/So 10–22 Uhr, Fahrt 10 Min. 11 €, 5er-Karte 50 €. **Backstage-Tour:** Tel. 30 26 30, täglich 10, 12, 14 und 16 Uhr, Dauer ca. 1,5 Std., Teilnahme 6 €. **Kletter-Challenge:** Eintritt 5,50 €, Kombi-Ticket mit Ring-Werk 0,50 € Nachlass. **Nordschleifen-Bustour:** 24 € pro Runde, Kinder und Jugendliche unter 18 Jahren 18 €. **Ring-Casino:** www.ring-casino.de, täglich ab 11 Uhr geöffnet, American-Roulette, Kartentische für Poker und Black Jack, Spielautomaten, ab 18 Uhr Live-Games, Eintritt ab 18 Jahre 2,50 €. **Fahr-Sicherheitszentrum am Nürburgring:** Verschiedene Programme zwischen 10 € und 39 €.

Osteifel

013ef Foto: od

Burgruine
Nürburg

Die Nürburg erhebt sich auf dem 678 Meter hohen *Mons Nore,* wie er im 10. Jahrhundert genannt wurde. Hier befand sich einst eine römische Siedlung. Die Burg selbst stammt aus dem 12. Jahrhundert. Nach ihr benannte sich ein Seitenzweig des Geschlechts der Grafen *von Are.* Französische Truppen zerstörten die Anlage 1690, seither ist sie Ruine. Von der weitläufigen Anlage bestehen nach Restaurierungsarbeiten noch die Grundmauern, Teile des Mauerwerks und als Aussichtsturm der runde Bergfried mit großartigen Gewölben.

Wintersportfreunde finden direkt um die Nürburg drei **Langlauf-Loipen.**

Info

●**Tourist Info Nürburg:** 53520 Nürburg, Hauptstr. 34, Tel. 02691 23 04, www.tourist-info-nuerburg.de.

Essen &
Trinken/
Unterkunft

●**Hotel zur Burg** €: 53520 Nürburg, Burgstr. 4, Tel. 02691 75 75, Fax 02621 77 11, www.nuerburgring-hotel.de. Traditionshotel 500 m von Start/Ziel entfernt, das Restaurant bietet gutbürgerliche Küche, das Hotel praktisch eingerichtete Zimmer. Im Dezember geschlossen.

●**Am Tiergarten** €€€: 53520 Nürburg, Kirchweg 4, Tel. 02691 9 2 00, www.am-tiergarten.de. Mit Restaurant Pistenklause.
●**Dorint-Hotel am Nürburgring** €€€€: 53520 Nürburg, Tel. 02691 30 90, www.dorint.de. Gegenüber der „Erlebniswelt" am Nürburgring.

Camping

●**Camping am Nürburgring:** 53520 Müllenbach, Tel. 02692 2 24, www.camping-am-nuerburgring.de. Event-Platz am Ring, 30.000 km² groß, mit Shuttle-Service, plant und begleitet Events für kleine und große Gruppen, Agenturen und Firmen.

Kelberg

Im Zentrum des Eifelvulkanismus zwischen Adenau und Ulmen, wo an die **300 Vulkane** anzutreffen sind, liegt der Luftkurort Kelberg in einer geschützten Talmulde, von prächtigen Laub- und Nadelwäldern umgeben. Das Landschaftsbild wird geprägt von dem 675 Meter hohen **Hochkelberg,** einem der höchsten und markantesten Vulkane der Region.

Die erste Erwähnung des Orts Kelberg stammt aus einer Schenkungsurkunde aus dem Jahr 1195. Ortsansässig war das Rittergeschlecht derer von *Keleberch.* Aus dieser Zeit stammt auch noch der Turm der **romanischen Ortspfarrkirche,** deren Schiff neugotisch umgestaltet wurde und die mit ihrem spägotischen Kruzifix, dem „Kelberger Christus", ein Kunstwerk von überregionaler Bedeutung besitzt. Beachtenswert ist gleichermaßen das Osterkreuz aus dem Jahre 1696 wie auch der an die Pfarrkirche angrenzende Friedhof mit dem Baldachinkreuz und alten Grabkreuzen. Das alte **Pfarrhaus Kelberg** ist ein dem Spätbarock zuzurechnendes Herrenhaus aus Bruchstein mit aufgesetztem Fachwerk.

Die Nürburg aus dem 12. Jahrhundert – obwohl Ruine, bietet sie eine herrliche Aussicht vom Bergfried

Schwarzen-berg

Östlich von Kelberg steht unterhalb des 562 Meter hohen Schwarzenberges die gleichnamige **Wallfahrtskapelle** aus dem Jahre 1719. Der inzwischen verputzte Bau weist stichbogige Fenster im Langhaus und im Chor auf. In der Nähe der Kapelle findet man ein Basalthochkreuz aus dem Jahre 1785, in ihrem Schatten ruhen 60 gefallene Soldaten des letzten Krieges.

Gran Dorado Park

Südöstlich von Kelberg befindet sich bei Gunderath am **Heilbachsee,** schon im Einzugsbereich des oberen Elzbachtales, der Gran Dorado Park, einer der großen **Ferienparks** der Eifel.

● **Gran Dorado Park Heilbachsee:** Gunderath, Tel. 02657 8 09-0, www.centerparcs.com. Mitten in der Vulkaneifel gelegen, ein Park mit 450 Wohneinheiten. Um das Zentrum „Grand Place" gruppieren sich Restaurants, Bars, Geschäfte, Bowling- und Kegelbahnen und eine Disco. Dazu gibt es das Südsee-Badeparadies, ein tropisches Schwimmbad mit Innen- und Außenbecken. Ausgangspunkt für Skitouren im Winter, ganzjährig geöffnet.

Info

● **Postleitzahl:** 53539, **Tel.-Vorwahl:** 02692
● **Verbandsgemeinde Kelberg:** Dauner Str. 22, Tel. 8 72 18, Fax 8 72 39, www.vgv-kelberg.de.

Essen & Trinken/ Unterkunft

● **Haus Hedwig** €€: Am Markt 3, Tel. 92 14 10, Fax 92 14 22, www.schillingers.de. Gemütliches Café mit Terrasse und Bäckerei sowie Hotelbetrieb im Zentrum.

Einkaufen

● **Heimtextilien:** Collection Michel, Schulstr. 14, Tel. 17 24, www.collection-michel.de. Polsterbezüge für Wohnmobile, Tischdecken, Kissen, Brotkörbchen, Körnerkissen, Klima-Wohndecken, Läufer, Tischsets, Schürzen, Überhandtücher bis hin zum passenden Schlaufenschal im Uni-Stil oder Karo- und Landhausstil.
● **Töpferwaren:** Töpferei Serocka, Kelberg-Köttelbach, Zum Hochkelberg 34, Tel. 88 65, Fax 93 11 01, www.toepferei-serocka.de, Mo–Fr 9–12.30 Uhr und 13.30–18 Uhr, Sa 9–13 Uhr. Bietet Service, Vasen, Schalen und andere Gefäße, die ausschließlich auf der Töpferscheibe frei gedreht werden, führt Töpferkurse durch, veranstaltet den alljährlichen **Kunsthandwerkermarkt** am ersten Augustwochenende.

Hohe Acht

Abseits des Zentrums des Hocheifelvulkanismus erhebt sich östlich von Adenau bei **Jammelshofen** die Hohe Acht als **höchster Berg der Eifel** (747 m) weit über die ihn umgebende Landschaft hinaus. Auf der Hohen Acht steht seit dem Jahre 1909 aus Anlass der Silberhochzeit von Kaiser *Wilhelm II.* der 17 Meter hohe **Kaiser-Wilhelm-Turm,** von dessen Plattform man eine weite Aussicht über die Eifellandschaft hat.

Winter-sport

Die ganze Region ist im Sommer ein herrliches Wander- und im Winter ein ideales Skilanglaufgebiet. Eine Reihe von **Loipen** wird bei entsprechender Schneelage gespurt. An der Hohen Acht gibt es sogar zwei **Abfahrtspisten** und moderne **Schleppliftanlagen.** Ganz in der Nähe bei Arft findet sich ein weiteres Skigebiet mit zwei Schleppliften.

●**Wintersport Hohe Acht: Alpin:** 2 Doppelschlepplifte; Abfahrten 800 m, 500 m, 2x 400 m; bei ausreichender Schneehöhe werktags von 10 bis 17 Uhr und an den Wochenenden von 9 bis 17 Uhr in Betrieb, mit Übungshang; Skischule nach Anmeldung mit DSV-geprüften Übungsleitern, Information Tel. 25 19. **Langlauf:** Loipen „Lützelacht", gespurte Loipen von 3, 5 und 7 km; in Heiligenhäuschen an der Landesstraße Richtung Adenau Verleih von Langlaufski, Tel. 25 19. **Rodelbahn:** Unterhalb des Berghotels Hohe Acht, Länge 300 m. **Schneetelefon:** 02691 77 41.
●**Wintersportanlage Arft des Wintersportvereins Mayen:** 56729 Arft, www.wsv-mayen.de. Abfahrtspiste mit Flutlichtanlage, Kinderhang, 2 Skilifte, bei guter Schneelage Mo–Fr 14–16.30 Uhr, Sa und So 10.30–16.30 Uhr, Flutlichtanlage Mo, Mi, Fr 18.30–21.30 Uhr, Skischule für Mitglieder. **Schneetelefon:** 02655 35 39.

Booser Maare

Es lohnt ein Abstecher in den südlichen Teil der Hohen-Acht-Region nach **Boos.** Nahe dem Ort befinden sich die beiden Booser Maare, die durch einen informativen **Wanderweg** erschlossen sind. Auf 35 Hinweistafeln werden Einblicke in den örtlichen Vulkanismus sowie die Tier- und Pflanzenwelt gegeben. Auf dem nahe gelegenen, 557 Meter hohen Schneeberg wurde kürzlich der **Booser Eifelturm** aus Douglasienstämmen als Aussichtsturm errichtet.

Info

- **Postleitzahl:** 53520, **Tel.-Vorwahl:** 02691
- **Gemeinde Kaltenborn-Jammelshofen:** Mittelstr. 6, Tel. 77 41, www.kaltenborn-eifel.de, www.jammelshofen-eifel.de.

Essen & Trinken/ Unterkunft

- **Berghotel Hohe Acht** €€: Jammelshofen – Hohe Acht, Tel. 4 71, Fax 24 59, www.hohe-acht.com. An der Bundesstraße unmittelbar unterhalb der Hohen Acht gelegen, weithin bekannt für reichhaltiges Frühstück, A-la-carte-Restaurant.
- **Waldhotel Hohe Acht** €€: Jammelshofen – Hohe Acht, Tel. 20 31, Fax 76 30, www.waldhotel-eifel.de, in ruhiger Lage unterhalb der Hohen Acht am Ortsrand von Jammelshofen. Mit eigenem Bauernhof mit Rinderzucht, Produkte dieses Hofes werden frisch in der Hotelküche verarbeitet, auch Wildspezialitäten. Komfortable, mit Bauernmöbeln eingerichtete Zimmer mit Balkon.

Virneburg

Zwischen Nürburg und Kempenich findet man noch eine weitere Burg, die einst Sitz einer der vielen kleinen Eifel-Herrschaften war, welche im Laufe des ausgehenden Mittelalters ihre Selbstständigkeit weitgehend oder ganz verloren. In Virneburg erheben sich noch die **Ruinen** einer solchen Burg, deren Ursprünge auf das 7. Jahrhundert zurückgehen. Ab dem 11. Jahrhundert herrschten dort die Grafen von Virneburg. Die kleine Grafschaft konnte durch geschicktes Taktieren zwischen den Interessen der Großterritorien Köln, Mainz und Trier ihr Gebiet noch vergrößern. Durch Aussterben der männlichen Linie kam die Grafschaft in wechselnde Hände, der größte Teil an Kurtrier. Als die französischen Truppen 1794 auch Virneburg eroberten, bestand die Grafschaft nur noch aus wenigen Kirchspielen. Übrig geblieben sind die romantischen Reste der Virneburg auf einem von drei Seiten durch den Nitzbach umflossenen Felsvorsprung, die von den Franzosen schon 1689 zur Ruine gemacht wurde.

Von Virneburg führt ein **Wanderweg** entlang des Nitzbaches zu der dem heiligen Jodokus geweihten **Wallfahrtskapelle St. Jost.** Der älteste Teil der Kapelle ist der um 1400 entstandene gotische Chor. Im 16. Jahrhundert wurde die Kapelle erweitert. Der barocke Altar mit eindrucksvollen Schnitzfiguren von einem heimischen Steinmetz wurde 1655 geweiht. Bis heute finden Wallfahrten zur Kapelle statt.

Das nahe gelegene **Bergwerk Bendishaus** wird für Besucher wieder begehbar gemacht. Es gibt eine hübsche Gaststätte unweit der Kapelle.

Info

- **Ortsgemeinde Virneburg:** 56729 Virneburg, St. Joster Straße 5, Tel. 02656 85 04, www.virneburg-eifel.de.
- **Wallfahrt:** Zur Kapelle St. Jost alljährlich an den zwei letzten September-Wochenenden und den beiden ersten Wochenenden im Oktober.

Essen & Trinken

- **Café-Gasthaus-Bendisberg:** 56729 Langenfeld St. Jost, In der Eisenkaul, Tel. 02655 33 03, www.cafe-gasthaus-bendisberg.de. Rustikal eingerichtete Gaststätte mit Pferdestall und Wildschweingehege, täglich frischer Kuchen, kleine Gerichte. Mo Ruhetag, im Winter Fr–So offen.

Schloss Bürresheim

Nordwestlich von Mayen auf dem Weg nach Kempenich passiert man eine der **schönsten Burgen der Eifel.** Schloss Bürresheim, prächtig vor der Eifelkulisse am Zusammenfluss des Nitzbaches und der Nette gelegen, ist im Gegensatz zu den meisten anderen Burgen nie erobert oder verwüstet worden.

Als erster Burgherr wird im 12. Jahrhundert *Eberhard von Neumagen* genannt. Unter der Herrschaft seines Nachfahren *Heinrich* erwarben die Kölner und Trierer Bischöfe Anteile an der Burg, sodass es lange Zeit die Kölner und die Trierer Burghälfte gab. Im 15. Jahrhundert kaufte *Gerlach von Breidbach* Teile der Burg, die nun zur Ganer-

benburg ausgebaut wurde. So entstanden auch die Wohnteile im Ostteil sowie der mächtige Rundturm. Als dann die Breidbacher zu Alleinbesitzern aufstiegen, errichteten sie die barocken Wohnteile der nun zum Wohnschloss ausgebauten Burg. Der Kölner Burgteil verfiel allerdings später.

Die Nachfahren der Breidbacher bewohnten das Schloss bis 1938, als sie es samt Inventar an die damalige Preußische Rheinprovinz verkauften. Als Rechtsnachfolger ist heute das Land Rheinland-Pfalz in ihrem Besitz. Weil die Burg durch familiäre Bande zur Generalität *Ludwigs XIV.* Ende des 17. Jahrhunderts von der Zerstörungswut französischer Truppen verschont blieb und durch den Umstand des Verkaufs kann der heutige Besucher Schloss Bürresheim als unversehrten Bau mit einer einzigartigen Inneneinrichtung besichtigen.

Der **Barockgarten** auf der Südseite entstand im 17. Jahrhundert. Zauberhaft präsentiert sich der

Von den vielen Eifelburgen ist Bürresheim eine der schönsten

Osteifel

Burghof mit seinen Fachwerkbauten und unterschiedlichen Dachformen mit Erkern und Turmhelmen dem Besucher. Das Schloss, das mit seiner **wertvollen Inneneinrichtung** einen tiefen Einblick in fünf Jahrhunderte herrschaftlicher Wohnkultur gibt, kann im Rahmen von Führungen besichtigt werden.

● **Schloss Bürresheim:** 56727 Mayen, Tel. 02651 7 64 40, www.burgen-rlp.de. Führungen April bis Sept. 10–18 Uhr, Okt. bis März 10–17 Uhr, im Dez. geschlossen, Eintritt 4 €, Kinder von 6–18 Jahren 2 €.

Waldsee Rieden

Der **Waldsee Rieden** ist ein neuer **Ferienpark** am 4 ha großen Waldsee. Entstanden ist er aus dem in den 1980er Jahren aufgestauten Rehbach, der bei Volkesfeld oberhalb von Schloss Bürresheim in die Nette mündet. Ferienhäuser vermietet die **Projektgesellschaft Waldsee-Rieden,** 56743 Mendig, Fallerstraße 55a, www.waldsee-rieden.de, Tel./Fax 02652 52 93 34. Essen und übernachten kann man in der **Eifeler Seehütte** €€, Hotel-Restaurant direkt am See gelegen, 56745 Rieden, Am Waldsee, Tel. 02655 36 96, Fax 36 93, www.seehuette. de. Hier werden gediegen eingerichtete Restaurationsräume, internationale Küche und modern eingerichtete Zimmer geboten.

Kempenich

Am östlichen Rand der Hohen Eifel liegt Kempenich, dessen Siedlungsgeschichte bis in die keltische Zeit zurückreicht. Auch römische Funde zeigen, dass hier im Altertum Menschen durchgängig gewohnt haben. Das frühe Mittelalter hat keine Zeugnisse hinterlassen. Eine erste urkundliche Erwähnung erfolgt Ende des 11. Jahrhunderts, als *Richwin von Kempenich* in einer Stiftsurkunde des Klosters Maria Laach als Zeuge benannt wird.

Die Herren von Kempenich errichteten auf dem Burgberg eine **wehrhafte Anlage** in staufischer Architektur. Hier hatte im Jahre 1147 *Bernhard von Clairvaux* zum Kreuzzug gepredigt. Als das Geschlecht der Herren von Kempenich im 15. Jahrhundert ausstarb, wurde die Burg mehrfach verpfändet, zuletzt an die Herren der Eltz, deren Geschlecht der *Eltz-Kempenich* bis zum Einmarsch französischer Revolutionstruppen hier seinen Sitz hatte. Sie bauten sogar die von Truppen *Ludwigs XIV.* zerstörte Burg teilweise wieder auf, doch in der nachnapoleonischen Zeit verfiel sie. 1822 wurde der Rest der Burggebäude in ein Forsthaus umgewandelt.

Info

●**Postleitzahl:** 56746, **Tel.-Vorwahl:** 02655
●**Gemeinde Kempenich:** Im Wiesengrund 5, Tel. 33 07, www.kempenich.de.

Essen & Trinken/ Unterkunft

●**Hotel Eifelkrone** €€: In der Hardt 1, Tel. 13 01, Fax 95 90 40. Ruhig gelegenes Hotel mit behaglichen Gästezimmern mit Balkon, große Liegewiese und Sonnenterrasse, Restaurant mit gepflegter Gastronomie, gutbürgerliche Küche, Café-Terrasse.

Aktivitäten

●**Westernreiten:** Circle-CN-Ranch, 56746 Kempenich, Tel. 41 82, www.circle-cn-ranch.com. Reitanlage mit zwei großen, von Flutlicht beleuchteten Außenplätzen, einer Reithalle sowie einem offenen und einem überdachten Round Pen, Winterausläufen und weitläufigen, zum Teil bewaldeten Weideflächen. Westernreitunterricht in Einzel- und Gruppenstunden, Wochenendkurse mit namhaften Trainern für Einsteiger bis hin zum Turnierreiter, dazu Pferdeausbildung vom Freizeitreiter bis zur Turnierreife, organisierte Wanderausritte. Einrichtungen vom gepflegten „Saloon" über sanitäre Einrichtungen mit Duschen und Pferdewaschraum bis zum Pferdesolarium und Sattelshop. Pferdezucht amerikanischer Quarter Horses, Paint Horses und Appaloosas für den Verkauf und den Eigenbedarf an Schulpferden.

Vulkaneifel

Das **Herzstück der Eifel** wird von der Vulkaneifel gebildet. In diesem Gebiet um Daun und Manderscheid finden sich die wichtigsten **Maare** der Eifel, so das Ulmer Maar, das Gemündener, das Schalkenmehrener und das Weinfelder Maar, das Pulvermaar und das Meerfelder Maar. Bei diesen Maaren handelt es sich um vulkanische Hohlformen, die im Zuge von Gaseruptionen ins Grundgestein eingesprengt wurden: Aufsteigendes heißes Gestein kam mit dem Grundwasser in Berührung, dessen plötzliche Verdampfung explosionsartige Ausbrüche verursachte und Hohlformen im Gestein hinterließ. Die Hohlkegel füllten sich mit Grund- und Oberflächenwasser. Die meisten Maare vermoorten und verlandeten. Heute sind in der Vulkaneifel noch acht Maare mit Wasser gefüllt (s. auch Exkurs „Die Eifel-Maare – Kratermulden mit und ohne Wasser" im Kapitel „Land und Leute").

Vulkane

Insgesamt hat man in der Vulkaneifel, einem Gebiet von 30 Kilometern Breite und 50 Kilometern Länge, an die 270 Ausbruchzentren gefunden, deren kegelartige Erhebungen das Landschaftsbild

prägen – und doch gleicht keine der anderen. Der
Ernstberg bei Hinterweiler ist mit 699 Metern der
höchste Berg der Vulkaneifel. Hier findet man riesige Lavablöcke und eine Höhle, und im Winter ist
hier ein beliebtes **Langlauf-Skigebiet.**

Auf dem 647 Meter hohen **Nerother Kopf** ragen noch die Ruinen der **Burg Freudenkoppe** em-

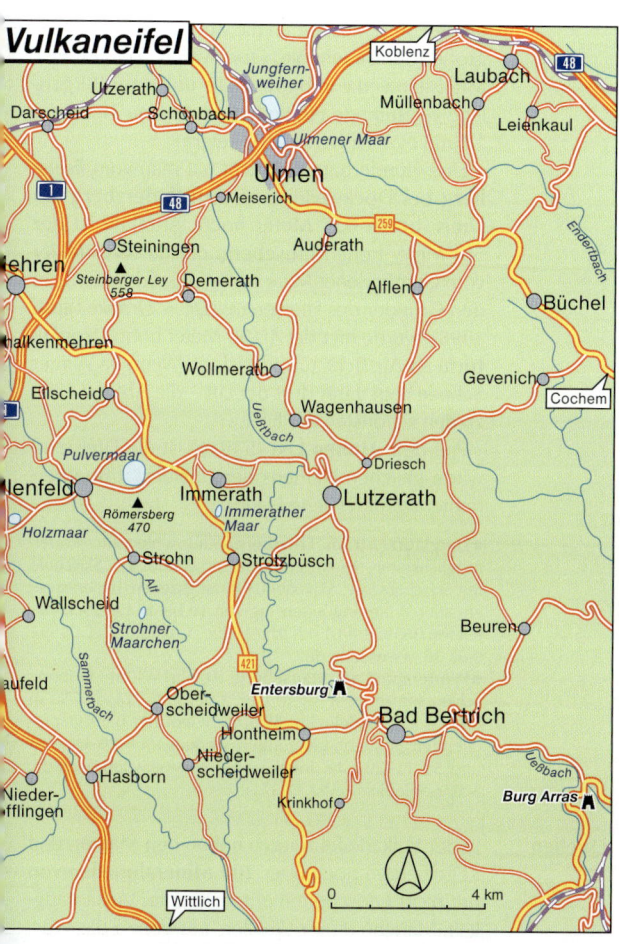

Vulkaneifel

Koblenz

Jungfern-
weiher

Utzerath
Darscheid
Schönbach
Laubach
Müllenbach
Leienkaul

Ulmener Maar

Ulmen

Meiserich

Steiningen
ehren
Steinberger Ley
558
Demerath
Auderath
Alflen
Büchel

Wollmerath
Gevenich
Cochem

Etlscheid
Wagenhausen

Uesbach

Pulvermaar
Driesch

enfeld
Immerath
Lutzerath
Römersberg
470
Immerather
Maar
Holzmaar
Strohn
Strotzbüsch
Alf

Wallscheid
Beuren

Strohner
Maarchen

aufeld
Sammerbach

Ober-
scheidweiler
Entersburg
Bad Bertrich

Hontheim
Uesbach

Nieder-
scheidweiler
Hasborn
Krinkhof
Burg Arras

Nieder-
fflingen

Wittlich

0 ——— 4 km

Osteifel

por. Die Anlage wurde 1340 von König *Johann von Böhmen,* dem Grafen von Luxemburg, als Befestigung seiner Grenzen erbaut. Doch schon 1346 fiel die Burganlage an den Kurfürsten von Trier, wurde dann aber etwa in der zweiten Hälfte des 15. Jahrhunderts aufgegeben. Das ganze Burgplateau ist von drei Seiten mit einem Trockengraben umschlossen, an die vierte Seite grenzt die große Mühlsteinhöhle. Dort waren ab 1788 vier Mühlsteinwerke in Betrieb. Die unter der Burganlage verlaufende Höhle hat heute eine Tiefe von 18 und eine Höhe von 10 Metern.

Eine wunderbare Fernsicht hat man vom **Eselsberg** bei Dockweiler und vom **Radersberg** bei Dreis, beide 637 Meter hoch. Attraktiv ist der 561 Meter hohe **Mäuseberg,** der das Weinfelder vom Gemündener Maar trennt. Zur Erinnerung an den Gründer des Eifelvereins, *Dr. A. Dronke* (gest. 1898), wurde hier der 10,50 Meter hohe **Dronketurm** als Aussichtsturm errichtet. Wenn im Winter Schnee liegt, fährt dort der Lift – die Abfahrt zählt zu den schönsten der Eifel.

Auf dem **Hohen List** (549 m) ist die Eifelsternwarte gleichen Namens der Universität Bonn errichtet worden (siehe Daun).

●**Langlaufzentrum Ernstberg:** Kleinschlepplift, Rodelmöglichkeiten, 16 km gespurte Langlaufloipen, Skischule mit Skischulwiese, Skiverleih, Öffnungszeiten: bei entsprechender Witterung jeden Tag von 10 bis 17 Uhr, Schneetelefon 06592 98 01 42, allgemeine Auskünfte: Tel. 06592 9 51 30, www.daun.de.
●**Wintersport am Mäuseberg:** Abfahrt 440 m; Doppelschlepplift; Flutlicht bis 20 Uhr, 3 gespurte Loipen 750 m bis 2,2 km, Rodelbahn; Skihütte. Geöffnet bei entsprechenden Schneebedingungen werktags 14–20 Uhr, Sa und So 11–20 Uhr, Information: www.ski-club-daun.de, Schneetelefon: 06592 77 37.

Quellen

In der Vulkaneifel zeugen neben den Maaren und Kegelbergen noch über **200 Mineralquellen** von der nicht erloschenen unterirdischen Vulkantätigkeit. Manche dieser Quellen, aus denen das Wasser unter natürlichem Druck durch Risse und Spalten empordringt, wurden gefasst und man kann sich aus ihnen frei bedienen. Die attraktivste Quelle ist der **Wallende Born** – oder die „Brubbel", wie sie im Volksmund genannt wird –, das Wahr-

Vulkanische Attraktion: der Wallende Born

zeichen der kleinen Eifelgemeinde Wallenborn, der dieser Quelle ihren Namen verlieh. Es ist eine periodisch aufwallende Quelle, ein kleiner **Geysir,** dessen Zyklus auf Gas-Wasser-Eruptionen zurückzuführen ist. Die Entgasung des Wassers mit dem Wasserspiegelanstieg braucht hier etwa 40 Minuten. Dabei hält die eigentliche Gaseruption ungefähr 20 Minuten an. Der gesamte Zyklus mit Ruhephase und Aufwallung dauert insgesamt 55 Minuten. Der Wallende Born selbst ist allerdings keine natürlich intermittierende Quelle, vielmehr verdankt er diese Eigenschaft einer Bohrung an der Stelle der heutigen Brunnenfassung.

Info

● **Natur- und Geopark Vulkaneifel:** Kreisverwaltung 54550 Daun, Mainzer Str. 25, Tel. 06592 933-0, www.ngp-ve.de.

Osteifel

Ulmen

Im Nordosten der Vulkaneifel liegt Ulmen am gleichnamigen Maar, unmittelbar südlich der Autobahn, überragt von der Kirche und der **Burg.** Mit dem Bau dieser Burg wurde um das Jahr 1000 begonnen, 1292 entstand die Niederburg. Ihr berühmtester Ritter war *Heinrich von Ulmen,* der im vierten Kreuzzug (1200–04) mit den Staufern nach Palästina zog und aus der Hagia Sophia in Byzanz wertvolle Schätze mitbrachte, so die berühmte Staurothek (eine Lade zur Aufbewahrung einer Reliquie), die heute noch im Dom zu Limburg zu besichtigen ist.

Im 14. Jahrhundert trieben die Ulmener Herren gemeinsam mit den Daunern als Raubritter ihr Unwesen, bis sie vom Trierer Kurfürst *Balduin* unterworfen wurden. Zwar war die Ulmener Burg wegen ihrer enormen Ausmaße nie eingenommen worden, doch nunmehr verfiel sie zusehends. Ende des 17. Jahrhunderts marschierten die Truppen *Ludwigs XIV.* auch in Ulmen ein und brannten den gesamten Ort, die Stadtmauer und die Festung nieder. Die Bürger von Ulmen bauten nach dem Abzug der Franzosen den Ort wieder auf, einzig die Stadtmauer gab man auf.

Anfang des 19. Jahrhunderts verstarb der letzte Ulmener Ahnherr und die Burg wurde wenige Jahre später an einen Händler aus Cochem/Mosel versteigert. Der Händler veräußerte die Steine des heruntergekommenen Gemäuers. So wurden viele Dörfer und Häuser mit den **Steinen der Ulmener Burg** errichtet, und man kann beispielsweise in alten Häusern in Ulmen Steine mit Wappen oder eingemeißelten Hinweisen finden, die auf die Burg zurückzuführen sind.

Noch bis in die 1950er und 1960er Jahre lebten viele Ulmener von der Landwirtschaft, doch inzwi-

schen stellen Dienstleistung und Tourismus den Haupterwerb dar.

Ulmener Maar

Das Ulmener Maar stellt den jüngsten Vulkan nördlich der Alpen dar. Sein Ausbruch liegt erst knapp 10.000 Jahre zurück. Das Maar ist 37 Meter tief und umfasst eine Fläche von 5,4 Hektar. Im 18. Jahrhundert richtete man einen Zu- und Abfluss ein. Nördlich vom Maar, heute jenseits der Autobahn, hatte man bereits im Mittelalter einen Teich, den heutigen **Jungfernweiher,** als Zufluss aufgestaut, der aber wieder versandete. Im Zusammenhang mit dem Autobahnbau wurde er erneut auf eine Tiefe von knapp vier Metern aufgestaut.

Im Laufe der Jahre bildeten sich breite Schilfgürtel, die sich längst zu einem **Wasservogelparadies** entwickelt haben. Im Frühjahr und Herbst ziehen Brutvögel aus Lappland und den Tundren Sibiriens durch Mitteleuropa und suchen dann Rastgebiete wie den Ulmener Jungfernweiher auf. Hier finden die Strand- und Watvögel nach einer Reise über Tausende von Kilometern Nahrung. Taucher, Reiher, Kormorane, Gänse, Enten, Blesshühner sowie

Osteifel

016eif Foto: ot

zahlreiche Singvogelarten sind hier ganzjährig oder zeitweilig heimisch. Ganz selten kann man auch einen Fischadler beobachten, der aus Skandinavien kommt und Nahrung am Weiher sucht.

Meiserich Im nahe gelegenen Ort Meiserich verdient die **Filialkapelle St. Anna** Beachtung. Der heutige Bau stammt aus dem Jahr 1524 und beinhaltet als Kunstschätze den Altar „Zur Schmerzhaften Mutter" und zwei Seitenaltäre zu Ehren der hl. *Mutter Anna* und des *Wendelinus* sowie das holzgeschnitzte Antependium (Altarvorderseite) mit den fünf Bildern des Schmerzhaften Rosenkranzes von 1585.

Info

- **Postleitzahl:** 56763, **Tel.-Vorwahl:** 02676
- **Verkehrsverein Ulmen e.V.:** Postfach 1214, Tel. 40 91 52, www.verkehrsverein-ulmen.de.

Essen & Trinken/ Unterkunft

- **Hotel-Restaurant-Café Bürgerstube** €€: Alter Postplatz, Tel. 3 67, Fax 83 95, www.buergerstube-ulmen.de. Motorradtreff, gemütliche Landhauszimmer, Eifeler Küche mit regionalen Gerichten, Bierstube, Mitgliedsbetrieb der „Eifler Gastlichkeit zwischen Thermen und Maare" und „Bett & Bike". Hier gibt es Angelscheine für das Ulmener Maar.
- **Ferienwohnung:** Katja Schaaf, Am Maar 7, Tel. 13 99, www.schaaf-ulmen.de. Direkt am Ulmener Maar gelegen, mit attraktivem Wintergarten in der abgeschlossenen Ferienwohnung, mit Maarblick.

Aktivitäten

- **Gestüt Pfauenhof:** Egon und Dorle Kessler, 54552 Utzerath, Mühlenweg 2–4, Tel. 6 03 und 17 71, Fax 95 15 18, www.ferien-gestuet-pfauenhof.de. Pferdezuchtbetrieb nordwestlich von Ulmen, Vollblut-Zucht, Pensionspferdehof, Ferienwohnungen, Reiterurlaub für Mädchen von 8 bis 15 Jahren; im Bestand für Gäste 40 Pferde, Stuten und Fohlen, dazu ein edler Vollblut-Deckhengst und fünf schöne Ponys.

Veranstaltungen

- **Burgfest:** Zweites Juliwochenende, beginnt freitagabends mit einem Festumzug auf die Burg, samstags Rockmusik auf der Burg, sonntags großer mittelalterlicher Markt mit Gauklern, professionellen Rittergruppen, Feuerspuckern, Minnesängern und Verkaufsständen.
- **Blutwurstwanderung:** „Blootwooscht unn Quellkrumbere", im November am Totensonntag mit dem Eifelverein, Ziel Rothenbusch-Schutzhütte. Die Ortsgruppe Ulmen des Eifelvereins organisiert dazu das Blutwurstessen.

Daun

Im nördlichen Zentrum der Vulkaneifel liegt Daun, dessen Ortsname wohl schon keltischen Ursprungs ist. Auch die Römer hatten hier einen befestigten Posten. Die mittelalterliche Burg entstand um das Jahr 1000. Erstmals im Jahr 1075 wird ein *Adalbero de Duna* als ihr Herr urkundlich erwähnt. Knapp hundert Jahre später starb das freie Dauner Herrengeschlecht aus; ein Dienstmann dieses Geschlechtes übernahm Namen und Wappen mit dem Dauner Gitter – er ist der Stammvater der nachfolgenden Familien, also auch der späteren Grafen von Daun. 1346 erhielt der Ort die Stadtrechte mit eigenem Marktrecht. 1353 wurde die Burganlage durch den Trierer Kurfürsten *Balduin* teilweise zerstört, weil sich ihre Herren inzwischen als Raubritter zur Landplage entwickelt hatten. Im Jahr 1689 zerstörten französische Truppen *Ludwigs XIV.* die Dauner Burg dann völlig. Große Ehre wurde Daun 1911 zuteil, als Kaiser *Wilhelm II.* die Stadt besuchte.

Heute stellt sich Daun als **heilklimatischer Kur- und Kneippport** inmitten der reizvollen Eifeler Waldlandschaft dar. Seine **Dunaris-Quelle** ist ein Natrium-Magnesium-Hydrogencarbonat-Säuerling und als Heilquelle staatlich anerkannt. Das Wasser ist sowohl für Badezwecke als auch für Trinkkuren geeignet.

●**Mineralquellen:** Offen austretende, wohlschmeckende Säuerlinge findet man an der Städterbrücke (Hotzendrees), bei der Einfahrt zur Bundeswehrkaserne „Heinrich Hertz", im Lehrwald bei Darscheid (an der B 257), an den Tennisplätzen Richtung Gemünden, in Rengen (hinter der Bahnüberführung Lupinenstraße), bei Niederstadtfeld, im Dockweiler Wald, an der Strotzbüscher Mühle, in Wallenborn, am Lieserpfad zwischen Weiersbach und Üdersdorf und mit besonders hoher Ausstoßmenge mitten im Stadtteil Steinborn.

In der Altstadt	Die Dauner Burg erhob sich einst auf hohen Stützmauern auf einem steilen Basaltfelsen. Geblieben

ist nur die **Ringmauer** mit Wächterhaus und einer **Bastei.** Im Jahre 1712 wurde das **Kurtrierische Amtshaus** auf dem Burgberg für den Trierer Kurfürst und Erzbischof *Karl-Josef* teilweise aus Mauersteinen der alten Burg errichtet und 1980 durch Anbau eines dritten Traktes zur Drei-Flügel-Anlage als Hotel „Kurfürstliches Amtshaus" erweitert (siehe Unterkunft).

Neben dem Amtshaus steht die 1863 erbaute, schlichte **Evangelische Kirche** an prägnantem Standort. Einige Burgmannenhäuser unterhalb der Burg weisen noch spätmittelalterliche Baukörper auf, so **Haus Rodemacher** an der Südseite der Burg aus dem 16. und 18. Jahrhundert und der **Waldenhof** am Osthang des Burgberges. Der Turm der dreischiffigen romanischen **Ortspfarrkirche,** einer der ältesten Kirchen der Eifel, stammt aus dem 10. Jahrhundert, der Chor aus dem 12. und das Deckengewölbe aus dem 15. Jahrhundert. Das Schiff musste nach dem Zweiten Weltkrieg neu errichtet werden.

Zweite „Krimi-Hauptstadt der Eifel"

Neben Hillesheim hat sich Daun auch als **zweite „Krimi-Hauptstadt der Eifel"** einen Namen gemacht. Der Hauptort der Vulkaneifel-Gemeinde richtet zweijährlich das Krimi-Festival „Tatort Eifel" aus.

●**Tatort Eifel:** Krimi-Festival 2011, 2013 etc. mit Fachprogramm für Verlage und Fernsehanstalten, Publikumsveranstaltungen (u.a. Lesungen) und Rahmenprogramm (z.B. Krimi-Musik), 10 Tage Mitte September, ausgerichtet durch die Kreisverwaltung Vulkaneifel, 54550 Daun, Mainzer Str. 25, Tel. 06592 93 30, Fax 98 50 33, www.tatort-eifel.de.

Dauner Maare

Die größte Attraktion Dauns stellen die drei auf unterschiedlichem Höhenniveau um den **Mäuseberg** gruppierten Kraterseen dar. Die Dauner Maare sind nach neueren Untersuchungen ihrer Tuffwälle, der Kraterwände und des Seebodens vermutlich innerhalb des geologisch kurzen Zeitintervalls der Weichsel-Kaltzeit vor etwa 20.000 bis 30.000 Jahren entstanden.

Das 407 Meter hoch gelegene **Gemündener Maar** liegt nur etwa eineinhalb Kilometer südlich von Daun. Seine Wasserfläche beträgt 7,2 Hektar, es ist 38 Meter tief und hat einen Durchmesser von 325 Metern.

Das 484 Meter hoch gelegene **Weinfelder Maar** weist eine Fläche von 16,8 Hektar auf. Es ist mit 51 Metern Tiefe das tiefste der drei Dauner Maare, sein Durchmesser beträgt 525 Meter. Baden ist hier nicht gestattet. In unmittelbarer Nähe befindet sich ein Friedhof mit einer kleinen Kapelle, die auf das 14. Jahrhundert zurückgeht. Es ist die ehemalige Pfarrkirche des Dorfes Weinfeld am Maar, dessen Bewohner im 16. Jahrhundert durch die Pest ausstarben. Dies ist wohl der Grund dafür, dass das Weinfelder Maar auch *Totenmaar* genannt wird.

Der Wasserspiegel des **Schalkenmehrener Maares** liegt 65 Meter unter dem des Totenmaares. Das Schalkenmehrener Maar ist ein Doppelmaar. Die Gesteinswand aus devonischem Schiefer, die die beiden Maare trennt, ist nur 410 Meter breit, der ältere Maarkessel bereits vermoort. Der jüngere Maarausbruch hat den älteren weitgehend zugeschüttet, was eine Verlandung dieses Teils begünstigte. Das nach dem nahe gelegenen Dorf Schalkenmehren benannte Maar ist mit einer Wasserfläche von 21,6 Hektar das größte der drei Dauner Maare. Es ist 21 Meter tief und hat einen Durchmesser von 575 Metern.

• **Gemündener Maar:** Baden ist im Maar (im Freibad, www.hallenbad.daun.de/Freibad1.htm) erlaubt, ausreichend Liegewiesen sowie ein Bootsverleih sind vorhanden, geöffnet in der Badesaison Mai bis Sept., Eintritt 3 €, Kinder bis 16 Jahre 1,50 €.
• **Schalkenmehrener Maar:** Angeln ist erlaubt, außerdem Schwimmen, Bootfahren und Surfen im Naturfreibad, geöffnet in der Badesaison von Mai bis Sept., Eintritt 2,50 €, Kinder bis 16 Jahre 1,50 €, www.tourismus.daun.de.

Wildpark   Einen weiteren großen Anziehungspunkt der Region bildet der **Wild- und Erlebnispark Daun** am

Osteifel

Wendsberg – hier wird heimisches Wild in seiner natürlichen Umgebung gezeigt. In dem 200 Hektar großen Park geht es auf einer acht Kilometer langen Autowanderstraße durch alten Mischwald mit Rotwild, Damwild und Mufflons, einem Greifvogelgehege sowie einer Affenschlucht mit Berberaffen, Wildyaks, Lamas und Nandus. Außerdem gibt es einen Abenteuerspielplatz und eine Sommerrodelbahn.

● **Wild- und Erlebnispark Daun:** Mainzer Str. 11, Tel./Fax 31 54, www.wildpark-daun.de. Mit Berberaffen-Freigehege und Falknerei. Mitte März bis Mitte Nov. 10–18 Uhr, Eintritt 7 €, Kinder 5–15 Jahre 5 €, Familienermäßigung.

Vulkan-museum   Ziel des Dauner Vulkanmuseums ist es, dem Besucher ein hautnahes Erleben vulkanischer Tätigkeit zu vermitteln, insbesondere im Hinblick auf die erdgeschichtliche Entwicklung der Vulkaneifel.

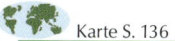

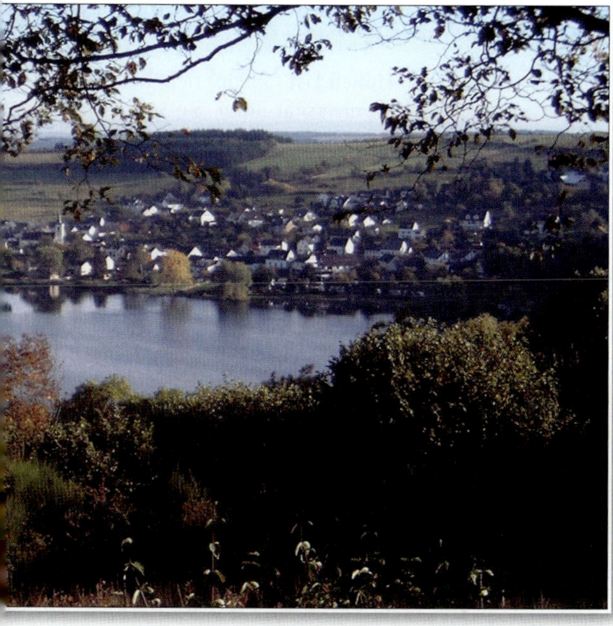

Neben Informationstafeln, Fotos und Exponaten, die aus der Vulkaneifel und zum Teil von aktiven Vulkanen aus Europa und Asien stammen, gibt es interaktive Computermodelle, vorwiegend über die vulkanische Eifel.

● **Eifel Vulkanmuseum Daun:** Geo Zentrum Vulkaneifel, Leopoldstr. 9, Tel. 98 53 53, www.vulkaneifel.de/eifel-vulkanmuseum, geöffnet März bis Mitte Nov. Di–Fr 13–16.30 Uhr, Sa, So und feiertags 11–16.30 Uhr, in den Weihnachtsferien 13–16.30 Uhr. Eintritt 2,60 €, Jugendliche von 16 bis 18 Jahren, Wehrpflichtige, Schwerbehinderte

Das Schalkenmehrener Maar bei Daun

1,50 €, Kinder ab 6 Jahre 1 €. Führungen 6 €, Anfrage bei der Tourismusinformation Daun.

Sternwarte Auf dem **Hohen List** (549 m) steht die Eifelsternwarte der Universität Bonn. Sie wurde in zwei Bauphasen zwischen 1952 und 1964 mit insgesamt sechs Kuppeln ausgestattet.

●**Observatorium Hoher List:** Tel. 21 50, Fax 98 51 40, www.astro-uni-bonn.de, geführte Besichtigung nur Mi (März bis Okt.), auch speziell für Kinder, Anmeldung beim Verkehrsamt Daun, Tel. 9 51 30.

Steinborn Im drei Kilometer nordwestlich von Daun gelegenen Ort Steinborn lohnt ein Blick in die **Ortspfarrkirche.** Der ursprünglich romanische Bau steht oberhalb des Ortes und wurde zu Beginn des 16. Jahrhunderts in eine Einstützenkirche umgewandelt. Ihr Netzgewölbe ist mit filigranem Rankenwerk bemalt, Konsolen und Schlusssteine sind farbig gehalten.

Info ●**Postleitzahl:** 54552, **Tel.-Vorwahl:** 06592
●**Tourist-Information Daun:** Leopoldstr. 5, Tel. 9 51 30, Fax 95 13 20, www.tourismus.daun.de.

Essen & Trinken/ Unterkunft ●**Schloss-Hotel Kurfürstliches Amtshaus** €€€€€: Dauner Burg, Tel. 9 25-0, Fax 9 25-2 55, www.daunerburg.de. Ehemaliges Kurtrierisches Amtshaus, Zimmer und Suiten exklusiv mit Himmelbetten und Antiquitäten eingerichtet, Schwimmbad, Solarium etc., mit Feinschmecker-Restaurant **Graf Leopold** €€€€, bietet französische Küche, Sommerterrasse im Innenhof.
●**Dorint Hotel & Resort** €€€: Daun-Gemünden, Im Grafenwald, Tel. 71 30, Fax 71 34 44, www.dorint.com/daun. Mit elegantem A-la-carte-Restaurant „Grafenwald" und origineller Brasserie, Badevergnügen in der „Wellnessworld" mit integriertem Kinderplantschbecken, Sauna mit Dampfbad und Solarium, Badeabteilung „Dorimare", Tennisplätze, Fitness-Center, Beauty-World. Vermietet auch Appartements.
●**Hotel Panorama** €€: Rosenbergstr. 26, Tel. 93 40, Fax 93 42 30, www.hotelpanorama.de. 1980 gebautes Hotel am Waldrand mit Landhausatmosphäre, Restaurant bietet Eifeler Spezialitäten; mit Wellness- und Beautybereich mit Kosmetik, Schwimmbad 32 °C, Whirlpool, Sonnenbank, orientalisches Dampfbad; Kurabteilung mit Massagen, Stangerbad, Fango etc.

**Jugend-
herberge**

●**Eifelmaar-Jugendherberge:** Maria-Hilf-Str. 21, Tel. 28 84,
Fax 15 06, www.jugendherberge.de. Zimmer für die 1-, 2-
und 4-Bettbelegung, alle mit Dusche/WC, 3 Aufenthalts-
und Seminarräume für 25 bis 50 Personen, 2 Speiseräume,
Kinderspielecke, Cafeteria, 3 Tagungsräume, Übernach-
tung/Frühstück (einschl. Bettwäsche) ab 18 €.

Aktivitäten

●**Ballonfahrten:** Eifel-Ballooning Jung, Wirichstr. 8, Tel.
98 54 65, www.eifel-ballooning.de.
●**Kur- und Hallenbad Daun:** Leopoldstr. 14, Tel. 24 44,
www.hallenbad.daun.de, Hallenbad Eintritt 2,50 €, ermäßigt
1,50 €, große Schwimmhalle 10x25 m, 28 °C, Warmwas-
serbad 32 °C, Sauna, Infrarot-Center, Sonnenstudio.
●**Jeep Vulkan Safari:** Arensbergstr. 12, Tel.: 27 55, www.
jeep-vulkan-safari.de. Im Geländefahrzeug geht es freitags
drei Stunden unter sachkundiger Führung on- und offroad
zu Vulkanen und Maaren. Am Beispiel des 24 Mio. Jahre
alten Vulkans Arensberg werden die alles verändernden
Prozesse der Erosion sichtbar. Durch einen gut gesicherten
Stollen wird man direkt zum Vulkanschlot geführt. Die Tour
führt durch 400 Millionen Jahre Erdgeschichte und vermittelt Grundlagen der Geologie bis hin zu neuesten Erkennt-
nissen der Forschung.
●**Planwagenfahrten:** Tägliche Touren durch die Umgebung von Daun unternimmt *Ursula July,* Buchenweg 9,
Daun-Waldkönigen, Tel. 33 61. Während der kalten Jahres-
zeit Glühweinfahrten im beheizten Planwagen.
●**Rundflüge:** Segelflugplatz Senheld, Segelflugverein Vulkaneifel, Tel. 29 76 oder 27 55, www.flugplatz-daun.de.
Rundflüge mit Motorflugzeugen, Motorseglern und Ultraleichtflugzeugen Sa, So und in den Ferien täglich und nach
Vereinbarung, Kurzflüge über die Dauner Maare, 1-Std.-
Flüge zum Nürburgring oder zur Mosel, großer Rundflug
(Dauer 60 Minuten) bis zur Mosel und zum Rhein, Mindestpreis 180 €, ½ Std. mit dem Ultraleichtflugzeug 49 €.
●**Flugplatz Hinterweiler:** betrieben durch den DFC-Vulkaneifel e.V., www.dfc-vulkaneifel.de. Für Rundflüge Auskünfte und Terminanfrage bei dem UL-Piloten Günter
Hens, Tel. 1 01 85. Ultraleicht-Sonderlandeplatz, hier werden Drachen in die Luft gezogen, auch Tandemflüge mit
einem modernen Doppelsitzerdrachen oder mit Ultraleicht
sind möglich, Gastpiloten willkommen. Der Flugplatz ist
von der B 410 erreichbar, Richtung Hinterweiler abbiegen,
dann den ersten Feldweg (ca. 100 m) rechts den Berg
hoch, nach ca. 200 m ist der Windsack zu sehen.
●**Wintersport am Mäuseberg:** Abfahrt 440 m; Doppelschlepplift; Flutlicht bis 20 Uhr, 3 gespurte Loipen 750 m
bis 2,2 km, Rodelbahn; Skihütte. Geöffnet bei entsprechenden Schneebedingungen werktags 14–20 Uhr, Sa
und So 11–20 Uhr, Information: www.ski-club-daun.de,
Schneetelefon: 06592 77 37.

Osteifel

Schalkenmehren

Im nahe Daun gelegenen Schalkenmehren (Schalkenmehrerner Maar: siehe Daun) zeigt das **Heimweberei-Museum,** wie viele Bauernfamilien früher durch Nebenerwerb ihre Lebensbedingungen verbessern konnten. Dazu gründeten sie 1926 die „Heimweberei-Genossenschaft Schalkenmehren", die von großer wirtschaftlicher und sozialer Bedeutung für den Ort wurde. Die Ideen und die besondere kreative Begabung der Lehrerin *Anna Droste-Lehnert* (1892–1976), die ab 1920 in Schalkenmehren lebte und wirkte, begründeten den Erfolg des Schalkenmehrener Beiderwandes, ein Gewebe für Trachten, das unter dem Markenzeichen „Maartuch" seine Verbreitung in ganz Deutschland und über die Grenzen hinaus fand.

●**Heimweberei-Museum Schalkenmehren:** Alte Schule, Mehrener Straße 5, 54552 Schalkenmehren, Tel. 40 85, www.heimweberei-museum.de, Mai bis Okt. Sa 15–17 Uhr, So 10–11 Uhr und 15–17 Uhr.

Altes Fachwerkhaus in Schalkenmehren

Info

- **Postleitzahl:** 54552, **Tel.-Vorwahl:** 06592
- **Tourist-Information Schalkenmehren:** Maarstr., Tel. 17 39 39, Fax 17 39 40, www.schalkenmehren.de.

Essen & Trinken/ Unterkunft

- **Landgasthof Michels** €€€: Sankt-Martin-Str. 9, Tel. 92 80, Fax 92 81 60, www.landgasthof-michels.de. Restaurant spezialisiert auf Eifeler Fleisch-, Fisch- und Wildgerichte, Hotelbetrieb mit fast 100 Zimmern verschiedener Kategorien, teilweise mit Balkon, mit Schwimmbad.
- **Haus am Maar** €€: Hotel Schneider, Maarstr. 22, Tel. 9 55 10, Fax 95 51 40, www.hotelschneider.de. Eifeler Traditionsbetrieb am Maar, hoteleigene Wellness- und Beauty-Einrichtungen mit Sauna, Dampfbad, Tecaldarium, Whirlpool, Solarium, Liegewiese mit Maarblick, Restaurant mit Gartenterrasse.

Camping

- **Camping am Maar:** zum Haus am Maar gehörig, Tel. 9 55 10, Fax 95 51 40, www.hotelschneider.de. Kleiner Platz direkt am Maar, 200 m Naturstrand, Baden nur im nahen Maar-Freibad (s.u.), 30 Dauerplätze, 30 Touristenplätze, ganzjährig geöffnet.

Aktivitäten

- **Schalkenmehrener Maar:** Angeln ist erlaubt, außerdem Schwimmen, Bootfahren und Surfen im Naturfreibad, geöffnet in der Badesaison von Mai bis Sept., Eintritt 2,50 €, Kinder bis 16 Jahre 1,50 €, www.schalkenmehren.de.

Gillenfeld

Gillenfeld gehörte im Mittelalter zum Maifelder Gau. Erstmals erwähnt wird der Ort im Jahre 1016, als Kaiser *Heinrich II.* (1002–24) dem St.-Floriansstift in Koblenz das Markt-, Münz- und Zollrecht zu *Gilliveld* verlieh. Vom Stift wurden die Herren von Kerpen mit Gilliveld belehnt, das später durch Erbschaft an die Herzöge von Arenberg kam. Bis zum Jahr 1795 übten so das Floriansstift und die Arenberger die Grundherrschaft in Gillenfeld aus.

Heute ist der Ort als Zentrum der **Ferienregion „Rund ums Pulvermaar"** ein beliebtes Ausflugsziel. Er bietet dem Gast als Sehenswürdigkeiten die neugotische Kirche mit dem einzeln stehenden Glockenturm aus dem 14. Jahrhundert, dem benachbarten alten Friedhof und der Kriegerkapelle, eine Mariengrotte sowie ein wunderschön restauriertes altes Backhaus.

Osteifel

Maare

In der Umgebung von Gillenfeld finden sich besonders viele vulkanische Eruptionsstellen der unterschiedlichsten Art. Ganz in der Nähe liegt das **Pulvermaar,** dessen fast kreisrunde Form es zum typischsten Maar der Eifel macht. Es bedeckt bei einem Durchmesser von 700 Metern eine Fläche von 36 Hektar. Mit 74 Metern Tiefe ist es das tiefste natürliche Gewässer der Eifel. Seine trichterförmige Gestalt wird noch durch die steilen, bewaldeten Uferhänge unterstrichen. Das Seegebiet ist Naturschutzgebiet, aber Baden, Bootfahren und Angeln sind erlaubt.

Das Gelände um das 6,2 Hektar große und nur 3 Meter tiefe **Immerather Maar** wurde ebenfalls zum Naturschutzgebiet erklärt. Wassersport ist nicht gestattet, wohl aber Angeln. Der zu den jüngsten Eifelmaaren zählende See ist halbrund, da der zuführende Uessbach den Boden mit Schwemmmaterial aufgefüllt hat. Sein weitgehend unberührtes Erscheinungsbild macht ihn für Erholung suchende Wanderer besonders attraktiv.

Nördlich des Pulvermaares findet man das kleine **Ellerscheider Maar,** etwas älter als das Pulvermaar. Es ist bis auf die Vermoorung des Bodens trocken und entwässert in den Laubach. Die sich südlich des Pulvermaares unterhalb des 465 Meter hohen Römerberges erstreckenden **Strohner Maarchen** sind kein echtes Maar, sondern ein Schlackenvulkan mit schrägem Schlot, der heute von einem Hochmoor eingenommen wird.

Südlich von Gillenfeld findet man den Strohner Vulkankomplex im Bereich der so genannten **Strohner Schweiz,** dem Durchbruchstal der Alf durch einen 12.000 Jahre alten Lavastrom, der vom Wartgesberg ausging. Der Wartgesberg ist ein Schlackenrücken, dem an der Westseite noch weitere Schlackenkegel vorgelagert sind. Hier fand man eine Basaltkugel von vier Metern Durch-

---

Die Lavabombe bekam vor dem Erlebnismuseum
Vulkanhaus Strohn einen Ehrenplatz

messer, die heute als **„Lavabombe"** am Vulkanhaus Strohn steht, einem neuen Erlebnismuseum, das in die Vulkanlandschaft der Eifel einführt (s.u.).

Nur wenig nordwestlich von Strohn liegt das **Trautzberger Maar** mit nur 100 Metern Durchmesser, das als runde, sumpfige Vertiefung erkennbar ist. Nahe am heutigen Strohner Ortsteil Sprink hat ein Gasausbruch den Lavastrom vom Wartgesberg durchschlagen und das **Sprinker Maar** geschaffen.

Westlich des Alftales findet man noch eine weitere Gruppe von drei Maaren. Das **Holzmaar** verdankt seine Wasserfüllung einer künstlichen Aufstauung, die der Wasserversorgung der unterhalb gelegenen Holzmühle diente. Es steht unter Naturschutz. Nördlich davon stellt sich das **Dürre Maar** als Trockenmaar dar, das sich schon im Hochmoor-Stadium befindet und durch seine vielfältige Flora und Fauna bekannt ist, denn es ist noch von einem schmalen Sumpfring eingerahmt. Nur 140 Meter davon entfernt liegt die **Hitsche,** mit 60 Metern Durchmesser das kleinste Maar der Eifel. Man erkennt dieses Minimaar als rundliche, mit Simsen und Seggen bestandene Senke zwischen den Feldern.

Letztlich muss noch der sich ganz im Norden des Gillenfelder Vulkangebietes erstreckende

Mürmes erwähnt werden, ein verlandetes Maar von einem Kilometer Länge und 500 Metern Breite. Bis vor 200 Jahren war der Mürmes ein durch einen Damm aufgestauter Fischweiher. Das verbliebene Flachmoor mit seinen Schilfbeständen stellt ein wichtiges ornithologisches Gebiet dar und steht unter Naturschutz. Besucher sollten der Empfindlichkeit dieses Biotops Rechnung tragen!

Vulkanhaus Strohn

Im Nachbarort Strohn gibt es ein **interaktives Museum,** in dem man vulkanische Phänomene erleben kann. Hauptattraktion ist die „glühende" Strohner Lavaspaltenwand.

● **Vulkanhaus Strohn:** 54558 Strohn, Hauptstr. 38, Tel. 95 37 21, Fax 95 37 22, www.vulkanhaus-strohn.de, April bis Okt. Di–So 10–17 Uhr, ansonsten 13–17 Uhr, Eintritt 3 €, Kinder 2 €, kleines Café im Eingangsbereich.

Info

● **Postleitzahl:** 54558, **Tel.-Vorwahl:** 06573
● **Gemeinde- und Verkehrsbüro:** Am Markt 5, Tel. 7 20, Fax 99 64 26, www.gillenfeld.de.

Essen & Trinken/ Unterkunft

● **Gillenfelder Hof** €€€: Pulvermaarstr. 8, Tel. 9 92 50, Fax 9 92 51 00, www.sandton.eu/de/gillenfeld. Mit Schwimmbad, Wellness-Abteilung, Sauna etc., Zimmer, Suiten mit Balkon, Appartements, A-la-carte-Restaurant täglich geöffnet, bietet Wildspezialitäten.

Aktivitäten

● **Naturschwimmbad Pulvermaar:** www.feriendorf-pulvermaar.de. Mit großen Liegewiesen, Nichtschwimmerbecken, Kinderplanschbecken, Kiosk und Cafeteria mit Terrasse, Eintritt 3 €, Jugendliche bis 17 Jahre 1,50 €, Ruder-/ Tretboot ½ Std. 4 €.
● **Planwagen- und Kutschfahrten:** Walter Hein, Friedhofsstr., Tel. 13 21, www.kutschfahrten-hein.de. Fahrten in die Umgebung (bis 16 Personen), Preise nach Vereinbarung.

Camping

● **Pulvermaar Camping:** Gillenfeld, im Gänsepesch 3a, Tel. 3 11, www.pulvermaarcamping.de. Drei Hektar großes Gelände mit schattigen Plätzen, Zeltplätze für Jugendgruppen, viele Dauerstellplätze, geöffnet April bis Okt.
● **Feriendorf Pulvermaar:** Auf der Maarhöhe, Vulkanstraße, Tel. 2 87, Tel. Gaststätte 99 65 00, www.feriendorf-pulvermaar.de. In der Nähe der Naturbadeanstalt, leicht oberhalb gelegenes, 4 Hektar großes Gelände für Wohnmobile und Ferienhäuser.

Manderscheid

Manderscheid ist das Zentrum der südlichen Vulkaneifel und mit seinen zwei sich gegenüberliegenden Burgen und dem nahe gelegenen Meerfelder Maar ein weiterer touristischer Anziehungspunkt. Urkundlich wird die Region Ende des 10. Jahrhunderts erstmals erwähnt, als die karolingischen Herrscher des Frankenreichs im Tal der Lieser – im Gebiet des heutigen Manderscheid – dem Kloster Echternach Besitzungen schenkten. Zu ihrer Verwaltung setzten die dem **Bistum Trier** unterstehenden Äbte von Echternach Vögte ein, die hier aber im Laufe der Zeit als die eigentlichen Herren von Manderscheid die Oberhoheit ausübten – und sich zu Lehensleuten der **Grafen von Luxemburg** machten.

Die Oberburg als kurtrierische Landesburg und die Niederburg als Domizil der Herren von Manderscheid dokumentieren dann auch das Spannungsfeld zwischen den mittelalterlichen „Großmächten" Trier und Luxemburg um die Vorherrschaft in der Eifel – das zwischen den beiden Burgen tief eingeschnittene Tal der Lieser bildete die Grenze zwischen diesen beiden Territorien. Entsprechend ist die mittelalterliche Geschichte von Manderscheid durch die Auseinandersetzungen zwischen Trier und Luxemburg, das zunehmend von den Herren von Manderscheid repräsentiert wird, geprägt.

Die Herren von Manderscheid bauten sich ab der Mitte des 12. Jahrhunderts die Niederburg zu ihrem Domizil aus. Sie konnten auch einmal die Oberburg für sich gewinnen, doch nach einer Belagerung durch Trier mussten sie sie wieder räumen. 1332 verliehen die Trierer dem Ort Manderscheid die Stadtrechte. Wenig später belagerten die Trierer die Niederburg, mussten aber nach zweieinhalb Jahren aufgeben. Die Manderscheider bauten daraufhin ihre Niederburg zu einer massiven Festung mit Vorburg und ummauerter

Osteifel

Talsiedlung aus, dem Ort Niedermanderscheid. Um 1460 wurden die Manderscheider vom Kaiser in den Reichsgrafenstand erhoben. Im Jahre 1488 setzte Graf *Dietrich III.* seine Söhne *Konrad, Johann* und *Wilhelm* als neue Herrscher ein, womit der Manderscheider Besitz aufgeteilt wurde. Johann bildete die Linie Manderscheid-Blankenheim-Gerolstein, Wilhelm die Linie Manderscheid-Kail und Konrad (Cuno) die Linie Manderscheid-Schleiden.

Als letzte Gräfin regierte *Augusta von Manderscheid-Blankenheim.* Sie war mit dem Grafen von Sternberg, einem böhmischen Adligen, verheiratet. Als französische Revolutionstruppen 1794 bis zum Rhein vordrangen, floh die gräfliche Familie in ihre zweite Heimat nach Böhmen. Das war das Ende der Manderscheider Herrschaft in der Eifel. Nach der napoleonischen Zeit fiel auch Manderscheid an Preußen. Es begann eine entbehrungsreiche Zeit für den Ort. Die Lage besserte sich erst wieder durch den aufkommenden Tourismus. Heute ist Manderscheid anerkannter **Kurort** mit einem umfassend eingerichteten Kurhaus.

Nieder- und Oberburg

Die Manderscheider Burgen haben im Dreißigjährigen Krieg und durch die Invasion französischer Truppen wenige Jahrzehnte später gelitten. Durch entsprechende Renovierung sind die Befestigungsanlagen der Manderscheider Niederburg mit Vorburg, dem Zwinger, dem Palas und der Burgkapelle in einem besseren Erhaltungszustand als die der sich oberhalb erhebenden Oberburg. Die Niederburg befindet sich seit 1899 im Besitz des Eifelvereins.

Um die Oberburg vor dem endgültigen Verfall zu bewahren, restaurierte die Gemeinde 1921 die Ruine des Bauwerkes, dessen Besonderheit ein rautenförmiger Bergfried ist. Die Ruine ist frei zugänglich, sie besitzt aber keine Gastronomie. Das ursprüngliche Aussehen beider Burgen ist heute nur noch in einem Stich von *Merian* dokumentiert.

Tausende Besucher zieht das jährlich wiederkeh-
rende **Burgenfest** an, für das die beiden Ruinen
eine hervorragende Kulisse bilden.

●**Niederburg:** Niedermanderscheider Straße 1, Tel. 7 37,
Fax 93 29 62, www.niederburg-manderscheid.de, April bis
Nov. täglich geöffnet 10.30–17 Uhr, Eintritt 2 €, Kinder
0,70 €, Mitglieder des Eifelvereins 1 €, Burgladen mit regionalen und historischen Produkten, standesamtliche
Trauungen möglich. Letztes Augustwochenende großes
Burgenfest mit Ritterlager, Handwerkermarkt, Kindertur-
nier, mittelalterlichem Imbiss, Weintaverne, Marionetten-
und Puppentheater. Eintritt 7 €, Jugendliche bis 17 Jahre
4 €, Kinder frei, Bustransfer zu den Parkplätzen.

**Maar-
museum**

Im Meerfelder Maarmuseum wird die **Geologie**
der Vulkaneifel mit ihren landschaftlichen Ausfor-
mungen anschaulich dargestellt. Hier kann man
auch viele **Fossilien** aus dem Eckfelder Maar betrachten. Das Museum zeigt die Entstehung, die
Vielfalt und die internationale Bedeutung der Eifel-
Maare für die Wissenschaft und die Region. Es ist
untergebracht in der renovierten, im Stil der Neu-
en Sachlichkeit erbauten ehemaligen, heute denk-
malgeschützten Turn- und Festhalle.

●**Maarmuseum Manderscheid:** Wittlicherstr. 11, Tel. 92
03 10, Fax 92 03 15, www.maarmuseum.de. Das Museum
bietet auch Exkursionen an (siehe unten „Geopfad"), geöffnet März bis Okt. Di-Sa 10–12 und 14–17 Uhr, So und
feiertags 13– 17 Uhr, Eintritt 2 €, Jugendliche von 15 bis 18
Jahren 1,50 €, Kinder 1,30 €.

**Heimat-
museum**

Im Gebäude gegenüber dem Rathaus wird die
Geschichte der Grafen von Manderscheid gezeigt, dazu Exponate zur Landwirtschaft mit
Ackergeräten, eine historische Bauernküche, ein
Webstuhl und zahlreiche Dokumente und Urkunden, die die bewegte Vergangenheit der Vulkaneifel um Manderscheid belegen.

●**Heimatmuseum Manderscheid:** Kurfürstenstr. 9a, Tel.
7 21, www.manderscheid.de, geöffnet April bis Okt. Mo-
Fr 8–12 und 14–16 Uhr, Erwachsene 3 €, Kinder 0,50 €.

Osteifel

02Dei Foto: ot

Geologische Sammlung

Eine wertvolle Privatsammlung *(Hans Stölben)*, bestehend aus 1500 Exponaten an Gesteinen, Mineralien und Fossilien, veranschaulicht die Vielfalt von deren Farben, Formen und Strukturen, die die Natur im Laufe der Jahrtausende ihrer Entwicklungsgeschichte geschaffen hat.

● **Steinkiste:** Am Markt, Tel./Fax 14 86, geöffnet So 11.30–12.30 Uhr, Mo 18–19 Uhr, Do 11–12.30 Uhr und nach Absprache, Eintritt frei, kein Verkauf.

Glockengießerei

Die im Manderscheider Ortsteil **Brockscheid** befindliche Gießerei, seit 1620 in Familienbesitz, stellt neben großen Bronzeglocken auch kleine Glöckchen aus Messing und Bronze her sowie alle

Die Manderscheider Niederburg wurde umfassend renoviert, hier findet alljährlich ein großes Burgfest statt

Arten von Bronzekunstguss und Ofenplatten aus Bronze und Eisen. Außerdem fertigt man Kunstgussartikel nach Kundenwünschen an.

●**Eifeler Glockengießerei Brockscheid:** 54552 Brockscheid, Glockenstr. 51, Tel. 06573 99 03 30, Fax 91 11, www.glockengiesser.de, Führungen Mo–Sa 10, 11, 12, 14, 15 und 16 Uhr, Nov. bis März nur 15 Uhr, Eintritt 2 €, Jugendliche bis 17 Jahre 1,50 €, Kinder frei.

Eckfeld   Im nordöstlichen Ortsteil Eckfeld findet man mit dem **Eckfelder Trockenmaar** das älteste Eifelmaar. Es ist weithin als Fossilfundstätte bekannt. Hierher stammen das „Eckfelder Urpferdchen" und auch die älteste bekannte Honigbiene.

Mosenberg   Westlich von Manderscheid erstreckt sich eine hochinteressante, vielfältige **Vulkangruppe** mit dem 517 Meter hohen Mosenberg als höchster Erhebung – hier gibt es Schlackenkegel, Lavaströme, einen Kratersee und ein Maar aus verschiedenen Eruptionszeiträumen. Die beiden südlichen Krater der Mosenberggruppe sind jeweils an einer Stelle geöffnet. Aus dem Durchbruch des größeren dieser beiden floss vor etwa 43.000 Jahren ein Lavastrom durch den Horngraben, der im unteren Bereich das romantische Engtal der Wolfsschlucht bildet, bis in das Tal der **Kleinen Kyll** hinein, wo die Lava eine heute noch erkennbare Basaltmasse aufstaute. Inzwischen hat sich die Kleine Kyll ihren Weg wieder freigebahnt. Hier führt eine Brücke über die Kleine Kyll, von der aus man die eindrucksvollen Strudellöcher im Bachbett betrachten kann.

Windsberg   Nördlich der Kratergruppe des Mosenberges grenzt sich der Windsberg durch einen Taleinschnitt ab. Sein Schlackenwall ist geschlossen und sein Krater daher mit Wasser gefüllt, wenn auch der See nur 1,75 Meter tief ist. Eine weitere Eruption bildete im nördlichen Wallrand des Windsberges einen weiteren Krater, dessen Wall eine sump-

Osteifel

fige Senke umgibt, **Hinkelsmaar** genannt. Auch dieses Sumpfmaar ist im eigentlichen Sinn ein Kratersumpf. Hier hat man den einstigen See im 19. Jahrhundert durch einen Stollen entwässert, um Torf zu gewinnen.

Meerfelder Maar

Jünger als die Mosenbergkrater ist das Meerfelder Maar, vor etwa 11.500 Jahren entstanden im Tal des Meerbaches. Das Wasser dieses Baches ist offensichtlich für die Gasexplosionen verantwortlich, die den Krater entstehen ließen. Mit einem Durchmesser von fast eineinhalb Kilometern ist es der größte Kratersee der Vulkaneifel. Die Auswurfmassen am Oberlauf des Baches wurden in den Krater zurückgespült, woraus sich die heutige halbmondförmige Form des nur 17 Meter tiefen Maares ergibt. Auch hier wurde im 19. Jahrhundert durch einen Stollen der Seespiegel zur Gewinnung von Landwirtschaftsflächen abgesenkt.

Info

- **Postleitzahl:** 54531, **Tel.-Vorwahl:** 06572
- **Verbandsgemeinde Manderscheid:** Kurfürstenstr. 15, Tel. 92 15-0, Fax 92 15-50, www.manderscheid.de.

Essen & Trinken/ Unterkunft

- **Die Alte Molkerei** €€: Grafenstr. 25, Tel./Fax 12 28, www.die-alte-molkerei.de. Kreative Speisekarte mit Produkten aus der Region, veranstaltet kleine Events, macht saisonale Angebote aus der Landhausküche, Weinveranstaltungen, geöffnet Do–Sa ab 17.30 Uhr, So und feiertags ab 12 Uhr, Mo und Di Ruhetag.
- **Bauernhofcafé Morgenfelderhof** €: Familie Borsch, 54531 Eckfeld, Brunnenstr. 37, Tel. 21 49, Fax 93 36 19, www.bauernhofcafe-morgenfelderhof.de. Gemütliches Hofcafé mit 30 Sitzplätzen und Gartenterrasse, dazu kann der alte „Honastaal" (Hühnerstall für 30 Personen) angemietet werden. Selbstgebackener Kuchen und andere hausgemachte Köstlichkeiten im Angebot, außerdem eine komfortable Ferienwohnung.
- **Ferienhotel Café am Maar** €€: 54531 Meerfeld, Meerbachstr. 50, Tel. 22 26, Fax 24 49, www.ferienhotel-cafe-am-maar.de. Familienfreundliches Hotel, Zimmer mit Balkon, das Restaurant des Hauses bietet am Wochenende eine kleine Karte mit uralten Eifeler Spezialitäten wie z.B. Wouchtbröht-Zopp, Schinken in Heu, Brennnesselgemüse oder Backeskrompern. Das Café zählt zu den besten in Rheinland-Pfalz.

●**Hotel Zens** €€€: Kurfürstenstr. 65, Tel. 9 23 20, Fax 92 32 52, www.hotel-zens.de. Zentral, aber ruhig gelegen, modern eingerichtete Zimmer, auch zwei getrennte Zimmer mit gemeinsamem Bad (für Schnarcher!); im Restaurant mittags und abends warme Küche, Eifeler Spezialitäten, nachmittags hauseigener Kuchen.

●**Hotel Zur Post** €€: 54531 Meerfeld, Meerbachstr. 24–25, Tel. 9 27 70, Fax 9 27 71, www.hotel-zur-post-meerfeld.de. Einst Eifeler Dorfgasthaus mit Lebensmittelladen und Poststelle, heute moderner Hotelbetrieb, Zimmer teilweise mit Balkon, große Gartenanlage, Sonnenterrasse, gepflegte Gaststätte, deftige Küche, drei Gesellschaftsräume.

Camping

●**Naturcamping-Vulkaneifel:** Herbstwiese, Tel. 9 21 10, Fax 92 11 49, www.vulkan-camping.de. Etwas außerhalb von Manderscheid in Richtung Daun gelegener, kinderfreundlicher Platz mit Hüttendorf, komfortable Sanitäranlagen, ausgezeichnet als „vorbildlicher Campingplatz in der Landschaft", geöffnet April bis Okt.

Jugend-herberge

●**Vulkaneifel-Jugendgästehaus Manderscheid:** Mosenbergstr. 17, Tel. 5 57, Fax 47 59, manderscheid@diejugend herbergen.de. Vier Tagungsräume, ganzjährig geöffnet, außer Weihnachten, Übernachtung/Frühstück ab 18,90 € (mit Jugendherbergsausweis).

Aktivitäten

●**Wanderungen: Georoute Vulkaneifel um Manderscheid:** Die Wanderstrecke wird vom Maarmuseum Manderscheid (s.o.) gepflegt. Sie ist in drei verschiedene Abschnitte unterteilt, die jeweils unterschiedliche geologische Themenkomplexe behandeln: Auf der „Vulkanroute", der „Buntsandsteinroute" und der „Devonroute" können Interessierte unter sachkundiger Führung des Maarmuseums die Zusammenhänge der Erd-, Natur- und Kulturgeschichte der Region um Manderscheid erwandern. Information: www.manderscheid.de. **Lieserpfad:** Der von vielen Eifelwanderern als schönste Wegstrecke der Eifel eingestufte Weg ist Teil des „Erft-Mosel-Lieser-Weges" und verläuft gute 40 km von Daun über Manderscheid nach Wittlich. Die Wegmarkierung zeigt ein liegendes schwarzes Dreieck auf weißem Grund, dessen Spitze immer in Richtung Wittlich zeigt. Der Weg sollte in zwei Etappen begangen werden, die erste Etappe vom Gemündner Maar bis Manderscheid (17 km) und die zweite Etappe von Manderscheid zur Alten Pleiner Mühle und weiter bis Wittlich (24 km).

Einkaufen

●**Kerzen- und Wachsmanufaktur Moll:** Kurfürstenstr. 39, Tel. 21 80, Fax 5 61, www.kerzenmoll.de. Designerkerzen und Skulpturen aus Wachs, Gebrauchs- und Konsumker-

zen, individuelle Anfertigung von Festtagskerzen, Wachs-
ziehen für Kindergruppen nach Vereinbarung, Geschenk-
boutique, geöffnet Mo–Fr 9.30–12.30 und 14.30–18 Uhr,
Sa 9.30–13 Uhr, Führungen kostenlos auf Anfrage.

Abtei Himmerod

Noch in der Vulkaneifel gelegen, aber schon zum
Landkreis Bernkastel-Wittlich gehörig, erhebt sich
die Abtei Himmerod bei **Großlittgen** im Salmtal.
In der tiefen Einsamkeit ausgedehnter Wälder in
diesem abgeschiedenen Eifelgebiet fanden **Zister-
ziensermönche** den richtigen Standort für eine
neue Abtei, die im Jahre 1138 vom Trierer Erzbischof gestiftet wurde. Der romanische Bau wurde
Mitte des 18. Jahrhunderts durch einen Barockbau
mit einer hoch aufragenden, durch Pilaster geglie-
derten Fassade ersetzt.

Nach dem Einrücken französischer Revolutionstruppen floh der Ordenskonvent 1794 in das
Tochterkloster Heisterbach bei Bonn. Die Mönche
kehrten zwar zurück, konnten aber den Verkauf
des Gebäudekomplexes nicht verhindern. Die
Käufer schlachteten die kulturgeschichtlich so
wertvolle Klosteranlage weitgehend aus. Erst 1919
konnte der Zisterzienserorden die ruinierte Abtei
zurückerwerben. Der Wiederaufbau der Anlage
dauerte Jahrzehnte. In den 1920er Jahren entstanden die Klostergebäude neu, die Kirche wurde
nach dem Zweiten Weltkrieg originalgetreu wieder errichtet.

Das älteste erhaltene Klostergebäude, die **Alte
Mühle,** wurde 1998 zum Museum und zur internationalen Begegnungsstätte umgewandelt. Die
Dokumentation zur Geschichte des Zisterzienser-
ordens, das Museum für Emailkunst, die Mühlen-
einrichtung und die Fischzucht runden das breit
gefächerte Angebot der Abtei für Besucher ab.

●**Abtei Himmerod:** 54534 Großlittgen, Tel. 06575 95
13-0, Fax 95 13-48, www.abtei-himmerod.de, Öffnungszeiten: Di–Sa 14–17.30 Uhr, So 11–17 Uhr, Mo geschlossen,

Nov. bis Feb. Sonderöffnungszeiten, **Stundengebete:** Vigilien 4.30 Uhr werktags, 4.15 Uhr So und feiertags, 7 Uhr Laudes (im Winter im Oratorium), Terz in das Konventamt integriert, 12 Uhr Sext, 13.15 Uhr Non (Vigilien, Terz, Sext und Non ganzjährig im Oratorium), 17.45 Uhr Vesper Mo–Fr 17 Uhr Sa/So in der Kirche, 19.30 Uhr **Komplet** in der Kirche, **Gottedienste:** 7.30 Uhr Mo–Sa Konventamt, 8 Uhr So Frühmesse, 10 Uhr So Konventamt in der Kirche, **Führungen:** 1-stündige Gruppenführung Kloster und Kirche 50 €, Einzelpreis 3,50 €, ermäßigt 2 €, Mühlenführung 2,50/1,50 €, 1-stündige Führung Klosteranlage 70 €. **Buch- und Kunsthandlung:** Tel. 95 13-28, Fax 95 13-39; **Gästehaus:** Tel. 95 13-21, Fax 95 13-39; **Gastflügel der Abtei:** Tel. 95 13-0, Fax 95 13-48; **Klostergaststätte Himmerod:** Tel. 95 13-44; **Begegnungsstätte Alte Mühle:** Tel. 95 13-55; **Fischerei Himmerod:** Tel. 90 16 15. **Orgelkonzerte:** Programminformation unter www.abteiorgel.de, Orgelvorführungen sind nach Absprache möglich. Hervorragende Akustik durch die schlichte zisterziensische Bauweise.

● **Kloster auf Zeit:** Tel. 95 13 59, die Abteikonzerte sind besonders beeindruckend durch die gute Akustik der Klosterkirche.

Die Eifeler
Nord-Süd-Senke

Voreifel

Die Eifeler Nord-Süd-Senke erstreckt sich von der Kölner Bucht über die Voreifel und die Kalkeifel bis zum Bitburger Land. Die als Voreifel bezeichneten nordöstlichen Ausläufer der Eifel lassen sich geographisch nicht eindeutig abgrenzen – im Wesentlichen handelt es sich um die zur Zülpicher Börde abgehenden Eifelausläufer, die sich in einem Kreissegment südlich um Zülpich, Euskirchen und Rheinbach erstrecken.

Die Herzstücke dieser Übergangslandschaft bestehen aus dem **Münstereifeler Wald,** dem **Flamersheimer Wald** und dem **Rheinbacher Wald** – herrliche Wälder, zum Teil mit alten Buchen- und Eichenbeständen, die zum Wandern einladen. Weite Hochflächen und kleine Täler bieten immer wieder neue Ausblicke. Hier gibt es unterschiedliche kulturhistorische und bauliche Sehenswürdigkeiten, deren Spanne von den Resten der römischen Eifelwasserleitung über die alte Festungsstadt Münstereifel und das Bauernhausmuseum in Kommern bis zum Radioteleskop von Effelsberg reicht. Mechernich und Münstereifel sind die beiden Hauptorte dieses Teils der Eifel, der an den Köln-Bonner Raum grenzt.

Burg Satzvey

Das Mechernicher Voreifelgebiet, das im Süden schon in die Sötenicher Kalkmulde übergeht, ist stark vom **Bergbau** geprägt, dessen Spuren weit in die vorrömische Zeit zurückreichen. Auf dem Weg von Euskirchen in die Eifel gelangt man zuerst nach Kommern, doch vorher weist ein Abzweig den Weg zur **Wasserburg** Satzvey, einer der am besten erhaltenen Wasserburgen des Rheinlands.

Vorhergehende Seite: Das Windeckhaus in Bad Münstereifel

Die mächtige Hauptburg und die Vorburg, einst durch Wassergräben getrennt, sind in Backsteinbauweise errichtet. Erste urkundliche Erwähnungen stammen von 1396, vermutet wird aber, dass die Grundmauern noch älter sind. Seit über 250 Jahren befindet sich Burg Satzvey im Besitz der Familie des Grafen *Beissel von Gymnich*. Vor allem die jährlich auf der Burg stattfindenden **Ritterspiele** haben Satzvey weit über die Region hinaus bekannt gemacht.

● **Burg Satzvey:** 53894 Mechernich-Satzvey, Tel. 02256 9 58 30, Infofax 95 83 17, Kartenbestellung 95 83 12, www.burgsatzvey.de. Veranstaltungen: Ostermarkt, Hexenmarkt in der Nacht zum 1. Mai, Pfingsten und am folgenden Wochenende „Turney", 1. und 2. Septemberwochenende Ritterspiele und Markt, Geisterfest an Halloween, historische Burgweihnacht an den Adventssonntagen.

Burg Zievel

Ganz in der Nähe von Satzvey steht eine genauso beeindruckende Burganlage: Zievel. Sie wurde im Jahre 1107 erstmals erwähnt als freies Eigentum der Grafen *von Limburg*. 1377 kam die Burg an die Ritter *Schmeich von Lissingen*. Zu dieser Zeit waren die wesentlichen Bauteile der Burg bereits vollendet. Im 15. Jahrhundert wurde sie von *Karl von Metternich* erworben. Nach dem Tode seines Nachfahren *Hartards von Metternich,* der keine Söhne hinterließ, kam es zu einer Teilung Zievels, in deren Folge wohl 1661 das Wohnhaus an der Nordecke der Burg entstand. Diese wurde dann ab 1766 durch die Familie *Krewel* zunächst gepachtet, die 1820 die Burg und alle Ländereien kaufte und heute noch Eigentümer ist. Die Burganlage ist prächtig in Schuss. Das Wohnhaus ist Verwaltungssitz einer Kiesfirma, dahinter öffnet sich das spätere Barockgebäude zum Hof. Das Gelände dient heute als **Golfplatz** mit Restaurant, Golfschule und Golfshop (siehe Kap. „Reisetipps A–Z: Golf").

Eifeler Nord-Süd-Senke

Map content:

Voreifel

Vlatten, Bürvenich, Binzenich, Linzenich, Enzen, Wißkirch, Schwerfen, Ober-Gartzem, Firmenich, Eicks, Burg Satzvey, Satzvey, Burg Zie, Rheinisches Freilichtmuseum, Kommern, Hochwild-schutzpark, Lessenich, Bergbuir, Glehn, Antwe, Roggendorf, Wachendorf, Bleibuir, Mechernich, Bruder-Klaus-Kape, Weiler, Eschw, Voissel, Strempt, Vussem, Holzheim, Schleiden, Wallen-thalerhöhe, Gilsdorf, Kakus-höhle, Harzheim, Nöther, Kall, Keldenich, Weyer, Sötenich, Pesch, 456, Zingsheim, Roderath, Steinfeld, Nettersheim, Engelgau, Frohngau, 550, Bu., Wahlen, Marmagen, Tondor, Blankenheim

0   4 km

© REISE KNOW-HOW 2011

Wachendorf

Der südöstlich von Burg Zievel gelegene kleine
Ort Wachendorf wurde erstmals im Prümer Urbar,
dem Güterverzeichnis der Abtei Prüm aus dem
Jahre 893, erwähnt. Mittelpunkt des kleinen Ortes
war die **Burg der Vögte.** Die ältesten Burgteile

Köln, Venlo • Bonn

Weidesheim

Morenhoven

Essig

Niederdrees

Peppenhoven

Euskirchen

Odendorf

Oberdrees

Stotzheim

Rheinbach

Ilig

Flamersheim

Rheder

Nieder-Kastenholz

Hardtburg

Schweinheim

Kreuz-Weingarten

Wormersdorf

Kirspenich

Merzbach

Koblenz

Loch

Arloff

Steinbach Stausee

Tomburg

Iversheim

Kurtenberg

Todenfeld

Bad Münstereifel

Scheuren

Hillberath

Berg

Kalenborn

Eifelbad
Eicherscheid

Houverath

Unterkälingen

Ahrweiler/
Bad Neuenahr

ergrath

Effelsberg

Radioteleskop
Effelsberg

Oberkälingen

Schönau

Michelsberg
588

Binzenbach

Altenahr

Mahlberg

514

Esch

Hürnig

Ahrbrück

enberg

Hilterscheid

Rupperath

Hönningen

Teufelsley
482

Hümmel

Ohlerath

Adenau

stammen noch aus dem Mittelalter, das heutige Aussehen erhielt das Anwesen 1883. Seit der Renovierung 2006 kann die Beletage für Veranstaltungen gemietet werden. Das Herrenhaus ist von einem unter Denkmalschutz stehenden Park mit altem Baumbestand umgeben. Zur Burganlage gehört die alte Burgkapelle, deren Schiff noch aus

dem 9. bis 10. Jahrhundert stammt. Der Choran-
bau erfolgte im 15. Jahrhundert.

Berühmt wurde Wachendorf, als im Jahre 2007
südlich des Ortes am Rand der Feldflur die vom
Landwirt Hermann-Josef Scheidtweiler gestiftete
Bruder-Klaus-Kapelle eingeweiht wurde. Der Entwurf dieses äußerlich etwas befremdlich wirkenden, 12 Meter hohen Betonbaus stammt vom
Schweizer Star-Architekten *Peter Zumthor,* der
auch das neue Kunstmuseum des Erzbistums Köln
gebaut hat. Erst im Inneren erschließt sich dem
Besucher die faszinierende Architektur dieses un-
gewöhnlichen kleinen Sakralbaus.

Mechernich

Urkunden belegen, dass der **antike Bleiabbau** in
Mechernich, dem Kern einer aus vielen Ortsteilen
zusammengesetzten Gemeinde, ab dem 14. Jahrhundert weiter betrieben wurde. Erst 1957 wurde
der Bergbau am Tanzberg, dem „Bleiberg", eingestellt. Oberhalb des Ortes erhebt sich auf dem Jo-
hannesberg inmitten des ummauerten Friedhofs
die **Pfarrkirche St. Johann Baptist,** deren vierge-
schossiger Westturm noch aus dem 11. Jahrhundert stammt. Der Chor der Kirche ist gotisch und
im zweischiffigen Langhaus sind Reste alter Fresken erhalten.

Besucher-
bergwerk
Das alte Bergwerk ist inzwischen in ein hochinteressantes Besucherbergwerk umfunktioniert worden. Es veranschaulicht die 2000-jährige Bergbaugeschichte von der Römerzeit bis zur Stilllegung
des Bleibergwerkes Ende 1957 und stellt die verschiedenen Abbautechniken sowohl im Tagebau
als auch im Untertagebau dar. Durch die Eigenart
der Vererzung (Knottensandstein) entwickelten
sich hier Verfahren und Techniken, die einzigartig
und nur am Mechernicher Bleiberg zu finden waren. In den Jahren 1989 bis 1995 wurden Teile der
im 19. Jahrhundert erschlossenen ehemaligen

Grube Günnersdorf im Mechernicher Bergbaurevier von der „Vereinigung der Berg- und Hüttenleute in Mechernich e.V." von Schlamm befreit und für Besucher zugänglich gemacht.

● **Besucherbergwerk Mechernicher Bleiberg:** 53894 Mechernich, Bleibergstr. 6, Tel. 4 86 97, Fax 82 04, www.berg baumuseum-mechernich.de, geöffnet Di–Sa 14–16 Uhr, So 11–16 Uhr, Führungen täglich (außer Mo) um 14 Uhr, Eintritt 4,50 €, Kinder und Jugendliche bis 16 Jahre 3 €.

Kommern   Der sich nördlich an Mechernich anschließende Ortsteil Kommern blieb in seiner Geschichte von Stadtbränden und Kriegszerstörungen verschont. Das Ortsbild spiegelt den aus dem Bergbau resultierenden Reichtum wider. Doch mit dem Niedergang des Bergbaus im 19. Jahrhundert setzte auch der wirtschaftliche Niedergang des Ortes ein. Der historische Ortskern blieb aber erhalten, sodass sich Kommern heute als schönes und abwechslungsreiches **Voreifelfachwerkdorf** präsentiert.

Das erste schriftliche Zeugnis von Kommern stammt aus dem Jahre 1229, als Graf *Heinrich von*

Im historischen Ortskern von Kommern bei Mechernich

Arenberg das landesherrliche Jagdrecht in Cumbirne erwarb. Die Arenberger setzten zur Verwaltung einen Landschultheiß ein, der in der um 1350 erbauten „Reichsfreyherrlichen Burg zu Commern" residierte. Die Arenberger, erfahrene Bergbauunternehmer, begannen hier ab dem 16. Jahrhundert mit dem Abbau von Bleierzen. Mit dem Einmarsch napoleonischer Truppen war es jedoch mit der unabhängigen Herrlichkeit Kommerns zu Ende.

Freilicht-museum

Heute ist Kommern durch sein Bauernhausmuseum auf dem Kahlenbusch bekannt. Es zählt zu den größten Freilichtmuseen Europas. In verschiedenen Baugruppen wurden hier alte **Bauern-, Handwerks- und Herrenhäuser** aus der Eifel, vom Niederrhein und aus dem Bergischen Land zusammengetragen und restauriert wieder aufgebaut. Das Museum zeigt aber primär das **Alltagsleben** in früherer Zeit in lebensnaher Umgebung: in Bauernstuben, auf Äckern, in Gärten und Obstwiesen. In Drechsler-, Schmied- und Weberwerkstätten werden die **alten Handwerke** praktiziert. Einmal im Jahr lassen die Mitglieder des „Freundeskreises lebendige Geschichte" des Freilichtmuseums die Vergangenheit auferstehen, ziehen sich historische Kleider und alte Uniformen an und spielen für ein paar Tage wie Schauspieler für die Besucher die gute alte Zeit – so zählt das Freilichtmuseum Kommern zu den interessantesten Museen der gesamten Eifel!

●**Rheinisches Freilichtmuseum / Landesmuseum für Volkskunde:** 53894 Mechernich-Kommern, Auf dem Kahlenbusch, Tel. 99 80-0, Fax 99 80-1 33, www.kommern.lvr. de, ganzjährig geöffnet April bis Okt. 9–18 Uhr, Nov. bis März 10–16 Uhr, Eintritt 5,50 €, Kinder und Jugendliche ab 6 Jahren 2 €, Studenten und Schwerbehinderte 3,50 €. Parkgebühren 2.50 €. Laufend Sonderveranstaltungen und Sonderausstellungen, spezielle Angebote für Schüler und Klassen, Museumsshop mit „Tante-Emma-Laden" im neuen Eingangsgebäude, Gastronomie: Gastwirtschaft zur Post (Hof aus Oberbreisig), Pfannkuchen und Kuchen aus dem Museumsbackofen (Mo Backtag), historischer Tanzsaal.

Wildpark

Oberhalb von Kommern lädt der **Hochwildpark Rheinland** zu einem Besuch ein. Auf 80 ha Fläche wird das heimische Wild in Gattern gezeigt.

● **Hochwildpark Rheinland:** Mechernich-Kommern, Tel. 65 32, Fax 91 18 28, www.hochwildpark-rheinland.de. Geöffnet Mai–Okt., in den Ferien und feiertags täglich von 9–18 Uhr; außerhalb der Ferien von Nov. bis April nur an Wochenenden, Feiertagen und mittwochs von 9–17 Uhr, Eintritt 5 €, Kinder 3 €, Jugendliche und Behinderte 4 €, mit **Restaurant Café Waldhaus,** Tel. 65 41.

Zikkurat

In Mechernich-Firmenich wurde die alte **Ziegelfabrik** Zikkurat aus dem Jahre 1882 in eine moderne Disco- und Veranstaltungshalle mit angeschlossenem Thermalbad umgewandelt.

● **Eifel Therme Zikkurat:** Mechernich-Firmenich, Lohmühle 4, Tel. 02256 9 59 70, Fax 95 97 19, www.eifel-therme-zikkurat.de, geöffnet Mo–Fr 11–21 Uhr, Sa 10–21 Uhr, So 10–20 Uhr, Frühschwimmen Mo–Fr 6.45–7.45 Uhr, Erlebnisbecken, Sportbecken, Kinderbereich, Sauna, Restauration. Eintritt Tageskarte 6,80 €, Kinder 4,30 €, Ermäßigungen für 2 bzw. 4 Std., Sauna-Tageskarte 15,50 €, Kinder 10 €, entsprechende Ermäßigungen.

Info

● **Postleitzahl:** 53894, **Tel.-Vorwahl:** 02443
● **Touristik-Agentur Mechernich:** Mechernich-Firmenich, Virnicher Str. (Zikkurat), Tel. 95 89 61, Fax 95 89 65, www. mechernich.de.

Essen & Trinken/ Unterkunft

● **Sporthotel am See** €€€: 53894 Mechernich-Kommern, Ernst-Becker-Weg, Tel. 99 09 55, www.sporthotel-kommern.de. Behaglich eingerichtete, großzügige Zimmer, mit eigenem Hallenbad, Sauna, Tennis, Tagungsräumen, Wochenendarrangements; Restaurant **Pfeffermühle** €€, monatlich wechselnde Spezialitätenangebote.

Bad Münstereifel

Die Grenzauseinandersetzungen zwischen Jülich und Kurköln, von denen große Teile des westlichen Niederrheins betroffen waren, machten auch in der Voreifel nicht Halt. So ist vor allem der Münstereifeler Wald weitläufig von einem **Ring von Burgen** umgeben. Manche von ihnen sind nur noch in Resten vorhanden, andere wurden später zu Wasserburgen oder Herrensitzen umgewandelt. In Wachendorf, Satzvey (s.o.), Veynau und Kirspenich stehen solche Anlagen – die interessanteste von allen ist aber wohl die Hardtburg im gleichnamigen Wald zwischen Kirchheim, Kreuzweingarten und Stotzheim (s.u.).

Im Zentrum der Grenzstreitigkeiten in diesem Raum lag Münstereifel. Hier entstand 830 eine Filiale der Benediktinerabtei Prüm. Die sich beim Kloster entwickelnde Siedlung erhielt 898 das Marktrecht, ihr Vogt war der Graf *von Are-Hochstaden*. Mit der „Are-Hochstaden'schen Schenkung" sollte 1246 Münstereifel an Kurköln kommen, doch auf Dauer konnten sich hier die Jülicher Grafen durchsetzen. Graf *Walram von Jülich* begann schon 1265 mit dem Bau der Burg und der Stadtbefestigung von Münstereifel. Mit der aufkommenden Wollweberei gewann der Ort an Wohlstand, was man noch heute an der wertvollen historischen Bausubstanz erkennen kann. Die französische Besetzung Ende des 17. Jahrhunderts überlebte Münstereifel noch relativ unbeschadet, die Stadt verarmte aber in der folgenden Zeit.

Bereits seit 1956 führt Münstereifel die Bezeichnung Kneipp-Heilbad, seit 1967 steht der Zusatz „Bad" vor dem Ortsnamen. Dieser Aufstieg zum **Kurort** hat Bad Münstereifel eine neue wirtschaftliche Grundlage gegeben, die letztlich auch die Attraktivität dieses reizvollen Voreifelortes weiter erhöht. Auch die Umgebung von Bad Münstereifel weist eine Reihe interessanter Sehenswürdigkeiten auf, die es lohnt aufzusuchen.

In der Altstadt Der **historische Stadtkern** mit seinen malerischen Fachwerk- und Steinhäusern aus vielen Jahrhunderten blieb im Kern in seiner mittelalterlichen Ausstrahlung erhalten – ein Ensemble, das komplett unter Denkmalschutz steht.

Achtzehn Türme umfasst die erhaltene **Stadtbefestigung,** vier Tore bieten Einlass: das Werther Tor, das Heisterbacher Tor, das Orchheimer Tor und das Johannistor. In die Stadtbefestigung inte-

griert ist die Ruine der Landesburg der Jülicher Grafen. Zu- und Abfluss der Erft haben eigenständige Öffnungen in der Stadtbefestigung, die Obere Schlosspforte und die Untere Schlosspforte.

Im Altstadtkern erhebt sich die ehemalige Benediktiner-Stiftskirche **St. Chrysanthus und Daria.** Die Krypta, eine fünfschiffige Halle mit Tonnengewölbe, und das mächtige Westwerk mit seinem von zwei überragenden Rundtürmen flankierten quadratischen Mittelturm – wie bei St. Pantaleon in Köln – stammen noch aus dem 11. Jahrhundert. Langhaus und Chor stellen sich als dreischiffige Basilika unter Verzicht auf ein Querschiff dar.

Das gotische **Rathaus,** ein Gebäude im Kern aus dem 13. Jahrhundert, ist aus zwei Bauteilen zusammengesetzt. Der linke hat einen schönen Treppengiebel, der rechte einen dreijochigen Bogengang aus Spitzbögen. Das Mansardendach ist im Stil des Barock aufgesetzt worden. Hier hatten in der Blütezeit Münstereifels die Tuchmacher ihre Lager und es wurden die Tuchverkäufe abgewickelt.

Heimatmuseum

Am Klosterplatz steht das wohl älteste Privathaus des Rheinlands. Es handelt sich um das so genannte **Romanische Haus,** ein im Jahr 1167 erbautes ehemaliges Kanonikerhaus aus Bruchsteinmauerwerk mit Zwillings- und Drillingsbogenfenstern. Heute beherbergt dieses historisch so wertvolle Gebäude das Hürten-Heimatmuseum, so benannt nach seinem Gründer 1912, mit römischen Exponaten, einem mittelalterlichen Herdraum, einer nachempfundenen Münstereifeler Gastwirtschaft, einem Wollweber-Raum, einem Kirchenraum mit barockem Hausaltar und einer Eifeler Wohnstube. Seit 1994 ist zudem der Gewölbekeller mit einer Fossiliensammlung der Öffentlichkeit zugänglich.

●**Hürten-Heimatmuseum:** Langenhecke 6, Tel. 80 27, www.bad-muenstereifel.de/seiten/kur_erholung/kultur/ Huerten_Heimatmuseum.php, geöffnet Di 14–17 Uhr, Mi 13–17 Uhr, So 10–17 Uhr.

Eifeler Nord-Süd-Senke

Apotheken-museum

In der seit 1806 betriebenen historischen **Schwanen-Apotheke,** durch einen Förderverein zum Museum ausgebaut, wird heute die nahezu unveränderte Einrichtung gezeigt, dazu das **Labor,** welches mit Gegenständen aus dem 19. Jahrhundert ausgestattet ist, u.a. einem beeindruckenden Labortisch als Leihgabe des Deutschen Apotheken-Museums Heidelberg, und die **Materialkammer,** in der der Apotheker früher seine Vorräte hielt. Die Schübe der Regalwand sind mit einer Darstellung und Beschreibung der „Drogen" (Heilpflanzen) sowie einer Riechprobe bestückt, die jeder Besucher selbst nehmen kann.

●**Apothekenmuseum:** Werther Straße 15, Tel. 76 31, www.bad-muenstereifel.de/seiten/kur_erholung/kultur/ Apothekenmuseum.php, geöffnet Di–Fr 14–17 Uhr, Sa, So und feiertags 11–16 Uhr, Mo geschlossen.

Puppen-museum

In einem alten Fachwerkhaus werden auf zwei Etagen Puppen und anderes Spielzeug aus verschiedenen Epochen ausgestellt, so Wachspuppen aus dem 18. Jahrhundert, Porzellanpuppen von verschiedenen Herstellern, Celluloidpuppen, Käthe-Kruse-Puppen und Massepuppen, darüber hinaus Puppenhäuser, Puppenstuben, Kaufläden, Bauernhöfe, Ritterburgen, Zinnsoldaten, Blechspielzeug und vieles mehr.

●**Puppenmuseum:** Alte Gasse, Tel. 54 38 81 oder 0178 6 84 84 64, www.museum-puppen-und-spielzeug.de, geöffnet Sa und So 11.30–17 Uhr.

Michels-berg

Beim Münstereifeler Ortsteil **Mahlberg** erhebt sich die 558 Meter hohe Vulkankuppe des Michelsberges, auf dem die **Wallfahrtskapelle St. Michael** steht. Dieser die Umgebung weit überragende Berg hat schon in vorchristlicher Zeit die Menschen magisch angezogen. So diente er den Germanen als Gerichts- und Kultstätte, an der sie ihren Gott Wotan verehrten. Mit der Christianisierung musste Wotan dem heiligen *Michael* weichen. Im Mittelalter diente der Berg wieder als Gerichtsstätte.

Eine erste gotische Kapelle wird für das 13. Jahrhundert auf dem Michelsberg erwähnt, der seither und bis heute Ziel von Wallfahrten ist. Im 17. Jahrhundert wurde diese Anbetungsstätte den Jesuiten übergeben. Ein verheerender Brand vernichtete die um 1500 entstandene Kapelle bis auf den Chor, dessen Netzgewölbe noch an diesen Bau erinnert – Langhaus und Turm wurden 1858 neu aufgerichtet. Bemerkenswert ist die Innenausstattung der Michaelskapelle mit Altären, Kreuzigungsgruppe, Figuren und einem Beichtstuhl aus der Zeit des Barock und Rokoko, die in den letzten Jahrzehnten zusammengetragen wurde.

Radio-
teleskop

Wie in einem Science-Fiction-Film ragt die Antenne des Radioteleskops von **Effelsberg** als riesige Schüssel mit Gitterrand aus dem Tal des Effelsberger Baches empor – Hightech in der Eifel! Seit man die ersten Radiowellen aus dem Weltall emp-

Eifeler Nord-Süd-Senke

024ei Foto: ot

fangen hat, sind die Empfänger für solche „Mitteilungen" immer fortschrittlicher und auch größer geworden. Radiowellen geben Auskunft über die Entstehung und Zusammensetzung der Milchstraße und der Sterne im Weltall – und damit auch über die Erde. Seit 1972 empfängt das Max-Planck-Institut der Bonner Universität über die Parabolantenne des Effelsberger Radioteleskops, die einen Durchmesser von fast hundert Metern hat, Signale aus dem All. Die Antenne ist auf einem tief im Felsen verankerten, zweitürmigen Oktaeder befestigt und kann um die eigene Achse gedreht und in den Himmel gerichtet werden. Das Effelsberger Teleskop ersetzte das schon fünfzehn Jahre zuvor auf dem Stockert, einem über 400 Meter hohen Berg beim Münstereifeler Ortsteil Eschweiler, errichtete Teleskop, das störanfällig war. Am neuen Standort in der Talsenke des Effelsberger Baches wird das Teleskop gegen Oberflächenstörungen abgeschirmt.

● **Max-Planck-Institut für Radioastronomie** (Radioobservatorium Effelsberg), 53902 Bad Münstereifel-Effelsberg, Max-Planck-Straße 28, Tel. 02257 30 11 00, Fax 30 11 06, www.mpifr-bonn.mpg.de/div/effelsberg, April bis Oktober Informationsvorträge im Besucherpavillon Di–Sa jeweils um 10, 11, 13, 14, 15 und 16 Uhr, Eintritt 2 €, Ermäßigt 1 €, Voranmeldung für Gruppen, Tag der Offenen Tür 2. So im August 9–17 Uhr.

Römische Kalkbrennerei

Nördlich von Münstereifel hat man nahe der B 51 im Ortsteil **Iversheim** eine Römische Kalkbrennerei entdeckt und in den 1960er Jahren ausgegraben. Insgesamt sechs Öfen fand man in einer annähernd dreißig Meter langen Produktionsanlage. Einer der Öfen wurde rekonstruiert und konnte tatsächlich in Betrieb genommen werden. Bestückt wurden die Öfen mit Dolomit, einem devonischen Kalkgestein, das die Römer oberhalb der Anlage am Hang abbauten.

● **Römische Kalkbrennerei in Bad Münstereifel-Iversheim:** an der B 51, Tel. 02253 54 22 44, geöffnet Mai bis Okt. Sa 13–16 Uhr, So und feiertags 11–16 Uhr.

Steinbach-talsperre

Einen großen Anziehungspunkt inmitten der herrlichen Voreifellandschaft bietet die Steinbachtalsperre zwischen Bad Münstereifel und Rheinbach, die einst zur Versorgung der Euskirchener Textilindustrie mit frischem, sauberem Wasser gebaut wurde.

● **Waldfreibad Steinbachtalsperre:** 53881 Euskirchen-Kirchheim, Talsperrenstraße, Telefon (nur während der Saison) 02255 65 20, www.euskirchen.de, geöffnet Mitte April bis Mitte Sept. Mo–Fr 11–19 Uhr (in den Ferien 10–20 Uhr), Sa und So 10–19 Uhr (in den Ferien 9–20 Uhr), Eintritt 5 €, Schüler und Studenten 3 €, Feierabendtarif ab 17 Uhr 2 € bzw. 1,70 €.

● **Waldgasthaus Steinbach:** 53879 Euskirchen-Kirchheim, Talsperrenstr. 105, Tel. 02255 95 83 00. Beliebtes Ausflugsziel direkt am Steinbachtalsperren-Waldfreibad, rustikale Küche, Kuchen aus eigener Herstellung, hauseigenes Bier, im Sommer großer Biergarten. Täglich geöffnet 11–23 Uhr.

Info

● **Postleitzahl:** 53896, **Tel.-Vorwahl:** 02253

● **Städtische Kurverwaltung:** Kölner Str. 13 (im Bahnhof), Tel. 54 22 44, Fax 54 22 45, www.bad-muenstereifel.de.

Essen & Trinken/ Unterkunft

● **Ambienta Wellness Hotel** €€: Sebastian Kneipp Promenade 28, Tel. 92 34, Fax 92 34 13, www.ambientahotel.de. Kleines Hotel mit Badelandschaft, Sonnenterrasse, Champagner-Bar und Liegewiese, die Zimmer sind teilweise mit Balkon.

● **Landgasthaus Steinsmühle** €€: Kölner Str. 122, Tel. 45 87, Fax 95 06 20, www.landgasthaus-steinsmuehle.de. Reizvolles historisches Ambiente in einer alten Wassermühle mit Ziegel- und Bruchsteinwänden, frisch und schmackhaft zubereitete Gerichte, wechselnde Karte, spezielle Angebote, guter Service, ordentliches Preis-Leistungsverhältnis; täglich abends geöffnet, So und feiertags mittags. Do Ruhetag.

● **Heinos Rathauscafé** €: 53902 Bad Münstereifel, Marktstr. 18, Tel. 66 50, Fax 85 32, www.heino.de. Berühmt durch seinen Inhaber, den Schlagersänger *Heino Kramm*. In gemütlicher Atmosphäre bieten zahlreiche Bilder und Auszeichnungen Einblicke in Heinos über 30-jährige Künstlerlaufbahn. So oft es seine Zeit erlaubt, begrüßt Heino seine Gäste im Café persönlich. Er ist gelernter Konditor – das Café bietet hervorragende Kuchen. Besonders beliebt bei den Gästen ist Heinos Haselnusstorte.

● **Brauhaus** €: Markt 8, Tel. 62 03, www.eifelburg.de. Hier werden hauseigene Eifel-Biere hergestellt, rustikales Ambiente und rustikale Küche, geöffnet täglich 11–22 Uhr.

Eifeler Nord-Süd-Senke

**Jugend-
herberge**

● **Jugendherberge Bad Münstereifel,** Herbergsweg 1–5, Tel. 74 38, Fax 74 83, www.bad-muenstereifel.jugendher berge.de. Familien-Jugendherberge oberhalb des Ortes in Rodert mit 37 Zimmern und 164 Betten (alle mit Waschgelegenheit), davon 11 Leiterzimmer (alle mit eigener Dusche und WC), 5 Familienzimmer, 5 behindertengerechte Zimmer (rollstuhlgerechte Sanitäranlagen auf der Etage); 9 Gemeinschaftsräume (10–50 Personen), Spielzimmer, Spielplatz, Fußballwiese und Disco; Übernachtung mit Frühstück 16 € (Hauptsaison), über 27 Jahre zuzüglich 3 €.

Wellness

● **Kurmittelhaus am Wallgraben,** Nöthener Str. 10, Tel. 86 70. Kneipp-Kur, besonders angezeigt bei Herz- und Kreislauferkrankungen, Atemwegserkrankungen, Stoffwechselstörungen, mit allen erforderlichen Kureinrichtungen wie Hallenbad, Sauna, Massageräumen, Fitnessraum, dazu Frühgymnastik und Wassergymnastik (auf ärztliche Verordnung).

Einkaufen

● **Münstereifeler Senf:** Burgmanufaktur SL Ibiza Kräuter, Burg 1, Tel. 54 33 01, Fax 54 33 02, www.senfburg.de, Handwerkliche Senfherstellung in verschiedenen Geschmacksrichtungen, erhältlich im Burg-Shop oder durch Direktbestellung.

Aktivitäten

● **Golf Bad Münstereifel,** Eschweiler (s. Kapitel „Reisetipps A–Z: Golf").
● **Eifelbad** (Freizeit-Hallenbad), an der B 51 Richtung Eicherscheid, Tel. 54 24 50, www.eifelbad.com. Hallensport- und Freibad, mit Riesenrutsche, Sprunganlage, Sauna, Solarium, geöffnet Mo 12–22 Uhr, Di–Fr 11.30–22 Uhr, Sa 10–20 Uhr, So 9–20 Uhr, Eintritt 5,50 €, Kinder/Jugendliche 4 €, Abendtarif 4,50/3 €.

Nettersheim

Nettersheim liegt mit seinem hübschen Fachwerk-Ortszentrum am Oberlauf der Urft in waldreicher Umgebung mit artenreicher Natur und reichen geologischen und historischen Zeugnissen. Hier siedelten schon die Römer, wie noch heute an vielen **archäologischen Stätten** zu sehen ist. Auch die Römische Wasserleitung nach Köln fand hier einen ihrer Anfänge.

Nettersheim erscheint erstmals 867 in einem Dokument *Lothars II.* als *Nefresheim.* Im Mittelalter standen hier drei Burganlagen. Nachdem der Ort

1871 an die Bahnlinie Köln – Trier angeschlossen worden war, erlebte er um 1900 als Kneipp'sches Kurbad eine kurze Blüte. Heute hat sich Nettersheim mit seinem Engagement für Natur- und Umweltschutz mit dem „Naturzentrum Eifel" und dem „Holzkompetenzzentrum Rheinland" bundesweit einen Namen gemacht. Beachtenswert ist die **St. Martinkirche** am Kirchberg, ein verputzter Bruchsteinbau mit vorgesetztem Westturm und dreiseitigem Chorschluss, der 1966/67 dreischiffig erweitert wurde.

Römische Wasserleitung

Als die Römer die Eifel in Beschlag nahmen, begannen sie im 1. Jahrhundert n. Chr. mit dem Bau der Eifelwasserleitung nach Köln. Nur wenig das Urfttal flussabwärts von Nettersheim kann man heute an der wieder errichteten **Quellfassung Grüner Pütz** römische Wasserbaukunst erkennen. Hier bauten sie eine 80 Meter lange Sickerleitung, deren bergseitige Wange ohne Mörtel, also wasserdurchlässig, angelegt worden war. So konnte aus dem Hang quellendes Wasser in die Leitung eindringen. Das Kopfende dieser Sickerleitung wurde als kleines Becken ausgebaut. Die Leitung deckten sie mit Bruchsteinplatten ab und zur Frostsicherung war die gesamte Quellfassung des Grünen Pützes mit Erdreich überdeckt.

Matronentempel

In der Umgebung von Nettersheim ist noch viel Römisches zu finden, vor allem die für ganz Niedergermanien typischen Matronentempel. In diesen Tempeln wurden die Matronen, Schutz- und Fruchtbarkeitsgottheiten, verehrt. In der Region Nettersheim sind drei dieser Heiligtümer bekannt. Auf Weihesteinen wurden Matronen dargestellt, meist zu dritt mit Fruchtkörben in den Händen. Solche Matronensteine stehen beispielsweise an der römischen Tempelanlage **Görresburg** bei Nettersheim, am römischen **Heidentempel** bei Pesch-Nöthen und am Römertempel **Vor Hirschberg** bei Zingsheim – es handelt sich um Kopien,

Eifeler Nord-Süd-Senke

die Originale stehen im Rheinischen Landesmuseum Bonn.

Marmagen   Römischen Ursprungs ist auch der nahe gelegene Ort Marmagen mit seinen schönen Fachwerkhäusern. Zur Zeit des römischen Kaisers *Augustus,* als dessen Mitstreiter *Marcus Vispanius Agrippa* das Römische Reich vermessen und anschließend eine Karte der damals bekannten Welt für eine Wand der Säulenhalle auf dem Marsfeld in Rom anfertigen ließ, wurde der keltische Ort *Maromagum,* das heutige Marmagen, zum ersten Mal schriftlich erwähnt – er hatte damals offensichtlich überregionale Bedeutung. Heute sind die Marmagener auf einen berühmten Spross ihres Ortes besonders stolz – hierher stammen die Vorfahren des Konstrukteurs *Gustave Eiffel,* dem Erbauer des Pariser Eiffelturms. Um 1710 wanderte die Familie namens *Bönickhausen* nach Frankreich aus und nannte sich später zur Erinnerung an ihre Heimat *Eiffel.*

025el Foto: ot

Kakushöhle   Schon vor den Römern hatten sich Kelten im heutigen Gebiet von Nettersheim niedergelassen. **Steinzeitliche Besiedlung** ist in der Kakushöhle bei Eiserfey nachgewiesen. Sie wurde bereits vor 60.000 Jahren als Wohnhöhle der Steinzeitmenschen genutzt. Man hat hier sieben übereinander liegende Kulturschichten festgestellt. Neben Resten von Beutetieren, darunter Knochen von Höhlenbären und Hyänen, wurden Herdstellen und Steinzeitwerkzeuge gefunden. Aus keltischer Zeit stammt auf dem Plateau der Höhle ein etwa hundert Meter langer Wallabschnitt, der Höhleneingang fällt nach drei Seiten steil ab und war daher gut zu verteidigen. Die Höhle ist frei zugänglich und leicht zu begehen (Taschenlampe!).

Hochseil-garten   Ein Natur-Hochseilgarten ist mit verschiedenen Seilkonstruktionen, bestehend aus zahlreichen hohen und niedrigen Elementen, in den alten Baumbestand eines wunderschönen **Buchenwaldes** eingebettet worden. Unter fachkundiger Anleitung von speziell ausgebildeten Trainern sind die unterschiedlichsten Aufgaben wie Flying Fox, Giant Ladder oder eine **Schluchtüberquerung** in der Gruppe zu bewältigen. Über eine **Seilrutsche** geht es in rasantem Tempo mehr als 100 Meter quer durch den Wald.

● **Hochseilgarten:** Fa. Freiräume, Dipl. Sportwiss. *Markus Berg*, Sicherheitstrainer für Hochseilgärten, 53945 Blankenheim-Ripsdorf, Tränkgasse 5, Tel. 02449 9 18 40 80, Fax 9 18 40 70, www.freiraeume-eifel.de, Buchungen über das Naturzentrum Eifel (s.u.).

Info
● **Postleitzahl:** 53947, **Tel.-Vorwahl:** 02486
● **Tourist-Info im Naturzentrum Eifel:** Römerplatz 8–10, Tel. 12 46, Fax 20 30 48, www.nettersheim.de.
● **Naturzentrum Eifel:** Urftstr. 2–4, Tel. 12 46, Fax 20 30 48, www.naturzentrum-eifel.de. Die Einrichtung bietet Naturinformationen der Gemeinde Nettersheim vor allem für Schulklassen und Jugendgruppen. Es gibt Ausstellungen zu Archäologie, Geologie und Naturkunde mit begleitenden Programmen zur Geschichte, Natur, Flora und Fauna. Geöffnet Mo–Fr 9–16 Uhr, Mai bis Okt. bis 18 Uhr, Sa/So

Eifeler Nord-Süd-Senke

10–16 Uhr, Mai bis Okt. bis 18 Uhr, Eintritt 2 €, Kinder 1 €. Dazu gehört die **Alte Schmiede,** Bahnhofstraße 50, als „Haus der Fossilien" mit dem Ausstellungsthema 400 Millionen Jahre Wald, mit verschiedenen fossilienkundlichen Ausstellungen, einer Fossilienwerkstatt und einem Fränkischen Steinplattengrab, geöffnet Mo–Fr 9–18 Uhr, Sa und So 10–18 Uhr, Dez. bis Feb. Mo–So bis 16 Uhr.

●**Holzkompetenzzentrum Rheinland (HKZ):** Römerplatz 8–10, 53947 Nettersheim, Tel. 80 12 60, Fax 78 78, www. holzkompetenzzentrum.de, Beratungsstelle für alle Fragen über die Holzverwendung im Rheinland, Zielgruppen sind Unternehmen, Handwerks- und Gewerbebetriebe, Verbände, Vereine, Institutionen sowie interessierte Bürger.

Essen & Trinken/ Unterkunft

●**Villa Hubertus** €€: Gäste- und Seminarhaus der Van-Sun-Alpentouristik, 53947 Marmagen, Kölner Str. 30, Tel. 10 01, Fax 10 02, www.van-sun-reisen.de. 1917 errichtetes, denkmalgeschütztes Fachwerk-Anwesen in der Ortsmitte von Marmagen in großer Parkanlage. Vielfältiges Raumangebot zur Durchführung von Proben, Tanz, Theater, Tantra, Meditation, Yoga, Schulungen, Seminaren, (Familien-)Feiern; geschmackvoll eingerichtete Zimmer, großteils mit Bad, von Selbstverpflegung bis Vollpension alles möglich.

Aktivitäten

●**Archäologischer Wanderpfad Nettersheim:** Erlebnispfad als ausgeschilderter, 6 km langer Rundweg um Nettersheim mit 20 Stationen zum aktiven Erleben von Natur, Landschaft, Geologie und Archäologie, Broschüre beim Naturzentrum Eifel (s.o.).

Hardtburg

Was den Jülicher Grafen in Münstereifel gelungen war, konnten sie im Hardtwald im Städtedreieck von Euskirchen, Rheinbach und Münstereifel nicht erreichen. Mit der Are-Hochstaden'schen Schenkung wurde die Hardtburg kurkölnisch, die Erzbischöfe bauten sie als Bollwerk gegen die Jülicher Festungen von Euskirchen und Münstereifel aus. Heute kann man von der romantisch im Wald versteckten Burganlage nur noch vermuten, von welch strategischer Bedeutung sie für die Kölner war und mit welch trotzigem Machtwillen sie hier ihrem Erzfeind Jülich entgegentreten wollten.

Die von **Wassergräben** umgebene, zweiteilige Anlage der Hardtburg war zu Beginn des 12. Jahr-

hunderts als Motte, deren Burghügel man mit dem Grabenaushub aufschüttete, angelegt worden. Der Graben rund um die Burganlage hat schon fast die Größe eines Sees. Auf dem künstlich aufgeschütteten Burghügel wurde zunächst eine hölzerne Befestigung errichtet, die von den Kölnern um 1340 durch einen massiven Steinbau ersetzt wurde. Der Zugang zur Burg führt auf einem Weg durch den Graben zunächst zu der im Nordwesten des Burghügels gelegenen, weitläufigen **Vorburg.** Hinter dem ehemaligen Torturm befinden sich ein Fachwerkschuppen, ein Wohnhaus sowie ein Wirtschaftsschuppen – immerhin war die Hardtburg bis 1794 Sitz einer kurkölnischen Amtsverwaltung. Über eine **Brücke,** die den Graben zwischen Vorburg und Hauptburg überquert, gelangt man in den Kern der Burganlage mit dem mächtigen **Bergfried.** Die Reste der erhaltenen Burgmauern und Wehrgänge zeigen noch die Mächtigkeit dieser einstigen Festungsanlage.

Tomburg

Auch für die Herren der Tomburg am Rand des Rheinbacher Waldes spielten die Grenzauseinandersetzungen zwischen Jülich und Kurköln eine Rolle, befand sich doch ihre Herrschaft im Niemandsland zwischen diesen beiden mittelalterlichen Großmächten. Doch die Geschichte der Tomburg reicht viel weiter zurück – nicht zuletzt, weil ihre Lage auf einem Basaltkegel mit weitem Blick über die Swistaue als Zugang von der Eifel zur Zülpicher Börde durchaus strategisch bedeutsam war.

Bereits die Kelten errichteten auf dem Tomberg einen Stützpunkt. Grabungen ergaben, dass auch die Römer auf der Kuppe einen Militärposten hatten, und in karolingischer Zeit bestand hier ein Stützpunkt an der **Aachen-Frankfurter-Heerstraße,** die durch das Swisttal führte – dieser Verkehrsweg stellte einen der wichtigsten mittelalter-

Eifeler Nord-Süd-Senke

lichen Verbindungswege in Deutschland dar. Die
Straße verband nicht nur die Wahl- und Krönungs-
orte deutscher Könige und Kaiser, sie gewann
auch in dem Maße an wirtschaftlicher Bedeutung,
wie die Städte der Niederlande als Handelsplätze
wichtiger wurden. Doch schon vorher ist im
10. Jahrhundert eine Amtsburg der rheinischen
Pfalzgrafen auf dem Tomberg bezeugt.

Dann wurde die Tomburg zum kurkölnischen
Lehen und Offenhaus der Jülicher Grafen. Burg
und Besitz gingen später an die Herren *von Mo-
lenark* über – sie waren es, die auf dem Basaltkegel eine wehrhafte Burg errichteten, deren Über-

Der geologische Aufbau der Kalkeifel

Die Kalkeifel umfasst ein Gebiet von etwa 100 km² zwischen der Mechernicher Voreifel im Norden und dem Bitburger Land im Süden. Das
Gelände ist aus einer Schichtenfolge von **Buntsandstein** und **Muschelkalk** aufgebaut. Es handelt sich im Einzelnen um acht aneinander ge-
reihte mitteldevonische Kalkgebiete, die durch unterdevonische kalkfreie
Gebiete voneinander getrennt sind. Zu diesen Kalkgebieten gehören vor
allem die kleineren **Kalkmulden** von Blankenheim, Dollendorf und Ahrdorf – bei diesen Kreidemulden handelt es sich allerdings nur im geologischen Sinn um Mulden, ihre Oberfläche unterscheidet sich nicht wesentlich von der Umgebung. Die Kalkmulden liegen großteils in einer
Höhe zwischen 500 und 550 Metern – die Blankenheimer Kalkmulde
sogar auf bis 580 Metern – und bilden die Wasserscheide zwischen den
Einzugsgebieten von Maas, Rhein und Mosel.

Die Kalkeifel wird von den Oberläufen der Kyll, Ahr, Urft, Nims und
Prüm zerschnitten. Bei ihren Quellen handelt es sich teilweise um **Karst-
quellen.** Die Täler ihrer Oberläufe haben einen mehr oder weniger kas-
tenförmigen Querschnitt, der sich zu den Unterläufen hin in **steile Flusstäler** wandelt, die in diesen Gebieten bis zu 100 Meter tief eingeschnitten sind. Bei den hier vorkommenden Kalken handelt es sich hauptsächlich um Dolomite und Kalke des Mitteldevons in einer massigen oder
dickbankigen Lagerung, wobei die **Dolomite** überwiegen. Diese Gebiete weisen ein sehr lebhaftes Relief auf, das nicht nur auf Karsterschei-
nungen zurückzuführen, sondern auch durch Trockentäler gekennzeichnet ist. Der an Talhängen angeschnittene Dolomit bildet **markante Fels-
wände,** die in der Landschaft weit sichtbar sind.

reste heute noch stehen. Den Herren der Tomburg gelang es, ihr kleines Territorium um die Burg über eine beträchtliche Zeit selbstständig zu erhalten und durch glückliche Umstände sogar auszuweiten. Als nämlich Mitte des 14. Jahrhunderts das Burggrafengeschlecht der nahe gelegenen Landskrone ausstarb, fiel *Friedrich I. von Tomberg* ein beträchtlicher Teil ihres Erbes zu. Auf der Basis ihrer so gestärkten Macht trieben die Herren der Tomburg fortan ihr Unwesen als Raubritter im Hinterland der Territorien von Kurköln und Jülich. Erst als das Burgherrengeschlecht der Tomburg in der zweiten Hälfte des 15. Jahrhunderts ausstarb, konnten die Jülicher eine aufkommende Fehde nutzen und im Jahr 1473 die Tomburg zerstören.

Nach wie vor beeindrucken den Betrachter die mächtigen Blöcke des noch im Burgbereich liegenden heruntergestürzten Mauerwerks. Allein der **Bergfried** der Burganlage, dessen Geschosswölbungen noch gut zu erkennen sind und dessen Mauern größtenteils aus Basalt und Tuffstein bestehen, der als Füllmaterial verwendet wurde, blieb halbiert als Ruine erhalten. Sie erzählt heute einsam am Rande des **Rheinbacher Stadtwaldes** immer noch die Geschichte von einem Raubrittergeschlecht, das allen angrenzenden Territorien das Leben schwer machte.

● **Ruine Tomburg:** Gelände frei zugänglich.

Rheinbacher Waldkapelle

Nicht weit von der Tomburg findet man im Rheinbacher Wald an der Landstraße nach Todenfeld noch eine kleine Kapelle vor. Diese Rheinbacher Waldkapelle wurde in der zweiten Hälfte des 17. Jahrhunderts als Gebetshaus eines kleinen **Franziskanerklosters** errichtet. Mit der Säkularisation kam auch das Ende dieses Klosters. Nach starkem Verfall konnte nach dem Zweiten Weltkrieg die kleine Kapelle, die bis heute Betende anzieht, restauriert werden.

● **Waldkapelle:** Gelände frei zugänglich.

Eifeler Nord-Süd-Senke

Oberes Ahrtal

Die Fahrt durch das reizvolle Ahrtal zeigt dem Betrachter die ganze Vielfalt der landschaftlichen Erscheinungsformen der Eifel. Hat man das Engtal der Ahr mit den Weinsteillagen flussaufwärts durchquert, so weitet sich oberhalb von Altenahr das Tal – hier führt die B 257 nach Adenau, eine beliebte Motorradstrecke in die Hocheifel. In

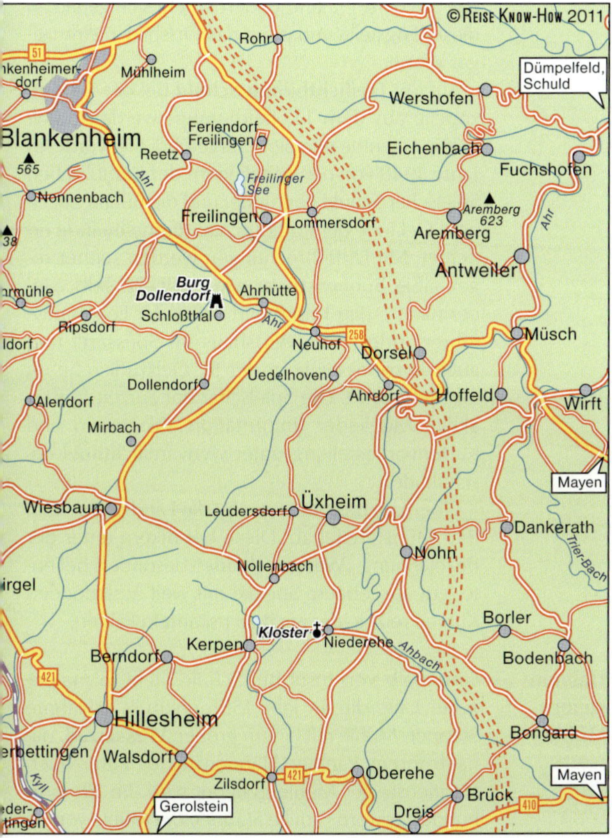

© REISE KNOW-HOW 2011

Dümpelfeld, Schuld

Rohr

Mühlheim

Wershofen

Blankenheim

Feriendorf Freilingen

Eichenbach

Fuchshofen

Reetz

Ahr

565

Freilinger See

Nonnenbach

Freilingen

Lommersdorf

Aremberg 623

Antweiler

Aremberg

Ahr

Burg Dollendorf

Ahrhütte

Schloßthal

Ahr

Ripsdorf

Neuhof

256

Dorsel

Müsch

Dollendorf

Uedelhoven

Ahrdorf

Hoffeld

Wirft

Alendorf

Mirbach

Mayen

Wiesbaum

Leudersdorf

Üxheim

Dankerath

Trier-Bach

Nohn

Nollenbach

Borler

Kloster

Kerpen

Niederehe

Ahbach

Bodenbach

Berndorf

421

Hillesheim

Bongard

Walsdorf

Oberehe

Mayen

Zilsdorf

421

Bruck

410

Gerolstein

Dreis

Eifeler Nord-Süd-Senke

Dümpelfeld mit seiner malerisch auf einer Orts-
anhöhe gelegenen Kirche geht es nunmehr in
westlicher Richtung das Ahrtal aufwärts.

Schuld

Vorbei an der pittoresken Hahnensteiner Mühle
führt die Straße nach Schuld, auf einem Felsgrat
über einer Ahrschleife gelegen. Die **Ortspfarrkir-**

che aus dem 13. Jahrhundert erhebt sich genau an dieser Engstelle und prägt das Ortsbild in einmaliger Weise.

Auf der **Freilichtbühne Schuld** bei der Schornkapelle aus dem 13. Jahrhundert werden regelmäßig Laientheaterspiele aufgeführt. Sie wurde im Jahre 1948 von den Mitgliedern der Katholischen Spielschar Schuld gegründet und die Bühne auf einem Gelände der Katholischen Pfarrgemeinde errichtet. Mit Unterbrechungen werden seither regelmäßig Bühnenstücke wie „Wilhelm Tell", „Jedermann", „Jim Knopf und Lukas der Lokomotivführer" oder „Das Wirtshaus im Spessart" und auch Passionsspiele in der St. Gertrudkirche im Ort aufgeführt. Die Spielschar hat zurzeit fünfzig aktive Mitglieder (Information, Programm und Kartenvorbestellung unter www.freilichtbuehne-schuld.de).

Oberhalb des Ortes zweigt die Landstraße nach Bad Münstereifel ab. Diese bei Bikern unter der Bezeichnung **„Wasserscheide"** besonders beliebte, gut ausgebaute Strecke mit weit ausladenden Kurven reizt leider auch zu riskantem Fahren.

Hahnensteiner Mühle

Unterhalb von Insul bei Schuld steht in malerischer Lage die im Jahr 1556 erstmals erwähnte Stappen-Mühle mit einem großen **Wasserrad,** die nach ihrem Pächter Hahnensteiner Pitter auch Hahnensteiner Mühle genannt wird. Im 19. Jahrhundert erwarb Familie *Stappen* die Mühle von einem Müller, der nach Amerika auswanderte. Der letzte Müller war bis 1984 *Peter Stappen.* Über dem Türbogen des heutigen Mühlengebäudes steht die Jahreszahl 1729. Eine Außenbesichtigung ist möglich.

Essen & Trinken/ Unterkunft

●**Hotel-Restaurant Ewerts** €€: 53520 Insul, Ahrstr. 13, Tel. 02695 3 80, Fax 17 23, www.hotel-ewerts.de. Praktisch eingerichtete Zimmer, teilweise mit Balkon, großer Garten.
●**Hotel Schaefer** €€: 53520 Schuld, Schulstr. 2, Tel. 02695 3 40, Fax 16 71, www.hotel-schaefer-schuld.de. Gastlicher Familienbetrieb, familiär geführtes Ferienhotel im Ortszen-

trum. Restaurant €€ mit Eifeler Spezialitäten, die Ahrterrassen laden Wanderer zum Verweilen bei Kaffee und Kuchen oder einem Glas Ahrwein ein.

Aremberg

Die Straße entlang der Ahr führt weiter nach Antweiler. Oberhalb erhebt sich der **623 Meter hohe Aremberg,** eine der tertiären Vulkankuppen der Region. Hier errichteten die Herren *von Arenberg* ihre Burg, die sie nach der Zerstörung durch französische Truppen unter *Ludwig XIV.* im Jahre 1689 in ein respektables Barockschloss verwandelten. Erzbergbau bildete die wirtschaftliche Grundlage dieser kleinen Eifelherrschaft. Doch in napoleonischer Zeit wurde das Schloss auf Abbruch verkauft. 1854 errichtete man aus den Trümmern einen Aussichtsturm auf der Kuppe. Sehenswert im unterhalb der Kuppe gelegenen **Ort Aremberg** ist die Pfarrkirche, die aus der Auflösung des Klosters Marienthal im Zuge der Säkularisation wertvolle Barock-Ausstattungsstücke erhielt.

Info

ⓘ

● **Infos** unter: www.aremberg.de
● **Gasthof zur Burgschänke:** Burgstraße 23, Tel. 02691 3 91, Fax 93 01 17, www.burgschaenke-aremberg.de, Panorama-Sicht, gutbürgerliche Eifeler Küche, angeschlossener Hotelbetrieb mit Doppelzimmern und Appartements.

Ahrhütte

In Sichtweite des Arembergs vollzieht der Flusslauf der Ahr talaufwärts unterhalb von Dorsel seine letzte große Biegung nach Nordwesten. Hier durchquert die Ahr ein sowohl kulturgeschichtlich wie auch landschaftlich interessantes Gebiet. Links der Ahr befinden sich die von den Herren *von Arenberg* ausgebeuteten **Erzlagerstätten,** rechts erstrecken sich die schönen Wacholderlandschaften und Orchideenwiesen der Dollendorfer Kalkmulde mit dem Lampertstal als ausgewiesenem Naturschutzgebiet.

Eifeler Nord-Süd-Senke

Nur wenig flussaufwärts liegt Ahrhütte in einer von der hier noch kleinen Ahr gebildeten Wiesensohle, ein Ort mit geteilter Geschichte. Der Ortsteil am rechten Flussufer gehörte historisch zur Herrschaft Dollendorf, der Teil auf der linken Uferseite zur Herrschaft Arenberg. Im Arenberger Teil wurden die Erze aus dem oberhalb gelegenen Lommersdorf verhüttet. Die **Hütte** hatte man *Obere Hütte* genannt, um sie von der Unteren Hütte in Antweiler zu unterscheiden. In Ahrhütte stellte man vermutlich ab etwa 1475 Bau- und Stabeisen sowie Waffen her. Reste der früheren **Eisenwerke** sind hier zu sehen, so auch der Stollenhof aus dem 16. Jahrhundert. Der ehemalige Gasthof „Zur Linde", ein Rentmeisterhaus aus dem Jahre 1677, diente früher als Verwaltungsgebäude der Hütte. In seinem Giebel trägt es noch das Arenberger Wappen mit Herzogskrone, Hermelin und Goldenem Vlies. Das Eisenhüttenwerk verfügte zu Beginn des 19. Jahrhunderts noch über zwei Hochöfen, doch 1870 blies man das letzte Feuer in der Ahrhütte aus.

Essen & Trinken/ Unterkunft

●**Café Lommersdorfer Mühle:** Ahrtal 46, Tel. 02697 3 72, Fax 71 83, www.lommersdorfer-muehle.de. Direkt am Ahrtalradweg gelegen, hier wird hauseigener Kuchen serviert, geöffnet Mo–Fr 14–18 Uhr, Sa 12–19 Uhr, So 8–19 Uhr, vermietet auch Gästezimmer und Ferienwohnungen.

Lampertstal

Oberhalb von Ahrhütte mündet der **Lampertsbach** in die Ahr. Dieser Bach entwässert große Teile der Dollendorfer Kalkmulde, die gemeinsam mit den Alendorfer Kalktriften weitgehend unter **Naturschutz** steht. Der kalkige Untergrund rührt von dem Flachmeer aus dem Erdzeitalter des Devons her, dessen Ablagerungen auch Eisenverbindungen enthalten – die Grundlage für den Lommersdorfer Eisenerzabbau.

Die Nordhänge der Bergkuppen des Gebiets sind mit altem **Buchenbestand** bedeckt, die Süd-

Der Wacholder –
Charakterbaum im Lampertstal

Das „Kuratorium Baum des Jahres" wählt jedes Jahr eine Baumart zum **Baum des Jahres** aus, 2002 war dies der Wacholder. Der Gemeine Wacholder (Juniperus communis L.) aus der Familie der Zypressengewächse ist über weite Teile der Nordhalbkugel verbreitet. Für bestimmte Eifelregionen stellt er geradezu einen Charakterbaum dar.

Sein Wuchs ist meist länglich-säulenförmig und strauchartig, was ihm auch den Beinamen „Zypresse des Nordens" eingebracht hat. Der Wacholder hat keine großen Ansprüche an den Boden, aber er braucht viel Licht. So gedeiht er am besten in **offenen Landschaften,** wie etwa auf armen, überweideten Heideböden. Solche historischen Weidegebiete finden sich in der Ahrregion besonders ausgeprägt im Lampertstal.

Im Brauchtum, in Sagen und in der Volksheilkunde ist der Wacholder weit verbreitet. Seine ätherischen Öle, seine Beeren (botanisch handelt es sich um „Scheinbeeren") und Geschmacksstoffe helfen bei Arthrosen, treiben Harn und helfen bei Atembeschwerden. **Wacholderbeeren** sind für Wildgerichte unverzichtbar, in Weingeist dienen sie als Einreibemittel und ihr Destillat ist als Spirituosen wie **Genever, Steinhäger** oder **Gin** weit verbreitet. **Wacholderrauch** braucht man zur Schinkenherstellung.

Dass der Wacholder wieder seltener geworden ist, hängt unter anderem mit der zurückgehenden Viehweide in den offenen Landschaften zusammen – sie wachsen wieder zu und andere Pflanzen nehmen dem Wacholder das Licht. So ist es den Naturschützern zu verdanken, dass die historisch so wertvollen Wacholderlandschaften als Kulturlandschaft erhalten bleiben – wie etwa im Lampertstal.

Wanderung durch die
Wacholderhaine im Lampertstal

Eine 19 Kilometer lange Tageswanderung führt durch das zauberhafte wie gleichermaßen interessante Lampertstal. Der Start ist in **Ripsdorf,** von wo der Weg zum Wacholderhain am **Griesbeutel** führt, mit 563 Metern die höchste Erhebung der Strecke mit herrlicher Weitsicht. Über **Alendorf** geht es zum **Kalvarienberg** und dann abwärts ins Lampertstal. Danach folgt der Wanderweg dem Tal über die Mirbacher Infotafel hinaus zum Abzweig nach **Dollendorf.** Weiter geht es über die **Antonius-Kapelle** nach **Schloßthal,** dann zur Burgruine und hinter dem Jugendzeltplatz abwärts durch einen Wacholderhain zum Wanderparkplatz bei der Landstraße nach Ripsdorf. Von hier geht es über den **Wacholderweg** an den Ausgangspunkt in Ripsdorf zurück. Die Strecke lässt sich problemlos vor Alendorf abkürzen. Einkehrmöglichkeit besteht in Ripsdorf.

Eifeler Nord-Süd-Senke

hänge tragen **Kievervegetation** und mit **Wacholder** bedeckte Magerrasen, die Kalktriften, die die
Besonderheit des Lampertstals ausmachen. Hier
gibt es seltene Tierarten. Unter den **Schmetterlin-
gen** sind dies der Schwalbenschwanz, der Baum-
weißling, die Goldene Acht, der Senfweißling und
der Diestelfalter. An seltenen **Vögeln** sind die
Feldlerche, der Neuntöter, der Baumpieper und
die Klappergrasmücke anzutreffen. Unter den
Reptilien gibt es Zauneidechse, Bergeidechse,
Schlingnatter und Blindschleiche. Besonders wertvoll sind die Bestände an **seltenen Pflanzen** im
Lampertstal. Hier gibt es den giftigen Seidelbast,
die Tollkirsche, die Akelei, den Tüpfelfarn, die
ganz seltene Scheidige Kronwicke und vor allem
den Deutschen Enzian. Außerdem findet man viele **Orchideenarten:** das Knabenkraut und nicht
zuletzt die Echte Sumpfwurz.

Ripsdorf

Im Einzugsbereich des Lampertsbaches gibt es einige bauliche Sehenswürdigkeiten. In Ripsdorf,
vor der Franzosenzeit im Besitz Blankenheims,
steht die wuchtige spätgotische katholische **Pfarrkirche St. Johann Baptist,** ein zweischiffiger Bau,
dessen Joche von zwei Säulen getragen werden.
Daneben steht das reizvolle Pfarrhaus, gegenüber
das Hotel Breuer, ein 1780 als Landgasthof errichtetes Gebäude.

**Essen &
Trinken/
Unterkunft**

●**Hotel Breuer:** 53945 Ripsdorf, Hauptstr. 74, Tel. 02449
10 09, Fax 79 89, www.breuer-ripsdorf.de. Ein 1780 errichteter Landgasthof mit Restaurant; frische Küche, Wildgerichte. Täglich (außer Mo) ab 11 Uhr geöffnet.

Alendorf

Wie viele andere Orte im Bereich des Lampertstals kann auch Alendorf, südlich von Ripsdorf am
Oberlauf des Lampertsbaches gelegen, auf eine

Frauenflachs

römische und fränkische Vergangenheit zurückblicken. Die **Agathakapelle** im Ortskern geht auf das Jahr 1494 zurück. An ihr vorbei führt der **Kreuzweg** auf den Kalvarienberg, auf dem sich die im gleichen Jahr gestiftete **Wallfahrtskirche** inmitten eines ummauerten Friedhofs erhebt. Dieser weiß getünchte und mit roten Fensterrahmungen versehene spätgotische netzgewölbte Saalbau mit kreuzgewölbtem Chor im 5/8-Schluss ist weithin als besonderer Blickpunkt in der Wacholderheide sichtbar.

Mirbach

Auf der gegenüberliegenden Talseite gelangt man vor der Kuppe „Am Kopp" rechts in ein Seitental, das nach Mirbach führt. Hier findet man mit der **Erlöserkapelle** einen Bau, der so gar nicht in diese Region zu gehören scheint. Nachfahren der Herren *von Mirbach,* ein *Freiherr von Mirbach,* der Zugang zum Hof Kaiser *Wilhelms II.* hatte, ließ hier 1902/03 eine neoromanische Kirche errichten, die von Baurat *Schwechten* vollendet wurde, dem gleichen Baumeister, der auch die Kaiser-Wilhelm-Gedächtniskirche in Berlin erbaut hatte.

Dollendorf

Folgt man dem rechtsseitigen Höhenzug oberhalb des Lampertstals in Richtung Nordosten, kommt man nach Dollendorf, einst eine große römische

Eifeler Nord-Süd-Senke

Siedlung, die sogar einen Marstempel aufwies. Das Prümer Urbar erwähnt den Ortsnamen *Dollendorpt*. In späteren Jahrhunderten verschuldeten sich die Herren *von Dollendorf* und ihr Besitz kam Mitte des 18. Jahrhunderts endgültig an Blankenheim. Dennoch verfügt Dollendorf über einige bemerkenswerte **Bauten aus der Barockzeit.** So stammt die katholische Ortspfarrkirche St. Johann Baptist aus dieser Epoche. Vom Vorgängerbau sind der Chor und der wuchtige Westturm erhalten geblieben.

Schloßthal Am Standort des Marstempels auf dem Weg von Dollendorf nach Schloßthal steht heute die 1701 errichtete **Antonius-Kapelle** als achtseitiger Zentralbau inmitten des Kreuzweges, auf dem alljährlich an Karfreitag Prozessionen stattfinden. Schloßthal selbst liegt auf einer Anhöhe oberhalb der Mündung des Lampertsbaches in die Ahr. Hier hatten die Herren *von Dollendorf* ihre Burg errichtet, die ihnen bis ins 15. Jahrhundert als Wohnsitz diente. Heute stehen nur noch **Ruinen der Burg Dollendorf,** von der ein Mauerrest so in die Höhe ragt, dass er im Volksmund als „Finger Gottes" bezeichnet wird.

Freilingen

Auf der dem Lampertsbach gegenüberliegenden Seite des oberen Ahrtals ließen die Herren *von Arenberg* die Erzlagerstätten bei den Orten Freilingen und Lommersdorf abbauen. Heute hat der Blankenheimer Ortsteil Freilingen vor allem Bedeutung als Erholungsgebiet mit dem **Freilinger See** als Anziehungspunkt. Dabei handelt es sich um einen aus Quellwasser gespeisten Stausee. Er wurde 1976 zur Regenrückhaltung gebaut, doch von vornherein war die Nutzung als Freizeitsee vorgesehen. Inmitten eines von Wiesen und Wäldern umgebenen Tals sind um den See reizvolle Liegewiesen und Buschgruppen angelegt worden.

Hier kann **Wassersport** betrieben werden, es gibt einen Minigolfplatz, einen Waldlehrpfad und einen Grillplatz. Im See wurde eine Schutzzone angelegt, in der Haubentaucher ungestört vom Badebetrieb ihre Brut aufziehen können. Am Ufer erstreckt sich ein Campingplatz, der für seine Anlagequalität schon Auszeichnungen erhalten hat. Auf dem Freilinger Bruch, etwa zwei Kilometer vom Ort entfernt, liegt das Feriendorf Freilingen mit Schwimmbad, Tennisplätzen und Kinderspielplatz.

Essen & Trinken/ Unterkunft

●**Feriendorf Freilingen:** 53945 Freilingen, Tel. 02697 76 25, Fax 75 26, www.feriendorf-freilingen.de. Beliebte komfortable Ferienanlage mit 207 Ferienhäusern, zwei Tennisplätzen, Freibad, Minigolfanlage, Kinderspielplatz, Gaststätte und Kiosk im Verwaltungstrakt.

Camping

●**Eifel Camp:** 53945 Freilingen, Tel. 02697 2 82, Fax 2 92, www.eifel-camp.de. Komfortable Camping- und Freizeitanlage am Freilinger See mit Touristenplätzen, Dauerplätzen und Mobilheimen, ganzjährig geöffnet.

Lommersdorf

Wie Freilingen entstand Lommersdorf auf dem Gelände eines römischen Gutshofes. Seine erste Erwähnung erfolgte 975 als *Lumeredorph*. Später kam der Ort unter die Herrschaft der Arenberger. Nördlich des Ortes wurden die für die Arenberger so wichtigen Eisenerze gefunden. Einzelne Eingänge zu den alten Erzschächten sind Eingeweihten noch bekannt. Die in den Arenberger Hütten aufbereiteten Erze wurden zum Großteil in den Lütticher Kanonenöfen verarbeitet. Die Ortspfarrkirche St. Philipp und Jacob ist romanischen Ursprungs.

Essen & Trinken/ Unterkunft

●**Jägerhof** €: 53945 Lommersdorf, Tel. 02697 5 25, Fax 5 82, www.westernstadt-lado-city.de. Bikertreff, Restaurant und Pension, gepflegte Zimmer, Kaminstube, mit Westernstadt. Es tritt eine Country-Band auf, Squaredance zur Livemusik.

Eifeler Nord-Süd-Senke

Blankenheim

Blankenheim zählt zu den reizvollsten Orten der Eifel. Schmucke Häuser in **Fachwerk- und Steinbauweise** prägen den Ort, der von seiner mächtigen Burg überragt wird, die heute wieder aufgebaut ist und in ihrer vollen Schönheit über dem Ort thront. Schon die Römer hatten diesen Standort wegen seiner günstigen Lage an der Straße von Trier nach Köln beziehungsweise Bonn befestigt und besiedelt. Die nördlich der Altstadt gefundenen und frei gelegten Reste einer **Villa Rustica**, einem fast 250 Meter langen Bau mit 75 Zimmern, der zwischen dem 1. und 3. Jahrhundert n. Chr. entstand, legen Zeugnis von der römischen Besiedlung ab.

Burg

Das beherrschende Bauwerk von Blankenheim ist die Stammburg der Herren *von Blankenheim.* Sie wurde ab 1115 auf einem nach Westen gegen das obere Ahrtal vorgeschobenen Bergsporn errichtet, der nach Osten durch Gräben und Mauern abgeriegelt werden musste. Der älteste Teil der Burganlage ist der dreigeschossige Palas im Südwesten. Er stammt noch aus dem 13. Jahrhundert. Graf *Johann Arnold* ließ während des Dreißigjährigen Krieges einen runden **Geschützturm** aufmauern. So wie dieser Batterieturm stammt auch das **Torhaus** aus dem 17. Jahrhundert. Die rechteckige **Oberburg** erhielt in der zweiten Hälfte des 15. Jahrhunderts ihre bestimmende Gestalt, als Graf *Gerhard VIII.,* der Sohn des Herzogs *Wilhelm I. von Jülich,* sie zu einem repräsentativen Schloss ausbaute. Im 17. Jahrhundert wurde die **Unterburg** hinzugefügt. Weitere Ausbauten erfolgten im 18. Jahrhundert.

In der napoleonischen Ära wurde die Burg zerstört und dann auf Abbruch verkauft. 1927 erwarb die Deutsche Turnerschaft die Ruine, die sie im Zusammenwirken mit dem Landeskonservator Rheinland wieder herstellte und auf den Tonnen-

Blankenheim

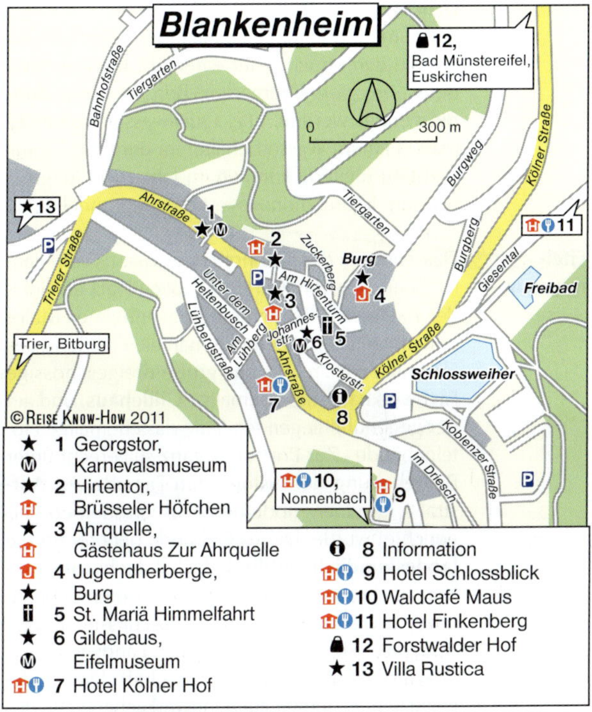

🔒 12,
Bad Münstereifel,
Euskirchen

0   300 m

★ 13 Villa Rustica
P   Trier Straße
Trier, Bitburg

Ahrstraße
Bahnhofstraße
Tiergarten
Unter dem Heitenbusch
Lünberg
Lünbergstraße
Am Hirtenturm
Zuckenberg
Tiergarten
Burgweg
Burgberg
Köln er Straße
Giesental
Freibad
Schlossweiher
Koblenzer Straße
Im Driesch
Am Lünberg
Johannes-Str.
Kloster str.
Ahrstraße

© REISE KNOW-HOW 2011

★ 1 Georgstor,
Ⓜ   Karnevalsmuseum
★ 2 Hirtentor,
🏠   Brüsseler Höfchen
★ 3 Ahrquelle,
🏠   Gästehaus Zur Ahrquelle
🛏 4 Jugendherberge,
★   Burg
ⅱ 5 St. Mariä Himmelfahrt
★ 6 Gildehaus,
Ⓜ   Eifelmuseum
🏠 7 Hotel Kölner Hof

ⓘ 8 Information
🏠 9 Hotel Schlossblick
🏠 10 Waldcafé Maus
🏠 11 Hotel Finkenberg
🔒 12 Forstwalder Hof
★ 13 Villa Rustica

🏠 10,
Nonnenbach
🏠 9

Eifeler Nord-Süd-Senke

gewölben des mittelalterlichen Burgkellers ein Turnerheim errichtete. Heute dient der Burgkomplex als **Jugendherberge.**

Tiergarten-Tunnel

Zur Verbesserung der Verteidigungsqualität ließ Graf *Dietrich III.* im 15. Jahrhundert eine **Fernwasserleitung** zur Burg Blankenheim legen – eine technische Meisterleistung für die damalige Zeit! Abschnittsweise verlief diese Leitung als Gefälleleitung, Druckrohrleitung und Aquädukttunnel. Als Ausgangspunkt zapften die mittelalterlichen Konstrukteure die Renn-Quelle in einem zwei Kilometer von der Burg entfernten Hochtal an. Die Leitung verlief unter diesem Tal in einer hölzernen

Druckwasserleitung, für die man die einzelnen Rohre mit Muffenringen ineinander befestigte. Sie musste dann noch unter einem 15 Meter hohen Bergsporn, dem „Tiergarten"-Berg, in einem **Tunnel** verlegt werden. Das Quellwasser sammelte man in einem Wasserbehälter im Burghof. Tunnel und Druckleitung konnten im Jahr 2000 freigelgt werden (Information: www.tiergartentunnel.de).

**Eifel-
museum**

Das Zentrum des historischen Ortskerns von Blankenheim wird vom Curtius-Schulten-Platz gebildet, der nach dem bekannten Blankenheimer Maler benannt wurde. Hier findet man die Gebäude des Eifelmuseums: rechts das große dreigeschossige Fachwerkhaus, das ehemalige **Gildehaus,** und auf der gegenüberliegenden Seite das ehemalige Hotelgebäude „Zur Post", das ganz stilgerecht unter Beibehaltung der historischen Fassade zur Ahrstraße für einen modernen Museumsbetrieb hergerichtet wurde. Dieses Gebäude beherbergt die **landeskundliche Bibliothek** (Teil der historischen Kreisbücherei in Euskirchen) für die Themenbereiche Heimatkunde, Regionalgeschichte, Erdgeschichte, Siedlungsgeschichte, Landwirtschaft, Wassernutzung und Waldwirtschaft. Das Gildehaus zeigt Exponate zur handwerklichen Seite des Dorflebens, so die **Herstellung des Leinens** von der Reinigung des Flachses über das Spinnen bis zum Weben des Leinengarns, und **bäuerliche Kleidung.**

● **Eifelmuseum:** Ahrstraße 55–57, Tel. 95 1 50, Fax 95 15 20, www.eifelmuseum-blankenheim.de, Regionalmuseum für Naturkunde und Kulturgeschichte der Nordwesteifel, mit einer landeskundlichen Bibliothek (Teil der historischen Kreisbücherei in Euskirchen) für die Themenbereiche Erdgeschichte, Siedlungsgeschichte, Landwirtschaft, Wassernutzung und Waldwirtschaft, geöffnet Jan./Feb. Sa und So 14–17 Uhr, März/April sowie Okt./Dez. Di–So 14–17 Uhr, Mai bis Sept. täglich 12.30–18 Uhr, Eintritt 2 €, ermäßigt 1 €. Der **Museumsladen** im Gildehaus bietet Eifeler Produkte wie Senf, Landwurst, Schmalz, Honig, Fruchtsirup, Schnäpse, Eifeler Landbier und Apfelsaft an.

Hirtentor   Am Eckhaus am Weg zur Ahrquelle steht die Statue des Brückenheiligen Johannes Nepomuk aus dem 18. Jahrhundert. Der Weg führt zu einem malerischen Platz mit dem Gästehaus **„Ahrquelle"** zur Linken und dem Haus über der Ahrquelle am Ende. Die Ahrquelle befindet sich im Keller eines 1726 errichteten Fachwerkhauses, hinter dem sich die Silhouette des Hirtentors erhebt. Eine Treppe führt zu diesem **Stadttor,** an dem noch ein Stück des alten Blankenheimer Wehrganges erhalten ist. Außen am Hirtentor, das heute Ausstellungszwecken dient, ist ein prächtiger spätgotischer Stein von 1512 angebracht.

●**Naturkundliche Ausstellung im Hirtentor,** Tel. 15 73, Dokumentationen des Kreisverbandes Natur- und Umweltschutz, Ortsarbeitskreis Blankenheim, dazu Galeriewerkstatt im Haus am Hirtentor, wechselnde Kunstausstellungen, geöffnet April bis Sept. So 10.30–12.30 Uhr, ansonsten nach Vereinbarung.

Zuckerberg   Besonders romantisch ist der Zuckerberg, ein Gässchen, das weiter links von der Straße Am Hirtenturm abzweigt. Hier stehen alte und oft mit schönen Schnitzereien versehene **Fachwerkhäuser,** darunter das schmalste der Stadt, das nur 2,01 Meter breit ist.

Georgstor   Zurück durch das Hirtentor und über die Ahrstraße aufwärts erreicht man das Georgstor. Auf dem Weg kommt man rechter Hand an einem Uhrmacher vorbei, der die alte Blankenheimer Kirchenuhr aus dem Jahr 1909 in die Fassade seines Geschäfts integriert hat. Das Tor ließ Graf *Salentin Ernst* 1679 im Zuge der Erweiterung der Altstadt errichten. In einer Nische findet sich die Statue des Blankenheimer Ortsheiligen *St. Georg.* Im Georgstor ist heute das **Karnevalsmuseum** untergebracht, das über die uralte Blankenheimer Karnevalstradition informiert.

●**Karnevalsmuseum:** Ahrstr. 20, Tel. 10 91, www.blangem. de/karneval/index.html. Dokumentation 400-jähriger Karnevalsgeschichte von Blankenheim, Ausstellung in dem

Eifeler Nord-Süd-Senke

von der Gemeinde Blankenheim überlassenen Georgstor, geöffnet nach Vereinbarung, Führungen vermittelt das Verkehrsbüro (s.u.).

Pfarrkirche

Die Blankenheimer Ortspfarrkirche **St. Mariä Himmelfahrt** erhebt sich inmitten der Stadt als spätgotischer Hallenbau. Graf *Johann I.* ließ die Kirche in seiner Amtszeit zwischen 1495 und 1505 errichten. Von den beiden Emporen war die als Bühne bezeichnete dem Grafen vorbehalten. Die Orgel auf der oberen Empore aus dem Jahr 1660 zählt zu den ältesten des Rheinlandes. Besonders wertvoll ist der Hochaltar mit seinen beiden Seitenaltären. Beachtenswert sind auch das geschnitzte Chorgestühl, die Muttergottes mit Strahlenkranz und eine Reliquiensammlung mit einer Reliquienbüste des heiligen Georg.

Info

- **Postleitzahl:** 53945, **Tel.-Vorwahl:** 02449
- **Bürger- und Verkehrsbüro Blankenheim,** Rathausplatz 16, Tel. 87 22 22 24, Fax 8 73 03, www.blankenheim.de.

Essen & Trinken/ Unterkunft

- **Gasthof Brüsseler Höfchen** €€: Am Hirtenturm 7, Tel. 10 25, Fax 84 83, www.bruesseler-hoefchen.de. Gutbürgerliche Küche, angeschlossener Hotelbetrieb €€, familiär-gemütlich, dazu zwei Ferienwohnungen im direkt an der Ahrquelle gelegenen Gästehaus **Zur Ahrquelle.**
- **Hotel Schlossblick** €€€: Nonnenbacher Weg 4–6, Tel. 9 55 00, Fax 95 50 50, www.hotel-schlossblick.de. Einige Zimmer mit Blick auf den Schlossweiher und die Burg Blankenheim, mit Meerwasser-Hallenbad; das Restaurant €€ bietet gutbürgerliche Küche mit Eifeler Spezialitäten, mit Café. Außerhalb der Saison So Ruhetag.
- **Hotel Kölner Hof** €€: Ahrstr. 22, Tel. 14 05, Fax 10 61, www.hotel-koelner-hof.de. Hinter historischer Fassade in der verkehrsberuhigten Zone, geschmackvoll eingerichtete Zimmer; gepflegtes Restaurant und rustikale Bierschenke.
- **Hotel Finkenberg** €€: Giesental 2, Tel. 10 73, Fax 14 19, www.hotel-finkenberg.de. In ruhiger Höhenlage direkt am Wald mit herrlichem Rundblick, großzügige Gartenanlage mit Sonnenterrasse, geräumige, modern eingerichtete Zimmer, großes Restaurant € mit abtrennbaren Räumen, Gartenterrasse.
- **Waldcafé Maus** €: 53945 Blankenheim-Nonnenbach, Tel./Fax 02449 10 16, www.waldcafemaus.de. Wandererinkehr und Restaurant mit reichhaltiger Speisekarte, einsam im Waldgebiet des oberen Nonnenbachtals gelegen, einem reizvollen Seitental der oberen Ahr, mit Terrasse und

Fernblick, ab 19 Uhr geschlossen; drei Gästezimmer, Swimmingpool, behindertengerecht.

Jugend-
herberge

● **Jugendherberge Burg Blankenheim:** Burg 1, Tel. 95 09-0, Fax 95 09-10, www.burg-blankenheim.jugendherberge.de. Moderne Innenausstattung, großzügiges Raumangebot, insgesamt 43 Zimmer mit 164 Betten, davon 20 mit eigener Waschgelegenheit und 17 mit eigener Dusche und WC, 17 Leiterzimmer (teilweise mit TV-/Telefonanschluss), davon 9 mit eigener Dusche und WC, 18 Familienzimmer, Spielzimmer, Gemeinschafts-/Seminarräume, Bistro (auf Anfrage). Vorhandene Musikinstrumente und eine hervorragende Akustik im „Rittersaal" und in der „Vogtei" bieten Chören, Orchestern und Big Bands ideale Probebedingungen. Übernachtung mit Frühstück 19,60 €.

Camping

● **Wohnmobilstellplatz:** Parkplatz „An der Weiherhalle", direkt an den Erholungsanlagen am Schlossweiher; 1 € für Strom und Wasser, Information beim Verkehrsbüro (s.o.).

Aktivitäten

● **Beheiztes Freibad Blankenheim:** Eingebettet in die Erholungsanlagen um den Blankenheimer Weiher, ausgezeichnete Wasserqualität, großflächig angelegte Liegewiese, 50-Meter-Bahnen, 10-Meter-Sprunganlage, Kinderrutsche, Planschbecken für Kleinkinder, Beachvolleyball-Anlage, großes Nichtschwimmerbecken, mit Kiosk, geöffnet Mo–Fr 12–19 Uhr, Sa, So u. feiertags 10–19 Uhr, bei gutem Wetter bis 20 Uhr, bei schlechtem Wetter geschlossen, Eintritt 2,50 €, ermäßigt 1,50/1 €, Kinder unter 6 Jahren frei.

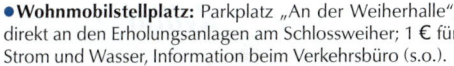

Karneval in Blankenheim

Der Blankenheimer Karneval kann auf eine über 400-jährige Geschichte zurückblicken. Jeden Karnevalssamstag wird in Aufrechterhaltung dieser Tradition ab 19.11 Uhr ein **Geisterumzug** gestartet, an dem sich jeder beteiligen kann. Als Kostüm hängt man sich ein weißes Bettlaken um, dessen Zipfel an der Stirn zu zwei Hörnern geknotet werden, außerdem benötigt man eine Pechfackel. Mit **bengalischem Feuer und Fackellicht** führt der Zug durch die winkligen Gassen der Stadt. Unter den Klängen des Blankenheimer Karnevalsmarsches „Juh-Jah Kribbel en d'r Botz" sollen so die Frühlingsgeister in wirbelnden Tänzen die finsteren Winterdämonen vertreiben.

Eifeler Nord-Süd-Senke

Einkaufen

●**Forstwalder Hof:** 53945 Blankenheim-Mühlheim, Am Genfbach 1, Tel. 77 70, Fax 77 71, www.forstwalder-hof.de. Die Qualitätsmetzgerei bietet Wildfleisch und hochwertige Rindfleischprodukte, dazu die Forstwalder Stube mit Imbiss und Restaurant an der B51 am derzeitigen Autobahnende vor Blankenheim.

Veranstaltungen

●**Karneval:** Geisterzug am Karnevalssamstag ab 19.11 Uhr in der Tradition mittelalterlicher Geisteraustreibung mit *Schelleböumche* und *Jeckeböhnche*.
●**Blankenheimer Seenachtsfest:** 1. Augustwochenende mit Höhenfeuerwerk und zweitägigem Hobby- und Kunsthandwerkermarkt.
●**Trödelmarkt:** 3. Augustwochenende.

Oberes Kylltal

Die Kalkeifel setzt sich über die Blankenheimer Mulde hinaus weiter südwärts fort. Hier bildet das obere Kylltal die zentrale Achse dieses Eifeler Landschaftsraums, der eine Vielzahl historischer Baulichkeiten zu bieten hat. Die Region zwischen Blankenheim und der Kyll ist heute in der Gesamtgemeinde Dahlem, der südlichsten in Nordrhein-Westfalen, zusammengefasst. Hier verlief die große römische Militärstraße Trier – Köln. An ihr entlang hat man römische Münzen, Bestattungsurnen und Steingeräte gefunden. Nach fast 500 Jahren römischer Herrschaft kamen die germanischen Franken im 7. Jahrhundert und besiedelten die Orte der Region wie Baasem (*Heim des Basinus*), Dahlem (*Talheim*) und Schmidtheim (*Heim des Schmiedes),* die 867 erstmalig als Besitz König *Lothars II.* genannt werden.

Schmidtheim

Der Besitz der Blankenheimer Grafen umfasste am Ende des Mittelalters auch den Dahlemer Ortsteil Schmidtheim. Die Lehensinhaber von Schmidtheim waren ab 1340 die Herren *von Smy-*

Ein Teil der Schmidtheimer Burg

deheim, die sich im Laufe der Zeit von den Blankenheimern absetzten. Um 1500 starb das Geschlecht aus und die Erbtochter *Eva* heiratete *Damian Beissel von Gymnich,* der 1511 als Schlossherr in Schmidtheim einzog. Die 1816 in den Grafenstand erhobenen Herren Beissel von Gymnich leben noch heute auf Burg Schmidtheim.

Die weitläufige **Schmidtheimer Burg** besteht im Kern aus dem dreiflügeligen Herrenhaus und der hufeisenförmigen Vorburg, die mit ihren Hofseiten einander zugewandt sind. Der mächtige viereckige Wohnturm des Herrenhauses aus dem 16. Jahrhundert stellt den ältesten Teil der Anlage dar. Die beiden Seitenflügel tragen vorspringende Ecktürme. Im 18. Jahrhundert wurde die Anlage um die Vorbauten an den Seitenflügeln des Herrenhauses, die Brücke zwischen Schloss- und Wirtschaftshof und den Torbau erweitert.

Seitlich der Burg gegenüber der Pfarrkirche steht die alte Gerichtslinde. Die **Pfarrkirche St. Martin** ist ein schlichter Barockbau aus dem Jahre 1720. Der vorgelagerte Westturm aus dem 16. Jahrhundert wurde mit einer Barockhaube versehen.

Dahlem

Der Hauptort der Gesamtgemeinde Dahlem ist weithin durch seinen **Flugplatz Dahlemer Binz** bekannt. Die Geschichte Dahlems reicht bis in die Antike zurück. Trappistinnen erwarben nach dem

028ei Foto: ot

Zweiten Weltkrieg die dicht beim heutigen Flugplatzgelände gelegene ehemalige Schäferei auf der Dahlemer Binz, die von den Nationalsozialisten zu einer Jugendbildungsstätte umgewidmet worden war. Hier schufen sich die Trappistinnen 1953 ihre **Abtei Maria Frieden,** eine reizvolle Anlage am Rande des großen Dahlemer Waldes.

●**Abtei Maria Frieden,** 53949 Dahlem-Binz. Verkauf von Kräuterlikör (20 Vol-%), als Magenbitter „Extra", sowie Kastanienextrakt und -Hautöl zum Einreiben, darüber hinaus fertigen die Trappistinnen Paramentenstoffe für Messgewänder, Stolen, Chormäntel und Altardecken an.

Aktivitäten ●**Öffentlicher Verkehrslandeplatz und Segelflugplatz Dahlemer Binz:** 53949 Dahlemer Binz, Flugplatz (Tower) Tel. 02447 14 93, Fax 95 55 55, www.dahlemer-binz.de. Bieten Segelflug, Motorflug, Ultraleichtflug, Fallschirmabsprung und Ballonaufstieg an, darüber hinaus Schulungen für Segelflug, Motorflug wie auch für den Ultraleichtflug, Rundflüge mit dem Motor-/Segelflugzeug über die Eifel.
●**Kartbahn:** 53949 Dahlem-Binz, Hauptstr. 103, Tel. 02447 18 66, www.kartbahn-dahlem.de. Moderne, kurvenreiche Strecke, gut ausgebaut, 1120 m lang. Hier werden auch nationale Meisterschaften ausgetragen, 7 Minuten ab 8 €, geöffnet März bis Okt. für Rennkarts Fr 17–19.30 Uhr, Sa 15–18 Uhr, Leihkarts Di–So 11–19 Uhr, mit Kartshop.
●**Wintersportgebiet Oberes Kylltal – Dahlem/Kronenburg:** Gespurte Loipen, Rundstrecke über 7,1 km mit Start und Ziel bei Haus Schieferstein, Dahlem; Rundkurs mit einer Länge von 4,4 km beginnt am Tennisplatz; Rundkurs über 6,1 km (bis zur Abtei Maria Frieden sind es 3,8 km), Schneetelefon: 06597 28 78.

Baasem

Auf dem Weg zum oberen Kylltal passiert man Baasem, einen kleinen Ort, der durch seine **Pfarrkirche Mariä Geburt** weithin bekannt ist, eine zweischiffige spätgotische Hallenkirche. Der dem nördlichen Schiff vorgelagerte Westturm stammt noch aus dem 12. Jahrhundert, sein Obergeschoss wurde 1559 aufgesetzt. Filigrane Netz- und Sterngewölbe charakterisieren mit figürlichen Schlusssteinen den Innenraum – die alte farbige Fassung der Gewölbe konnte bei Renovierungsarbeiten 1954/55 wieder hergestellt werden.

Kronenburg

In Sichtweite von Baasem liegt Kronenburg – kein anderer Ort der Eifel ist so typisch für die Burgenstädtchen, die sich die kleinen Eifelherren im Mittelalter als Sitz errichteten. Gleichzeitig ist der Ort ein Musterbeispiel dafür, wie diese kleinen Herrschaften zum Spielball der Interessen der sie umgebenden Großterritorien wurden.

Erstmals wird Kronenburg im Jahre 1277 in einer Urkunde der Abtei Stablo-Malmédie als Besitz der Herrschaft Dollendorf erwähnt. Durch geschicktes Lavieren zwischen Köln, Trier, Jülich und Luxemburg konnten sich die Dollendorfer über 150 Jahre selbstständig halten. Auf Dauer mussten sie sich jedoch für eine Seite entscheiden und so schlossen sie sich an Luxemburg an. Später übernahm eine Dollendorfer Seitenlinie die Herrschaft – diese starb aber 1414 aus. Seither ließen die Luxemburger Kronenburg durch Amtmänner verwalten, mit der Folge, dass der Ort in Bedeutungslosigkeit versank.

Mit der Aufteilung des Reiches durch Kaiser *Karl V.,* gleichzeitig Herzog von Luxemburg, an seine beiden Söhne *Philipp* und *Maximilian* kam Kronenburg an Spanien. Nun brachen die kriegerischen Ereignisse des 17. und 18. Jahrhunderts über den Ort herein. Allein wegen der sich hier entwickelnden Eisenindustrie mit den Eisenhütten in Kronenburgerhütte und Hammerhütte, die bis ins 19. Jahrhundert Erze aus den Gruben von Stadtkyll und Dahlem verarbeiteten, blieb der Ort noch für die Besitzer von Interesse. In preußischer Zeit geriet Kronenburg weiter ins wirtschaftliche Abseits, sodass seither dem alten Ortskern keine Bauten mehr hinzugefügt wurden. Da die beiden Weltkriege Kronenburg weitgehend verschonten, konnte der Ort sein mittelalterliches Aussehen erhalten.

Von der alten Kronenburg im Zentrum des Ortes sind nur Ruinen erhalten, dafür ist der Burg-

Eifeler Nord-Süd-Senke

bering aus dem 13./14. Jahrhundert großteils erhalten. Die Rückfronten der alten Fachwerkhäuser
des Ortes sind in diesen Bering einbezogen. Besonders erwähnenswert ist **Haus Pallandt** (Nr. 22)
mit einem Wappen an der Fassade. Auch die
Pfarrkirche St. Johannes, deren Turm in verteidi-
gungsfähiger Lage in den Burgbering eingebaut
ist, erhielt ihre heutige Gestalt in der Zeit um
1500. Sie wurde als eine der für die Eifel so typischen Einstützkirchen gebaut, ein einziger Pfeiler
in der Mitte trägt die vier Sterngewölbe mit Wap-
penschilden an den Schlusssteinen. Bemerkenswert ist der gotische Altar aus der Bauzeit der Kirche. Das Fresko hinter dem Altar, den Drachen-
kampf des heiligen *Georg* darstellend, ist noch ein
Rest der ursprünglichen Ausmalung.

Als die Burg im 18. Jahrhundert immer weiter
verfiel, erbaute sich der Verwalter 1766 ein stattliches Amtshaus. Wegen zu hoher Kosten abge-
setzt, übernahm die Familie *Faymontville* den Posten. „Nettchen" *Faymontville* funktionierte als
Nachfahrin der Familie ab 1769 das große Amtshaus in eine Unterkunft für Künstler und Wanderer um und zog so die ersten Künstler und Touristen nach Kronenburg. Aufschlussreich ist ein Besuch des **Malerateliers** von *Rolf Dettmann,* der
über 50 Jahre als einziger Absolvent der ehemaligen Kronenburger Malerschule an diesem Ort
wirkte. Es beherbergt eine Sammlung der Werke
seines Nachlasses.

Kronen-
burger See

Der nahe gelegene Kronenburger See, ein Stausee im oberen Kylltal, übt große Anziehungskraft
auf Besucher aus – hier kann man faulenzen, baden und Tretboot fahren.

●**Ferienpark am Kronenburger See:** Reizvoll gelegen an
einem Hang über dem See, dicht beim kleinen Ort Kro-
nenburg, zum Ufer des Sees sind es nur ein paar Meter.
Der Park bietet Bungalows in zwei Größen, Restaurant mit
Terrasse, Imbiss, Eifelbar, Biergarten im Sommer, SB-Laden,
Wasch- und Trockenmaschinen, Bootsverleih, Verleih von
Mountainbikes, Ponyfarm, dazu eine Freizeithalle zum Bo-

genschießen, Klettern oder Tischtennis Spielen. Buchung über Sarcon Ferienparks GmbH, Hallerstr. 70, 20146 Hamburg, Tel. 040 4 11 70 00, Fax 44 98 06, www.sarcon.de.

Essen & Trinken

● **Restaurant & Café Kronenburger See:** Zum Kleebusch 15, 53949 Dahlem/Kronenburg, Tel. 06557 8 95, Fax 90 02 80, geöffnet Mi/Do 16–21 Uhr, Fr bis Mo und feiertags 11–21 Uhr.

Veranstaltung

● **Kronenburger Kunst- und Kulturtage (KKK):** Alljährlich im September Ausstellungen im gesamten Burgort, auf den Straßen finden Theater- und Musikaufführungen statt, Informationen unter www.kkk-kronenburg.de.

Stadtkyll

Wenig flussabwärts liegt Stadtkyll als Hauptort des oberen Kylltals. Der heute anerkannte Luftkurort blickt auf eine römische Vergangenheit zurück. Die erste urkundliche Erwähnung erfolgte 1098. Das 13. Jahrhundert war für Stadtkyll eine Blütezeit – die Stadt erhielt einen Bering und eine Burg. Die Folgezeit war durch Wirren mit Höhepunkten im 17. Jahrhundert gekennzeichnet. Die Mauersteine wurden zum Wiederaufbau der Häuser verwendet mit der Folge, dass Mauer und Burg verschwunden sind. Sehenswert sind die alte **Marktscheune** am Kirchplatz und die **Pfarrkirche St. Joseph,** die ihre heutige Gestalt im 19. Jahrhundert erhielt, sowie im Ortsteil Niederkyll die spätgotische **Hubertuskapelle** mit barocken Altären.

Info

● **Touristinformation Oberes Kylltal:** 54589 Stadtkyll, Burgberg 22, Tel. 06597 28 78, Fax 48 71, www.obereskylltal.de.

Essen & Trinken/ Unterkunft

● **Landal Ferienpark Wirfttal:** 54589 Stadtkyll, Wirftstr., Tel. 01805 70 07 30 (0,12 €/Min.), Fax 06581 9 19 34, www.landal.de. Unmittelbar südlich von Stadtkyll im Wirfttal gelegener, schöner Ferienpark mit komfortablen, frei stehenden Ferienhäusern in verschiedenen Größen (für 4, 5 oder 6 Personen) im Eifeler Fachwerkstil, großteils mit offenem Kamin. Komplett eingerichtete Küche, Sat.-TV, Zentralheizung, Wohnzimmer mit Sitz- und Essecke, geräumige Schlafzimmer und möblierte Terrasse, Allergiker-, haustierfreie und Nichtraucher-Bungalows verfügbar. Hallenschwimmbad, separates Planschbecken, beheiztes Freibad

Eifeler Nord-Süd-Senke

mit Rutsche, zwei Tennisplätze (im Freien), Freizeitpro-
gramm & Bollo-Miniclub (während der Schulferien), Imbiss
und Parkrestaurant (im Sommer Terrasse mit Blick auf den
Kinderspielplatz und Minigolf), Minimarkt (täglich geöffnet), Waschsalon.

● **Waldjugendlager Stadtkyll:** Am Hasenberg 12, Tel.
06597 23 37, www.stadtkyll.de/tourismus-freizeit/wald
jugendlager.html. Gut ausgestattetes Jugendlager im Wirfttal, besonders geeignet für Jugend- und Familiengruppen,
mit 16 beheizbaren Blockhütten mit je acht Schlafplätzen,
zwei davon mit Nasszellen ausgestattet, großzügiger Ge-
meinschaftsraum mit anliegender Küche, Sanitärgebäude,
Bolzplatz auf dem Gelände des Lagers, Kinderspielplatz.
Waldfreibad Stadtkyll und Minigolfanlage in der Nähe,
Wirftstausee auch zum Angeln ideal. Benutzungsgebühr
pro Hütte 48 € pro Tag im Sommer, Mindestbelegung
200 €, die Kaution beträgt 30 €.

Aktivitäten

● **Waldfreibad Stadtkyll:** www.stadtkyll.de/tourismus-frei
zeit/waldfreibad.html, im Ferienzentrum Wirfttal in Stadtkyll, 24°C, Schwimmbecken mit sechs 25 m-Bahnen,
Sprungtürme, Nichtschwimmerbecken und Kinderplanschbecken, 75 m Riesenrutsche und Breitbahnrutsche für Kinder, ausgedehnte Liegewiesen, Kiosk und Sonnenschirm-
verleih, behindertengerecht; geöffnet Mo–Fr 13–19 Uhr,
Sa, So u. feiertags 11–19 Uhr, an heißen Tagen bis 20 Uhr.

● **Wintersportgebiet Oberes Kylltal:** siehe „Dahlem".

Galerie

● **Galerie Max Ströder:** 54589 Stadtkyll, Hauptstr. 8, Tel.
06597 36 25, www.galeriemaxstroeder.de. Der 1958 in
Stadtkyll geborene Maler ist mit seinen Motiven aus der
Natur und eigenwilligen Porträts weit über die Eifel hinaus
bekannt. Öffnungszeiten nach Vereinbarung.

Jünkerath

Flussabwärts liegt Jünkerath, hervorgegangen aus
einem römischen Straßenkastell. Im Mittelalter errichteten hier die Grafen von Schleiden die Burg
Junkerode. Später kam der Besitz an die Grafen
von Manderscheid und ab 1488 an Blankenheim.
Hier wurde ein Eisenhüttenwerk errichtet, aus
dem dann eine moderne Maschinenfabrik hervor-
ging. Im Jünkerather Ortsteil Glaadt war die eigentliche Hüttensiedlung, in der die Blankenheimer Grafen im 17. Jahrhundert ein Jagdschloss errichteten, das aber einem Brand zum Opfer fiel
und seither Ruine ist.

**Eisen-
museum**

Das Jünkerather Eisenmuseum erinnert noch an die wirtschaftlich so bedeutende Zeit der Eisenverarbeitung. Ausgangspunkt ist ein in den 1960er Jahren in Jünkerath gegossener Roheisenwagen. Im Museum werden die Entwicklung des **Eisengusses** von der Frühzeit bis zum Kunsteisenguss unserer Zeit gezeigt und die geophysikalischen, technischen, sozialen, wirtschaftlichen und kunsthistorischen Hintergründe dieser Fertigungstechnik dargelegt, darüber hinaus werden wertvolle **Öfen** aus Jünkerath gezeigt.

●**Eisenmuseum Jünkerath:** 54584 Jünkerath, Römerwall 12, Tel. 06597 28 78, www.eisenmuseum-juenkerath.de, geöffnet Di–Fr, So und feiertags 13–16.30 Uhr, Eintritt 2,30 €, ermäßigt 1 €. Führungen auf Anfrage (mind. 7 Pers.) 6 €, ermäßigt 4 €.

**Wasser-
mühle**

Zwischen Jünkerath und Hillesheim findet man in **Birgel** einen alten Mühlenkomplex vor, der als historisches Handwerkszentrum zu besichtigen ist. Es handelt sich um eine vierstöckige Wassermühle mit Sägewerk, Backhaus sowie Öl- und Senfmühle.

●**Historische Wassermühle:** 54587 Birgel, Bahnhofstr. 16, Tel. 06597 9 28 20, 9 28 21 49, www.moulin.de. Erlebnisgastronomie im Sägewerk, französisches Restaurant im Gewölbekeller, geöffnet Ostern bis Nov. 12–17 Uhr, Führung 15 Uhr und auf Anfrage; dazu Mühlen-Ferienhäuser in historischen Fachwerkhäusern, die andernorts abgerissen werden sollten und hier wieder aufgebaut und modern ausgestattet wurden, Tagesmiete ab 51 €.

Hillesheim

Als alter befestigter Marktort wenig östlich des Kylltals kann Hillesheim auf eine bis in die Keltenzeit zurückreichende Geschichte blicken. Hier führte auch eine römische Heerstraße entlang. Im Mittelalter unterstand Hillesheim wechselnden Herren, bis es schließlich durch Verpfändung im Jahre 1354 an Kurtrier kam und als nördlich vorgeschobener Posten für die Trierer große Bedeutung erlangte. Die Trierer verstärkten die im unregelmäßigen Fünfeck errichtete **Stadtmauer,** von

Eifeler Nord-Süd-Senke

der noch imponierende Reste erhalten sind. Im 17. und 18. Jahrhundert erlitt Hillesheim durch die kriegerischen Ereignisse allergrößten Schaden, zuletzt auch noch im Zweiten Weltkrieg.

Auch die **Pfarrkirche St. Martin** blieb nicht von den Zerstörungen ausgenommen – im Jahre 1851 wurde sie durch einen klassizistischen Saalbau ersetzt. Ihre wertvollsten Ausstattungsstücke sind ein steinerner dreiteiliger Spätrenaissancealtar und die Barockorgel. Nahe der Stadtmauer entstand schon Mitte des 13. Jahrhunderts ein **Augustiner-Eremitenkloster.** Von der vielfach zerstörten Anlage bestehen noch zwei Flügel, die in einen modernen Hotelbau integriert wurden.

Hauptstadt der Eifel-Krimis

Hillesheim ist weit über die Landesgrenzen als **Hauptstadt der Eifel-Krimis** bekannt. Im gemütlichen Eifelstädtchen dreht sich alles um Krimis. Wie soll es auch anders sein, in einem Landstrich, dessen literarische Leichen, kreiert von *J. Berndorf* und seinen Autorenkollegen längst zum Markenzeichen geworden sind. In den Räumen der Alten Gerberei ist neuerdings das **Kriminalhaus** mit Buchhandlung, Café und Archiv untergebracht.

●An jedem 2. Samstag im Monat startet an der Touristinformation Hillesheim um 11 Uhr eine **zweistündige Krimi-Tour.** Erwachsene zahlen 5 €, Kinder 3 €. Eine Anmeldung ist erwünscht.

Berndorf

Auf dem Weg von Hillesheim nach Burg Kerpen sieht man schon von weitem auf einer Anhöhe bei Berndorf die alte **Wehrkirche St. Peter,** die hier schon im 12. Jahrhundert auf Resten von Gräben und Wällen errichtet wurde. Ihre heutige Gestalt erhielt sie durch Umbauten 1513–15, dabei wurde die Kirche eingewölbt. Bei den Renovierungsarbeiten 1961–65 legte man unter zwölf Farbschichten die mittelalterliche Ornamentenmalerei frei. Auch die Figuren des heiligen *Leonhard,* dem zweiten Schutzpatron der Kirche, und der heiligen *Barbara* sowie das barocke Kirchengestühl wurden restauriert.

Info

- **Touristinformation:** 54576 Hillesheim, Graf Mirbachstr. 2, Tel. 06593 80 92 00, Fax 80 92 01, www.hillesheim.de.
- **Das Kriminalhaus:** 54576 Hillesheim, Augustinerstr. 4, KBV Verlags und Medien GmbH (Verlag des Krimi-Autors *Berndorf*), Tel. 06593 99 86 68, Fax 99 87 01, www.kbv-verlag.de. Mit Buchhandlung, dem Kriminal-Café „Sherlock„ (Tel. 80 94 35, täglich geöffnet 11.30–18 Uhr) und Kriminal-Archiv (Tel. 99 89 851, geöffnet Do–Sa 14–18 Uhr, So und feiertags 11.30–18 Uhr).

**Essen &
Trinken/
Unterkunft**

- **Fasen** €€: 54576 Hillesheim, Am Markt 14, Tel. 06593 9 85 40, www.hotel-fasen.de. Krimi-Hotel mit gemütlichem Ambiente in einem 1908 errichteten, eindrucksvollen Gründerzeitbau. Das gepflegte Restaurant bietet gutbürgerliche Küche mit kulinarischen Besonderheiten aus der Region. Wild- und Fischdelikatessen, rustikale Bierstube, Biergarten, elegantes Café, Spezialität: Five o'clock Teatime, Gesellschaftsräume; Hotelbetrieb mit geschmackvoll eingerichteten Zimmern. Angelscheine für die Kyll auf Vorbestellung, jeder Fliegenfischer bekommt ein Gratis-Lunchpaket.

Aktivitäten

- **Golf Club Eifel:** 54576 Hillesheim, Milanweg, Tel. 06593 12 41, Fax 94 21, www.golfclub-eifel.de. 18-Loch-Platz, mit Gastronomie, Golf-Schule, Shop.
- **Geo-Pfad:** Die Touristinfo Hillesheim hat im Umfeld 35 Aufschlusspunkte mit Informationstafeln versehen, die Auskunft über 400 Mio. Jahre Erdgeschichte geben; dazu wird ein vielfältiges Informations- und Wanderprogramm geboten, Fachexkursionen, Kinder- und Familienaktivitäten (www.hillesheim.org/geopfad).

Rest der Stadtmauer von Hillesheim

03bei Foto: ot

Kerpen

Nahebei im Nordosten von Hillesheim erstreckt sich die ehemalige Herrschaft der erstmals 1136 erwähnten Herren von Kerpen. Von ihrer **Burg** wird im Jahre 1173 berichtet. Die großartige romanische Anlage mit Palas und mächtigem Bergfried war von einer weit gefassten Mauer umgeben. Im 14. Jahrhundert erfolgten Erweiterungen mit Wohn- und Torbauten, zusätzlichen Mauern und Türmen, Anfang des 16. Jahrhunderts kam ein **Schlossgebäude** hinzu. Um 1500 ist schon die **Burgkapelle** entstanden, die im Gegensatz zur Burganlage, die in den Fehden der Eifelherrschaften untereinander und während der französischen Besetzung stark zerstört wurde, weitgehend erhalten geblieben ist – auch sie wurde als Einstützenkirche mit Sterngewölbe errichtet. Zu ihrer Barockausstattung zählen drei Altäre sowie die Kanzel. Im Jahre 1911 kaufte der Eifelmaler *Fritz von Wille* (1860–1941) die Burgruine. Sehenswert ist auch der Ort Kerpen selbst mit seinen hübschen Fachwerkbauten.

Kloster Niederehe

Östlich von Kerpen findet man in Niederehe noch ein hochinteressantes Klosterensemble. Hier wurde von der Burg Kerpen aus ein Augustinerinnenkloster für Adelige gegründet. Das mit Ländereien gut ausgestatte Kloster machte seine Bewohnerinnen wohlhabend – doch Reichtum macht begehrlich, und die Nonnen wandten sich im Laufe der Jahrhunderte immer mehr von der klösterlichen Abgeschiedenheit ab. Daraufhin schloss die Obrigkeit das Kloster und wandelte es in ein Prämonstratenserkloster um. Die Einnahmen wurden nun für eine reiche Ausstattung der Kirche eingesetzt. Sehenswert ist vor allem das fein geschnitzte Chorgestühl aus dem beginnenden 16. Jahrhundert. Auch die in der zweiten Hälfte des 12. Jahrhunderts entstandene und weitgehend ursprünglich erhaltene Klosterkirche **St. Leodegar** selbst ist sehenswert – sie birgt das Hochgrab *Philipps von der Mark* und seiner Frau aus schwarzem belgischen Marmor, eine plastische Figur in Ritterpose. Zur wertvollen Innenausstattung gehört des Weiteren das Chorgestühl. Die Bilder stammen aus dem 17. Jahrhundert. Neu restauriert erstrahlt die barocke Balthasar-König-Orgel, die älteste spielbare Orgel in Rheinland-Pfalz, in der Kirche.

Einkaufen

●**Einkaufen auf dem Bauernhof:** Familienbetrieb M. Gröner, 54578 Loogh/Eifel (zwischen Kerpen und Niederehe), Im Mühlenweg 3. Tel. 06593 18 12, Fax 99 69 96, www. eifel-groener.de, mit Restaurant, geöffnet Di–Fr 11–22 Uhr, Sa und So 9–22 Uhr (ab 9 Uhr Frühstück), Jungbullenfleisch und Bergkäse aus eigener Produktion im Hofladen.

Über Kerpen thront eine mächtige Burg aus dem 12. Jahrhundert

Eifeler Nord-Süd-Senke

Gerolsteiner Land

Im **Zentrum der Eifel** im Gerolsteiner Land zeigt sich die Naturlandschaft von ihrer vielfältigsten Seite – und zieht Geowissenschaftler und Vulkanologen gleichermaßen wie Wanderer und Fossiliensammler in ihren Bann. Hier treten die **versteinerten Korallenriffe** des flachen devonischen Meeres, das sich vor über 300 Millionen Jahren anstelle der heutigen Eifel muldenförmig ausbreitete, zu Tage und prägen das Landschaftsbild. Die **Dolomitfelsen** rund um Gerolstein wie der Auberg, die Munterley, die Hustley und der Heiligenstein unmittelbar am Stadtrand steigen auf über 100 Meter über das Niveau des malerischen Kylltals an. Auch der Burgberg über der Altstadt ist ein Dolomitfels, auf dem sich die Reste der Burg der Grafen *von Gerolstein* erheben. In späteren erdgeschichtlichen Epochen hat der Vulkanismus weiter Form gebend gewirkt – vulkanische Erhebungen und Geländeaufschlüsse sind hier sehr häufig. Auch der berühmte Gerolsteiner Mineralbrunnen verdankt diesen vulkanischen Aktivitäten seine Existenz.

Gerolstein

Steinzeitliche Funde wie etwa im Buchenloch, einer Höhle in der Nordwand der Munterley, zeigen, dass Menschen den Gerolsteiner Raum schon in vorgeschichtlicher Zeit besiedelten. In keltischer Zeit diente der in Resten erhaltene Ringwall auf der Dietzenley als Fliehburg, und von den Römern hat man mehrere Gutshöfe gefunden, die zwar während der Völkerwanderungen zerstört wurden, in fränkischer Zeit aber noch als Grabfelder dienten.

Im Jahre 762 schenkte der fränkische Herrscher *Pippin* dem Kloster Prüm Grundbesitz im Umland der heutigen Stadt Gerolstein, unter anderem das Grundstück der einstigen römischen Villa Sarabo-

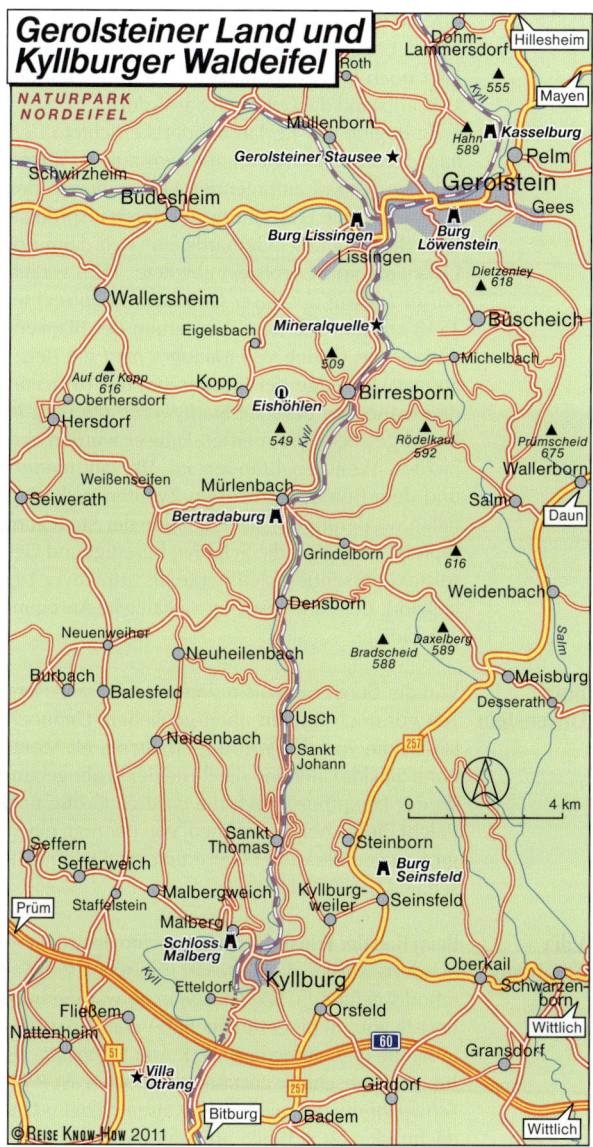

dis, die von den Mönchen als *agri curiae* (= Hof-acker) bezeichnet wurde und deren Name auch jetzt noch im Grundbuch zu finden ist – um die Villa entstand die Ortschaft Sarresdorf.

Zu Beginn des 12. Jahrhunderts errichtete *Gerhard I. von Blankenheim* auf dem auf der linken Talseite der Kyll aufragenden Dolomitfelsen des Burgberges die Löwenburg, aus deren ursprünglicher Bezeichnung „Gerhardstein" sich dann der Ortsname von Gerolstein ableitete. 1336 verlieh Kaiser *Ludwig der Bayer* Gerolstein Stadtrechte. 1548 erbten nach dem Aussterben der Blankenheimer die Grafen *von Manderscheid* die Besitzungen. Im Zuge der Kämpfe um die 1691 von den Franzosen besetzte Stadt wurde die Burg in Brand gesteckt, die meisten Häuser wurden vernichtet. Weiteren Bränden im 18. Jahrhundert und dem Bombardement im Zweiten Weltkrieg fielen wiederum fast alle Gebäude der Stadt zum Opfer. Längst sind die Schäden beseitigt und Gerolstein präsentiert sich heute als attraktiver Urlaubsort, der dem Besucher vielfältigste Anregungen bietet.

Burg Löwenstein
Von der Burg Löwenstein sind seit der Franzosenzeit nur noch **Ruinen** übrig geblieben. Dennoch lassen die von der Vorburg erhaltene, elf Meter hohe Schildmauer und die Reste der Wohngebäude der Hauptburg noch die einstige Größe und Pracht dieser Anlage erahnen, von der man einen großartigen Blick über Gerolstein, die Dolomitfelsen und das Kylltal hat.

Villa Sarabodis
Beim Bau der **Erlöserkirche** zu Beginn des 20. Jahrhunderts wurden die Reste der römischen Villa Sarabodis gefunden. Die Erlöserkirche war die hundertste vom Berliner-Kirchenbau-Verein finanzierte Kirche und wurde deshalb Kaiser *Wilhelm II.* als Jubiläumsgeschenk gestiftet. Ihr Erbauer ist Prof. *Schwechten*, der auch die Kaiser-Wilhelm-Gedächtniskirche in Berlin errichtet hat und hier ei-

nen neoromanischen Zentralbau mit beeindruckenden, nach byzantinisch-frühchristlichem Vorbild gestalteten Mosaiken schuf.

Der Kirchenbauverein ließ die Grundmauern der Villa Sarabodis freilegen und rekonstruierte ihre Hypokaustenanlage. Im kleinen **Museum** werden auch Fundstücke vom „Juddekirchhof Gerolstein" gezeigt, einem im Volksmund so bezeichneten galloömischen Tempelbezirk nördlich der Stadt. Die Reste der römischen Villa können zusammen mit der Erlöserkirche besichtigt werden.

●**Villa Sarabodis:** Sarresdorfer Str., Tel. 1 31 80, www.ge rolsteiner-land.de. Führungen Mi u. Sa 10 und 15 Uhr vorbehaltlich kirchlicher Termine, Eintritt 2,50 €, Kinder 1,50 €, Führungen auf Anfrage.

Natur-kunde-museum Sehenswert ist auch das Naturkundemuseum im 1710 erbauten **Alten Rathaus** mit Exponaten zu Erd-, Ur- und Frühgeschichte. Es hat außerdem eine interaktive Waldabteilung und eine Schmetterlingssammlung.

●**Naturkundemuseum:** Hauptstr. 42, Tel. 52 35, Fax 1 31 83, www.gerolsteiner-land.de, geöffnet April bis Okt. Mo–Fr 14–17 Uhr, Sa, So und feiertags 11–17 Uhr, Führungen April bis Okt. Fr 10 Uhr, Eintritt 2 €, Kinder 0,80 €.

Kasselburg Eine große Attraktion stellt die nordöstlich von Gerolstein gelegene Kasselburg mit dem Adler- und Wolfspark dar. Ihr um 1350 erbauter, 34 Meter hoher Wohn- und Torturm zeugt vom Machtbewusstsein der Herren *von Blankenheim* als ihrem Erbauer. Auf der geschützten Seite der Anlage stand ein wohnlicher Palas mit dreigeschossiger Kapelle. Der Bergfried stammt noch aus der Zeit um 1200. In den alten Gemäuern des Burghofes leben heute **Adler, Milane, Falken, Uhus, Geier und Eulen** in Volieren. In den Wäldern der Wolfsschlucht um die Kasselburg ist das **größte Wolfsrudel Westeuropas** zu Hause. Freiflugvorführungen mit Steinadlern, Falken und Milanen finden auf der großen Flugwiese vor der Burg statt.

Eifeler Nord-Süd-Senke

Geopark Gerolsteiner Land

Das Gerolsteiner Land zählt zu den geologisch interessantesten Gebieten der Eifel. Sein Herzstück wird von der **Gerolsteiner Mulde,** einer der kleinsten Eifelkalkmulden, gebildet. Markant erheben sich im Kylltal zwischen Pelm und Lissingen die **Gerolsteiner Dolomiten** an die hundert Meter über das Talniveau und geben von ihren Höhen den Blick auf die Gerolsteiner Mulde frei. Das tief eingeschnittene **Kylltal** wird hier von steilen Felshängen gesäumt. Es treten Braun- und Roteisenlagerstätten auf, die die Grundlage für eine blühende Eisenindustrie zwischen dem 16. und 19. Jahrhundert bildeten. Man findet auch einige interessante **Fossillagerstätten.**

Vulkanische Aktivitäten aus dem Erdzeitalter des Quartärs finden sich vor allem zwischen Lissingen und Birresborn, wie etwa der 618 Meter hohe **Dietzenley,** von dessen Aussichtsturm man einen weiten Rundblick hat. Ein typischer jungquartärer Vulkan ist der sich nordöstlich von Gerolstein 555 Meter hoch erhebende **Rockeskyller Kopf,** der sich aus verschiedenen Lava- und Tuffschichten zusammensetzt.

Aus der Zeit des **Maar-Vulkanismus** stammen das Gerolsteiner Maar, der Duppacher Weiher, das Duppacher Maar, das Eigelbacher Maar sowie die Maare bei Gees, die aber alle ohne Wasserfüllung sind. Aus den im Erdinneren noch vorhandenen Magmablasen strömt nach wie vor Kohlendioxyd aus, das aus dem Grundwasser Mineralien löst und so die Grundlage der **Gerolsteiner Mineralwasserindustrie** schafft.

Wandern im Gerolsteiner Land:

Alle Geotope des Gerolsteiner Landes werden in vier mit farbigem „G" gekennzeichneten Wanderwegen mit informativen Hinweistafeln erschlossen. Darüber hinaus bieten **geführte Touren** tiefere Einblicke in die Natur des Gerolsteiner Landes:

- **Georoute 1:** April bis Okt. Di 9.30 Uhr, Treffpunkt Tourist-Information Gerolstein, Preis 3 €, Kinder bis 12 Jahre frei.
- **Georoute 2:** April bis Okt. jeden 1. Sa im Monat 10.30 Uhr, Treffpunkt Hotel Landhaus Müllenborn, Preis 3 €, Kinder bis 12 Jahre frei.
- **Georoute 3:** April bis Okt. Di 9.30 Uhr, Treffpunkt Hotel Berlinger Mühle, Preis 3 €, Kinder bis 12 Jahre frei.
- **Georoute 4:** Mai bis Okt. jeden letzten Mi im Monat 10 Uhr, Treffpunkt Tourist-Information Gerolstein, Preis 3 €, Kinder bis 12 Jahre frei (zuzügl. Kosten für die Bahnfahrten Gerolstein – Densborn und Mürlenbach – Gerolstein).
- **Sonderführung:** Rundwanderung um den Rockeskyller Kopf, 1x monatlich im Sommer 10 Uhr, Treffpunkt Rockeskyller Schnapsbrennerei, Preis 5 €; Kinder bis 12 Jahre frei.
- **Informationen:** Natur- und Geopark Vulkaneifel, 54550 Daun, Mainzer Str. 25, Tel. 06592 93 33 47, Fax 93 39 00, www.ngp-ve.de.

● **Adler- und Wolfspark Kasselburg:** 54570 Pelm bei Gerolstein, Tel. 98 51 76, Fax 98 51 77, www.adler-wolfspark.de, geöffnet März bis Okt. 10–18 Uhr, Flugprogramm 11 und 15 Uhr, Wolfsfütterung 15.45 Uhr, Nov./Dez. und Jan./Feb. Sa und So 11–16 Uhr, 24.12. und 25.12. geschlossen, in den Weihnachtsferien täglich 11–16 Uhr, Eintritt 5 €, Kinder 4 €.

Burg Lissingen

Im Gerolsteiner Ortsteil Lissingen steht flussabwärts an der Kyll die ehemalige Wasserburg Lissingen, die ursprünglich der Abtei Prüm als Wirtschaftsburg diente. Im Gegensatz zu den meisten anderen Eifelburgen blieb sie unzerstört und hat sich als beeindruckendes bauliches Erbe erhalten, das bis in die Zeit der Gotik zurückreicht und über ein besonders sehenswertes Renaissanceportal an der Oberburg verfügt. In der Anlage standen zwei Burghäuser, die von einer gemeinsamen Wehranlage umschlossen waren. Seit der 1559 erfolgten Erbteilung entwickelten sich die beiden Burgbereiche von Ober- und Niederburg selbstständig voneinander. Seit 1987 wird die **Niederburg** (Mühle mit Backstube) von ihrem neuen Eigentümer für gastronomische und kulturelle Zwecke wie Feiern, Tagungen, Kunstprojekte und Ausstellungen sorgsam restauriert, die Räumlichkeiten der **Oberburg** werden als Wohnungen vermietet. Am alten Burggraben ist ein **Skulpturenpark** angelegt worden und ein kleines **Museum** zeigt eine Sammlung alter Kirchturmhähne.

Burg Lissingen ist auch Außenstelle des Standesamtes Gerolstein und deshalb für **Trauungen und Hochzeitsfeiern** geeignet.

● **Burg Lissingen:** Prümer Str. 1, Tel. 0261 1 52 42, www.burglissingen.de. Das Museum ist Ostersamstag, Ostermontag, an den nachfolgenden Wochenenden im April jeweils 13–17 Uhr, ab Mai täglich (außer Mo) 11–17 Uhr, ansonsten auf Anfrage geöffnet; Eintritt 5 €, Schüler und Studenten 3 €.

Eishöhlen

Auf dem Weg nach Mürlenbach passiert man den erloschenen Vulkan Kalem und erreicht zunächst den kleinen Ort **Birresborn,** der durch seine ober-

Eifeler Nord-Süd-Senke

halb gelegenen Eishöhlen weithin bekannt ist. Selbst im Hochsommer überschreiten die Temperaturen im Inneren kaum 6 °C. Ein Fahrweg führt dicht an die Höhlen, für den Besuch sollte man eine Taschenlampe mitnehmen. Nahebei fließt der Eigelbach durch ein ausgetrocknetes Maar. Die Sedimente, die das Maar verlandet haben, gestatten tiefe Einblicke in die klimatische Vergangenheit des Eifeler Raumes.

Stausee

Der künstlich angelegte Gerolsteiner **Stausee** nördlich der Stadt lädt Besucher zum Verweilen und zum Fischen ein. Ein Rundweg führt durch das Schilf- und Binsendickicht am Zulauf des Sees. Für Kinder ist ein kleiner Spielplatz angelegt.

Burg Lissingen bei Gerolstein

Info

●**Postleitzahl:** 54568, **Tel.-Vorwahl:** 06591
●**Tourist-Information Gerolsteiner Land:** Kyllweg 1, Tel. 1 31 80, Fax 1 31 83, www.gerolsteiner-land.de, www.gerol stein.de.

Essen & Trinken/ Unterkunft

●**Berlinger Mühle** €€: 54570 Berlingen, Mühlenstr. 20, Tel. 9 51 30, Fax 95 13 33, www.berlinger-muehle.de. 4 km nordöstlich von Gerolstein, gutbürgerliche, saisonale Küche, hausgemachte Wurst, Wild aus Eifeler Jagd, Mi Ruhetag, angeschlossener Hotelbetrieb €€, vermieten auch Appartements.
●**Landhaus Müllenborn** €€€€: Auf dem Sand 45, Tel. 95 88-0, Fax 95 88-77, www.landhaus-muellenborn.de. Komfortable Zimme und Appartements, große Panoramaterrasse, Tagungsräume, Arrangements; im Restaurant €€€ täglich wechselnde Küche, Buffet, rustikale Gerichte, Weinstube.
●**Calluna** €€€: Zur Büschkapelle 5, Tel. 94 39-0, Fax 94 39-99, www.callunahotel.de. Modernes Haus im mediterranen Stil, ruhige Waldrandlage, komfortable Zimmer, Sonnenterrasse mit weitem Ausblick. Restaurant €€€ mit frischer internationaler Küche, Brasserie-Café, nachmittags hausgemachter Kuchen, Biergarten mit Grillhütte.

Camping

●**Felsenhof:** Bungalow- und Feriendorf bei Gerolstein, nahe am Stausee, Tel. 31 29, Fax 48 76, www.felsenhof.de. Großflächiger Platz mit Sicht auf Kylltal, Munterley und Gerolstein, Bungalows für 4–10 Personen, Campingplatz mit geräumigen Plätzen, zwei Sanitärstationen, Minigolf-Anlage, ganzjährig geöffnet.

Jugendherberge

●**Jugendherberge Gerolstein:** Zur Buschkapelle 1, Tel. 47 45, Fax 72 43, www.diejugendherbergen.de. Zwei- bis Sechs-Bett-Zimmer, Aufenthalts- und Seminarräume, Übernachtung mit Frühstück pro Person (mit Bettwäsche) ab 16,90 €.

Aktivitäten

●**Angeln:** Das Kylltal im Gerolsteiner Land gilt als Eldorado der Fliegenfischer. Angelscheine für die Angelstrecken der Kyll sind bei der Tourist-Information erhältlich.
●**Klettern:** Der Kletterfelsen der Hustley bei Gerolstein steht mit gültiger Klettererlaubnis Interessenten offen, Erlaubnis bei der Tourist-Information.
●**Minigolf:** im Feriendorf Felsenhof (s.o.).
●**Reiten:** Reit- und Pensionsstall Wiesenhof, 54575 Birresborn, Rom 6, Tel. 06599 92 10 00, Fax 92 10 10, www.reitstall-wiesenhof.de, mit Reithalle, Außenreitplatz, zehn Schulpferde, Reitunterricht, Ausritte, Pensionspferde, Gaststube, Bar, Biergarten, Pension €.
●**Schwimmen:** Hallen- und Freizeitbad der Verbandsgemeinde Gerolstein, Raderstr. 22–24, Tel. 45 38, www.ge

Eifeler Nord-Süd-Senke

rolstein.de, Kernöffungszeiten **Hallenbad** Mo–Fr 15–21 Uhr, Sa bis 18 Uhr, So und feiertags 9–12 Uhr, **Freibad** 10–20 Uhr, Mai ab 12 Uhr, Juni ab 11 Uhr, Sept. ab 13 Uhr, Eintritt 3,30 €, ermäßigt 2,20 €.

●**Eifelquerbahn:** Streckenverlauf von Andernach bis Gerolstein. Der Streckenabschnitt Andernach – Kaisersesch wird von der DB-Regio mit modernen Zügen im Stundentakt, der Abschnitt bis Gerolstein in der Saison von Mai bis Oktober an Wochenenden (Juli/Aug. auch Mo–Fr) und Feiertagen im Zwei-Stundentakt mit Schienenbussen und aufgearbeiteten Personenzügen bedient. Dazu gibt es Dampfzugsonderfahrten. Fahrpreis Schienenbus Kaisersesch – Gerolstein 11 €, Kinder 5,50 €, Kleinkinder frei. Kostenloser Fahrradtransport, Getränkeservice, Anschluss in Kaisersesch an den Transregio nach Andernach, verkehrt Mai bis Okt. Sa, So und feiertags, Mitte Juli bis Mitte Okt. auch täglich bis Daun. Informationen bei Vulkan-Eifelbahn, 54568 Gerolstein, Bahnhofstr. 4, Tel. 9 82 92 55, www.eifelquerbahn.de.

Einkaufen

●**Rockeskyller Kornbrennerei:** 54570 Rockeskyll, Dorfstr. 43, Tel./Fax 44 50, www.eifel-hexe.de. Nordöstlich von Gerolstein, stellt Kornbrand und Liköre her, Führungen Ostern bis Nov. Sa 13 Uhr, ansonsten nach Vereinbarung.

Veranstaltungen

●**Kylltal Aktiv:** Einmal im Jahr Mitte Juli findet entlang des Radweges die Veranstaltung Kylltal Aktiv statt. Dann ist das gesamte Kylltal zwischen Malberg und Gerolstein für den Autoverkehr gesperrt und die Straßen gehören nur den Fußgängern, Radlern und Skatern. Info-Hotline Tel. 06591 1 31 80.

Bertradaburg

Weiter flussabwärts in **Mürlenbach** erhebt sich die Bertradaburg oberhalb der Kyll auf einem markanten Felsvorsprung. *Bertrada die Ältere,* die Urgroßmutter *Karls des Großen* und Gründerin der Abtei Prüm, soll hier geboren sein. Der Standort der Burg markiert seither die Ostgrenze des Herrschaftsgebietes dieser Abtei. Die inzwischen restaurierte doppeltürmige Torburg mit einem durch hohe Mauern und Flankierungstürme umschlossenen polygonalen Hof stammt aus dem späten 13. Jahrhundert. Zu Beginn des 16. Jahrhunderts wurde die Burg zur Festung ausgebaut – trotzdem fiel sie im Jahre 1576 kampflos an Kurtrier und wurde endgültig zu einer rondellierten Bergfestung ausgebaut, aber gleichwohl durch französische Truppen *Ludwigs XIV.* im späten 17. Jahrhundert zerstört. Endgültige Restaurierungsarbeiten waren erst 1993/94 abgeschlossen. Heute ist die Burg teilweise in privater Hand und bietet unter anderem Ferienwohnungen an.

● **Bertradaburg:** 54570 Mürlenbach, Tel./Fax 06594 8 64, www.bertradaburg.de, Führungen durch den Torbau mit Burgkapelle Mai bis Oktober jeden 1. So im Monat 15 Uhr, Tel. 06591 98 49 49 und 0176 78 50 74 07, Eintritt 2 €, Kinder 1 €. Weinstube an diesen Tagen ab 16 Uhr geöffnet. Austragungsort von Veranstaltungen im Rahmen des Kultursommers „Kyllt(o)ur"; 2. Wochenende im August Burgfest. Zwei Ferienwohnungen im Burghaus ab 36 € pro Tag, drei Ferienwohnungen an der Burgmauer ab 28 € pro Tag, Anfragen unter klaus@tiepel mann.de.

Kyllburger Waldeifel

Die Kyllburger Waldeifel übt auf Besucher und Erholungssuchende aufgrund der sich auf ihren Hochflächen ausbreitenden Wälder eine besonders große Anziehungskraft aus. Eingeschnitten in diese Bergwelt ist das **Kylltal.** Auf ihrem weiteren Weg von Gerolstein talabwärts zur Mosel, östlich an Bitburg vorbei, passiert die Kyll die Orte St. Thomas und Kyllburg mit dem nahe gelegenen Malberg, wo man sehenswerte Baudenkmäler findet, die zu den berühmtesten der Eifel zählen.

St. Thomas

Von Mürlenbach südwärts führt der Talweg der Kyll zunächst an Densborn vorbei, wo die Ruine der ehemaligen **Wasserburg Densborn** malerisch am Fluss steht.

Kloster   Inmitten des Kyllburger Waldgebietes wurde um 1185 zu Ehren des 1170 ermordeten und 1173 heilig gesprochenen Erzbischofs von Canterbury,

Thomas Becket, in St. Thomas das älteste **Zisterzienserinnenkloster** in Deutschland gegründet. Der früheste Bauteil der Klosterkirche wurde 1222 geweiht. Ein Brand im Jahr 1742 zerstörte die gesamte Abtei, nur die Kirche blieb erhalten und bietet nahezu unversehrt das Bild einer romanischen Klosterkirche, deren spitzbogige Fenster schon die frühe Gotik erahnen lassen. Die ab 1744 im barocken Stil neu errichteten Klostergebäude schließen wie ein Geviert zur Kirche um einen quadratischen Innenhof mit Kreuzgang. Im Jahre 1794 plünderten die Franzosen die Abtei und vertrieben die Nonnen. 1802 wurde das Kloster säkularisiert und verkauft. Nach wechselnden Besitzern erwarb 1845 der preußische Staat die heruntergekommene Klosteranlage und übertrug sie 1852 dem Bistum Trier. Von 1910 bis 1942 wirkten Franziskaner in St. Thomas. 1946 machte das Bistum Trier das ehemalige Kloster zum diözesanen Priesterhaus. Inzwischen ist St. Thomas zum Exerzitienhaus des Bistums umgewidmet, wo Einkehrtage und Fortbildungskurse in der Stille des Kylltals stattfinden.

●**St. Thomas Exerzitienhaus:** 54655 St. Thomas, Hauptstraße 23, Tel. 06563 96 07 00, Fax 06563 16 60, www.bistum-trier.de, st.thomas.exerzitienhaus@bistum-trier.de.

Aktivitäten

• **Naturerlebnispfad St. Thomas:** 2,5 km langer, beschilderter Wanderweg durch das Landschaftsschutzgebiet „Zwischen Ueß und Kyll" im landschaftlich reizvollen Heilenbachtal. Der Weg führt vom Gemeindeplatz St. Thomas über das Kloster bis zu den Neidenbacher Wasserfällen. Auf Anfrage bietet das Forstamt Bitburg Führungen an, Kleiststr. 5, 54634 Bitburg, Tel. 06561 9 46 90.

Kyllburg

Die Weiterfahrt von St. Thomas nach Kyllburg führt wiederum durch einen besonders schönen Talabschnitt der Kyll. Die Stadt ist als Luftkurort Mittelpunkt des Fremden- und Erholungsgebietes Kyllburger Waldeifel und weist trotz aller Zerstörungen noch einige malerische Winkel zur Kyll hin auf.

Erstmals urkundlich erwähnt wird Kyllburg um 800 als fränkische Siedlung. Um ihr Territorium gegen das der benachbarten und den Trierern nicht wohl gesonnenen Herren *von Malberg* abzusichern, baute der Trierer Erzbischof *Theoderich von Wied* ab dem Jahr 1239 eine Festung auf dem Stiftsberg, die auch die an der Kyll gelegene Ortschaft *Kileburhc* mit Mauern umschloss – so entstand die kurtrierische Landesstadt Kyllburg. Von der ehemaligen erzbischöflichen Burg steht noch der **Bergfried,** der als 30 Meter hoher Aussichtsturm ausgebaut ist.

Stiftskirche Ab 1276 begann man unter Erzbischof *Heinrich II. von Vistingen* mit dem Bau der Stiftskirche, zu der ein entsprechendes Kollegialstift gegründet wurde. In einem zweiten Bauabschnitt zu Beginn des 14. Jahrhunderts wurde sie fertig gestellt. Daher unterscheiden sich auch die drei westlichen Joche mit dem massigen, nördlich die Fassade begrenzenden Turmunterbau von den beiden östlichen und der Choranlage durch die vollständige Qua-

Eifeler Nord-Süd-Senke

Kloster St. Thomas liegt idyllisch im Kyllburger Wald

derung ihrer Wandflächen, die einen starken Kontrast zu den verputzten Ostteilen bildet. Die beiden Glockengeschosse des Turmes stammen aus dem 16. Jahrhundert, der abschließende, vierseitige Steinhelm erst von der Restaurierung 1863–65, die auch sonst, z.B. mit neuem Maßwerk, stark in die Substanz eingegriffen hat.

Seit ihrer grundlegenden Renovierung bis 1961 zeigt sich die Stiftskirche wieder in vollem Glanz und mit einem besonders schönen **Kreuzgang.** Sehenswert sind ihre drei **Renaissance-Chorfenster,** Szenen aus dem Leben Christi darstellend, das **Chorgestühl** aus dem 14. Jahrhundert und nicht zuletzt die **Rokokokanzel.** Eine hochgotische, steinerne **Madonna,** die lange als Wallfahrtsbild verehrt wurde, steht auf dem Hochaltar.

● **Stiftskirche Kyllburg:** Auf dem Stift 2, Tel. 22 17, www. stiftskirche.kyllburg.net, Besichtigung von Kirche und Kreuzgang täglich 8–18 Uhr.

Schloss Malberg

Nur wenig unterhalb von Kyllburg hatten sich die erstmals 1088 erwähnten Herren *von Malberg* auf einer Kuppe oberhalb einer Kyllschleife ihre **Burg** errichtet, wo schon zuvor eine Gerichtstätte bestand. Im Laufe des 13. Jahrhunderts teilte sich die Anlage dann in zwei Teile auf, von denen je ein Teil von den verfeindeten Luxemburgern und Trierern gehalten wurde. Ende des 17. Jahrhunderts kam die Herrschaft Malberg an die Herren *von Veyder.* Ab 1710 ließ *Werner Veyder,* der auch Einkünfte als Weihbischof von Köln bezog, die ganze Anlage großartig ausbauen. Seither besteht die Schlossanlage Malberg aus der alten Burg, dem Arkadenbau, der Schlosskapelle und dem Haupthaus mit bewusst einfach gehaltener Gartenfront und dem angrenzenden so genannten **Eisernen Garten,** der mit zwischen 1758 und 1760 von *Ferdinand Tietz* geschaffenen Figuren bestückt ist. Inzwischen ist die Anlage an die Verbandsgemeinde Kyllburg verkauft worden, die mit großem finanziellen Aufwand die Renovierung des Schlosses in hervorragender Weise betrieben. Die Schlosskapelle ist inzwischen komplett renoviert worden und wird als multifunktionaler Veranstaltungsraum genutzt. Auch der Arkadenbau und das Alte Haus sind saniert und dienen als Ausstellungsräume.

●**Schloss Malberg:** Informationen durch die Verbandsgemeinde Kyllburg, 54655 Kyllburg, Marktplatz 8, Tel. 06563 59-118, www.schloss-malberg.de. Schlossführungen Mai bis Okt. jeweils Sa 14.30 Uhr, Eintritt 4 €, Kinder unter 16 Jahre frei, Auskünfte erteilt die Verbandsgemeinde Kyllburg, Tel. 06563 5 91 37.

Burg Seinsfeld

Ein wenig abseits im Nordosten von Kyllburg liegt versteckt in einer Talsenke die **Wasserburg** Seinsfeld, deren fast kreisrunde Bauform auf die frühe Herkunft als Motte schließen lässt. Dennoch ist die eigentliche Bauzeit nicht bekannt. In der ältesten erhaltenen Urkunde aus dem Jahre 1325 überträgt König *Johann von Böhmen* die Burg an den Grafen *Arnold von Blankenheim*. Die nachweislich am weitesten zurückzudatierenden Bauteile stammen aus dem 15. Jahrhundert, doch reichen manche Teile, etwa die bis zu 2,50 Meter dicken Außenmauern an der Nordseite, sicher weiter zurück. Spätere Besitzer errichteten große Teile der Burg im 17. und 18. Jahrhundert neu. Die heutige Anlage ist mit einem Durchmesser von etwa 60 Metern mit einem nach Süden hin offenen Hof nahezu kreisrund und von einem Wassergraben umgeben. Die einstige Zugbrücke über den Graben ist längst durch eine Steinbrücke ersetzt. Die Burg ist in Privatbesitz und nur von außen zu besichtigen.

Info

●**Postleitzahl:** 54655, **Tel.-Vorwahl:** 06563
●**Tourist-Information Kyllburger Waldeifel:** Hochstr. 19, Tel. 93 02 42, Fax 12 38, www.ti-kyllburg.de.

Essen & Trinken/ Unterkunft

●**Hotel Haus Kylltal** €: Zendscheid, einige Kilometer nördlich von Kyllburg, Im Fischbachtal 1, Tel. 14 26, www.kylltal.com. Geräumige Gästezimmer teilweise mit Balkon, hotelverbundene Ferienwohnungen; gemütliche Gasträume, frische Küche mit Kräutern aus dem eigenen Garten.

Eifeler Nord-Süd-Senke

●**Hotel Haus Wehrbüsch** €€: Wilsecker Straße 16, Tel. 26 66, Fax 22 71, www.kyllburger-waldeifel.de. Hervorgegangen aus der Gaststätte Haus Wehrbüsch, zum Hotel ausgebaut mit Fremdenzimmern zur Südseite und Blick in die Natur, gemütliche Gaststube.

Aktivitäten

●**Freibad Kyllburg:** Tel. 06563 93 11 79, www.kyllburg.de/nextshopcms/cmspdf.asp?id=187. In den 1990er Jahren von Grund auf renoviertes Freibad, geschützte Lage im Kylltal, nur 250 Meter vom Campingplatz entfernt, mit 56 Meter langer Wasserrutsche, vier getrennten Becken und Planschbecken, auf mindestens 24 °C beheizt. Eintritt 3,50 €, ermäßigt 1,80 bzw. 1,50 €, geöffnet Mai bis Sept. 10–19 Uhr, außerhalb der Ferien ab 11 Uhr.

Gransdorf

Ganz im Osten der Verbandsgemeinde Kyllberg steht hoch über dem Friedhof von Gransdorf eine **kleine gotische Kirche** aus dem frühen 14. Jahrhundert. Es handelt sich um die ehemalige Pfarrkirche von Gransdorf, die seit dem Bau der neuen Pfarrkirche vernachlässigt worden und allmählich dem Verfall preisgegeben war. Dank des Einsatzes eines Fördervereins konnte die kleine Kirche renoviert werden, sie erstrahlt heute weiß geputzt in neuem Glanz. Von der barocken Ausstattung sind noch der Hochaltar, zwei Seitenaltäre und die Kanzel sowie das Gestühl von 1825 erhalten.

In der Gransdorfer Gemarkung findet man noch drei alte Wohnbauten, so die **Biermühle** direkt unterhalb der Einmündung des Bierbaches in den Kailbach, **Hof Eulendorf** nördlich des Ortes an der Straße nach Oberkail und **Hof Gelsdorf** auf dem flachen Höhenrücken zwischen Gransdorf und Gindorf. Auf der Biermühle steht mit dem Mühlengebäude von 1580 einer der ältesten Profanbauten der gesamten Region. Zum Mühlenkomplex gehören noch zwei Querhäuser, weitere Wirtschaftsgebäude und eine kleine, inzwischen aufwendig restaurierte Kapelle, die aus dem späten 18. und 19. Jahrhundert stammen.

Kalkhütte

Bis ins 20. Jahrhundert hinein wurde in Gransdorf Kalk gebrannt. Die Menschen benutzten gebrannten Kalk als Düngemittel für ihre Felder, sie verputzten Häuser damit und machten sogar Medizin daraus. Der „Verein Ackerbau Südeifel" hat die Kalkhütte am Aufstieg der Straße zum Hof Gelsdorf mit **zwei Kalköfen** restauriert, die besichtigt werden können. Auf einer Tafel wird anschaulich die bis in die Römerzeit zurückreichende Tradition des Kalkbrennens erläutert.

● **Kalkhütte Gransdorf:** Informationen beim Förderverein Ackerbau Südeifel, *Rudolf Assmann,* Tel. 06567 6 96, www.gransdorf.de.

Bitburger Gutland

Das Bitburger Gutland umfasst die sich zur Mosel hin erstreckenden **südlichen Ausläufer der Eifel.** Die Unterläufe der **Kyll** und **Prüm** mit ihren Nebenflüssen **Enz** und **Nims** durchfließen dieses weniger bergige Gebiet, das einen viel geringeren Waldanteil als die restliche Eifel aufweist. Die höchsten Erhebungen der Verbandsgemeinde sind der 495 Meter hohe Hardtberg nordwestlich von Heilenbach, die 500 Meter hohe Anhöhe „Auf Unigendell" nördlich von Seffern und der

Eifeler Nord-Süd-Senke

033ei Foto: ot

515 Meter hohe „Dreeskopf" nördlich von Seffer-weich. So wird das Landschaftsbild des Bitburger Gutlandes, das zu den klimatisch begünstigteren Regionen der Eifel zählt, von großflächigen Acker-kulturen bestimmt. Daraus – und aus der in der Ei-fel üblichen Realteilung – resultieren auch noch die vielen **Streuobstwiesen,** deren Erträge den Rohstoff für das veredelte Hochprozentige liefern, denn hier in der Eifel gibt es eine lange Tradition des Schnapsbrennens.

Bitburg

Bitburg, auf einem Höhenzug zwischen Nims und Kyll gelegen, ist das wirtschaftliche Zentrum im Südwesten der Eifel, letztlich vor allem als Sitz der größten Eifelbrauerei bekannt. Hier siedelten schon die Kelten, die ihre Siedlung *Beda* nannten. In römischer Zeit führte die bedeutende Verkehrs-achse Trier – Köln hier vorbei. Unter Kaiser *Kons-tantin* wurde Bitburg zu Beginn des 4. Jahrhun-derts zu einem ovalen Straßenkastell ausgebaut, das den Ausgangspunkt der heutigen Stadt bildet – unterhalb der Pfarrkirche hat man einen Mauer-zug des **Römerkastells** rekonstruiert.

In fränkischer Zeit wurde Bitburg erstmals im Jahre 715 als *Castrum Bedense* erwähnt. Seit dem 10. Jahrhundert bildete der Ort unter luxemburgi-scher Herrschaft das Zentrum des Bidgaues und erhielt 1262 Stadtrechte. Die weitere wechselvolle Geschichte brachte Bitburg später unter spanische und österreichische Herrschaft. Nach der napo-leonischen Zeit kam es – wie die gesamte Eifel – zur preußischen Rheinprovinz. Im Zuge der Kriegs-handlungen vor allem am Ende des Zweiten Welt-kriegs wurden 85 % der Bausubstanz zerstört.

1985 stand die längst wieder aufgebaute Stadt im Mittelpunkt der Öffentlichkeit, als der amerika-nische Präsident *Ronald Reagan* und der deutsche Bundeskanzler *Helmut Kohl* den Bitburger Solda-tenfriedhof Kolmeshöhe aufsuchten, um Kränze niederzulegen. Bekannt ist Bitburg auch durch sein alljährlich ausgerichtetes **Europäisches Folklorefestival** (s.u.).

Liebfrauen-kirche

Am Standort der heutigen Liebfrauenkirche auf der höchsten Anhebung im Ort befand sich zu römischer Zeit eine Kultstätte. Der heutige Kirchenbau birgt in seiner Substanz Reste verschiedener früherer Bauwerke. Die ursprünglich einschiffige Saalkirche wurde im 15. und 16. Jahrhundert spätgotisch erweitert. 1822 baute man anstelle des romanischen Chorturms den jetzigen, außen runden und innen polygonal schließenden Ostchor an. 1860 wurde die Kirche im damals üblichen neogotischen Stil zu einer dreischiffigen Halle ausgebaut, wozu man sie nach Westen um drei Joche mit einem Turm auf dem letzten Joch verlängerte und über dem Mittelschiff durch den Anbau eines siebenachsigen nördlichen Seitenschiffes verbreiterte. Insgesamt stellt sich der Bau als ein einheitliches Ganzes dar, dessen Silhouette mit dem hohen Westturm, dem Dachreiter und der von einer Laterne bekrönten Kuppel das Stadtbild von Bitburg prägt.

Die farbliche Fassung des Kircheninneren erfolgte im Zuge der Renovierung 1981 nach dem vorgefundenen historischen Befund. Die Gewölbekonsolen und Kapitelle sind mit figürlichen und floralen Ausgestaltungen versehen. Den im nördlichen Seitenschiff aufgestellten Hochaltar schmückt die „Luxemburger Madonna", eine Muttergottesstatue, die aus Himmerod stammen soll. Neben dem Skulpturenschatz der Kirche verdient noch der Renaissancealtar in der Kriegergedächtniskapelle im Turm Beachtung.

Kreis-museum

Das Kreismuseum zeigt Exponate zur landwirtschaftlichen, handwerklichen und industriellen Regionalgeschichte sowie archäologische Funde.

● **Kreismuseum:** Triererstr. 15, Tel. 68 38 88, Fax 68 38 89, www.kreismuseum-bitburg-pruem.de, geöffnet Jan./Feb.

Eifeler Nord-Süd-Senke

Sa und So 14–17 Uhr, ansonsten Mi–Mo 14–17 Uhr, April–Sept. zusätzl. Mo, Mi, Do und Fr 10–13 Uhr, Eintritt 2 €, ermäßigt 1,50 €.

Wasserburg

Außerhalb des Zentrums liegt im Norden der Stadt die ehemalige Wasserburg von Bitburg. Um 1750 wurde der Bau von den damaligen Besitzern niedergerissen, die anstelle dessen ein schmuckes, reich gegliedertes **Barockschlösschen** mit einem schönen Hoftor errichteten.

Burg Rittersdorf

Unmittelbar nördlich von Bitburg steht an der Nims in Rittersdorf eine architektonisch interessante **Wasserburganlage.** Hier fand man fränkische Grabanlagen aus dem 5. und 6. Jahrhundert. Der Ort wird erstmals als Ratersdorf im 9. Jahrhundert erwähnt, Burg Rittersdorf erstmals 1263 unter luxemburgischer Landeshoheit als Besitz der Abtei St. Maximin. Der schlanke, siebengeschossige Wohnturm, von dem fünf Geschosse Kuppelgewölbe aufweisen, stammt aus dem Jahr 1290. Der 1550 erbaute Palas ist bis heute das Hauptgebäude. Um 1575 wurden ein weiterer Wohnbau sowie das Hofportal mit reichhaltigen Renaissanceformen angegliedert. Nach der grundlegenden Restaurierung der Anlage zwischen 1978 und 1987 birgt die Burg heute ein Restaurant und ein kleines Museum.

● **Burg Rittersdorf** €€€: 54636 Rittersdorf, Bitburger Str. 30, Tel. 96 57-0, Fax 96 57-16, www.burg-rittersdorf.de. Besichtigung nach Vereinbarung, Burgfest 1. Juliwochenende. Das **Restaurant** bietet mehrere Räume wie das Jagdzimmer, die Burgküche, den Erker, die gute Stube und das Kaminzimmer, Rittermahle können nach Vereinbarung mit Begleitprogramm (Bänkelsänger, Jongleur, Gaukler etc.) geboten werden. Geöffnet Mi–So 11–23 Uhr, Mo und Di nach Vereinbarung.

Stausee Bitburg

Westlich von Bitburg schlängelt sich die **Prüm** durch das bergige Randgebiet des Bitburger Gutlandes. Bei Biersdorf, 12 Kilometer nordwestlich des Ortes, wird der Fluss zum Stausee Bitburg aufgestaut, einem touristischen Zentrum in der Südeifel. Hier stehen 35 Hektar Wasserfläche zur Verfügung: zum **Rudern, Paddeln, Surfen** (Surfschule) und **Angeln.** Kiosk, Biergarten und Spielplätze ergänzen das Angebot. Eine besondere Attraktion ist die große Fontäne in der Mitte des Sees. Direkt am Ufer liegt das Dorint Resort (s. „Unterkunft"). Am ersten Augustwochenende findet alljährlich das Stauseefest statt, mit dem Feuerwerk **„Stausee in Flammen".** Gute **Wanderwege** entlang des Sees, die nachts zum Teil sogar beleuchtet sind, laden zum Wandern und Spazierengehen ein.

Schloss Hamm

Einer der Wanderwege am Stausee führt nach Hamm mit einer der größten noch bewohnten Eifelburgen. Der auf den Mauern einer Vorgängerburg aus dem Jahre 1052 errichtete Wehrbau erhebt sich auf einem lang gestreckten, von der Prüm umflossenen Bergsporn. Das heutige Bauwerk mit einem von **zwei hohen Wehrtürmen** eingefassten Haupthaus, einer von einem spätromanischen Gewölbe unterbauten Kapelle, einem gotischen Saal und der Wehrmauer, die den 3000 m² großen Burghof mit Nebengebäuden umschließt, stammt überwiegend aus dem 14. Jahrhundert. Im 17. Jahrhundert war die Burg berüchtigt für die hier stattfindenden Hexenprozesse. Ein Teil des Haupthauses wurde am Ende des Zweiten Weltkriegs in Brand gesteckt und so stark beschädigt, dass man 1960 hinter der viergeschossigen Hoffassade einen Neubau errichtete. Die Burg ist Sitz der Familie der Grafen *von und zu Westerholt und Gysenberg.*

● **Schloss Hamm:** *Dr. Eva Gräfin von und zu Westerholt,* 54636 Hamm/Eifel, Tel. 06569 96 29-0, Fax 96 29-19, www.schlosshamm.de. Drei komfortable Ferienwohnungen, Eheschließungen in der barock ausgestatteten Kapelle möglich, Empfänge und Konzerte im gotischen Rittersaal, die Außenanlagen können für Outdoor-Events gemietet werden.

Fließem

Wenige Kilometer nördlich von Bitburg gelegen findet man den Ort Fließem mit der **Pfarrkirche**

Eifeler Nord-Süd-Senke

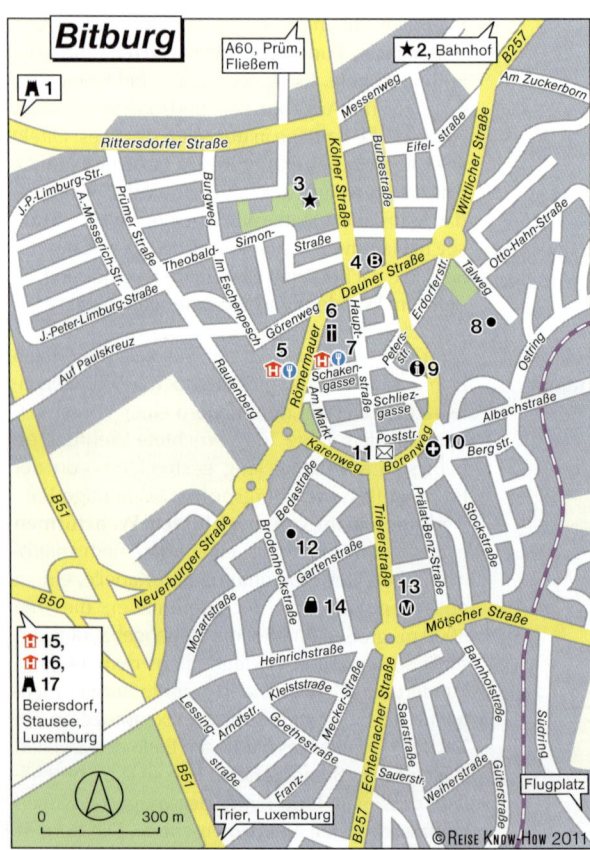

⋀ 1	Burg Rittersdorf		✚10	Krankenhaus
★ 2	Ballonfahrten		✉11	Post
	BBS-Ballooning		● 12	Haus Beda
★ 3	Wasserburg		Ⓜ13	Kreismuseum
Ⓑ 4	Busbahnhof		⚑ 14	Bitburger Bauernmarkt
5	Zum Simonbräu		15	Dorint Resort
⚏ 6	Liebfrauenkirche		16	Golf-Resort
7	Eifelbräu			Bitburger Land
● 8	Cascade Erlebnisbad		⋀17	Schloss Hamm
❶ 9	Information			

St. Stephanus. Von diesem spätmittelalterlichen Bau sind noch der Westturm und zwei Westjoche vorhanden. Das Innere birgt einen beachtenswerten Säulenaltar aus dem 17. Jahrhundert.

Bekannt ist der Ort aber durch die an der alten **Römerstraße** von Trier nach Köln freigelegte **Villa Otrang.** Diese Römervilla wurde zwischen dem 2. und 4. Jh. in mehreren Ausbaustufen mit Heizung, Bädern und Wirtschaftshof versehen – ein großzügig angelegter Bau mit über 60 Räumen, der als größten Schatz verschiedene gut erhaltene Mosaiken mit kunstvoller Musterung aufweist.

Im Gelände der Ausgrabungsstätte gibt es das **Restaurant Römische Villa Otrang,** das auch Speisen und Getränke im römischen Stil anbietet.

●**Römervilla Otrang:** Altertumsverwaltung Römische Villa Otrang, 54636 Fließem, Otranger Straße, Tel. 06569 96 32 45, Fax 96 32 46, www.villa-otrang.de, geöffnet April–Sept. 9–18 Uhr, Okt., Nov., Feb. und März 9–17 Uhr, Mo geschlossen, Eintritt 2,10 €, ermäßigt 1,60 €, Kinder 1 €, mit Restaurant.

Info

●**Postleitzahl:** 54634, **Tel.-Vorwahl:** 06561
●**Tourist-Information Bitburger Land:** Im Graben 2, Tel. 94 34-0, Fax 94 34-20, www.eifel-direkt.de.

Essen & Trinken/ Unterkunft

●**Zum Simonbräu** €€: Am Markt 7, Tel. 33 33, Fax 33 73, www.simonbraeu.de. Hier wurde 1817 das erste Bitburger Bier gebraut, gepflegte Gaststätte mit Pilsstube mit Kupfer-Theke, uriger Brauerei-Ausschank der Bitburger Brauerei, elegantes Kamin-Restaurant, sonniger Biergarten, Festsäle; angeschlossener kleiner Hotelbetrieb mit fünf Zimmern.
●**Eifelbräu** €€: Römermauer 36, Tel. 91 00, Fax 91 01 00, www.eifelbraeu.de. Restaurant mit Eifelstube, gepflegte Atmosphäre, angeschlossener Hotelbetrieb mit behaglichen Gästezimmern, dazu gibt es eine Ferienwohnung.
●**Dorint Resort** €€€€: Seeuferstraße 1, 54636 Biersdorf, Tel. 06569 9 90, Fax 79 09, www.dorint.com/de/hotel-bitburg. In waldreicher Umgebung am Stausee, 204 komfortable Zimmer, Schwimmbad, Sauna, Schönheitsfarm, Mountainbike-Verleih, Tennishalle, Kletterwand; Wintergartenrestaurant Marktplatz, Bierstube und zwölf Tagungsräume.

Aktivitäten

●**Archäologischer Rundweg Bitburg:** Der Weg umrundet in 16 Stationen vom Rathaus bzw. der Liebfrauenkirche die Überreste der einstigen keltisch-römischen Siedlung *Vicus Beda,* so auch noch sichtbare Mauerreste teils im römi-

Eifeler Nord-Süd-Senke

schen Originalzustand, teils in ihrer mittelalterlichen Umbildung. Ein Modell des römischen Kastells steht im Foyer des Rathauses. Ein ausführliches Begleitheft gibt es bei der Tourist-Information Bitburger Land, Führungen auf Anfrage. Führungen über den Archäologischen Rundweg im Rahmen einer „Römischen Stadtführung" 75 € (Dauer etwa 1½ Std.). Informationen bei der Tourist-Information.

●**Cascade Erlebnisbad Bitburg:** Talweg 4, Tel. 96 83-0, www.cascade-bitburg.de. Hallenbad mit Erlebnisbecken, 55-Meter-Röhrenrutsche, 25-Meter-Sportbecken mit Sprungturm, Imbiss-Galerie, A-la-Carte-Restaurant im Eingangsbereich, Freibad mit 50-Meter-Sportbecken mit Sprungturm, Liegestuhl-Terrasse und Liegewiese, Kiosk, Sauna-Landschaft, die Bäder sind geöffnet Di bis Fr 10–22 Uhr, Sa/So 9–22 Uhr (Freibad im Winter geschlossen), Sauna etc. Mo bis Fr 10–22 Uhr, Sa/So 9–22 Uhr, Tageskarte 7,50 €, 1 Std. 2,90 €, Jugendliche 4,60 € (1,80 €), Tageskarte mit Sauna 14,50 €, 2 Std. 9 € (Winterzuschlag 1,10 €).

●**Flugplatz Bitburg GmbH:** Am Tower 14, Tel. 96 36 0, Fax 96 36 19, www.flugplatz-bitburg.de. Mit dem „Bitburger Flughafenmodell" ist die Symbiose von Regionalflugplatz mit Freizeitzentrum, Dienstleistungs-, Industrie- und Gewerbestandort gelungen. Der Flughafen soll zu einem Regional-/Cargoflughafen ausgebaut werden, der Cargobetrieb soll 2014 und der Passagierbetrieb soll 2016 aufgenommen werden.

●**Ballonfahrten:** BBS-Ballooning, Kalkstr. 18, Tel. 94 01 56, Fax 94 01 57, www.bbs-ballooning.de. Heißluftballon-Fahrten über die Eifel, 1 Person 195 €, 2 Personen 185 €/Pers., ab 3 Personen 175 €/Pers. Specials und größere Gruppen auf Anfrage.

●**Golf:** Golf-Resort Bitburger Land, 54636 Wißmannsdorf (s. Kap. „Reisetipps A–Z: Golf").

**Veran-
staltungen**

●**Europäisches Folklorefestival:** Seit der 1250-Jahr-Feier 1965 alljährlich eine Woche Mitte Juli, regelmäßig nehmen etwa 50 Gruppen aus über 15 Ländern teil. Zum Auftakt des Festes findet Mittwoch ein „Europäischer Abend" jeweils im Zeichen eines anderen Gastlandes statt, von Freitag bis Montag erklingt Musik auf den Straßen und Plätzen der Stadt und im Festzelt, dargeboten von 1500 Festteilnehmern der Trachtengruppen.

●**Haus Beda:** Bedaplatz 1, Tel. 9 64 50, Fax 96 45 20, www.hausbeda.de. Aus Mitteln der privaten Dr.-Hanns-Simon-Stiftung, einer Gesellschafterin der Bitburger Brauerei, errichtetes Kulturhaus und Begegnungsstätte. Konzerte, Ausstellungen etc.; verfügt im angeschlossenen Eifel-Ardennen-Museum über 80 Bilder des Eifelmalers *Fritz von Wille*, über Arbeiten der ehemaligen Meisterschule für Ma-

lerei in Kronenburg und weitere Werke von Künstlern aus dem Eifel-Ardennen-Raum, geöffnet Di 14–17 Uhr.
● **Bitburger Bauernmarkt:** Vor dem „Dienstleistungszentrum ländlicher Raum" mit verkaufsoffenem Sonntag, jeweils am 2. Sonntag im Oktober, www.dlr-eifel.rlp.de.

Unteres Kylltal

Am Ostrand des Bitburger Gutlandes führt das Untere Kylltal durch die **Moselwälder** abwärts bis zur Mosel, wo der kleine Eifelfluss unterhalb von Trier mündet. Dolomitkalksteinfelsen prägen weiterhin seinen Verlauf, an dem sich der seit einigen Jahren gut ausgebaute Kylltal-Radweg orientiert. Im Einzugsbereich der unteren Kyll gibt es eine Reihe interessanter Sehenswürdigkeiten zu erkunden. Die Strecke führt über Dudeldorf am Gondorfer Wildpark, an der Ruine Pfalzkyll, an Auw, Kordel und am etwas abseits gelegenen Welschbillig vorbei.

Dudeldorf

Der kleine Ort Dudeldorf, der heute zur Verbandsgemeinde Bitburg-Land gehörig ist, zählt zu den reizvollsten Orten der Eifel. Erste urkundliche Erwähnungen um die Wende zum 9. Jahrhundert bezeichnen den Ort als *Dudlendorf*. Doch Funde weisen schon eine steinzeitliche und spätere römische Besiedlung der „Dudeldorfer Mulde" nach. Der Ort entwickelte sich im frühen Mittelalter südlich der noch heute das Ortsbild beherrschenden Burg als Sitz einer Viandener Herrschaft. König *Johann von Böhmen* verlieh als Luxemburger Graf 1345 den Dudeldorfer Bürgern die Stadtrechte, die diesen Status erst 1856 durch Erlass der preußischen Städte- und Landgemeindeordnung wieder verloren.

Burg   Die heutige Burganlage von Dudeldorf besteht aus einem **zweiflügeligen Herrenhaus** aus dem 18. Jahrhundert mit einem älteren dreigeschossi-

Eifeler Nord-Süd-Senke

035ei Foto ot

gen **Turmbau** an der Südwestecke. Ursprünglich hatten hier die erstmals 1052 urkundlich erwähnten Herren *von Dudlendorf* ihren Sitz und verfügten sogar über zwei Burgen im Ort, von denen aber eine schon im 18. Jahrhundert verfallen war. Ein Teil der Dudeldorfer Burg befindet sich heute im Besitz einer privaten Eigentümergemeinschaft, die es sich zur Aufgabe gemacht hat, die Burg als Ort kultureller Veranstaltungen zu etablieren.

● **Burg Dudeldorf:** Tel. 06565 93 34 46, Fax 93 34 47, www.burg-dudeldorf.de, Veranstaltungsort für Theater, Konzerte, Kinderaufführungen, regionale kulinarische Märkte, Burgfeste; moderne Skulpturen in kleiner Gartenanlage. Kultstatus hat längst das alljährliche **Treckerkino** in Dudeldorf an einem Sommerabend, Zuschauer sind Landwirte und Traktorensammler, Höhepunkt der Veranstaltung ist ein Hup- und Lichtkonzert, bei dem die Traktoren vom Kölner Performancekünstler *Frank Köllges* dirigiert werden.

In der Altstadt

Der malerische Dorfkern ist von einer nicht mehr vollständig vorhandenen **Stadtmauer** mit noch erhaltenen Toren, dem Ober- und dem Untertor, umgeben. Die Dudeldorfer **Pfarrkirche St. Maria Königin** aus dem beginnenden 20. Jahrhundert ist der vierte Bau an gleicher Stelle, ihr Turm stammt aber noch von der ersten Kirche, die 1226 dem Kyllburger Kollegiatsstift untergeordnet wurde. Unter den vielen historischen, das Ortsbild prägenden Häusern sind vor allem das **Alte Brauhaus,** das **Treppengiebelhaus** in der Kirchstraße und ein Wohnhaus sowie das gegenüberstehende Breitgiebelhaus am **Alten Markt** zu erwähnen.

Essen & Trinken/ Unterkunft

●**Restaurant Torschänke Dudeldorf** €€€: Philippsheimer Straße, Tel. 06565 20 24, Fax 93 10 19, www.torschaenke-dudeldorf.de. Französische und saisonale Eifeler Küche, Reservierung empfohlen, separater kleiner Raum im angrenzenden Torturm (daher der Name des Restaurants), mittags und abends geöffnet, Mi Ruhetag.

●**Zum Alten Brauhaus** €€: 54647 Dudeldorf, Herrengasse 2, Tel. 06565 9 27 50, Fax 92 75 55, www.brauhaus-dudeldorf.de. Um 1700 erbautes, ehemaliges Brauhaus mit Gaststube, das 1978 grundlegend zu einem anspruchsvollen Hotel-Restaurant umgebaut wurde; frische Küche mit saisonal wechselnder Speisekarte, vegetarische Gerichte, Wild- und Fischspezialitäten, täglich geöffnet, Mo und Mi erst ab 18 Uhr.

Speicher

Speicher liegt etwas oberhalb des Kylltals südöstlich von Bitburg. Der Ort erlangte seine Bedeutung durch Tonverarbeitung seit der Römerzeit, was unter anderem antike und mittelalterliche Ziegelöfen im Speicherer Wald bezeugen. Das **Töpfermuseum** dokumentiert die 2000-jährige Töpfergeschichte von Speicher mit Funden aus der Römerzeit und Gebrauchskeramik aus mehreren Jahrhunderten. Nach vorheriger Vereinbarung kann beim Töpfern zugesehen werden.

Eifeler Nord-Süd-Senke

Das Treppengiebelhaus in Dudeldorf

Speicherer Töpferwaren aus neuerer Zeit kann man im **Heimatmuseum** betrachten, außerdem historische Webstühle, Spinnräder und weitere heimatkundliche Exponate. Weiterhin beherbergt das Museum eine Sammlung alter Werke regionaler Dichter, eine alte Schnapsbrennerei und eine Schmiede, im Kellergeschoss befindet sich das alte Amtsgefängnis.

● **Plewa-Töpfermuseum Speicher:** Merscheiderweg 1, Firma Plewa-Werke GmbH Speicher, Tel. 06562 6 30, www.eifelkeramik.de, ganzjährig Mo–Do 8–12 und 13–17 Uhr, Fr 8.30–13 Uhr, Eintritt frei.
● **Heimatmuseum Speicher:** Jacobstr. 1, Tel. 06562 20 23, www.kulturbox.de/museen/speicher/?vo_id=_09H1AIED2, So 14–16 Uhr, Mo 10–12 Uhr, Mi 10–12.30 Uhr, Führungen auf Anfrage.

Burg Pfalzkyll

Beim nahe gelegenen **Philippsheim** an der Kyll stehen die Ruinenreste der Burg Pfalzkyll, die im Güterverzeichnis der Abtei Prüm aus den Jahren 893 und 1222 als *Palcenne* bezeichnet wird. Die Burg soll bis ins 18. Jahrhundert in Benutzung gewesen und erst im 19. Jahrhundert zerstört worden sein. Des Weiteren gibt es ein altes Hofgut gleichen Namens im Osten der Gemarkung in einem von der Kyll gebildeten Bogen, das bis zur Säkularisation Besitz der Zisterzienserabtei Himmerod war. Der heutige Ort Philippsheim entstand 1771, als ein Siedler namens *Philipp Probst* hier ein erstes Haus baute.

Eifelpark Gondorf

Im Eifelpark Gondorf, einem weitläufigen **Wild- und Erlebnispark** mit faszinierenden Naturschauspielen, Ausstellungen und Shows, kann man hautnah Bären, Luchse und Steinböcke, Murmeltiere, Adler, Falken, Uhus und andere Wildtierarten erleben. Es gibt Greifvögel in der Freiflugschau, dazu Attraktionen wie freier Fall im Rutschenparadies, Sommer-Rodelbahn, Achterbahn oder eine gemütliche Fahrt mit dem Eifel-Express quer durch den Park.

●**Eifelpark Gondorf:** 54647 Gondorf (zwischen Speicher und Bitburg), Weiße Str. 12, Tel. 06565 95 66 33, Fax 95 66 44, www.eifelpark.de, geöffnet im Sommer ab 9.30 bis 17 Uhr (Hochsommer bis 18 Uhr), ansonsten ist nur der Wildpark von 10–16 Uhr geöffnet, behindertengerecht, Eintritt 15,50 €, Senioren ab 65 Jahre 12,50 €, Kinder von 4 bis 14 Jahren 10 €, nur Wildpark 4,50 €.

**Essen &
Trinken/
Unterkunft**

●**Waldhaus Eifel** €€€: 54647 Gondorf, Am Eifelpark, Tel. 06565 9 24-0, Fax 9 24-1 23, www.waldhaus-eifel.de. Hotelbetrieb mit Schwimmbad, Sauna, Fitness-Einrichtungen, Schönheitsfarm; Restaurant €€ mit gutbürgerlichem, preiswertem Essen, Spezialitäten: Wild- und Fischgerichte sowie Steaks „vom heißen Stein".

●**TerraVentura Hotel Resort Spa** €€€ (früher Eifel-Sport-Hotel): 54647 Gondorf, Philippsheimer Str. 8, Tel. 06565 92 50, Fax 92 51 04, www.terraventura.de. Renoviertes Hotel, relativ kleine, stilvolle Zimmer, Wellness-, Wanderer- und Genießerpauschalen, 3 Restaurants, abwechslungsreiche Speisekarte, Luxemburger Spezialitäten, deftige Eifeler Gerichte.

Aktivitäten

●**Natur- und kulturhistorischer Rundweg im Speicherer Land:** zwei Rundwanderungen durch die Umgebung von Speicher, in denen die wichtigsten Natur- und Kulturdenkmäler zusammengefasst sind.

●**Naturcamp Eifel:** 54662 Speicher, Speicher-Mühle 4, Tel. 06562 93 26 26, Fax 93 26 27, www.naturcamp-eifel.de. Natur aktiv erleben für Gruppen, Familien, Schulklassen, Kindergartengruppen, Vereine und Firmen; Programmangebote zu Gruppenprozessen, Persönlichkeitsförderung, Erlebnispädagogik, Personalentwicklung, Teambildung, Bildungsarbeit sowie Aktionsangebote zu Kanutouren, Survivaltraining, Klettern, Pflanzenexkursionen; professionelles Wandern, Waldtage, Umweltschutz, Teamspiele, Seilbrücken, Schulungen, Naturmeditation, Bewegen in der Natur.

Einkaufen

●**Bauernmarkt:** in der Innenstadt von Speicher, jeweils am 1. Sonntag im November.

Kordel

Südlich von Speicher verlässt die Kyll in einem tiefen Taleinschnitt das Bitburger Gutland und taucht in den **Ehranger Wald** ein. Hier treten Buntsandsteinfelsen hoch aufragend hervor, in die schon die vorgeschichtlichen Bewohner Höhlen zum Schutz vor Feinden gruben. An der Einmündung des Alt- und des Kimmlingerbaches in die Kyll weitet sich das Tal und macht Platz für den Ort Kordel. Die vorgeschichtliche Befestigung auf dem oberhalb gelegenen Burgberg sowie nahe gelegene Ruinen römischer Villen erinnern an die alte Geschichte des Ortes, dessen römischer Name wohl *Cortellums* war.

Burg Ramstein

Südlich von Kordel erhebt sich auf einem bizarren Felsen die Hochburg Ramstein als Wahrzeichen des unteren Kylltals. Um 900 wurde ein erstes Wohngebäude auf dem Felsen durch Erzbischof *Ratbod von Trier* errichtet. Zu Beginn des 14. Jahrhunderts baute Erzbischof *Balduin* die Anlage mit Vor- und Hauptburg, durch einen in den Felsen gearbeiteten Halsgraben getrennt, zur eigentlichen Festung aus. Die Burg wurde in der Folgezeit des öfteren angegriffen und zerstört, aber immer wieder aufgebaut. Erst als die Franzosen sie 1689 in Brand steckten, blieb in der Hauptburg nur der 25 Meter hohe **viergeschossige Wohnturm** über verzogen rechtwinkligem Grundriss erhalten. Die umgebenden Wohn- und Wirtschaftsgebäude, die heute als Hotel-Restaurant genutzt werden, wurden danach erneuert.

Info

● **Gemeinde Kordel:** Tel. 06505 17 44, Fax 99 11 08, www. gemeinde-kordel.de.

Essen & Trinken/ Unterkunft

● **Hotel-Restaurant Burg Ramstein** €€: 54306 Kordel, Tel. 06505 17 35, Fax 17 84, www.burg-ramstein.de. Großartige Aussicht über das Kylltal, Restaurant mit gutbürgerlicher Küche, Biergarten, Gästezimmer. Die Ruine der Burg gehört zum Hotel-Restaurant und ist während der Öffnungszeiten frei zugänglich.
● **Hotel-Restaurant Neyses am Park** €€: 54306 Kordel, Am Kreuzfeld 1, Tel. 06505 91 40 0, Fax 91 40 40, www.hotel neyses.de. Restaurant mit Pilsstube, Bar und Terrasse, Do Ruhetag.

Welschbillig

Von Kordel lohnt ein Abstecher zu dem westlich auf einer Anhöhe gelegenen Ort Welschbillig. Hier erstreckten sich in römischer Zeit die ausgedehnten Anlagen einer römischen Villa. Ihre Abgrenzungsmauer war mit 112 Hermenfiguren bestanden, von denen über 70 ausgegraben werden konnten und heute im Landesmuseum Trier zu sehen sind. Im Mittelalter stand hier eine erzbischöfliche Burg, von der nur der **Torturm** erhalten ist. Das barocke **kurtrierische Amtshaus** dient heute als Pfarrhaus. Von der ehemaligen eineinhalb Kilometer langen **Stadtmauer,** die spätestens kurz nach der Stadtrechtverleihung im Jahre 1291 erbaut wurde, sind noch Reste erhalten, ebenso zwei Stadttore.

Helenenberg
Im nahe gelegenen Helenenberg erheben sich aus der weiten Landschaft die weitläufigen Barockanlagen des ehemaligen **Klosters** des Ordens des Heiligen Kreuzes. Im 13. Jahrhundert stand hier ein Hospiz, 1485 wurde das Kloster neu gegründet und im 18. Jahrhundert zur heute noch vorzufindenden Barockanlage ausgebaut. Hinter der Barockfassade der Kirche öffnet sich am hinteren Ende der dreijochige Chor mit fünfseitigem Schluss im Stil der Trierer Spätgotik. Das barocke Langhaus wurde später mehretagig für Wohnzwecke ausgebaut. Die ganze Anlage kam nach der Säkularisation unter den Hammer. Der Industrielle *Puricelli* als späterer Besitzer vermachte sie Ende des 20. Jahrhunderts dem Bistum Trier zur Einrichtung eines **Waisenhauses,** das heute von den Salesianern als Jugendhilfezentrum weiter betrieben wird.

● **Jugendhilfezentrum Don Bosco Helenenberg:** 54298 Welschbillig, Puricellistr. 1, Tel. 06506 89 90, Fax 89 91 09, www.helenenberg.de.

Eifeler Nord-Süd-Senke

Hopfenanbau in der Eifel

Der Hopfenanbau in der südwestlichen Eifel hat eine lange Tradition, die nachweislich bis in das Jahr 1560 zurückreicht. Auch heute noch ist der Hopfenanbau im Talbereich der Prüm bei **Holsthum** durch die sieben Meter hohen Hopfengerüste nicht zu übersehen – an diesen reift der Hopfen in nur 100 Tagen. In der zweiten Hälfte des 19. Jahrhunderts wurde in Bitburg ein Hopfenanbauverein von zahlreichen Hopfenpflanzern gegründet. Um die Wende zum vorigen Jahrhundert erreichte der Hopfenanbau hier seine Blütezeit, denn über die neu gebaute Bahnverbindung durch die Eifel konnten sogar Kölner Brauereien mit Hopfen versorgt werden. Nach dem Zweiten Weltkrieg nahmen Sudetendeutsche den Hopfenanbau in Holsthum wieder auf. Inzwischen konzentriert sich der Anbau auf einen Betrieb, der die Bitburger Brauerei beliefert.

● **Hopfenanbaubetrieb Herbert Dick:** 54668 Holsthum, Auf der Hütte 2, Tel./Fax 06523 4 64, dick.hopfen@t-online.de. Der Betriebsinhaber erläutert alles Wissenswerte zur Hopfenpflanze als Biergewürz, zum Hopfenanbaubetrieb, zur Hopfenhalle, zur Erntetechnik und zu den Weitervermarktungsmöglichkeiten. Betriebsbesichtigung ab 15 Personen täglich nach Vereinbarung, Beitrag 3 € pro Person, auf Wunsch Verkostigung in der Hopfenstube.

Ferschweiler Plateau

Das Ferschweiler Plateau stellt sich als acht Kilometer breite und vier Kilometer lange Naturfestung mit **steil abfallenden Sandsteinformationen** dar, die sich westlich des Flusslaufs der Prüm zwischen **Holsthum** und **Irrel** bis zum Flusslauf der Sauer im **luxemburgischen Grenzgebiet** ausbreitet. Das nach drei Seiten durch bis zu 40 Meter hohe, mächtige Sandsteinblöcke mit Kanzeln, tiefen Klüften und Felssäulen geschützte Plateau ist nur nach der vierten offenen Seite durch einen Steinwall befestigt.

Hier hatten sich seit der Urnenfelderzeit (1200–700 v. Chr.) Menschen niedergelassen. Doch es gibt auch noch ältere Hinterlassenschaften, so die für die Megalithkultur typischen **Menhire,** Steinsäulen zu kultischen Zwecken. Ein ursprünglicher Menhir auf dem Plateau wurde zum so genannten Frabillenkreuz; es soll von *St. Willibrod* persönlich zu einem Steinkreuz umgemeißelt worden sein. Keltische Treverer sicherten im letzten Jahrtausend v. Chr. das Plateau durch die so genannte **Wikingerburg** im Norden bei Schankweiler und die **Niederburg** im Südwesten bei Weilerbach. Auf dem Plateau finden sich auch Relikte aus der gallo-römischen Zeit, so etwa die römische Villa in Bollendorf, ein römisches Gräberfeld im Norden des Plateaus und das Diana-Denkmal bei Schloss Weilerbach.

Auch geologisch ist das Plateau mit seinen stark zerklüfteten Sandsteinformationen und bizarren Felsformationen von Interesse. Der Naturlehrpfad in der „Teufelsschlucht", der wildesten begehbaren Schlucht im Naturpark Südeifel, stellt eine weitere Attraktion des Plateaus dar, das auch als **Wandergebiet** gut erschlossen ist. Hier wurde die Prüm durch eiszeitlichen Fels- und Steinschlag vom Plateau aufgestaut, hat sich aber in den letzten 10.000 Jahren wieder einen Weg durch die Felsbrocken geschnitten und fällt jetzt in romantischen **Wasserfällen** talabwärts, besonders reizvoll unter der für Wanderer überdachten Fußgängerbrücke über die Schlucht.

Prümzurlay Weiter flussaufwärts wird das Tal der Prüm im Ort Prümzurlay von einer Burgruine überragt. Der fünfeckige Bergfried der **Prümer Burg** stammt aus der Staufer-Epoche, vom spätgotischen Palas ist noch die Giebelseite zu sehen.

Weilerbach Auf dem Wanderweg zur Niederburg entlang des Weilerbaches kommt man am **Schlösschen** von Weilerbach vorbei, einem 1777–79 entstandenen Lustschloss des Abtes von Echternach. Die Abtei Echternach hatte hier eine Eisenhütte angelegt

Eifeler Nord-Süd-Senke

und der Abt ließ ganz uneigennützig durch den berühmten Tiroler Baumeister *Paul Mungenast* das dafür erforderliche Verwaltungsgebäude zu seiner Sommerresidenz ausbauen. Schlanke Pilaster mit Spitzgiebeln rahmen die kurzen Querflügel und den Mittelrisalit des am Ende des Zweiten Weltkriegs während der Ardennenoffensive zerstörten Schlosses ein, das nunmehr mit seinem reizvollen **Barockgarten** durch Privatinitiative renoviert worden ist. Die neueste Attraktion im Bauensemble des Schlosses ist das **Museumscafé Remise,** in dem auch Produkte der Eisenhütte Weilerbach wie Takenplatten, Öfen und landwirtschaftliche Geräte zu sehen sind (die Eisenhütte war bis 1950 in Betrieb).

Bollendorf Für den nahe gelegenen Ort Bollendorf berichtet eine frühzeitliche Quelle aus dem Jahre 440 von der Existenz einer Burg. Die Äbte von Echternach errichteten an diesem Standort 1619 ein **Herrenhaus,** das sie 1739 veränderten und erweiterten. Dabei legten sie vor die Mitte der Hoffront den vorgezogenen Mittelbau mit dem Hauptportal. Dieser Mitteltrakt umschließt die ältere Wendeltreppe. Die Rückwand der dem Haupthaus gegenüberliegenden ehemaligen Wirtschaftsgebäude wird von der älteren Ringmauer gebildet. Das Herrenhaus mit dem **Rundturm** als Rest der alten Burg ist seit 1975 in privater Hand. Die neuen Besitzer retteten das Haus durch bauliche Maßnahmen vor dem Verfall und machten es wirtschaftlich nutzbar. Heute befindet sich auf dem Burggelände ein Hotelbetrieb mit einem Ferien- und Freizeitzentrum (s.u.). Im gastronomisch genutzten Keller sind zwei mit Inschriften versehene Reliefs eines römischen Grabdenkmals vermauert, die einen Fischer darstellen.

Info

●**Fremdenverkehrsamt der Verbandsgemeinde Irrel:** 54666 Irrel, Auf Omesen 2, Tel. 06525 7 91 15, Fax 7 92 44, www.irrel.de/tourismus.

Essen & Trinken/ Unterkunft

●**Burg Bollendorf** €€: 54669 Bollendorf, Burgstr. 7, Tel. 06526 6 90, Fax 69 38, www.burg-bollendorf.de. Hotel und Restaurant im historische Ambiente, modern ausgestattete Zimmer, Hochzeitszimmer, Bungalows; Restaurant im einem ehemaligen Wirtschaftsgebäude gegenüber dem Haupthaus, Führungen nach telefonischer Anmeldung.

Camping

●**Camping und Freibad Echternacherbrück:** 54668 Echternacherbrück, Mindener Str. 18, Tel. 06525 3 40, Fax 9 31 55, www.echternacherbrueck.de, beheiztes Freibad mit Nichtschwimmerbecken, geöffnet Anf. Juni bis Anf. Sept. 10–19 Uhr. Der Ort liegt am Südende des Ferschweiler Plateaus am Grenzfluss Sauer, genau gegenüber dem sehenswerten luxemburgischen Ort Echternach. Der Campingplatz erstreckt sich 1 km entlang der Sauer. Großzügige Flächen, behindertengerechte, moderne Sanitäranlagen, geöffnet April bis Oktober.

Eifeler Nord-Süd-Senke

Bollendorf auf dem Ferschweiler Plateau

Die Westeifel

Überblick

Die Westeifel beinhaltet so unterschiedliche Landschaftsformen wie die Ausläufer des Hohen Venns im Norden mit dem Hürtgenwald, die Rureifel mit ihren Stauseen, die zu den größten touristischen Anziehungspunkten der Eifel zählt, die Höhenzüge der Schneifel mit ihren Wintersportgebieten, das Prümer Land und den Islek im Herzen des Deutsch-Luxemburgischen Naturparks.

Hohes Venn

Das Hohe Venn ist ein **Höhenzug der belgischen Ardennen,** der zwischen Aachen und Monschau nach Deutschland übergreift und in den nordwestlichen Eifelausläufer des **Hürtgenwaldes** übergeht. Dieser bis knapp 700 Meter hohe Höhenzug stellt die erste Barriere für die atlantischen Regenwolken dar, die aus Nordwesten heranziehen. Einen Teil ihrer Wasserlast laden die Wolken im Gebiet des Hohen Venn ab, sodass hier noch mehr Niederschlag als in der weiter östlich gelegenen Eifel fällt. Im Laufe von vielen Jahrhunderten sind meterdicke Torfschichten entstanden, die das Niederschlagswasser wie ein Schwamm aufsaugen. So konnten sich auf den kahlen Höhen des Hohen Venn **Hochmoore und Heideflächen** mit seltenen Pflanzen und Tieren bilden.

Die Hochflächen des Monschauer Landes sind nicht nur ein Paradies für **Wanderer,** sondern auch gut zum **Skifahren** geeignet. Fast alle Orte lassen Loipen spuren, in Rohren gibt es sogar ein richtiges Skizentrum mit Lift.

Hürtgenwald

Der Hürtgenwald ist ein ausgedehntes Forstgebiet im **„Deutsch-Belgischen Naturpark Hohes Venn – Eifel"** zwischen Rur-, Kall- und Wehebachtal. Ausgedehnte Wälder, enge Täler und gewundene Flussläufe kennzeichnen diesen etwas abgeschiedenen Landstrich, der heute von Wanderern wie Motorradfahrern gleichermaßen geschätzt wird. Besonders ausgeprägt sind die großflächigen **Hainsimsen-Buchenwälder** bei Zweifall im Nordwesten, die zu den Laubwald-Kerngebieten der Eifel zählen. Dazu kommen bachbegleitende Erlenbestände und kleinflächige Birken-Moorwälder. Charakteristischerweise auf Altholzbestände angewiesene Waldvögel wie **Schwarzspecht** und **Grauspecht** finden hier ihren optimalen Lebensraum.

Von Ende 1944 bis Anfang 1945 tobte hier eine der **verlustreichsten Schlachten des Zweiten Weltkriegs** – die so genannte „Allerseelenschlacht". Ein Museum in Hürtgenwald-Vossenack informiert anschaulich über die Ereignisse dieser Kämpfe (siehe Exkurs).

Heute ist der Hürtgenwald wieder **Erholungsgebiet.** Die Orte im Hürtgenwald sind zu der Gemeinde Hürtgenwald zusammengefasst worden, die über ein umfangreiches Wander- und Radwegenetz verfügen. Besonders reizvoll ist der Weg von der Kalltalsperre durch das tief eingeschnittene Kalltal bis zur Ruraue. Die große Wehebachtalsperre und die kleinere Kalltalsperre sind Trinkwasserreservoirs und daher für den Wassersport nicht zugelassen, bieten dafür aber um so größere Abwechslung in der ohnehin schon reizvollen Landschaft dieses Waldgebietes.

Westeifel

Hohes Venn und Rureifel

Kloster Wenau
Hürtgenwal
Zweifall

Aachen
Walheim

Siel

Rott

Dreilägerbach-talsperre

Langschoß 583
Simonskal 510

399

Roetgen

Kallstausee

Lammers-dorf
Rollesbroi

299

266

BELGIEN

H o h e s   V e n n

Simmera

Konzen
Eicherscheid

Steling 658

Imgenbroich

Rur

Mützenich

Monschau

Rohren

Gut Reichenstein 662

399

Höfen

Monschauer

Perlenbach-talsperre

258

601

Kalterherberg

Heckenlar

628

Wahlerscheid

0   4 km

BELGIEN

604

© Reise Know-How 2011

Die Allerseelenschlacht im Hürtgenwald

Im Herbst 1944 wurde der kleine Ort Hürtgen Frontdorf. Nachdem die Amerikaner am 12. Oktober im Nordwestzipfel der Eifel erstmals deutschen Boden betreten hatten, wollten die Alliierten zwischen Aachen und Monschau den Hürtgenwald durchbrechen und den bei Monschau am **Westwall** stehenden deutschen Verbänden in den Rücken fallen. Doch durch das unerwartet schnelle Vorrücken der alliierten Streitkräfte nach der Landung in der Normandie am 6. Juni 1944 konnte deren Nachschub nicht mehr sicher gestellt werden und der Vormarsch geriet im Raum Aachen ins Stocken. Ziel der deutschen Verteidigung war es, einen alliierten Durchbruch zum Rhein zu unterbinden, um dadurch den Aufmarschraum für die geplante **Ardennenoffensive** zu bewahren.

Widrige Umstände und taktische Fehler erlaubten es den alliierten Truppen nicht, diese Schlacht im Hürtgenwald schnell zu beenden. An die **70.000 Tote auf beiden Seiten** – rund 55.000 amerikanische und 12.000 deutsche Soldaten – soll es im Hürtgenwald zwischen November 1944 und Februar 1945 gegeben haben. Damit hatten die Amerikaner hier mehr Verluste zu beklagen als im gesamten Vietnam-Krieg. Am 2. November, am **Allerseelentag,** begann die zweite amerikanische Offensive im Hürtgenwald, weshalb die Kämpfe als „Allerseelenschlacht" in die Geschichte eingingen. Noch heute sind große Teile im Hürtgenwald **vermint** – immer wieder kam und kommt es zu Unfällen mit Blindgängern.

● Das **Hürtgenwald-Museum** informiert über die Ereignisse: Vossenack, Pfarrer-Dickmann-Str. 21–23, Tel./Fax 90 26 13, www.huertgenwald.de/hwmuseum.html, geöffnet März–Nov. So 11–17 Uhr, Eintritt 4 €, Kinder 2 €, Führung (wenn angeboten) zusätzlich 1 €. Besuch auf Voranmeldung auch zu anderen Terminen sowie in der Winterpause möglich.

Sichtbare Überreste des Westwalls: die Panzersperren

Kloster Wenau

Westlich von Stolberg wurde im Jahre 1122 am Rande des Hürtgenwaldes das **Prämonstratenserkloster** Wenau als Doppelkonvent für Männer und Frauen gegründet, das ab 1340 ausschließlich als Frauenkloster weitergeführt wurde. Der malerische Klosterbaukomplex besteht aus der heutigen **Pfarrkirche St. Katharina,** dem anschließenden Pfarrhaus und einem Wirtschaftshof mit großer Tordurchfahrt. Der ursprünglich romanische Kirchenbau mit der Nonnenempore im Westen erfuhr mehrfache Umbauten. Im 15. Jahrhundert wurden das nördliche Seitenschiff mit Turm und Altarraum neu errichtet, im 17. Jahrhundert das Mittelschiff und das südliche Seitenschiff eingewölbt. Fresken zur Passion Christi stammen aus dem 13. Jahrhundert, die Rankenausmalung ist spätgotisch.

Die monumentale Kreuzigungsskulpturengruppe ist als wertvollstes Stück der Innenausstattung eine romanische Arbeit, daneben bietet die Kirche weitere Skulpturen aus verschiedenen Jahrhunderten. Seit der Säkularisierung im Jahre 1802 dient die Klosterkirche als Pfarrkirche des Ortsteils Wenau von Langerwehe. Die Restaurierung der Schäden aus dem Zweiten Weltkrieg ist vorbildlich gelungen. Die Klostergebäude sind teils in privatem Besitz. Die Kirche bietet ein umfangreiches **Konzertprogramm.**

● **Katholische Pfarrkirche St. Katharina:** 52379 Langerwehe, Wenau 6, Tel./Fax 02423 22 21, www.st-katharina-wenau.de.
● **Verein der Freunde von Wenau e.V.:** www.freunde-wenau.de, Kartenvorbestellung für Konzerte: kartenreservierung@freunde-wenau.de, Fax 0251 3660 3580.

Junkerhaus

Das unter Denkmalschutz stehende Junkerhaus in **Vossenack-Simonskall** ist ein zweigeschossiges Doppelhaus mit einem massiven Untergeschoss aus Bruchsteinen und einem Obergeschoss aus Fachwerk, welches sich an die Reste eines ehemaligen Wehrturmes aus Bruchstein anschließt (Da-

Westeifel

tierung auf dem Türsturz „1651, renoviert 1773". Errichtet wurde das Haus von *Johann Wilden,* dem Schwiegersohn des damals bedeutenden Hüttenmeisters *Simon Kremer,* von dem auch der Ort Simonskall seinen Namen hat. Das Haus diente in früheren Jahren den Besitzern der nahe gelegenen Eisenhütte als Wohnstätte. Von 1919 bis 1921 wurde es Aufenthalts- und Arbeitsstätte von vier Kölner Künstlern, den „Progressiven in der neuen Sachlichkeit", die sich ähnlich wie die Künstlergemeinschaft in Worpswede gebildet hatte. Heute ist das „Haus des Gastes" in einem Teil des Junkerhauses untergebracht (s.u.).

Mestrenger Mühle

In **Vossenack** steht die älteste Mühle der Region, 1663 als Ölmühle gebaut, 1820 zur Mahlmühle umgebaut für die Menschen aus den umliegenden Dörfern, die hier ihr Getreide zu Mehl verarbeiten ließen. Der Müller bekam als Lohn den 16. Teil des gemahlenen Getreides. Nach dem Umbau wird wieder ein Gastronomiebetrieb in der Mühle eingerichtet.

● **Mestrenger Mühle:** Vossenack, Tel. 14 87, Fax 16 35, www.mestrenger-muehle.de. Im Sommer jeden Freitagabend ab 18 Uhr umfangreiches Grill-Büffet (20-mal von Mai bis Sept.), ansonsten ist die Mühle buchbar für Gruppen ab 20 Personen.

Info

● **Postleitzahl:** 52393, **Tel.-Vorwahl: 02429**
● **Verkehrsamt Hürtgenwald:** Hürtgenwald, August-Scholl-Str. 5, Tel. 3 09 42, www.huertgenwald.de.
● **Haus des Gastes:** Verkehrsverein Vossenack-Simonskall, im Junkerhaus (s.o.), Simonskall 1, Tel. 71 53.

Essen & Trinken/ Unterkunft

● **Landhotel Kallbach** €€€: Simonskall 24–29, Tel. 9 44 40, Fax 20 96, www.kallbach.de. Komfortable Hotelzimmer, teilweise behindertengerecht, Lift, Wellness-Bereich mit finnischer Sauna, Massage, Hallenbad; angeschlossenes Restaurant **Vinorant** €€€, regionale Küche aus dem Dreiländereck, große Weinkarte, Café mit sonniger Gartenterrasse.
● **Zum Alten Forsthaus** €€€: Vossenack, Germeter 49, Tel. 78 22, Fax 21 04, www.zum-alten-forsthaus.de. Attraktives Hotel mit Hallenbad und Sonnenbank, angeschlossenes Restaurant mit Standard- und regionaler Karte, Tagungs-

räume mit Terrassentüren zur Gartenanlage mit genügend Freiraum für eine Outdoor-Sitzung, sehr ruhig gelegen, bietet Wanderprogramme, Führungen durch den Nationalpark.

Veranstaltungen

●**Moto-Cross:** Zweimal im Jahr, am Wochenende nach Christi Himmelfahrt und am letzten Wochenende im September, finden in Hürtgenwald-Brandenberg internationale Moto-Cross-Rennen statt, als Highlight bei Ersterem das Flutlichtrennen mit den Haupt- und Oldieklassen am Freitagabend und im Herbst der jährliche Endlauf zur Europameisterschaft. Veranstalter: MSC Kleinhau, www.msc-kleinhau.de, Veranstaltungsort: Rennstrecke „Am Raffelsberg".

●**Internationaler Hürtgenwald-Marsch:** Der Marsch (jeweils Ende Okt./Anfang Nov.) erinnert an die Schlacht im Hürtgenwald 1944/45 und dient dem Gedenken der Opfer des Zweiten Weltkrieges. Die Marschstrecken betragen 10 km – 20 km – 30 km, sie orientieren sich an der militärischen Lage im Herbst 1944. Auf der Strecke werden historische Erläuterungen zu den Geschehnissen 1944 gegeben, Teilnehmer sind Soldaten und Reservisten. Der Ausgangspunkt ist ausgeschildert, Information: Gemeinde Hürtgenwald. Veranstalter: Verteidigungsbezirkskommando 31, Köln, Reservistenverband, Bonn (Verband der Reservisten der Deutschen Bundeswehr e.V., Generalsekretariat, Provinzialstr. 1, 53127 Bonn, Tel. 0228 59 09-0, Fax 59 09-77, www.huertgenwaldmarsch.de.

Monschau

Monschau, eine Ortsgründung der Limburger Herzöge, ist viel älter als seine erste urkundliche Erwähnung im Jahre 1198 als *de monte loci*. Der Ort entwickelte sich als Ansiedlung an seiner Burg *Castrum Munioie,* die vermutlich schon ein halbes Jahrhundert länger bestand. Mitte des 13. Jahrhunderts wurden die Herrschaften Monschau und Valkenburg zusammengeschlossen, die Burg wurde weiter ausgebaut. Mitte des 14. Jahrhunderts kam die Herrschaft Monschau nebst Valkenburg an das Haus Schönforst und nach dem Tode von *Johann III. von Schönforst-Montjoie* 1433 an Jülich. In der Gelderschen Fehde 1543 wurden Burg und Stadt von den Truppen *Karls V.* beschossen und eingenommen. Wieder aufgebaut, erlitt Monschau im jülich-klevischen Erbfolgestreit erneut

Westeifel

Schaden und wurde 1689 von den Truppen *Ludwigs XIV.* zerstört. 1795 zogen französische Revolutionstruppen ein, Montjoie wurde Sitz eines Kantons und in nachnapoleonischer Zeit preußische Kreisstadt.

Die wirtschaftliche Grundlage Monschaus bildete seit dem 16. Jahrhundert die **Tuchindustrie.** Im Zuge der religiösen Auseinandersetzungen in Deutschland vertrieben die katholischen Aachener ihre Protestanten, die nun ihrerseits vom Herzogtum Jülich aufgenommen wurden. In Monschau fanden die Protestanten ein freies, nicht mehr von Zünften eingeschränktes Betätigungsfeld, dazu auch Wasser und Wolle der Schafherden aus dem nahe gelegenen Hohen Venn, was sich zusammen vorzüglich zum Weben und Färben von Stoffen eignete. Hier fand der Übergang von der häuslichen Weberei zur Feintuchherstellung statt, die ab der zweiten Hälfte des 18. Jahrhunderts industrielle Züge annahm.

Von Wohlstand und Stolz zeugen Tuchmacherpaläste und prächtige, schiefergedeckte **Fachwerkbürgerhäuser,** die ein geschlossenes historisches Stadtbild ergeben. Dieses hat sich nach dem Niedergang der Tuchmacherei in der napoleonischen Zeit weitgehend erhalten und die Stadt zu einem Touristenmagneten gemacht – nicht umsonst wird Monschau als **„Perle der Eifel"** bezeichnet. Doch nicht nur das geschlossene Ortsbild ist von einmaliger Schönheit, es gibt auch unendlich viele Details zu betrachten, etwa den Zierrat an Haustüren, Türstürzen, Giebeln und Fassaden. Übrigens wurde der Name *Montjoie* erst im Jahre 1918 durch kaiserlichen Erlass in *Monschau* geändert.

Burg

Die Burg als Ausgangspunkt der Stadtentwicklung ist ein über Jahrhunderte in Bruchsteinbauweise entstandener, mit Ringmauern versehener Komplex aus Oberburg, oberer Vorburg sowie der stadtseitigen Vorburg. Eine Wiederherstellung nach der Zerstörung durch französische Truppen

Monschau

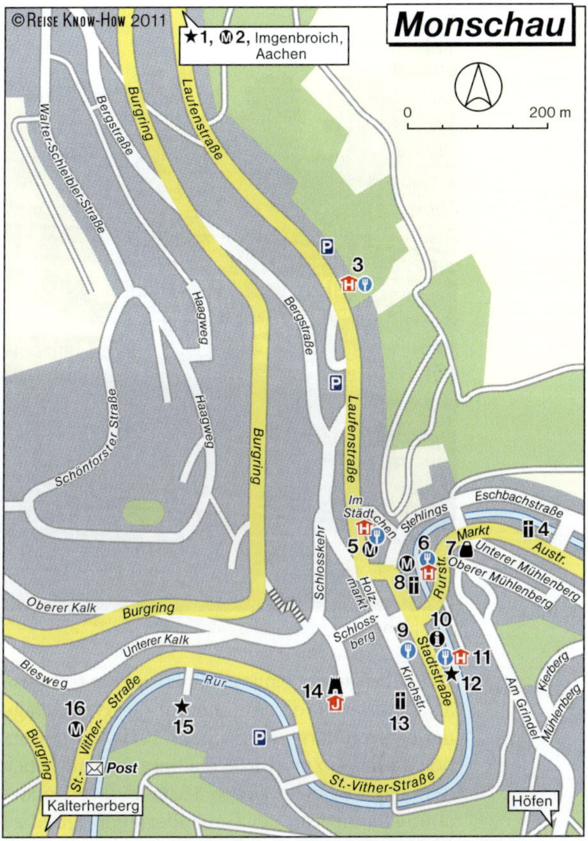

© REISE KNOW-HOW 2011

★1, Ⓜ2, Imgenbroich, Aachen

0 ——————— 200 m

Westeifel

Kalterherberg

Höfen

★	1	Historische Senfmühle	
Ⓜ	2	Musikmuseum	
🏠🛈	3	Carat Hotel,	
		Rest. Wiesenthal,	
🛈		Bistro Stüfje	
⛪	4	Minoritenklosterkirche	
Ⓜ	5	Eifeler Photographica &	
		Film Museum,	
🏠🛈		Hotel-Restaurant	
		Altstadt-Post	
🏠🛈	6	Hotel Horchem	
⚓	7	Monschauer	
		Weihnachtshaus	

Ⓜ	8	Rotes Haus,
⛪		Evangelische Kirche
🛈	9	Graf Rolshausen
🛈	10	Information
🏠	11	Alte Herrlichkeit,
		Villa Burgau
★	12	Caffee-Rösterei Wilhelm
		Maassen
⛪	13	St. Mariä Geburt
🅹	14	Jugendherberge,
🏰		Burg
★	15	Handwerkermarkt
Ⓜ	16	Brauereimuseum

1689 erfolgte nur eingeschränkt: um der Garnison als Quartier zu dienen und um die Wehranlage der unteren Burg zu erweitern. Während der napoleonischen Zeit wurde die Burg verkauft, doch die neuen Besitzer ließen 1836/37 ihre Dächer abtragen, um von der Gebäudesteuer befreit zu werden. Damit verfiel die Burg zur Ruine. Erst Anfang des 20. Jahrhunderts setzten neue Bemühungen zum Erhalt der Festung ein. Das Bauwerk wurde gesichert und instand gesetzt, sodass nach dem Ersten Weltkrieg die **Jugendherberge** in den Westflügel einziehen konnte, wo sie sich auch heute noch befindet.

Monschau war Zentrum der Tuchmacherei

039ei Foto: ot

Westeifel

Im Sommer dient der Innenhof der Burg als Kulisse für die **Monschau Klassik,** eine Veranstaltungsreihe mit namhaften Künstlern und renommierten Orchestern (s.u.).

Kirchen   Drei Kirchen beherbergt der Ortskern von Monschau. Die katholische **Pfarrkirche St. Mariä Geburt** aus der Mitte des 17. Jahrhunderts fügt sich etwas erhoben in den Hang des Burgberges. Am Markt steht die ehemalige **Kirche eines Minoritenklosters,** dessen Gebäude heute zu Wohnzwecken und als Ausstellungsräume dienen. Die **evangelische Kirche** vom Ende des 18. Jahrhunderts erhebt sich mit ihrem von einer Laterne bekrönten Zwiebelturm pittoresk an der Rur und kann über eine Fußgängerbrücke, die direkt zum Portal führt, erreicht werden.

Rotes Haus Direkt neben der evangelischen Kirche steht das großartige Rote Haus, der prächtige Bau des Monschauer **Tuchwebers** *Johann Heinrich Scheibler,* das er sich 1756 errichten ließ. Heute ist dieses Patrizierhaus, glanzvoller als manch ein Adelspalast seiner Zeit, als Museum zu besichtigen. Das Wohnhaus mit Kontor und Fabrikationsstätte präsentiert sich wie vor 250 Jahren. Man findet noch Stücke der **Original-Möblierung** vor, sehenswert sind Tapisserien, Schnitzereien und andere Kostbarkeiten sowie die frei tragende, kunstvoll geschnitzte Holztreppe über drei Etagen.

● **Stiftung Scheibler-Museum:** Laufenstr. 10, Tel. 50 71, Fax 9 87 76 04, www.rotes-haus-monschau.lvr.de, geöffnet Karfreitag bis Nov. Di–So (Einlass zur vollen Stunde) vormittags 10 und 11 Uhr, nachmittags 14, 15 und 16 Uhr, Führungen nach Anmeldung, Eintritt 2,50 €, Studenten, Schüler, Kinder 1,50 €, Familienkarte 5 €.

Brauerei-Museum Das Brauerei-Museum am Ortseingang beim Handwerkermarkt dokumentiert die seit 150 Jahren stattfindende Bierherstellung in Monschau. Der Rundgang führt durch das Sudhaus und den Gär- und Lagerkeller und zeigt als besondere Attraktion den historischen Felsenkeller, der 1830 in einen Schieferberg gesprengt wurde.

● **Felsenkeller Brauerei-Museum:** St. Vither Str. 22–28, Tel. 30 18, Fax 30 17, www.brauerei-museum.de, geöffnet geöffnet Di bis So 11–20 Uhr, Mo Ruhetag, Eintritt 3 €.

Photographica Die Eifeler Photographica zeigt eine Ausstellung zur **Geschichte der Fotografie** von der Laterna Magica bis zur Digitalkamera, Originalaufnahmen von **Alt-Monschau** aus der Kaiserzeit sowie Wechselausstellungen von Fotografen aus der Region. Prunkstück der Sammlung des Initiators und gelernten Fotografen *Wolfgang Geisel* ist eine Hochgeschwindigkeitskamera der NASA, die bis zu 40.000 Aufnahmen pro Sekunde machen kann.

● **Eifeler Photographica & Film Museum:** Laufenstr. 40, Tel. 35 90, Fax 94 06 68, www.altstadt-post.de, April bis

Oktober täglich geöffnet 10–18 Uhr, Führungen nach Vereinbarung, Eintritt 2,80 €, Kinder 1,40 €.

Weitere Sehenswürdigkeiten

Weiterhin sehenswert sind der **Handwerkermarkt,** das **Druckerei-Museum,** die alte **Kaffeerösterei,** das **Musikmuseum,** die **Senfmühle** und nicht zuletzt der Weihnachtsmarkt. Der ganze Altstadtkern Monschaus lässt sich mit der Stadtbahn erkunden (s.u.).

● **Druckerei-Museum Weiss:** Monschau-Imgenbroich, Am Handwerkerzentrum 16, Tel. 98 29 82, Fax 98 27 85, www. druckereimuseum-weiss.de. Interaktive Ausstellung zum langen Weg von der Hieroglyphe über Gutenbergs Erfindung bis zum Internet. Geöffnet für Einzelbesucher So 13–16 Uhr, Führung So 14 Uhr, Gruppen auf Anfrage, Eintritt 5 €, Familienkarte 10 €, Gruppen ab 8 Personen 4 €/Pers.
● **Musikmuseum:** Erlenweg 2, im Monschauer Ortsteil Imgenbroich, Tel. 51 22, Fax 48 45, www.musikmuseum.de. Das Museum zeigt die vergessene Welt der selbstspielenden Musikinstrumente, geöffnet So u. Do, Führung 15 Uhr, für Gruppen auf Anfrage, Erwachsene 6,50 €, Schüler 4 €.
● **Caffee-Rösterei Wilhelm Maassen:** Stadtstr. 24, Tel. 8 03 58 80, Fax 80 42 40, www.caffee-roesterei.de. Seit 1862 in Familienbesitz betriebene Handrösterei, geöffnet Di bis So 10–18 Uhr, Eintritt für Führung mit Kaffee-Verkostung („Caffee & mehr") für kleine Gruppen nach Anmeldung 3 € pro Person.
● **Historische Senfmühle:** Laufenstr. 116–124, Tel. 22 45, Fax 59 99, www.senfmuehle.de. Senfherstellung in vierter Generation in einer über 100 Jahre alten Senfmühle, die ursprünglich über ein Wasserrad angetrieben wurde und heute noch mit einer alten Transmission arbeitet. Produktion 17 verschiedener Senfsorten wie z.B. Feigensenf. Senfladen, auch mit Eifeler Spezialitäten; Einzelführungen durch die Senfmühle März bis Okt. Mi 11 und 14 Uhr, Gruppenführungen auf Anfrage, Dauer 40 Minuten, Teilnahmepreis 2,50 €, Schulkinder 1,50 €. Senfladen geöffnet Mo–Fr 8.30–18 Uhr, Sa 9–18 Uhr, So 10–18 Uhr.
● **Weihnachtsmarkt:** An den vier Adventswochenenden vor der romantischen Kulisse der Altstadt rund um den Markt von Monschau und weiter zum „Patere Höffje" hinter dem Aukloster, über die Rurbrücke bis Richters Eck und mit lebender Krippe auf der Burg (Info: Krippenfreunde Höfen, Christoph Dosquet, Monschau-Höfen, Im Sief 22).

Info

● **Postleitzahl:** 52156, **Tel.-Vorwahl:** 02472
● **Monschau-Touristik:** Stadtstr. 1, Tel. 8 04 80, Fax 45 34, www.monschau.de.

Essen & Trinken/ Unterkunft

●**Graf Rolshausen:** Kirchstr. 33, Tel. 20 38, Fax 45 03, www.grafrolshausen.de. Restaurant in einem alten Gewölbekeller, die Küche bietet rustikale bis feine Speisen, dazu ausgewählte Weine und Zwickelbier nach Alt-Monschauer Art vom Fass, geöffnet Do bis So 18–22 Uhr.

●**Hotel Horchem** €€€: Rurstr. 14, Tel. 8 05 80, Fax 80 58 10, www.hotel-horchem.de. Denkmalgeschütztes Haus, mit großem Aufwand umgebaut, die alten Eichenholzvertäfelungen und das Mobiliar sind restauriert. Große Zimmer mit Blick auf das Rote Haus. Restaurant in toskanischem Stil mit Kaminfeuer, saisonale und regionale Küche, Café-Garten.

●**Carat** €€€: Laufenstr. 82, Tel. 8 60, Fax 8 61 99, www.carat hotel.de. Innenstadtnah in einem ehemaligen Tuchmacherhaus, Hotelneubau, modern eingerichtete Zimmer, Beauty-Farm, Sauna, Solarium, Fitnessraum, eigener Parkplatz; angeschlossenes **Restaurant Wiesenthal** mit regionaler und internationaler Küche und **Bistro Stüfje.**

●**Hotel-Restaurant Altstadt-Post** €€: Laufenstr. 40, Tel. 35 90, Fax 94 06 68, www.altstadt-post.de. Mitten in der Altstadt, rustikal eingerichtete Zimmer, gemütliches Café-Restaurant, im Winter Mi Ruhetag, mit Eifeler Photographica und Film Museum (s.o.).

●**Alte Herrlichkeit:** Stadtstr. 7, Tel. 22 84, Fax 49 62, www.alteherrlichkeit.de. Seit über 150 Jahren im Herzen der Altstadt direkt an der Rur in Räumen aus dem 18. und 19. Jahrhundert, saisonale, frisch zubereitete klassische und regionale Gerichte. Angeschlossen ist der Hotelbetrieb **Villa Burgau** €€.

●**Jugendherberge Burg Monschau:** Auf dem Schloss 4, Tel. 02472 23 14, Fax 02472 43 91, www.burg-monschau. jugendherberge.de, 1- bis 10-Bettzimmer, 7 Zimmer mit Waschgelegenheit, 6 Leiterzimmer, 4 Tagungsräume, 4 Familien-Appartements, Gemeinschaftsduschen, Gemeinschaftswaschräume, mit Frühstück ab 18,10 €.

Aktivitäten

●**Monschauer Stadtbahn:** 30-Minuten-Rundfahrt durch Monschau im Touristen-Straßenzug, Abfahrt Burgau 9.45 (bei Bedarf), 10.30, 11.15, 12, 13.15, 14, 14.45, 15.30, 16.15, und 17 Uhr, 15 Minuten später Abfahrt Marktplatz, Tarif 5 €, Kinder 2 €, Information: Jansen & Kell GmbH, Laufenstr. 67, Tel. 80 00 10, www.jansen-kell.de.

●**Nordic Walking:** *Gertrud Jacobs,* Alter Weg 32, Tel. 78 22, Schnupperstunden, Anfängergruppen, Kleingruppen, Einzeltraining, Stockverleih zu den Kursen.

Das Rote Haus – die prächtige Innenausstattung ist zu besichtigen

Veran-staltungen

● **Monschau Klassik:** Seit dem Jahr 2000 bietet die Open Air Klassik ein vielfältiges Programm mit Oper, Theater und Konzerten vor der stimmungsvollen Kulisse der Burg Monschau. Information: Monschau-Touristik (s.o.), Programm und Preisinformationen unter www.monschau-klassik.de, Karten-Hotline Tel. 80 48 28.

● **Jazz-Tage Monschau:** Im Atrium des St. Michael-Gymnasiums Monschau, alljährlich Termine im August mit regionalen und überregionalen Jazz-Bands, verantwortlich: Verein der Freunde und Förderer des Gymnasiums, Karten ab 12 €, Tel. 71 80, www.monschau-jazz.de.

Einkaufen

● **Monschauer Weihnachtshaus:** Markt 6, Tel. 94 01 19, Fax 94 01 20, www.weihnachtshaus-monschau.de. Ganzjährig geöffneter Laden mit Weihnachtsartikeln über drei Etagen, z.B. Lichterketten, Baumschmuck, Krippen, Engel, außerdem Tischdekoration, Glasvögel, erzgebirgische Volkskunst etc., geöffnet Feb. bis April 11–17 Uhr, April bis 23.12. 11–18 Uhr, jeweils eine halbe Stunde Mittagspause.

● **Monschauer Handwerkermarkt:** Burgau 15, Tel. 80 44 00, Fax 80 44 03, www.monschauer-handwerkermarkt.de. Hier gibt es Marktstände im Stil eines Dorfplatzes, darunter die **Monschau Glashütte,** Tel. 80 25 785, Fax 80 25 787, www.glashuettemonschau.com, ganzjährig geöffnet mit Verkauf 10–18 Uhr, Vorführungen am Ofen ab 10.15 Uhr.

Westeifel

04Dei Foto: ot

Monschauer Heckenland

Das Monschauer Heckenland ist eine Übergangslandschaft vom Hohen Venn zur Rureifel. In der unmittelbaren Nachbarschaft zum Hohen Venn, das sich mit seinem größten Teil im belgischen Osten erstreckt, ist der Einfluss des Atlantikklimas deutlich zu spüren. **Kalter Wind** und lange Winterperioden haben die Bewohner dieses Landstrichs veranlasst, sich durch eine spezielle Bauweise ihrer Häuser diesen Lebensbedingungen anzupassen – nicht umsonst heißt einer der Orte des Monschauer Heckenlandes Kalterherberg. Das **typische Vennhaus** mit dem einseitig tief gezogenen Dach, der Winkelhof mit geschütztem Scheunentor und Hauseingang und die hohen Buchenschutzhecken lassen heute noch ahnen, wie hart das Leben hier einst war.

Haushohe Buchenhecken gehören zum typischen Erscheinungsbild von Simmerath, Roetgen, Mützenich, Kalterherberg, Eicherscheid und den Nachbardörfern. Der schönste Heckenort im Monschauer Heckenland ist aber **Höfen.** Hier stehen auch noch einige reetgedeckte Vennhäuser. Neben den **Hochhecken** an den Häusern werden in den Feldfluren **niedere Buchenhecken** mit überstehenden Einzelbäumen, so genannten Durchwachsern, gepflegt. Sie dienen als Windschutz und bilden wertvolle Lebensräume für Pflanzen und Tiere. Seitens des Deutsch-Belgischen Naturparks werden Besitzer und Pächter mit Geldprämien für die Pflege dieser unvergleichlichen Landschaftselemente unterstützt.

Kalterherberg

Kalterherberg wird weithin von seiner neuromanischen Ortskirche überragt. Sehenswert sind die kunstvoll gestalteten Portale dieser auch als **„Eifeldom"** bezeichneten Kirche.

An der von Kalterherberg zur belgischen Grenze führenden Straße liegt **Gut Reichenstein,** ein durch Schenkung der Herzöge von Limburg um

1131/1136 gegründetes **Prämonstratenserkloster,** dessen Prioratsgebäude nach der Zerstörung durch Truppen Kaiser *Karls V.* im Jahre 1543 wieder aufgebaut wurde. Die Kirche konnte durch den auf Initiative der heutigen Privatbesitzer gegründeten „Verein der Freunde und Förderer der ehemaligen Klosterkirche Reichenstein e.V." restauriert werden. Kurzgefasste Erklärungen über die Geschichte von Gut Reichenstein liegen in der Kirche aus.

● **Gut Reichenstein:** *Helma* und *Dr. Ernst Handschumacher,* Gut Reichenstein, 52156 Monschau, Tel. 02472 22 04, Fax 56 13, www.praemonstratenser.de/121.html, geöffnet täglich von Sonnenaufgang bis Sonnenuntergang, Zugang zur Kirche durch den Innenhof des Gutes.

Perlenbach   Der oberhalb von Monschau in die Rur mündende Perlenbach wird kurz vor dem Ort zur **Perlenbachtalsperre** aufgestaut. Der Oberlauf des Perlenbachtals und des angrenzenden Fuhrtsbachtals sind einzigartige Biotope für die in Deutschland so seltenen **wilden Narzissen.** Deshalb stehen beide Täler unter **Naturschutz.** Im zeitigen Frühjahr sind hier die Bachwiesen gelb übersät mit den Blüten dieser Narzissen – und ziehen Tausende von Besuchern an. Wer diese blühenden Wiesen frei betrachten möchte, sollte früh am Morgen da sein!

Mützenich   Mützenich, ein **typisches Venndorf** am Rande des Hohen Venns mit dem **Steling,** der höchsten Erhebung des Monschauer Landes (658 m), bietet mit seinen gepflegten Windschutzhecken und den nach Osten ausgerichteten Giebeln seiner alten Wohnhäuser ein schönes Ortsbild. Ein beliebter Spaziergang führt über die Grenze ins Venn zu **Kaiser Karls Bettstatt,** einem markanten Quarzitblock, der der Sage nach einmal Kaiser *Karl dem Großen* als Nachtlager gedient haben soll.

Rohren   Östlich von Monschau liegt Rohren, ein hübscher Ort mit vielen Fachwerkhäusern, den typischen

Westeifel

Vennhäusern. Bekannt ist der Ort durch sein oberhalb gelegenes **Skigebiet** mit Sommerbobbahn.

Lammersdorf

Im **Bauernmuseum** Lammersdorf ist ein typisches Bauernhaus aus der Zeit um 1900 Besuchern zugänglich gemacht worden. Das Haus mit Wohn- und Schlafraum, Stall, Scheune und Werkstatt wurde mit Mobiliar und Gebrauchsgegenständen jener Zeit so ausgestattet, dass das Museum den Eindruck eines bewohnten Hauses vermittelt. Historische Handwerke werden für Schulklassen didaktisch aufbereitet und dargestellt.

● **Bauernmuseum Lammersdorf:** Bahnhofstr. 3, 52152 Lammersdorf, nördlich von Monschau, Tel. 02473 10 01, www.bauernmuseum-lammersdorf.de, eingerichtet und betrieben vom Verein für Heimatgeschichte und Dorfkultur Lammersdorf, Öffnungszeiten April bis Okt. So und feiertags 11–18 Uhr.

Essen & Trinken/ Unterkunft

● **Hotel Gut Heistert** €€: 52156 Monschau-Kalterherberg, Tel. 02472 50 65, Fax 65 80, www.gutheistert.de. Außerhalb des Ortes völlig ruhig gelegenes Haus, freundlich eingerichtete Zimmer, separates Aufenthalts- und Kaminzimmer, Sauna und Ruheraum, Liegewiese, Ausgangspunkt für Wanderungen und Skilauf, angeschlossenes Restaurant.
● **Altes Eifelhaus:** 52156 Monschau-Höfen, Hauptstr. 96, Tel. 02472 69 48, Fax 91 20 31, www.altes-eifelhaus.de. Ältestes Bruchsteinhaus mit Reetdach in Höfen, Restaurant-Café, gepflegte Gastlichkeit in historischem Ambiente, Motorradtreff, eigene Bäckerei in dritter Generation, werktags 6–18 Uhr, So 8–18 Uhr.

Aktivitäten

● **Sommerrodelbahn:** Sommer- und Wintersportzentrum Monschau-Rohren, Rödchenstr. 37, Tel. 02472 41 72, Fax 41 47, www.sommerbobbahn.de. Rasante 1251-Meter-Bobbahn mit Panoramablick, April bis Nov. 10–18 Uhr (außer bei Nässe), im Winter zum Wintersport genutzt, Einzelfahrt 2 €, Kinder 1,50 €.
● **Wintersportzentrum Rohren:** Ski Alpin auf vier Pisten und einer Waldabfahrt, Skischule, Ski-Verleih (auch für Langlauf), Anker-Schlepplift, drei Übungslifte, Schneelagebericht täglich aktuell, Tel. 41 72.
● **Loipen:** Verschiedene Längen und Schwierigkeitsgrade in Höfen, Kalterherberg, Konzen, Mützenich, Rohren und Lammersdorf.

Wellness

● **Saunadorf Roetgen-Therme:** 52159 Roetgen, Postweg 8, Tel. 02471 1 20 30, Fax 12 03 26, www.roetgentherme.de. Sieben Saunen und Warmluftbäder (Finnische Aufgusssauna, Urwaldsauna, Eifeler Schwitzhütte, Tepidarium Aromabad, Caldarium Aromabad), offener beheizter Solewasserpool, weitere Pools, Thermengarten, dazu Massagen, Wellness-Anwendunen, Kosmetik. Tageskarte 20,40 €, geöffnet Mo–Sa 12–24 Uhr, So und feiertags 10–22 Uhr, Essen und Trinken im Bademantelrestaurant „Galleria" (nur für Saunagäste) und in der Brasserie, geboten wird preisgekrönte italienisch-französische Küche. Angeschlossener Hotelbetrieb.

Rureifel

Die **Rur** entspringt im Naturpark Hohes Venn an der 694 Meter hohen Botrange in Belgien auf 660 m Höhe und erreicht südlich von Monschau nach nur rund 15 Kilometern Flusslauf die deutsche Grenze. Ab Flusskilometer 39 wird das Wasser zum **Rurstausee** gestaut, der zweitgrößten Talsperre Deutschlands. Die Rur schlängelt sich dann an den Burgen von Heimbach und Nideggen vorbei weiter abwärts, um ihren Weg durch die Niederrheinische Bucht über die holländische Grenze zu nehmen und bei Roermond in die Maas zu münden.

In der Eifel zeigt die Rur ihr schönstes Gesicht. Die abwechslungsreiche Landschaft der Rureifel mit ausgedehnten Wäldern, eingebetteten Seen, Feldern und Wiesen sowie reizvollen Ortschaften zieht die Besucher von weither an. Die Einrichtung des **Nationalparks Eifel** im Jahr 2003 hat die Attraktivität dieser Region noch weiter erhöht.

Nideggen

Von Norden kommend, bildet Nideggen schon seit Jahrhunderten das Einfallstor in die Nordeifel. Hier bestand ein Knotenpunkt der römischen Straße von Köln nach Maastricht, hier bauten sich schon die Merowinger eine Feste. Die Ortslage

04 tei Foto: ot

war seit dem 9. Jahrhundert in Kölner Besitz. Als Vögte hatten die Kölner Erzbischöfe die Grafen von Jülich eingesetzt, die sich allmählich verselbstständigten und sich im Laufe der Jahrhunderte zu den ärgsten Rivalen der Kölner entwickelten.

In der Altstadt von Nideggen

Burg

Auf dem schmalen, sich nach Westen verjüngenden Bergrücken von Nideggen baute Graf *Wilhelm II. von Jülich* 1177–91 auf dem steil ins Rurtal abfallenden Standort die Burg, die sogar noch als Ruine ihre Wehrhaftigkeit erahnen lässt. Der mächtige Bergfried schützt die Burganlage gegen den einzigen Zugang von Osten. Heute ist im Turm ein Museum untergebracht, früher war dieser Turm durch seine Kerker berüchtigt. Hier wurden so berühmte Leute wie *Ludwig von Bayern* oder die Kölner Erzbischöfe *Konrad von Hochstaden* und *Engelbert II. von Falkenburg* gefangen gehalten, die nur gegen Zahlung enormer Lösegelder wieder frei kamen.

Östlich der Burganlage, aber noch im äußeren Burgbering, wurde fast gleichzeitig mit der Burg die Pfarrkirche St. Johann Baptist errichtet. 1313 bekam Nideggen Stadtrechte und die vorgelagerte Ortschaft mit zentralem Marktplatz erhielt einen Mauerring mit zwei imposanten Tortürmen, die den Zugang in die Stadt frei geben. Wenig später wurde die Burg erweitert und mit einem großartigen Rittersaal versehen. Doch der Machtzuwachs der Jülicher, die inzwischen durch Heirat mit Jülich-Berg und Kleve-Mark vereint waren, rief den Kaiser auf den Plan. Spanische Truppen *Karls V.* drangen in die Eifel ein – auch Nideggen wurde im Zuge dieser „Jülicher Fehde" erobert.

Im 17. Jahrhundert richteten der Jülicher Erbfolgekrieg, der Dreißigjährige Krieg und der Spanische Erbfolgekrieg weitere Schäden an. Die Burg verfiel, die Stadt verödete. Erst ab 1900 wurde die Burg wieder hergerichtet und nach heftigem Beschuss am Ende des Zweiten Weltkriegs in den Zustand vom Beginn des vorigen Jahrhunderts zurückversetzt.

Nideggen zählt zu den eindrucksvollsten Burganlagen der Eifel. Den Kern bildet der **Bergfried** mit seiner kreuzgewölbten Burgkapelle im Erdgeschoss. Der Oberbau des Turms wurde um 1350 erneuert, die Wohnanlage gleichzeitig um den Pa-

Westeifel

las mit dem Rittersaal an der Südseite erweitert – von diesem sind nur noch Reste der mit zwei Ecktürmen versehenen Außenwand erhalten, deren Fensteröffnungen den Blick auf das Rurtal frei geben. Seit 1979 bietet das **Burgenmuseum** einen Einblick in das Leben im Mittelalter, außerdem viele Sonderveranstaltungen und -ausstellungen.

● **Burgenmuseum:** Tel. 02472 63 40, www.kreis-dueren. de/burgenmuseum, geöffnet Di–So 10–17 Uhr, Eintritt 3 €, ermäßigt 1,50 €. Einzel-, Gruppen- sowie themenspezifische Führungen nach Voranmeldung, Kosten 25,50 €.

Pfarrkirche Ungewöhnlich groß ist die im Burggelände errichtete Pfarrkirche **St. Johann Baptist,** als dreischiffige Basilika aus rotem Rursandstein errichtet – wie die Burg und die alten Häuser der Stadt. Im Osten ist an das Schiff ein Chorquadrat mit halbrunder Apsis angefügt, im Westen der quadratische Turm vorgesetzt, der das Schiff nur wenig überragt. Die Ausmalung der Apsis, Christus in der Mandorla darstellend, stammt im Wesentlichen aus der Mitte des 13. Jahrhunderts. Die Kirche ist reich mit Holzskulpturen aus verschiedenen Epochen ausgestattet.

Essen & Trinken/ Unterkunft

●**Burggaststätte Burg Nideggen** €€€: 52385 Nideggen, Kirchgasse 10, Tel. 02427 12 52, Fax 69, 79, www.burgnideggen.de. Anspruchsvolle Gastronomie in historischem Ambiente, gepflegte Atmosphäre im Restaurant „Kaiserblick" mit großem Panoramafenster, herrlicher Ausblick auf das Rurtal. Das „Jülicher Zimmer" mit seinem großen Kachelofen bietet Gemütlichkeit, der Rittersaal eignet sich als Bankettraum für Feiern bis zu 120 Personen, die Küche bietet jahreszeitlich frische Speisen, bekannt für Pfifferling-Gerichte.

●**Christophorus** €€€: 52385 Nideggen-Rath, Rather Str. 147–151, Tel. 02427 90 24 99, Fax 90 07 01, www.hotel christophorus.de. Hotel im Landhaus-Stil, herrlicher Ausblick in die Eifellandschaft, großer Garten, alle Zimmer mit überdachtem Freisitz, 5 Suiten, spezielles Angebot: Ferienfahrschule; mit Restaurant Eifelstube, rustikale Eifeler Küche.

●**Alpenvereinshütte:** Dürener Hütte, Burg Nideggen. Aus den Ruinen des ehemaligen Pförtnerhauses der Burg, von welchem lediglich die Außenmauern standen, wurde ein komplett neues Haus unter den Auflagen des Denkmalschutzes und des umweltgerechten Bauens errichtet. 15 Lager zur Übernachtung für Selbstversorger, Preis pro Übernachtung 4 €, Jugendliche 2 €, Nichtmitglieder das Doppelte, Information: DAV-Sektion Düren, 52349 Düren, Kolpingstr. 24, Tel. 02421 4 34 50 Fax 20 56 30, www.davdueren.de.

Heimbach

Von Nideggen führt der Weg in die Eifelhöhen entlang der Rur nach Heimbach. Inmitten einer Talmulde gelegen, ist es heute ein anerkannter Luftkurort, dessen Attraktivität durch die Schaffung des nahe gelegenen Nationalparks Eifel noch gewachsen ist.

Burg Hengebach

Auf einem etwa 180 Meter langen und bis zu 40 Meter breiten Grauwackenfelsen erhebt sich majestätisch über den Häusern des Ortes die Burg der ehemaligen Herren *von Hengebach,* deren Anfänge auf die Zeit der Normanneneinfälle

Westeifel

Das Zülpicher Tor in Nideggen

Ende des 9. Jahrhunderts zurückgehen und deren Besitz Mitte des 13. Jahrhunderts mit dem von Jülich vereinigt wurde. 1288 wurde Burg Hengebach Sitz eines Jülicher Burggrafen und Heimbach selbst Mittelpunkt eines Jülicher Amtes. Der große Brand von Heimbach im Jahre 1687 vernichtete fast den gesamten Ort. Im Laufe der Zeit verfiel die Burg immer weiter und wurde erst 1904 restauriert.

● **Burg Hengebach:** 52396 Heimbach. Außenanlagen und Bergfried ganzjährig zu besichtigen, Burgrestaurant *Castello d'Arte,* Hengebachstraße 46–48, Tel. 02446 80 96 58, www.castellodarte.de, geöffnet 12–23 Uhr, Di Ruhetag, barrierefrei durch Panorama-Fahrstuhl, italienische Küche.

In der Altstadt

Am Fuß der Burg trifft man auf einige gut erhaltene ältere **Fachwerkbauten.** Gegenüber erheben sich die **Pfarrkirche St. Clemens** mit romanischem Glockenturm, die nach dem Stadtbrand barock wieder errichtet wurde und ein wertvolles Altarbild besitzt, sowie die 1981 an die Pfarrkirche kontrastierend-modern angebaute **Wallfahrtskirche Christus Salvator.** Hier steht ein berühmter Antwerpener Schnitzaltar mit Darstellungen aus dem Marienleben und dem aus der Abteikirche Mariawald stammenden „Gnadenbild der Schmerzhaften Mutter Gottes", das Ziel von Wallfahrten ist. Das Thema des Kreuzaltares findet seine Fortsetzung in der Fensterwand von *Prof. Georg Meistermann,* Köln (gest. 1990).

Wasser-Info-Zentrum

Lohnenswert ist ein Besuch des Wasser-Info-Zentrums Eifel im Gebäude der ehemaligen Hauptschule am Karl-H.-Krischer-Platz, ein **Erlebniszentrum,** das sich dem Thema Wasser unter Umweltaspekten widmet. Die heimische Wasserwelt kann man in Groß-Aquarien betrachten, außerdem einen Riesenglobus, ein Minigebirge und Stauseen zum selber Steuern, Wassertechnik, Strom aus Wasser auf Knopfdruck, ein Wasserwerk-Modell, ein Wasserlabor speziell für Schulklassen, weiter-

hin Verbraucherberatung, so z.B. wie man Trinkwasser sparen und Regenwasser nutzen kann.

● **Wasser-Info-Zentrum Eifel:** Karl-H.-Krischer-Platz 1, Tel. 9 11 99 06, www.wasser-info-zentrum-eifel.de, geöffnet ganzjährig Di–So 14–17 Uhr, So 14.30 und 15.30 Uhr Besucherführung, Eintritt 6 €, Jugendliche 3 €, Kinder 2 €.

Weitere Sehenswürdigkeiten

Das **Naturerlebniszentrum** im Heimbacher Haus des Gastes im Kurparkbereich widmet sich der Nutzung der Natur durch den Menschen und die Folgen für Flora und Fauna. Hier stellt auch der bekannte Eifeljagdmaler *Hermann Hennewald* seine Bilder aus.

Unterhalb der Rurstauseemauer steht das Jugendstilgebäude des **Wasserkraftwerkes Heimbach,** ein kunstvoller Industriebau, der im Obergeschoss ein kleines Museum beherbergt.

● **Kraftwerk Heimbach/RWE-Industriemuseum:** 52396 Heimbach Hasenfeld, Tel. 02446 9 50 43 20, Besichtigung des Kraftwerks nur in Begleitung des Führungspersonals, Dauer ca. eine Stunde, Treffpunkt: Eingangstor am Kraftwerk, Führungen Mo–Fr 14.30 Uhr, Sa, So und feiertags 14 Uhr, Dez. und Jan. Fr 14.30 Uhr, Sa 14 Uhr. Gruppenführungen nach Vereinbarung. Eintritt frei.

Blens

Zwischen Heimbach und Nideggen an der Rur liegt der kleine Ort Blens mit hervorragend restaurierten **Fachwerkhäusern.** Spätestens um die Mitte des 12. Jahrhunderts existierte in Blens eine burgähnliche Wohnanlage, deren heutige Gestalt einem Umbau des Jahres 1791 entstammt. Ein vierflügeliger Wirtschaftshof umgibt das zweigeschossige **Herrenhaus.** Eine bemerkenswerte Seltenheit ist die noch gut erhaltene Hofpflasterung aus Rurkieseln. Unmittelbar vor dem Wirtschaftshof liegt die **St.-Georg-Kapelle,** ein kleiner Bruchsteinbau aus dem Jahr 1807.

Info

● **Postleitzahl:** 52396, **Tel.-Vorwahl:** 02246
● **Rureifel-Tourismus:** Karl-H.-Krischer-Platz 1, Tel. 0700 34 33 50 00 (0,12 €/Min.), Fax 8 05 79 30, www.rureifel-tourismus.de.

Westeifel

Essen & Trinken/ Unterkunft

● **Eifeler Hof** €€: Hengebachstr. 43, Tel. 4 42, Fax 13 54, www.eifeler-hof.de. Traditionelles, familiär geführtes Restaurant, beliebter Biker-Treff, gutbürgerliche Küche auf hohem Niveau mit saisonalen Spezialitäten, Ruhetag Mo ab 14 Uhr, Di ganztägig.

● **Alte Mühle** €: Teichstr. 1, Tel. 31 24, Café und Restaurant, ganzjährig geöffnet, Mi Ruhetag, mit Außenterrasse.

● **Hotel Klostermühle** €€: Hengebachstr. 106 a, Tel. 80 60-0, Fax 80 60-5 00, www.hotel-klostermuehle.de. Die Klostermühle wurde früher von Mönchen der Trappistenabtei Mariawald als Wassermühle genutzt. Moderne, dem historischen Bauwerk angepasste Zimmer, dazu Ferienwohnungen, Gesellschaftsräume, Ferienwohnungen, Tennishalle mit Tennisschule, Tennis- und Sportboutique, vollautomatische Bundeskegelbahnen, Sauna, Solarium, Restaurant mit Terrasse, Innenhof für Veranstaltungen.

Aktivitäten

● **Rurtal-Express:** Moderner Schienenbusverkehr der Rurtalbahn zwischen Düren und Heimbach entlang der Rur. Mitnahme von Fahrrädern, Infos über Tarife und Fahrpläne Tel. 02421 39 01 40, www.nahverkehr.nrw.de/d/3356.

Auf den Gleisen verkehrt auch der **Museumszug** Rurtal-Express mit einer 1943 gebauten Dampflok, organisiert durch den „Dampfbahn Rur-Wurm-Inde e.V.", Geschäftsstelle Rurtal-Express, Moltkestr. 16, 52351 Düren, Tel. 02421 22 28 54, Fax 22 28 53, Buchungsbüro, Information über Fahrten und Preise: Tel. 02261 94 76 27, 9–17 Uhr, www.drwi.de.

Einkaufen

● **Glasbläserei Gier:** Hengebachstr. 45a, Tel. 24 46, Fax 6 25, Fertigung von mundgeblasenen Gläsern und Glaswaren, alles Unikate, geöffnet Di–So u. feiertags 10–17 Uhr.

Veranstaltungen

● **Wallfahrt** zur Pietà der Wallfahrtskirche Christus Salvator, Mai bis September, Höhepunkt ist die Oktavwoche Anfang Juli, Information: Katholisches Wallfahrtsamt, Tel. 02446 4 93, www.heimbach-wallfahrt.de.

Talsperren in der Rureifel

Seit Anfang des vorigen Jahrhunderts wurden in der Eifel fünfzehn Talsperren gebaut, die größten davon in der Rureifel. Hier im Nordwesten fallen die höchsten Niederschläge, die Flüsse führen das meiste Wasser, und damit sind die besten Voraussetzungen für den Talsperrenbau gegeben. Alle diese Stauseen stellen eine außerordentliche land-

schaftliche Bereicherung dieses Teils der Eifel dar und sind Anziehungspunkte für vielerlei Freizeitaktivitäten.

Der Talsperrenbau in der Rureifel begann 1900 bis 1905 mit dem Bau der Urfttalsperre unterhalb von Gemünd. Mit einer Dammhöhe von 54 Metern weist sie ein Fassungsvermögen von 45,5 Millionen Kubikmetern auf. Der große **Staudamm Schwammenauel** entstand in den Jahren 1934 bis 1938. Die Mauer war zunächst 56 Meter hoch und 350 Meter lang. 1955–58 erfolgte eine Aufstockung auf 72 Meter, und damit stieg das Fassungsvermögen von gut 100 auf 205 Millionen Kubikmeter. Der 14 Meter hohe Erddamm des Vorbeckens Paulushof wurde in der gleichen Zeit auf 33 Meter erhöht. Schon 1933–34 waren das Staubecken Untermaubach unterhalb von Nideggen mit einem 6,50 Meter hohen Erddamm und 1,7 Millionen Kubikmetern Fassungsvermögen sowie das Staubecken Heimbach mit einer 12 Meter hohen Mauer und 1,5 Millionen Kubikmetern Fassungsvermögen entstanden.

**Rur-
talsperre**

Die Hauptaufgabe der Rurtalsperre liegt in erster Linie auf dem **Ausgleich der Wasserführung** in der Rur, um Hochwasserschäden im Bereich ihres stark industrialisierten Unterlaufes zu vermeiden. Eine weitere Zweckbestimmung ist die Bereitstellung von **Trinkwasser.** Im Obersee der Rurtalsperre Schwammenauel werden jährlich an die 30 Millionen Kubikmeter Wasser für den Großraum Aachen zur Verfügung gestellt. Gleichzeitig dient der Dauerstau des Obersees dem Landschaftsschutz im Rurtal.

Eigentlich besteht die Rurtalsperre Schwammenauel aus zwei Dammbauwerken. Während der Bauarbeiten für die Aufstockung des Hauptdammes wurde ein weiterer Damm gegenüber der Ortschaft Rurberg errichtet. Dieser Damm trennt den **Obersee** vom **Hauptsee.** Vor Baubeginn befand sich hier lediglich ein Vorbecken, das

Westeifel

als „Vorbecken Paulushof" bezeichnet wurde. Der Damm erhielt daher nach Fertigstellung den Namen **Staudamm Paulushof**. Mit dem Bau des Paulusdammes wurde die Urfttalsperre auf der Luftseite eingestaut. Gleichzeitig stieg die Wasserfläche so an, dass die Urft im Obersee in die Rur mündet.

Das Stauziel von Obersee und Hauptsee liegt bei 281,50 Meter Höhe. Während der Wasserspiegel im Hauptsee ständig den wasserwirtschaftlichen Verhältnissen angepasst werden muss, wird der Wasserspiegel des Obersees fast immer bis zum Stauziel gehalten. Zwischen Rurberg und dem Paulusdamm befindet sich mit dem Staudamm **Eiserbachsee** noch ein weiteres Dammbauwerk, dessen Wasserfläche auch als Schwimmbad genutzt wird.

Sportmöglichkeiten

Der Hauptsee der Rurtalsperre ist das größte Freizeitrevier der Nordeifel – nur hier ist aus hygienischen Gründen der Wassersport gestattet. Die Fahrgastschifffahrt und die Energieerzeugung sind darüber hinaus Nebennutzungen an der Rurtalsperre. Hinter der 480 Meter langen Staumauer Schwammenauel kann man nach Herzenslust **segeln** und **surfen, Bootfahren** oder **schwimmen.** Badeplätze gibt es bei Einruhr, Rurberg und Eschauel. Eine Segelschule bietet fachkundige Ausbildung an. Wer es beschaulich liebt, schippert mit der **Rurseeflotte** über den See und genießt die reizvolle Landschaft vom Wasser aus. In den vielen stillen Buchten versprechen Aal, Hecht und Karpfen dem **Angler** Erfolg. Ein besonderes Erlebnis ist eine **Radtour** rund um den See.

Ortschaften

Die Orte am Rursee leben heute vornehmlich vom Fremdenverkehr. **Einruhr** direkt am Obersee geht auf ein im 15. Jahrhundert auf der gegen-

überliegenden Flussseite gegründetes Eisenwerk zurück, dessen Beschäftigte im Ort wohnten. **Rurberg** und weiter nördlich **Woffelsbach** liegen in wunderschöner Aussichtslage an den Hängen des Rursees. Eine Reihe von Häusern der Orte steht unter Denkmalschutz.

Rursee in Flammen

Als Höhepunkt der Sommersaison gilt das große Feuerwerk „Rursee in Flammen". Alljährlich im Juli (am 3. Samstag) genießen Tausende auf den mit Lampions geschmückten Schiffen und an den Ufern den Zauber des Augenblicks. Höhepunkte sind das Höhenfeuerwerk in Rurberg und das Feuerwerk in der Seemitte bei Woffelsbach.

Urfttalsperre

Das als Gewichtsstaumauer ausgebildete Absperrbauwerk der Urfttalsperre wurde in den Jahren 1900 bis 1905 errichtet, sie war damals die größte Talsperre in Europa. Heute wird die Urft- zusammen mit der Rur- und der Oleftalsperre im Verbund betrieben. Mit diesen drei Talsperren stehen etwa 265 Millionen Kubikmeter Stauraum zur Verfügung. Nach der Vollendung des zweiten Bauab-

Westeifel

043ei Foto: ot

schnitts und der Aufstockung der Rurtalsperre Schwammenauel im Jahre 1961 ist die Urftstaumauer luftseitig um etwa zwölf Meter eingestaut. Dadurch, dass die Urfttalsperre im ehemaligen militärischen Sperrgebiet des **Truppenübungsplatzes Vogelsang** liegt, war die touristische Nutzung nur am Wochenende und an Feiertagen freigegeben. Mit dem Abzug der belgischen Truppen am 1. Januar 2006 konnte der Nationalpark Eifel uneingeschränkt realisiert werden. Die Landschaft war in den vergangenen 50 Jahren wegen der militärischen Nutzung kaum menschlichen Eingriffen ausgesetzt und hat sich so nahezu unberührt erhalten können.

Info

●**Rursee-Touristik GmbH:** 52152 Simmerath-Rurberg, Seeufer 3, Tel. 02473 9 37 70, www.rursee.de.

Essen & Trinken/ Unterkunft

●**Eifelgold-Rooding** €€€€: 52152 Simmerath-Erkensruhr, Erkensruhr 108, Tel. 02485 95 55 70, www.eifelgold-rooding.de. Familien- und Wellnesshotel, gemütlich eingerichtete Zimmer, Suiten und Wellness-Suiten, Restaurant.

●**Hotel im Fachwerkhof** €€: 52152 Einruhr, Rurstr. 29, Tel. 02485 15 15, Fax 91 10 48, www.fachwerkhof.de. Fachwerkhaus in zentraler, ruhiger Lage mit Seeblick, praktisch eingerichtete Zimmer. Angeschlossenes Café-Restaurant, bekannt für selbstgebackenen Kuchen und bodenständige Küche, Sonnenterrasse. Im Winter geschlossen.

●**Hotel Paulushof** €€: 52152 Rurberg, Seeufer 10, Tel. 02473 9 49 50, Fax 46 12, www.eifellive.de/paulushof. Direkt am Ufer des Sees gelegen, komfortable Zimmer, großteils mit Balkon und Seeblick, drei Familienzimmer (Dz und Ez), Lift, Hallenbad und Sauna, Naturfreibad und Anlegestelle der Rur-Ausflugsschiffe nahebei. Angeschlossenes rustikal eingerichtetes Restaurant mit Kamin und einer Terrasse mit Blick auf den Rursee, ganzjährig geöffnet.

●**Ferienwohnpark Rursee:** 52152 Rurberg, In den Brüchen 45, Tel. 02473 45 12, Fax 46 12, www.eifellive.de/paulushof. In ruhiger Lage am Rursee, frei stehende Ferienhäuser, Wohnzimmer mit Kaminofen, 1–2-Bettzimmer, Bad, separates WC, Balkon mit Seeblick, überdachte Terrasse, Wintergarten, Grill, Grünanlage, Tennishalle, Tagespreis ab 102,50 € (inkl. Endreinigung).

●**Ufercafé:** 52152 Rurberg, Tel. 02473 33 24, Fax 23 84. Direkt an der Bootsanlegestelle mit Blick auf den See, großer Außenbereich, eigene Konditorei, Kaffee- und Eisspezialitäten, täglich geöffnet, im Winter nur Sa und So.

Camping

● **Gemeindecampingplatz Woffelsbach:** 52152 Simmerath-Woffelsbach, Promenadenweg 5, Tel. 02473 27 04, Fax 92 94 45, www.simmerath.de. Schön gelegener, großzügig und gut eingerichteter Platz für Urlaubs- und für Dauercamper, Saison einschließlich Überwinterung pro Wohnwagen 700 €.

**Jugend-
herberge**

● **Jugendherberge Simmerath-Rurberg:** 52152 Rurberg, Tel. 02473 22 00, Fax 49 11, www.rurberg.jugendherberge. de. Oberhalb des Rursees mit zweckmäßigen Schlafräumen, insgesamt 43 Zimmer mit 188 Betten (alle mit Waschgelegenheit), davon 12 Leiterzimmer, Gruppenzimmer (4- bis 6-Bettzimmer), 6 Tagesräume, Kinderkino mit Video und DVD, Disco, hauseigener Hochseilgarten, Übernachtung 19 €, ab 27 Jahre Zuschlag 3 €.

Aktivitäten

● **Rursee-Schifffahrt:** 52396 Heimbach-Schwammenauel, Tel. 02446 4 79, Fax 12 67, www.rurseeschifffahrt.de. Vier Fahrgastschiffe, regulärer Fahrplan-Verkehr über Rur-Hauptsee und Obersee, dazu Frühstücksfahrten, Abendfahrten, Nikolausfahrten, Trauungen an Bord. Rundfahrt-Ticket Hauptsee 8,40 €, Obersee 6,30 €, Einzelstrecken ab 2 €, Kinderermäßigungen, Fahrgastschiff „Stella Maris" behindertengerecht, Anleger Schwammenauel barrierefrei.
● **Rursee Bahn,** Touristenzug vom Staudamm über Kraftwerk Heimbach, Rathaus Heimbach, Bahnhof Heimbach und zurück, Ticket 6,60 €, Familien 16,50 €, www.rursee schifffahrt.de
● **Naturerlebnisbad Einruhr:** Schwimmbecken im See, 1200 m², dazu Nichtschwimmerbecken 720 m² und Planschbecken (Kinder/Babybecken) 320 m², Kinderrutsche, Tischtennis, Sprungbrett, Liegewiese, Kiosk mit Terrasse, geöffnet während der Saison nach Wetterlage 10–22 Uhr, Tel. 02485 3 17 oder 91 29 29, www.naturerlebnis bad-einruhr.de, Eintritt 2,50 €, Kinder 1,50 €.
● **Sportbootschule Schwammenauel:** Wassersport Becker, Postanschrift 52396 Heimbach, Am Rechtob 21, Tel. 02446 80 99 90, 80 99 92, www.becker-wassersport.de. Am Bootsanleger Schwammenauel Vermietung von Liegeplätzen, Sportbootschule für Segel- und Motorboote, Bootsverleih (Tretboot 9 €/Std., Canadier 25 €/halber Tag, Segelboot 25 €/ 2 Std.), Yachtagentur, Slipservice, Verkauf von Bootszubehör, Vermietung von Angelbooten (16 € pro Tag).
● **Angeln:** Auf über 775 Hektar (bei Vollstau) Wasserfläche an der Rurtalsperre Schwammenauel, auch Obersee, Fischereierlaubnisscheine erhältlich in entsprechenden Ausgabestellen wie Gaststätten, Kiosken, Tankstellen und Angelgerätehandlungen rund um den Rursee und in den umliegenden Gemeinden. Information: Geschäftsstelle der Fischerei-Pächtergemeinschaft Rursee e.V., 52385 Nideg-

Westeifel

gen-Schmidt, Am Tierpütz 6, Tel. 02474 2 64, Fax 5 69, www.fischerei-rursee.de.

●**Postkutschenfahrt:** „Hoch auf dem Gelben Wagen" – mit der historischen Postkutsche „Diligence" durch das Rurtal zwischen Einruhr und Erkensruhr, 30 Minuten hin, 30 Minuten zurück, Juni–Sept. So 13.45 Uhr ab Einruhr, Einzelfahrkarte 5 €, Hin- und Rückfahrt 9 €, Kinder halber Preis. Sonderfahrten nach Absprache mit dem „Förderverein Postkutsche Einruhr/Erkensruhr" über Rursee-Touristik (s.o.).

●**Fahrrad- und Kanuverleih:** *Joachim Schellberg, 52152 Rurberg, Auf dem Stein 19, Tel. 02473 29 57, Fax 36 76.* Canadier für 4 Personen inkl. Paddel ½ Tag 25 €, Tagesmiete 35 €, Wochenende 55 €, Woche 80 €, Kaution 200 €, Schwimmweste pro Tag 1,50 €, Sonderwünsche wie z.B. Grillen oder Marschverpflegung auf Anfrage, Transportanhänger für Boote auf Anfrage.

Nationalpark Eifel

Der Nationalpark Eifel wurde im Jahr 2003 als **erster Nationalpark Nordrhein-Westfalens** geschaffen. Dazu stellte das Land 10.700 Hektar der Nordeifel unter den Schutz dieses Nationalparks, der sich durch seine eindrucksvollen Buchenwälder, knorrigen Eichenwälder, Schluchten und wilde Bäche und die Aussicht auf den Urft- und Rursee auszeichnet. Hier verzichtet der Mensch zukünftig auf wirtschaftliche Nutzung, die Natur kann sich frei entfalten. Über 230 gefährdete Pflanzen- und Tierarten finden ihre lebensnotwendigen Rückzugsgebiete. Bis 2005 wurde ein Teil des heutigen Nationalparks an der Urfttalsperre von den Belgiern als **Truppenübungsplatz** genutzt. In diesem Gebiet hat sich die Natur relativ ungestört entwickeln können – so ist beispielsweise die ansonsten seltene **Wildkatze** hier zu finden.

Die Nationalparkverwaltung bietet ein breites Spektrum an Veranstaltungen und Führungen durch speziell ausgebildete Nationalpark-Ranger an, um die von Wald, Wasser und Wildnis gepräg-

Burg Vogelsang, ein Relikt aus der Nazizeit, liegt im Nationalpark Eifel auf dem Gelände des ehemaligen Truppenübungsplatzes

te Landschaft zu erläutern. Die abwechslungsreichen Wanderungen werden nicht nur in deutscher, sondern auf Anfrage auch in niederländischer, englischer und französischer Sprache durchgeführt.

Inmitten des Nationalpark-Geländes liegt **Burg Vogelsang,** ein Monument aus der Nazi-Zeit. Die Anlage wurde als Schulungsstätte nationalsozialistischen Gedankengutes für an die 500 „Ordensjunker" errichtet. Die Bauarbeiten an der Ordensburg wurden im Zweiten Weltkrieg eingestellt. Teile der Anlage wurden für den Truppenübungsplatz genutzt. Seit dem 1. Januar 2006 sind das Gelände des Platzes und Burg Vogelsang wieder zugänglich. Zwei markierte Rundgänge führen durch das denkmalgeschützte Ensemble, barrierefrei auch zum so genannten ehemaligen Adlerhof. Hier besteht ein **Forum** mit Infothek, Bookshop, Ausstellungsfläche und einer Cafeteria. Es werden noch ein **Besucherzentrum** mit einer Dokumentation zur NS-Geschichte und ein **Hotel** in einer der alten Kasernen der Anlage entstehen, in dem neben Lesungen auch Seminare und Kinovorstel-

044ei Foto: cg

Westeifel

lungen stattfinden sollen. Auf dem Grundstück der so genannten Redoute im Areal der Burg Vogelsang wird auch noch eine **Jugendherberge** mit 200 Betten und ein **Jugendwaldheim** mit zusätzlich 50 Plätzen errichtet.

Vom Turm der Burg und von der Aussichtsterrasse bieten sich weite Blicke in die Eifel.

Auf dem Gelände des Truppenübungsplatzes lag auch einst das Dorf Wollseifen mit Blick auf die Urfttalsperre, dessen Ursprung bis ins 12. Jahrhundert zurückreicht. Nach dem Ende des Zweiten Weltkriegs fiel der Ort auf Befehl der britischen Besatzungsmacht dem Truppenübungsplatz für militärische Zwecke zum Opfer. Die meisten Häuser wurden durch die Übungsschießerei zerstört – die Ortskirche steht noch als „totes" Monument.

Nach und nach werden im Nationalpark vier **Tore** eingerichtet, die als Informationsstelle dienen. Sie befinden sich zum Teil noch im Aufbau; Öffnungszeiten jeweils täglich 10–17 Uhr, der Eintritt ist frei.

● **Tourist-Information im Nationalparktor Gemünd,** Kurhausstr. 6, 53937 Schleiden, Tel. 02444 20 11, Fax 16 41.
● **Tourist-Information im Nationalparktor Heimbach,** An der Laag 4, 52396 Heimbach, Tel. 02446 8 05 79 14, Fax 8 05 79 30.
● **Tourist-Information im Nationalparktor Rurberg,** Seeufer 3, 52152 Simmerath-Rurberg, Tel. 02473 9 37 70, Fax 93 77 20.
● **Nationalparkforstamt Eifel:** 53937 Schleiden-Gemünd, Urftseestr. 34, Tel. 02444 95 10 0 Fax 95 10 85, www.nationalpark-eifel.de.
● **Burg Vogelsang:** Tel. 02444 91 57 90, Fax 9 15 79 29, www.vogelsang-ip.de. Das Forum ist geöffnet 10–17 Uhr, das Gelände bis 20 Uhr (im Sommer) bzw. 17 Uhr (im Winter), Heiligabend und Silvester bis 14 Uhr.

Kermeter

Von Heimbach führt die Straße in engen Kurven in den **Höhenzug** des Kermeters, traumhafte Ausblicke auf die Burg Hengebach frei gebend. Der als **Naturschutzgebiet** ausgewiesene Kermeter, der sich zwischen Rurstausee und Urfttalsperre südöstlich bis Gemünd erstreckt, ist mit einer Fläche von 3500 km² eines der größten zusammenhängenden Waldgebiete der Eifel. Von großer ökologischer Bedeutung sind seine Hainsimsen- und Waldmeister-Buchenwälder auf saurem Boden. Hohe Anteile an über 200 Jahre alten Buchen und ein bemerkenswerter Totholzreichtum bilden die Grundlage für eine artenreich entwickelte **Wald-Lebensgemeinschaft.** An steilen Abhängen schmiegen sich Reste von ehemals als Niederwald genutzten Eichen-Trockenwäldern an den Fels und entlang der Waldbäche gibt es noch Au- und Bruchwälder. In geschützten Hanglagen und Kerbtälern konnten sich Wärme liebende Traubeneichenwälder ausbreiten.

Die große Vielfalt an Lebensräumen und das Vorhandensein nicht erschlossener Bereiche bietet vielen Tieren und Pflanzen ein Zuhause. Vor allem ist die **Käferfauna** besonders artenreich. Hier leben über 1300 verschiedene Käferarten, von denen etliche selten oder sehr selten sind. Besonders viele von ihnen gehören der Gilde der Totholzkäfer an. Allein 130 Käferarten des Gebiets werden in der aktuellen Roten Liste der Käfer Deutschlands aufgeführt. Hierzu zählen auffällige Arten wie der Großlaufkäfer Kleiner Puppenräuber (*Calosoma inquisitor*), der Blatthornkäfer (*Valgus hemipterus*) und der Nashornkäfer.

Der Kermeter ist ein altes Kulturgebiet. Im Römischen Reich führte die Straße von Köln nach Reims über den Kermeter. *Karl der Große* nutzte die Wälder als königliches Jagdrevier. Als *Napoleon* das Rheinland eroberte, war der Kermeter durch Raubbau in weiten Bereichen abgeholzt. In der preußischen Zeit begann die Wiederaufforstung. Heute ist der Staatsforst je zur Hälfte mit Laub- und Nadelwald bedeckt. Dem Besucher eröffnet der Kermeter neben einer reizvollen Landschaft einige interessante touristische Ziele, so z.B. einen Waldlehrpfad oder das Kloster Mariawald.

Kloster Mariawald

Die Abgeschiedenheit des Kermeters bot die Voraussetzung für mönchisches Leben in aller Einsamkeit. Hier im Wald auf 471 Metern Höhe stellte im Jahre 1475 *Heinrich Fluitter,* ein Mann aus Heimbach, ein Vesperbild der Schmerzhaften Muttergottes auf. Das Gnadenbild wurde Ziel von Wallfahrten, und schon 1480 errichteten hier **Zisterzienser** aus Bottenbroich (bei Bergheim) ein Kloster. Dreihundert Jahre lang betreuten die Mönche die Pilger, bis das Kloster 1795 nach der französischen Besetzung aufgehoben wurde. Den wertvollen Antwerpener Schnitzaltar mit dem Gnadenbild konnten die Mönche in die Pfarrkirche von Heimbach retten und so vor der Zerstörung bewahren (siehe Heimbach).

Doch die Klostergebäude begannen zu verfallen. Zisterzienser der Strengeren Observanz (Trappisten) aus der Abtei Oelenberg erwarben 1860 die mittelalterliche Klosteranlage und bauten sie wieder auf. Nach der Zerstörung im Zweiten Weltkrieg kamen die Mönche im April 1945 zurück und begannen mit dem Wiederaufbau. Die heutige Innengestaltung der Klosterkirche stammt von 1962/64. Die Abtei Mariawald ist das einzige (männliche) **Trappistenkloster** in Deutschland, ihm gehören derzeit elf Mönche an. Der Tagesablauf ist streng geregelt und geprägt von Stundengebet, Lesung und Arbeit, wozu der Unterhalt der Klosteranlagen, das Betreiben der angeschlossenen Gaststätte und Buchhandlung sowie die eigene Likörfabrikation gehören.

● **Kloster Mariawald:** 52396 Heimbach, Mariawalder Straße, Tel. 02446 95 06-0, Fax 95 06-30, www.kloster-mariawald.de. Besuchertrakt mit mehreren kleinen Zimmern für Gäste zur Teilnahme am Mönchsleben, Klosterladen (bietet u.a. Mariawalder Klosterlikör, Trappisten-Abteitropfen, Gebäck, Brot, Pralinen und Schokolade, Wild aus umliegenden Wäldern je nach Saison, Rindfleisch aus artgerechter Tierhaltung, Naturkosmetika, Produkte anderer Trappistenklöster), Klosterbuchladen und Klostergaststätte mit der besten Erbsensuppe der ganzen Eifel. Geöffnet Mo–Fr 10–18 Uhr, Sa, So u. feiertags 9–18 Uhr.

Gemünd

An den südlichen Ausläufern des Kermeters liegt Gemünd am Zusammenfluss von Olef und Urft. Der rechtsseitig zu Jülich und linksseitig zur Herrschaft Dreiborn gehörende, seit dem ausgehenden Mittelalter durch Eisenverarbeitung wohlhabend gewordene Ort wurde im Zweiten Weltkrieg fast vollständig zerstört. Längst aber ist Gemünd zu einem attraktiven **heilklimatischen Kurort** neu erstanden. Im Zuge dieser Erneuerung konnten einige alte Bürgerhäuser im Ortskern restauriert werden. Die Pfarrkirche St. Martin ist ein neugotischer Backsteinbau mit Ausstattungsstücken der alten romanischen Pfarrkirche. Der Zehnthof stammt als ehemaliger Schultheißenhof aus dem Jahr 1669.

Info ●**Touristik Schleidener Tal e.V.:** Haus des Gastes, 53937 Schleiden, Kurhausstr. 6, Tel. 02444 20 11, Fax 16 41, www.gemuend.de.

Essen & Trinken/ Unterkunft ●**Hotel Friedrichs** €€€: Alte Bahnhofsstr. 16, Tel. 95 09 50, Fax 95 09 40, www.hotel-friedrichs.de. Zentral im Ort gelegenes, 1914 erbautes, traditionsreiches Haus mit modernem und zeitgemäßem Komfort, großer Wellness-Bereich mit Massage. Restaurant und Gesellschaftsbereich im Erdgeschoss, Restaurant und Bistro bieten regionale und internationale Küche. Di Ruhetag.

Kall

Auf dem Gebiet der heutigen Gemeinde Kall haben bereits die Kelten nach Metallen geschürft. Die Römer bauten ihre Wasserleitung nach Köln durch dieses Gebiet. 1238 erstmals als *Call* urkundlich erwähnt, gehörten die rechts der Urft gelegenen Teile zu Jülich und links zur Grafschaft Schleiden-Manderscheid. Als Eisenbahnknotenpunkt wurde Kall während des Zweiten Weltkriegs stark in Mitleidenschaft gezogen, dann aber zu einem schmucken Erholungsort wieder aufgebaut.

Westeifel

Urft

Die Urft aufwärts liegt der kleine Ort Urft. Oberhalb im Urfttal hatte die **Römische Wasserleitung** in der Quellfassung „Grüner Pütz" den Ausgangspunkt ihres von Köln am weitesten entfernten Stranges (s. Nettersheim).

Oberhalb steht **Burg Dalbenden**, urkundlich erstmals 1152 erwähnt. Im Laufe der Jahrhunderte entstand hier eine Wasserburg mit Treppenturm und dahinter liegender quadratischer Burg als ältestem Teil, die im 16. Jahrhundert um den heutigen Burghof, das Kutscherhaus und das Burggrabenhaus sowie im 18. Jahrhundert um den Burgpark sowie das Jäger- und Försterhaus erweitert wurde. Die Burgbesitzer hatten hier im 16. Jahrhundert eine Schmelzhütte und einen Eisenhammer eingerichtet und damit die Mittel für die Burgerweiterung erwirtschaftet. Nach weitgehender Kriegszerstörung ist die Burg heute in eine große Zahl von Wohnungen aufgeteilt und kann als Privatbesitz nicht besichtigt werden.

Der ansehnliche **Barockbau** in Urft selbst gehörte einst zur Burg Dalbenden und ist heute Schullandheim.

Kloster Steinfeld

Oberhalb von Kall-Sötenich steht in Steinfeld eine der bedeutendsten und auch weitgehend erhaltenen Klosteranlagen der Eifel. Der Ursprung von Kloster Steinfeld mit den drei charakteristischen Türmen seiner Kirche geht in die Zeit Kaiser *Heinrichs I.* (919–36) zurück. Mit dem heutigen Bau wurde 1142 begonnen, 1184 wurde Steinfeld zur Abtei erhoben, in der bis zur Säkularisierung in der napoleonischen Zeit 44 Äbte in ununterbrochener Reihenfolge regierten. Danach dienten die sich um drei Höfe gruppierenden Klostergebäude verschiedenen Zwecken, bis sie 1923 von der Ordensgemeinschaft der **Salvatorianer** übernommen und neu belebt wurden. Sie übernahmen auch die Seelsorge in der Pfarrei, gründeten ein **Gymnasium mit Internat,** betreuen eine Verlagsbuchhandlung und leiten eine **Bildungsstätte mit Gästehaus.**

Westeifel

Die Abteikirche ist eine lang gestreckte **romani-sche Pfeilerbasilika,** deren drei Schiffe im gebun-denen System gestaltet sind. Die Gewölbe sind mit vorzüglich erhaltenen und restaurierten spät-gotischen Rankenmalereien und figürlichen Dar-stellungen verziert. Über der Vierung erhebt sich ein mit einer spitzen Dachpyramide gekrönter achteckiger Turm. Die Front wird von dem fes-tungsartigen, von zwei Rundtürmen flankierten Westwerk beherrscht. Kunsthistorisch besonders interessant sind die romanischen Fresken in der Ursulakapelle mit der Darstellung Christi in der Mandorla und an den Vierungspfeilern. Sehens-wert ist des Weiteren das geschnitzte Chorgestühl aus dem späten 15. Jahrhundert, das später ba-rock umgestaltet wurde. Überhaupt dominiert die prachtvolle **Barockausstattung** das Innenbild der Kirche, so der Hauptaltar, die Seitenaltäre, die Wandvertäfelung der Seitenschiffe, die üppig ge-schnitzte Kanzel, verschiedene figürliche Arbeiten und vor allem die **Orgel,** eine weltberühmte Kö-

Kloster Steinfeld

nig-Orgel. Die Kreuzigungsgruppe in der Vorhalle stammt schon aus der Zeit um 1500, eine meisterhafte spätgotische Arbeit.

Vom einst kunstvoll verglasten **Kreuzgang** ist in Steinfeld nur eine bildliche Darstellung erhalten. Der andere, weit überwiegende Teil der Glasmalereien ist nach ihrem Ausbau kurz vor der napoleonischen Zeit auf nicht nachvollziehbare Weise nach London gelangt, wo im Victoria und Albert Museum noch 36 Stück davon gezeigt werden. Im Innenhof des Kreuzgangs steht ein sterngewölbtes Brunnenhaus mit einem Becken aus dem 13. Jahrhundert.

● **Salvatorianerkloster Steinfeld:** 53925 Kall-Steinfeld, Hermann-Josef-Str. 4, Tel. 88 90, Fax 88 91 28, www.kloster-steinfeld.de, Orgelkonzerte und Vespergottesdienste. **Herrmann-Josef Kolleg** (Gymnasium und Internat), Tel. 88 91 41, Fax 18 33, gymnasium@hermann-josef-kolleg.de. **Franziskus-Jordan-Haus** (Gästehaus) im Kloster Steinfeld für Einkehrtage und Exerzitien etc., Tel. 88 91 31, Fax 88 92 96, gaeste@kloster-steinfeld.de. **Akademie und Malakademie Steinfeld** für erholsame Tage in klösterlicher Umgebung, www.akademie-steinfeld.de, Postanschrift: Akademie Steinfeld, Alte Burg 51, 53947 Nettersheim, Anmeldung per Fax 02486 80 07 35.

Info

● **Postleitzahl:** 53925, **Tel.-Vorwahl:** 02441
● **Gemeinde Kall:** Bahnhofstr. 9, Tel. 8 88-0, Fax 8 88-48, www.kall.de.

Aktivitäten

● **Reiterhof:** Quellenhof, Udo & Gundhild Crampen, 53925 Kall-Scheven, Klausentalstr. 21, Tel. 77 98 44, Fax 77 07 09, www.quellenhof.de. Familienbetrieb für Reiterferien mit gut zu handhabenden Tieren, Reitunterricht für Anfänger und Fortgeschrittene, Voltigieren, Nachtwanderungen, Lagerfeuer, Ausritte, kein festgelegter Tagesablauf, ganzjähriger Betrieb, eine Woche Reiterferien mit Vollpension und mindestens 14 Reitstunden 245 €.

Schleiden

Die Herrschaft Schleiden bestand einst als Luxemburger Lehen und kam dann in den Besitz der Manderscheider Grafen. Mit dem Aussterben der männlichen Linie von Manderscheid-Schleiden

ging das Gebiet an die Herren *von der Mark* und als diese ausstarben an die Herzöge *von Arenberg*. Der letzte Herzog *Ludwig Engelbert* verlor seine Herrschaft 1794 gegen die anrückenden Franzosen.

Schloss

Die Schleidener Burg wurde erstmals 1198 urkundlich erwähnt. Der Ausbau zum Schloss erfolgte durch bauliche Veränderungen im 14. und 16. Jahrhundert. Nach der Zerstörung durch die Franzosen entstand das heutige Schloss 1702 durch den Architekten *J.J. Couven*. Im Zweiten Weltkrieg wurde es wieder fast völlig zerstört, ab 1952 aber neu errichtet. Nach einer Nutzung als Schülerinternat und mehrjährigem Leerstand wurde es in eine **Seniorenresidenz** umgebaut. Der Altenpflegeheimneubau passt sich harmonisch der vorhandenen Bausubstanz des Schlosses an. Zur Anlage gehören ein großer Schlosshof mit Park sowie eine Nord- und eine Südterrasse. Der **Restaurantbereich** mit Schänke und Terrasse liegt an der linken Seite des Schlosses, unterhalb des Wintergartens.

●**Schleidener Schloss:** Seniorenresidenz Liebfrauenhof, Vorburg 9, Liebfrauenhof Schleiden GmbH, St.-Elisabeth-Str. 2–6, 53894 Mechernich, Tel. 02443 17 10 02, www.seniorenresidenz-schleiden.de. Betreutes Wohnen im Sinne der Ordensgemeinschaft der Franziskus-Schwestern, die über 75 Jahre das Haus geführt haben. **Restaurant** im Schlossgewölbe mit gehobener Küche, bodenständige Gerichte in der Schenke, Kaffee, Kuchen und Eis auf der Terrasse, Snacks im Biergarten, Tel. 85 00 85, Fax 85 00 87, www.restaurant-schloss-schleiden.de.

Schloss-kirche

Neben dem Schloss oberhalb des Ortes wurde die katholische Schlosskirche, heute Pfarrkirche der katholischen Gemeinde Schleiden, zu Beginn des 16. Jahrhunderts errichtet. Die weit gespannten Netz- und Sterngewölbe der dreischiffigen **spätgotischen Hallenkirche** sind mit Rankenmalereien versehen. Kostbar sind an der Stirnseite der Seitenschiffe die **Glasgemälde** der hohen Maßwerkfenster, die Graf *Dietrich IV. von Mander-*

Westeifel

scheid-Schleiden und Abt *Wilhelm von Manderscheid-Kall* als ihre Stifter und darüber die Anbetung der Könige und Beweinung Christi zeigen. Diese Renaissanceglasfenster entstanden kurz nach Fertigstellung der Kirche. Groß dimensioniert ist die um 1770 eingebaute **Orgel** an der Westseite, eine König-Orgel wie in der Abteikirche Steinfeld.

Ortskirche Ende des 18. Jahrhunderts wurde außerhalb der Stadt auf dem Friedhof an der Olef die Evangelische Ortskirche in Bruchsteinbauweise errichtet. Der vorgesetzte Turm entstand 1839.

Olef Unterhalb von Schleiden stehen im Ort Olef am malerischen Marktplatz sehenswerte **Fachwerkhöfe:** Früher war der ummauerte Kirchhof mit barockem Pfarrhaus durch einen Fachwerkhof vom Markt getrennt. Hier erhebt sich der aus dem 14. Jahrhundert stammende Turm der katholischen **Pfarrkirche St. Johann Baptist** mit zweischiffigem spätgotischen Langhaus und Chor. Im Inneren sind noch spätgotische Freskenreste zu sehen.

Oberhausen Folgt man dem Tal der Olef weiter aufwärts, findet man in Oberhausen am Zöllerplatz ein reizvolles Ensemble von ansehnlichen **Fachwerkbauten** vor.

Info • **Postleitzahl:** 53937, **Tel.-Vorwahl:** 02444
• **Touristik Schleidener Tal e.V.:** Haus des Gastes, 53937 Schleiden-Gemünd, Kurhausstr. 6, Tel. 20 11, Fax 16 41, www.schleiden.de.
• **Walderlebniszentrum:** Ausstellung im Haus des Gastes (s.o.), gegründet im Zusammenhang mit der Schaffung des Naturschutzgebietes Kermeter, behandelt die Themenbereiche Forstgeschichte im Kermeter, Fichte im Kermeter, Buchenwald, Wald und Wild, Wald und Krieg, Rohstoff Holz, Entwicklung der Landwirtschaft in der Eifel bis hin zur modernen Landbewirtschaftung, touristische Erschließung.

Reifferscheid mit Burg und Kirche Sankt Matthias

Unmittelbar anschließender **Waldlehrpfad** mit Hinweisen auf Relikte alter Bewirtschaftungsformen und auf Kriegseinwirkung, die Geologie im Kermeter und Beispiele für den Naturschutz, Wegstrecke 5,5 km zwischen 340 und 530 Metern Höhe.

Essen & Trinken/ Unterkunft

●**Tagungshotel Schleiden** €€€: Monschauer Straße 5, Tel. 85 74, Fax 85 75 55, www.tagungshotel-schleiden.de. Unterbringung in drei Häusern, dem historischen Fachwerkhaus „Eifelkern", dem modernen Haupthaus und dem in altem Baumbestand gelegenen „Tannenhof", großzügiger Saunabereich mit Fitnessabteilung und Massageangebot; zwei Restaurants mit Terrasse, Bistro-Pub.

Reifferscheid und Wildenburg

Reifferscheid und Wildenburg gehören heute als Ortsteile zum großflächigen Zusammenschluss der Gemeinde **Hellenthal** (s.u.). Hier übten im Mittelalter verschiedene Linien des Reifferscheider Geschlechts die Herrschaft aus. Einst handelte es sich um ein umkämpftes, aber bis zum Einmarsch der Franzosen Ende des 18. Jahrhunderts selbstständig gebliebenes Territorium. Die *Reifferscheider* waren Nachfahren der Herzöge *von Niederlothringen und Limburg,* ihr Gebiet umfasste da-

Westeifel

04del Foto: ot

mals noch die späteren Herrschaften Reifferscheid und Wildenburg. Die Brüder *Gerhard* und *Philipp* hingegen teilten um 1195 das Land. Gerhard behielt Reifferscheid mit der Repräsentation beim Reich sowie dem Hochgericht über Reifferscheid und Wildenburg, Philipp bekam die Wildenburg. Im Laufe der Geschichte erbten die Reifferscheider, die sich zwischenzeitlich auch als Raubritter betätigten und den Zorn der umliegenden Städte heraufbeschworen, noch die Herrschaften Dyck und Alfter sowie die Grafschaft Salm in den Ardennen, sodass sie sich dann Grafen *von Salm-Reifferscheid* nannten. Aber nicht nur dieser geschichtliche Hintergrund ist so typisch für die Eifel, sondern vor allem sind es auch die baulichen Hinterlassenschaften dieser Dynastie. Reifferscheid zählt zu den reizvollsten Burgstädtchen, die die Eifel zu bieten hat, und die Wildenburg ist mit Umbauten aus dem 18. Jahrhundert noch weitgehend erhalten.

Burg Reifferscheid

Die Geschichte der Burg Reifferscheid reicht ins ausgehende 11. Jahrhundert zurück. 1106 wurde sie zwar nach einem Streit zwischen Herzog *Heinrich I.* und Kaiser *Heinrich IV.* niedergebrannt, nur kurze Zeit später aber wieder aufgebaut. Französische Truppen *Ludwigs XIV.* zerstörten große Teile der Burg, des Dorfes und der Stadtmauer. Nach dem Wiederaufbau als Schloss im barocken Stil verfiel der Herrschaftssitz nach der Enteignung durch die Franzosen 1805 endgültig. Die Burgruine ging später wieder in den Besitz des Adelsgeschlechts der Reifferscheider über, die sie 1964 der Gemeinde Hellenthal überschrieben, die seither um die Bewahrung der Bausubstanz bemüht ist. Die Ruine ist frei zugänglich, Führungen vermittelt die Touristeninformation Hellenthal (s.u.). Jeden dritten Sonntag im September findet ein **Burgfest** mit historischem Jahrmarkt statt. Das Burggelände dient im Sommer auch als **Freilichttheater**.

**Ort
Reiffer-
scheid**

Das gegenwärtige Stadtbild zeigt noch den mächtigen Bergfried. Gemeinsam mit der spätgotischen **Kirche Sankt Matthias,** die einst dem Heiligen Kreuz geweiht war, und den historischen Häuserzeilen auf den zerstörten Resten der Burgmauer, wo sich „einfache" Bürger nach einem erneuten Burgbrand 1669 niederlassen durften, gibt Reifferscheid vom Tal aus eine **malerische Silhouette** ab, wie sie in der Eifel einmalig ist.

Man betritt den Burgort durch das *Pörtzchen* genannte **Gotische Tor,** das nach 1400 entstand. Durch zwei schmale, hervorragend restaurierte Häuserzeilen führt der Weg nach oben zur Burg und nach unten durch das imposante **Matthiastor** aus dem 14. Jahrhundert, auch *Portz* genannt, zur **Pfarrkirche.** Diese entstand Ende des 15. Jahrhunderts als dreischiffiger Bau und war damals in die Burgbefestigung mit einbezogen. Bei der Restaurierung in den Jahren 1685–87 wurden der Turm, das Mittelschiff und der Chor erhöht. Der zur Ortsbefestigung gehörende Halbturm auf der Südseite wurde aufgestockt und zum Sakristeibau umgestaltet. Im 19. Jahrhundert hat man die Kirche erweitert und neu eingewölbt.

Im Unterdorf steht der **Liebfrauenhof** als Lehnshof der Herren von Reifferscheid und als gräflicher Witwensitz. Der zweigeschossige, mit einem Walmdach gedeckte und verputzte Bau stammt aus der Zeit um 1700. Nach dem Ersten Weltkrieg wurde das Gebäude an die Franziskus-Schwestern verkauft – so erhielt es seinen Namen.

Unterkunft

●**Gästehaus im Tal 18:** 53940 Hellenthal-Reifferscheid, Kupferhardtweg 1, Tel. 02482 15 69, www.gaestehaus-im-tal.de. Ganz auf Eifelwanderer eingestellte einfache Frühstückspension, Teeküche ganztägig für Hausgäste offen, gemütlich eingerichtete Zimmer.

**Wilden-
burg**

Die von den Reifferscheidern im 12. Jahrhundert begründete Wildenburg kam Mitte des 14. Jahrhunderts durch Kauf in die Hände der Jülicher, die sie an die Herren *von Palandt* verliehen. Im 16. Jh.

Westeifel

wurde die Burg auf Veranlassung der Jülicher so stark ausgebaut, dass sie sogar der modernen Artillerie trotzen konnte. Doch zu Beginn des 17. Jahrhunderts kam es zwischen den Jülichern und denen von Palandt zu Streitigkeiten um Hexenprozesse auf der Burg, die dadurch sehr in Verruf geriet. 1715 kaufte die Abtei Steinfeld die Wildenburg, deren Palas sie zur Kirche umbauen ließ.

Der romantisch auf einem Felssporn zwischen Manderscheider Bach und Leiderbach aufragenden Höhenburg aus Bruchstein ist im Osten eine Vorburg und eine kleine unbefestigte Ansiedlung vorgelagert. Am Eingang zur Vorburg findet sich noch ein Pförtnerhäuschen aus dem 16. Jahrhundert. Anstelle des Südflügels der Vorburg steht jetzt ein Fachwerkbau aus dem Jahr 1600. Die Johanneskirche im Bereich der Hauptburg ist ein kreuzgratgewölbter Saalbau, deren mächtiger Rechteckturm im Erdgeschoss als Sakristei genutzt wird. Der Rundturm an der Südseite dient als Glockenturm. Anstelle des früheren Wohnturms aus dem 13. Jahrhundert errichteten die Steinfelder 1717 ein zweigeschossiges Prioratsgebäude.

Die Wildenburg wurde 1953 zur Jugendburg des Bistums Aachen ausgebaut. Ab 1972 diente sie der bischöflichen Akademie des Bistums Aachen als Tagungshaus. Seit dem 23. Dezember 2005 wird sie von der Genossenschaft „Pro Wildenburg", vertreten durch die Stadt Grevenbroich und die Pfarrgemeinde St. Johann Baptiste Wildenburg, als **Gruppenunterkunft** geführt.

●**Wildenburg:** 53940 Hellenthal, Wildenburg 10, Tel. 02482 6 32, Fax 02482 6 34, www.wildenburg-eifel.de. Erlebnistagungsstätte mit Ein-, Zwei- und Mehrbettzimmern für 75 Gäste, die Speiseräume bieten gute Küche, Tagungsräume etc.

Essen & Trinken/ Unterkunft

●**Burgschänke** €€: Wildenburg 1, Tel./Fax 02482 73 44, www.hotel-restaurant-wildenburg.de. Hotel, Pension, Restaurant-Café unmittelbar an der Burg mit herrlichem Blick über die Berge, **Zimmer** €€€ mit Dusche und WC, gutbürgerliche Küche, Gesellschaftsraum, offener Kamin und große Sonnenterrasse.

Westliche Hocheifel

Die westliche Hocheifel hat landschaftlich gesehen das typischste Erscheinungsbild der Eifel. Hier erstrecken sich die Hochflächen des Zitterwaldes und der Schneifel, die viel weniger als die anderen Regionen durch Flusstäler eingekerbt sind. Die Flüsse, die den Zitterwald und die Schneifel entwässern, haben hier ihre Ursprünge – so kurz nach der Quelle fehlt ihnen noch die Kraft für tiefe Einschnitte, die sie in ihren Unterläufen zur Mosel und zum Rhein hin entwickeln. Südlich der Schneifel erstreckt sich das waldreiche Gebiet des Islek, dazwischen liegt die geschichtsträchtige Stadt Prüm.

Hellenthal

Hellenthal, am Nordrand des Zitterwaldes gelegen, bietet in seinen Ortsteilen viel Interessantes.

Oleftalsperre

Oberhalb von Hellenthal ragt die 1955–59 gebaute und später zweimal verstärkte, **imposante Staumauer** der Oleftalsperre fast 60 Meter empor. Sie wurde in einer speziellen Pfeilerzellenbauweise errichtet, die bis heute in Deutschland einmalig ist. Mit einem Fassungsvermögen von 20 Millionen Kubikmetern dient der Olefsee der Verbesserung des Hochwasserschutzes im Unterlauf der Olef, der Wasserversorgung im Olef-/Urftgebiet und der Stromerzeugung. Führungen an der Staumauer sind auf Anfrage bei der Touristinformation Hellenthal möglich. Weil der Stausee Trinkwasserreservoir ist, ist eine wassersportliche Nutzung ausgeschlossen. Um so ruhiger kann der Besucher die angrenzenden Wälder erwandern und erradeln – ein Rundweg von 13,5 Kilometern Länge verläuft um den See. Im zeitigen Frühjahr breiten sich im oberen Oleftal oberhalb der Talsperre große gelb blühende **Narzissenwiesen** aus.

Westeifel

**Wild-
gehege**

Oberhalb des Stausees erstreckt sich das 65 Hektar große Gelände des Wildgeheges Hellenthal, das insbesondere durch seine **Greifvogel-Vorführungen** bekannt ist. Hier werden die Raubvögel im freien Flug gezeigt. Das Wildgehege dient auch als Pflege- und Auffangstation verletzter Vögel. Besonders stolz ist man auf die Nachzucht von **Weißkopfseeadlern,** aber auch von verschiedenen Falkenarten sowie von Habichten und Milanen. Das Wildgehege zeigt überwiegend einheimische Tiere wie Rotwild, Damwild, Schwarzwild (Wildschweine), Fuchs, Luchs und Bär, dazu auch Auerochsen, Tarpane (Wildpferde) und Wisente. Füttern ist z.T. mit käuflichem Futter erlaubt. Weiterhin gibt es ein Raubwild-Informationszentrum.

●**Wildgehege Hellenthal:** Tel. 22 92, Greifvogelstation Tel. 72 40, www.wildgehege-hellenthal.de, Führungen für angemeldete Gruppen, kostenlose Rundfahrt mit dem „Gehege-Express" (außer Fr), mehrmals jährlich Fotoworkshops für Natur- und Wildfotografie. Geöffnet März bis Mitte Nov. 9–18 Uhr, ansonsten 10–17 Uhr, Flugvorführungen April bis Okt. täglich 11, 14.30 und 16 Uhr, Nov.

Zitterwald und Schneifel

Oleftalsperre
★ Wildgehege
Schleiden, Blumenthal

Hellenthal

Büschem
Burg
Reifferscheid
Wiesen

Hollerath

604

608

622

Ramscheid

Giescheid
Sieberath
Rescheid
Grube Wohlfahrt

Rocherath
Kamberg
Schnorrenberg

Büllingen
Udenbreth
Bärbelkreuz 663

Neuhof
Weißer Stein 689

Z i t t e r w a l d
Simmelerhof

Berk

Losheimergraben

Our
Frauenkron

Losheim
Kronenburg

BELGIEN
Scheid
Westeifel
Stadtkyll

Hallschlag

Kehr

Manderfeld
Ormont

Our
Steinberg 654

Roth bei Prüm
Neureuth

Auw bei Prüm
265

Herzfenn
Huscheid 608
Reuth

S c h n e i f e l
51

Prüm
Neuendorf

NATURPARK NORDEIFEL
Olzheim

Oberlascheid
Kleinlangenfeld

Schwarzer Mann 697

Bleialf
Buchet
0   4 km
Willwerath
Gonden-brett
Prüm

© REISE KNOW-HOW 2011

bis März 11 und 14.30 Uhr, Eintritt 8 €, im Winter 6 €, Schüler/Studenten 7/5,50 €, Kinder von 4 bis 16 Jahren 5,50/4 €, Geburtstagskinder frei, mit Restaurant, Waldschänke und Terrassencafé.

Blumenthal

Unmittelbar nordöstlich von Hellenthal steht etwas abseits von Blumenthal die kleine **Pfarrkirche St. Brigida,** 1512 noch im spätgotischen Stil errichtet. Im Inneren birgt der Bau einige Skulpturen der Barockzeit.

Grube Wohlfahrt

Im südlichen Ortsteil **Rescheid** kann man in einem **Besucherbergwerk** einen Stollen erkunden, in dem einst Erz gewonnen wurde. Im Zitterwald wurden seit dem Mittelalter bis in die 1940er Jahre in der Grube Wohlfahrt die bedeutendsten Bleiglanzlagerstätten der Eifel abgebaut. Aus der Geschichte des Rescheider Bergbaus ist urkundlich bekannt, dass im 16. Jahrhundert hier im Eigenlöhner-Betrieb gearbeitet wurde. *Johann IX. Graf von Salm,* Herr zu Reifferscheid, Dyck und Alfter, gestattete „uff unseren bergwerck Reischeidt" jedermann in Abstimmung mit dem Bergmeister und unter Abgabe des Zehnten an den Landesherrn, den Grafen von Reifferscheid, auf eigene Faust Bergbau zu betreiben. Das Besucherbergwerk „Grube Wohlfahrt" zeigt die Erd- und Bergbaugeschichte dieser Region auf. Im Grubenhaus werden Modelle und Dokumentationen gezeigt. Man kann im Rahmen einer 90-minütigen Führung in den tiefen Stollen des 19. Jahrhunderts einfahren. Weiterhin ist noch ein im Mittelalter gegrabener Stollen erhalten.

● **Grube Wohlfahrt,** Museumsbergwerk betrieben durch den Heimatverein Rescheid e.V., 53940 Hellenthal, Giescheid 36, Tel. 02448 91 11 40, Fax 6 37, www.grubewohlfahrt.de, Führungen durch den Stollen täglich um 11, 14 und 15.30 Uhr, Eintritt 5,30 €, Kinder 3 €. Ausstellungen im Grubenhaus 10.30–16 Uhr geöffnet.

Info

● **Postleitzahl:** 53940, **Tel.-Vorwahl:** 02482
● **Gemeinde Hellenthal Tourismusinformation:** Rathausstr. 2, Tel. 8 50, Fax 8 51 14, www.hellenthal.de.

Essen & Trinken/ Unterkunft

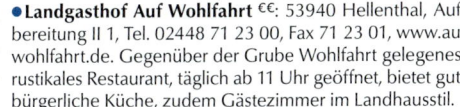

●**Landgasthof Auf Wohlfahrt** €€: 53940 Hellenthal, Aufbereitung II 1, Tel. 02448 71 23 00, Fax 71 23 01, www.auf wohlfahrt.de. Gegenüber der Grube Wohlfahrt gelegenes, rustikales Restaurant, täglich ab 11 Uhr geöffnet, bietet gutbürgerliche Küche, zudem Gästezimmer im Landhausstil.

Camping

●**Camping Hellenthal:** Platiß 1, Tel. 15 00, Fax 21 71, www.camphellenthal.de. Sommer- und Wintercampen „Im Grünen", großzügiger Platz, Freibad 12x6 Meter, mit Camping-Schänke und Schnell-Imbiss, im Sommer abends Lagerfeuer, Rentnerrabatt jede 10. Nacht gratis.
●**Wohnmobilstellplatz:** Parkplatz Grenzlandhalle, Aachener Straße.

Zitterwald

Zwischen dem Urftsee im Norden und dem Quellgebiet der Kyll am Losheimer Graben im Süden erstreckt sich der Zitterwald, eine nur teils bewaldete Hochebene mit Höhenlagen von weit über 600 Metern. Hier erstreckt sich das bekannteste **Skigebiet** der Eifel mit den Wintersportorten **Hollerath** und **Udenbreth.** Die höchste Erhebung ist der **Weiße Stein** südlich von Udenbreth mit 689 Metern Höhe. Hier gibt es alles, was man zum Skifahren braucht: Langlaufloipen, Skilifte, Rodelbahnen sowie Ski- und Schlittenverleih.

Narzissenwiesen

Nach der Schneeschmelze strecken auch in dieser Gegend blühende Narzissen ihre Köpfe aus den Wiesen. Zwischen Hollerath und Udenbreth liegt an der Bundesstraße 265 ein großer Parkplatz, von dem aus ein **Wanderweg** zu den Narzissenwiesen ausgeschildert ist. Er führt an alten **Westwall-Anlagen,** deren Panzersperren hier auch „Drachenzähne" genannt werden, entlang hinunter ins Tal und auf belgisches Gebiet, wo man dieses herrliche Naturschauspiel bewundern kann.

Essen & Trinken/ Unterkunft

●**Hollerather Hof** €: Hellenthal-Hollerath, Luxemburger Str. 44, Tel. 71 17, Fax 78 34, www.hotel-hollerather-hof.de. Schönes Fachwerkhaus auf 650 Metern Höhe in ruhiger Waldlage, moderne Hotelzimmer, Hallenbad, Sauna, Ruheraum, gemütliche Gasträume, sonnige Café-Terrasse, vielseitige Küche mit heimischen und internat. Gerichten.
●**Wohnmobilstellplatz:** Udenbreth, Weißer Stein.

Westeifel

Aktivitäten

● **Skigebiet Hollerath:** ein Schlepplift, Abfahrt 350 m, Geräteverleih im Ort, 10 km gespurte Loipe, Rodelbahn 150 m, Skihütte, Schneetelefon 02482 8 51 15.
● **Skigebiet Weißer Stein:** bei Udenbreth, ein Schlepplift, Abfahrt 550 m, Geräteverleih, gespurte Loipen 7 und 10 km, Rodelbahn 350 m, Schneetelefon 02482 8 52 00.
● **Motorschlittenverleih:** Ferienparadies „Heidehof", Ramscheider Höhe 3, 53940 Hellenthal, Tel. 02448 95 01-0, Ski oder Rodelschlitten werden auf Wunsch mit dem Motorschlitten gezogen.

Losheim

Losheim ganz im Süden des Zitterwaldes hat eine bewegte Geschichte hinter sich. Sowohl nach dem Ersten als auch nach dem Zweiten Weltkrieg kam es zunächst an Belgien, wurde dann aber 1921 bzw. 1949 wieder an Deutschland zurückgegeben. Heute ist Losheim durch sein Ardenner Center mit Krippen- und Modelleisenbahnausstellung weithin bekannt.

Ardenner Center

Das Ardenner Center ist eine touristische Einrichtung an der deutsch-belgischen Grenze in Losheimgelegen, mit Einkaufszentrum, Gastronomie, einer Puppen-, einer Krippen- und einer Modellbahnausstellung.

● **Ardenner Center:** 53940 Losheim, Prümer Str. 55, Tel. 06557 8 66, Fax 92 06 71, www.ardenner-center.net.
● **ArsKrippana:** ganzjährige Krippenausstellung, Kirchenkrippen aus ganz Europa, mechanische Krippen, bedeutende Landschaftskrippen aus Spanien und Italien, eine Außenkrippe mit lebenden Tieren. Über 300 Exponate aus allen Kontinenten. Tel. 06557 8 66, täglich geöffnet 10-18 Uhr, Mo Ruhetag, Eintritt 6,50 €, Kinder 4 €.
● **ArsFigura:** Austellung zur Welt des 19. Jahrhunderts mit originalgetreuen Wohnstuben und Kaufmannsladen, historischen, künstlerischen und mechanischen Figurensammlungen und Antiquitäten. Tauchen Sie ein in die gute alte Zeit. Öffnungszeiten/Eintritt wie ArsKrippana.
● **Euro Tecnica:** Modellbahncenter, 200 m² große, vollständig digital gesteuerte Modelleisenbahnanlage; über 100 Bahnen fahren auf 2000 m verlegter Gleise. Tel. 06557 92 06 40, geöffnet Di–Fr 12–18 Uhr, Sa, So und feiertags 10–18 Uhr, Eintritt 6,50 €, Kinder 4 €.

Schneifel

Die Schneifel erstreckt sich als lang gestreckte, weitgehend mit Fichten bewaldete Hochfläche vom Oberlauf der Kyll südwärts zwischen dem Tal der Prüm im Osten und der belgischen Grenze im Westen bis hin zum allmählichen Übergang zum Islek. Zusammengesetzt aus **„Schnee"** und **„Eifel"** hat sich der Begriff **„Schneifel"** gebildet. Eine andere Deutung führt den Namen Schneifel auf den Begriff „Schneise" zurück, die den ganzen Höhenzug früher als Verkehrsweg durchzogen hat.

In den Wintermonaten liegt der Schnee hier am längsten, sodass über einen längeren Zeitraum **Wintersport** betrieben werden kann. Im Norden erhebt sich der 654 Meter hohe **Steinberg** bei Ormont und in der Mitte der 697 Meter hohe **Schwarze Mann** als dritthöchster Berg der Eifel, der touristisch als Skizentrum erschlossen ist. Ansonsten ist die Schneifel ein weitgehend unberührtes Gebiet, in dem noch seltene Tiere wie beispielsweise die **Wildkatze** zu Hause sind.

●**Wintersportgebiet Schwarzer Mann:** www.pruem.de/wintersport, zwei Abfahrtspisten: 700 und 800 m lang, zwei Schlepplifte, eine ausgebaute Rodelbahn mit Lift, eine Kinderrodelbahn, zwei Langlaufloipen à 6 km (gespurt und beschildert), großes Gästeblockhaus, Restauration für über 180 Personen, großer Parkplatz. Ski-Verleih: im Wintersportzentrum „Schwarzer Mann": Schwarzer Mann 1, 54597 Gondenbrett, Tel. 0171 6 99 78 89, Fax 06555 14 68, www.skiverleih-schwarzermann.de. Ski-Verleih tägl. ab 1 Std. vor Inbetriebnahme der Liftanlage bis 18.30 Uhr. Skikurse: auf Anfrage, Tel. 06551 39 61, Schneetelefon: 06551 39 61.

Ormont Am nordwestlichen Rand der Schneifel liegt Ormont, ein Ort, der im Laufe seiner Geschichte immer wieder zu anderen, angrenzenden Eifelherrschaften gehörte. Nordöstlich erhebt sich der Goldberg als westlichster Punkt des quartären Eifeler Vulkangebietes, ein inzwischen halbseitig abgetragener Vulkan, dessen gold- und braun getönte Aufwurfschichten so beeindruckend deutlich sichtbar geworden sind.

Westeifel

Auw bei Prüm

In Auw bei Prüm, zur belgischen Grenze hin gelegen, ist die um 1530 erbaute **Pfarrkirche Sankt Peter und Paul** mit Netzgewölbe und figürlichen Konsolensteinen sehenswert. Der Kirchturm soll bereits zu Beginn des 11. Jahrhunderts entstanden sein. Der nach dem Zweiten Weltkrieg entstandene Erweiterungsbau fügt sich geschickt ein. Schön ist der barocke Hochaltar mit seinen beiden restaurierten Seitenaltären, auf denen auch Gemälde der Ortslagen Auw (Marienaltar) und Schlausenbach (Josefsaltar) zu sehen sind.

Bleialf

Ein interessantester Ort zu Füßen der Schneifel, nur etwa fünf Kilometer von der **belgischen Grenze** entfernt, ist Bleialf, ein seit jeher durch den Bergbau geprägter Ort, dessen katholische **Pfarrkirche Mariä Himmelfahrt** aus dem Jahr 12. Jahrhundert stammt. Dieser Bau ist heute Teil der neu errichteten Ortspfarrkirche. Die Deckenfresken aus dem spätgotischen Bau stammen vom Ende des 15. Jahrhunderts und stellen motivisch die Zehn Gebote dar. In den barocken Hochaltar sind Reliefs aus einem spätgotischen Schnitzaltar eingearbeitet. Harmonisch ergänzt wird der Ortskern um die Kirche durch den neu gestalteten ehemaligen Marktplatz.

Die Tradition des hier seit der Römerzeit nachgewiesenen Bergbaus wird heute im ehemaligen **Bergwerk Mühlenberger Stollen** gezeigt, durch dessen Versuchsstollen des ehemaligen Bleibergwerks „Neue Hoffnung" interessierten Besuchern Führungen mit der Darstellung des Eifeler Bleierzbergbaus vom 11. bis ins 20. Jahrhundert angeboten werden. Die Abraumhalden der Gruben stellen ein Eldorado für Mineraliensammler dar. Alle anderen Stollen, Schächte und Übertageanlagen sind verschlossen oder abgetragen worden oder man hat sie verfüllt, sodass heute nur noch wenige Stellen an den traditionsreichen Bleierzbergbau erinnern – sie sind zu einem geologisch-montanhistorischen **Lehr- und Wanderpfad** verbunden worden.

●**Besucherbergwerk „Mühlenberger Stollen":** 54608 Bleialf, Bergmannsverein St. Barbara, Auwer Str. 32, Tel. 06555 10 16 oder 85 04, www.besucherbergwerk.bleialf. org. Seit 1987 ist der zwischen 1839 und 1852 aufgefahrene Stollen an der Heinkyller Mühle zu besichtigen (nur mit Helm, passender Kleidung und Geleucht, wird beim Einstieg in den Stollen ausgeteilt), regelmäßige Führungen, Einstieg am ehemaligen Mundloch des Mühlenberger Stollens, dessen Schacht der Förderschacht für die Erze und das Nebengestein war. Im Mühlenberger Erzgang werden Abbau- und Fördermethoden sowie die Wasserhaltung erläutert. Geöffnet Mai bis Okt. Sa und So 14–17 Uhr, ansonsten nach Vereinbarung, Eintritt 4 €, Kinder und Jugendliche von 4 bis 16 Jahren 2 €.

Info

●**Ortsgemeinde Ormont:** 54597 Ormont, Walenstr. 1, Tel. 066557 72 00, www.ormont.de.

●**Ortsgemeinde Auw:** Verkehrsamt Prümer Land, Haus des Gastes, Hahnplatz 1, 54595 Prüm, Tel. 06551 5 05 und 94 32 07, www.auw-eifel.de.

●**Fremdenverkehrsverein Bleialf-Schneifel e.V.:** 54608 Bleialf, Auwer Str. 4, Tel. 06555 3 02, www.bleialf.de.

Essen & Trinken/ Unterkunft

●**Hotel Restaurant Waldblick** €: 54608 Bleialf, Oberbergstr. 2, Tel. 06555 84 69, Fax 06555 7 86, www.waldblick.de. Behaglich eingerichtete Hotelzimmer, herrlicher Blick von der Sonnenterasse und der gepflegten Liegewiese, zwei Bundeskegelbahnen, angeschlossenes Restaurant mit bürgerlicher und internationaler Küche, Gesellschaftsräume.

Westeifel

103ei Foto: ti

●**Haus Feldmaus** €€: 54597 Olzheim, Knaufspescher Straße 14, Tel. 06552 99 22-0, Fax 99 22-22, www.feldmaus.
de. Zwischen Knaufspesch und Olzheim gelegenes Haus
mit praktisch eingerichteten, aber schönen großen Zimmern, teilweise Balkon und TV, Wintergarten, Kaminraum,
Sonnenterrasse, Liegewiese und Sauna; mit Vollwertkost-
Restaurant. Mo Ruhetag.

**Jugend-
lager**

●**Jugendlager Bleialf:** 54608 Bleialf, Brandscheider Weg,
Informationen und Prospektanforderung: *Ursula Hacken,*
Unterbergstr. 16, 54608 Bleialf, Tel. 06555 86 91, Fax 93
10 04, www.bleialf.de, Information: e.hacken@t-online.de.
Jugendferienunterkunft der Stadt Bleialf unmittelbar am
Schwimmbad, Nähe Campingplatz mit 10 Wigwamhütten
mit je 7 Schlafstellen, einer Blockhütte mit zwei getrennten
Waschräumen für Jungen und Mädchen mit je 6 Wasch-
plätzen, 2 Duschen, Toiletten getrennt, ein Essraum für 70
Personen, Küche, Benutzungsentgelt pro Hütte und Nacht
in der Sommersaison Mitte Mai bis Mitte Sept. 21 €, ansonsten 17,50 €.

Camping

●**Campingplatz Bleialf:** 54608 Bleialf, Im Brühl 4, Tel.
06555 10 59, Fax 2 94, www.camping-bleialf.de. Großflächiger Ferienpark und Campingplatz unmittelbar an den
Alfbach angrenzend, große Waldflächen anschließend,
vermietet Holz-Mobilheime und Bungalowzelte, Dauer-
und Saisonplätze, rustikale Gaststätte und Imbiss, **Freizeitbad** geöffnet Mitte Juni bis Mitte Sept. 13–18 Uhr, 28 °C
warmes **Hallenbad,** ganzjährig geöffnet.

Prüm

Prüm ist eines der wirtschaftlichen Zentren der Eifel, inmitten waldreicher Umgebung mit Höhen
zwischen 400 und fast 600 Metern gelegen. Die
Stadt ist gleichzeitig anerkannter **Luftkurort.** Das
Stadtbild wird von der **Benediktinerabtei** geprägt,
die auf die Gründung als Reichsabtei im Jahre 721
zurückgeht. Einst ein geistiges Zentrum des frühen
Frankenreichs, hat die Stadt in ihrer weit mehr als
tausendjährigen Geschichte immer wieder Höhen
und Tiefen erleben müssen. Gleich, ob Normannenüberfälle, die Kriege vom 15. bis zum 18. Jahrhundert oder die Weltkriege – Prüm musste immer wieder neu aufgebaut werden.

Die Gründung der Abtei Prüm erfolgte im Jahr
721 durch *Bertrada,* die Großmutter von *Pippins*

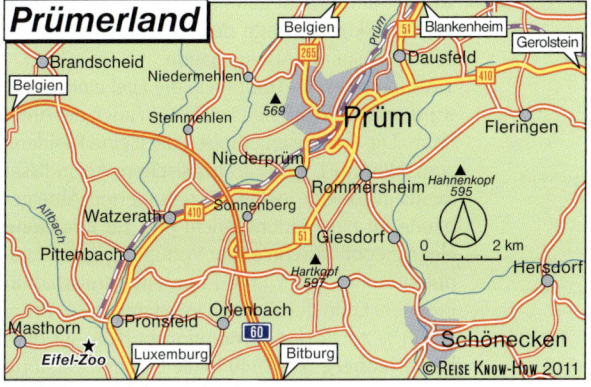

Prümerland

Belgien

Brandscheid

Belgien

Niedermehlen

Steinmehlen

569

Prüm

Dausfeld

Blankenheim

Gerolstein

Fleringen

Niederprüm

Rommersheim

Hahnenkopf
595

Watzerath

Sonnenberg

Giesdorf

Pittenbach

Hartkopf
597

0   2 km

Hersdorf

Masthorn

Pronsfeld

Ortenbach

Schönecken

Eifel-Zoo

Luxemburg

Bitburg

©Reise Know-How 2011

Frau. Pippin gründete das Kloster 762 neu. 799
wurde der Klosterneubau durch Papst *Leo III.* in
Anwesenheit *Karls des Großen* eingeweiht. 855
begrub man Kaiser *Lothar I.,* Enkel Karls des
Großen, in der Abtei. All diese Tatsachen zeigen,
wie bedeutend – und wie reich – Prüm im Karolin-
gerreich war. Immerhin hatten die Karolinger die
Abtei mit umfangreichem Landbesitz auch weit
über die Eifel hinaus bedacht und mit einem Reli-
quienschrein mit Teilen der Sandalen Christi ausgestattet, einer Reliquie, die große Anziehung auf
Pilger ausübte und so die Abtei nicht nur kirchlich,
sondern auch wirtschaftlich noch bedeutender
machte. Schweren Schaden fügten die Normannenüberfälle Ende des 9. Jahrhunderts dem Ort
zu.

Zur Wende vom 12. zum 13. Jahrhundert erreichte Prüm seine höchste Blüte. Kaiser *Friedrich II.* erhob Prüm zum **Fürstentum.** Doch damit geriet es in Konflikt mit Trier, das seine Vorherrschaft gerade auch in der Eifel ausbauen wollte. Schon zu Beginn des 14. Jahrhunderts setzte
der Niedergang der Abtei ein. In der weiteren Entwicklung wurde dann das Fürstentum Prüm 1576
dem Kurstaat Trier einverleibt. Anfang des

18. Jahrhunderts begann man mit dem **Neubau der Abteikirche,** Mitte des 18. Jahrhunderts mit dem Neubau der Abteigebäude.

Als französische Truppen in die Eifel einrückten, wurden alle Klöster säkularisiert, so auch die Abtei Prüm. Die Franzosen erhoben die kleine Residenz zum Hauptort eines französischen Arrondissements. *Napoleon* stellte die requirierten Abteigebäude für ein Friedensgericht und zur Errichtung einer „Secondärschule" zur Verfügung. In nachnapoleonischer Zeit wurde Prüm eine Kreisstadt in Preußen. Ende des Zweiten Weltkrieges war Prüm zu 80 % zerstört. Ein Munitionsbunker auf dem **Kalvarienberg** flog 1949 in die Luft und zerstörte abermals einen Teil der Stadt. Doch heute sind alle Schäden behoben.

Abtei

Das Wahrzeichen Prüms ist die Abtei mit ihren zwei charakteristischen Türmen. Ihr Baubeginn erfolgte zum 1000-jährigen Bestehen der alten Abtei Prüm im Jahre 1721. Die Bauten der alten Abteikirche wurden in wesentlichen Teilen mitverwendet. Doch dem kurtrierischen Hofbaumeisters *Johann Georg Judas* ist mit der neuen Abteikirche kein großer Wurf gelungen, sein Barockkonzept ist zu wenig glanzvoll und zu sehr an gotisierenden Maßstäben orientiert. Der barocke große Hochaltar stammt aus einer Kreuznacher Kirche. Besonders wertvoll sind das geschnitzte **Chorgestühl** aus dem Jahr 1731, die von einem Schüler von *Balthasar Neumann* entworfene **Orgel,** die alte **Kanzel** aus dem 17. Jahrhundert, an der Eingangsseite die **Sandsteinfiguren** von Karl dem Großen und Pippin und nicht zuletzt die Figurengruppe in der linken Turmkapelle sowie Reste eines flandrischen Renaissance-Altars. Das Grab Kaiser *Lothars* befindet sich im Chor. Die Kirche war 1730 teilweise fertig, wurde jedoch erst mit dem Umbau der Abtei 1908–12 endgültig vollendet. Nachdem an Heiligabend 1945 die Decke im Langhaus infolge von Kriegsschäden eingestürzt

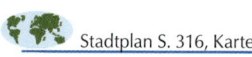

Das Urbar von Prüm – einzigartiges Dokument aus dem Mittelalter

Nachdem durch die Normannenüberfälle alle schriftlichen Unterlagen der Abtei Prüm verbrannt waren, beschloss Abt *Region* im Jahre 893 ein Urbar anzufertigen, ein **Güterverzeichnis** aller Ländereien und sonstigen Besitztümer der Abtei, die über die gesamte Eifel und darüber hinaus verstreut waren. Dieses Urbar zählt zu den wichtigsten hochmittelalterlichen Dokumenten Deutschlands. **Über 300 Orte** sind in diesem Urbar verzeichnet, dessen Original nicht überliefert ist. 1222 fertigte der Abt *Caesarius von Milendonk* eine Abschrift an, die er mit eigenhändigen Ergänzungen und Kommentaren versah. Der Umfang dieser Abschrift beträgt 57 Seiten, untergliedert in 118 Kapitel. Sie liegt im Landeshauptarchiv Koblenz.

Zur Erstellung des Urbars wurden von Prüm und den Töchterklöstern Mönche ausgeschickt, um vor Ort festzuhalten, wie viele der zur Grundherrschaft gehörenden Mansen (Höfe) dienst- und abgabenpflichtig waren. Heute können Historiker genaue Rückschlüsse auf die sozialen, wirtschaftlichen und landesgeschichtlichen Verhältnisse im Rheinland des ausgehenden 9. Jahrhunderts ziehen. Aus den Aufzeichnungen des Abtes wird auch die wirtschaftliche Stärke der Prümer Abtei ersichtlich, die Güter an der Maas bei Sedan, am Niederrhein bei Utrecht, an der Ijssel in den Niederlanden, bei Limburg an der Lahn, im Taunus, bei Heidelberg und im Elsass besaß.

Westeifel

war, wurde die Abteikirche unmittelbar nach dem Krieg wieder hergestellt.

Als 1729 der kunstsinnige *Georg von Schönborn* zum Kurfürsten von Prüm ernannt wurde, holte er sich den berühmten Architekten *Balthasar Neumann* für den Entwurf der **Klostergebäude** – schon beim Betrachten der beeindruckenden Nordfront mit dem dreiachsigen Mittelrisalit und dem kurfürstlichen Wappen zeigt sich der große Unterschied zur Kirchenfassade. Sehenswert sind auch der Kreuzgang und der schöne Fürstensaal, der dem Regino-Gymnasium, das heute in den Abteigebäuden untergebracht ist, als Aula dient. Während der Sommerferien findet hier die **Kunstausstellung EVBK** statt.

●**Gemäldeausstellung** der „Europäischen Vereinigung Bildender Künstler aus Eifel und Ardennen (EVBK)", ein freier Zusammenschluss von Malern und Bildhauern aus den Eifel- und Ardennenländern Frankreich, Belgien, Luxemburg und Deutschland zur Wahrung und Mehrung des kulturellen Erbes der alten Kulturlandschaft zwischen Rhein, Mosel und Maas; täglich in den Sommerferien in den Abteigebäuden geöffnet 9.30–18 Uhr, So bis 15 Uhr, Adresse und Tel. s. unter „Info", „Haus des Gastes", weitere Informationen www.evbk.org.

Museum Prüm

Das Heimatmuseum zeigt auf drei Etagen Exponate aus den vergangenen drei Jahrhunderten zum früheren kirchlichen und städtischen Leben in Prüm und zur Lebensweise in der ländlichen Umgebung.

●**Museum Prüm:** Tiergartenstraße, Tel. 94 32 22 oder 31 73, www.pruem.de/naturkultur/museum.php, geöffnet Juni bis Mitte Sept. Di, Do, Sa und So 14–17 Uhr, ansonsten nur Mi und So, Eintritt: 1 €, Kinder 0,50 €, Schulklassen frei.

Infostätte „Mensch und Natur"

Beachtenswert ist auch die **Infostätte „Mensch und Natur"** in Prüm. Hier werden die Natur und ihre Nutzung durch den Menschen unter dem Aspekt der Wald- und Landwirtschaft anschaulich gezeigt. Szenisch dargestellt in Dioramen werden die Bienenhaltung, die Fischerei sowie die Holznutzung. Dazu gibt es eine geologische Sammlung, Vogelpräparate und eine Darstellung des Wasserkreislaufs als grundlegendes Eifellandschaftselement.

●**Infostätte „Mensch und Natur":** Tiergartenstraße 70, Tel. 06551 98 57 55, Fax 98 55 09, www.naturpark-hohe svenn-eifel.de, geöffnet Di bis Do 13.30–16.30 Uhr, Mai bis Sept. auch So 15–17 Uhr. Führungen und Programme auf Anfrage.

Nieder prüm

Das **Kloster** von Niederprüm, dem Ortsteil im Süden der Stadt, entstand im Zusammenhang mit dem 1190 gegründeten Benediktinerinnenkloster für adelige Nonnen. Nach der Säkularisierung wirkt seit 1920 der Orden der Vinzentiner in den Klostergebäuden und betreut die Vinzenz-von-Paul-Schule.

Bekannt ist der Ort durch den **Brunnen- und Skulpturenpark** der im Ort ansässigen Künstler *Hubert* und *Alfred Kruft*. Auf einem Freigelände von rund 20.000 m² erwartet den Besucher eine fantasievoll gestaltete Landschaft, in der die Gebrüder Kruft mit Sensibilität und großer Naturverbundenheit einen individuellen Ausstellungsrahmen für ihre Kunst geschaffen haben: in Metall gearbeitete Motive, der Natur entnommen und in der Natur präsentiert.

● **Brunnen- und Skulpturenpark:** 54595 Prüm-Niederprüm, St.-Vither-Straße 62, Tel. 22 14, www.skulpturenpark-kruft.de, ganzjährig 10–18 Uhr, Eintritt 2 € (für die Pflege des Parks), im Winter 1 € .

Schön-ecken

Südlich von Prüm steht im Tal der Nims der Burgflecken Schönecken als Mittelpunkt der so genannten Schönecker Schweiz mit ihren **Dolomitfelsen** und vielen interessanten Biotopen. Ein botanischer Lehrpfad führt durch ein interessantes **Naturschutzgebiet** mit seltenen Pflanzen wie z.B. Weißerlen, Schlehendorn, Pfaffenhütchen, Seidelbast und auch Orchideen (Zugang ganzjährig kurz vor dem Ortsausgang in Richtung Prüm).

Von der aus dem 13. Jahrhundert stammenden, imposanten Hauptburg auf dem breiten, zur Nims abfallenden Bergrücken, einem ehemaligen Besitz der Grafen *von Vianden,* dann ab 1348 zu Kurtrier gehörend, sind nur noch die Ringmauern mit mehreren großen Türmen übrig geblieben.

Fleringen

Kalkformationen gibt es auch westlich von Prüm bei Fleringen. In dem Seitenchor der Ende des 17. Jahrhunderts erbauten Ortspfarrkirche St. Lu-

Westeifel

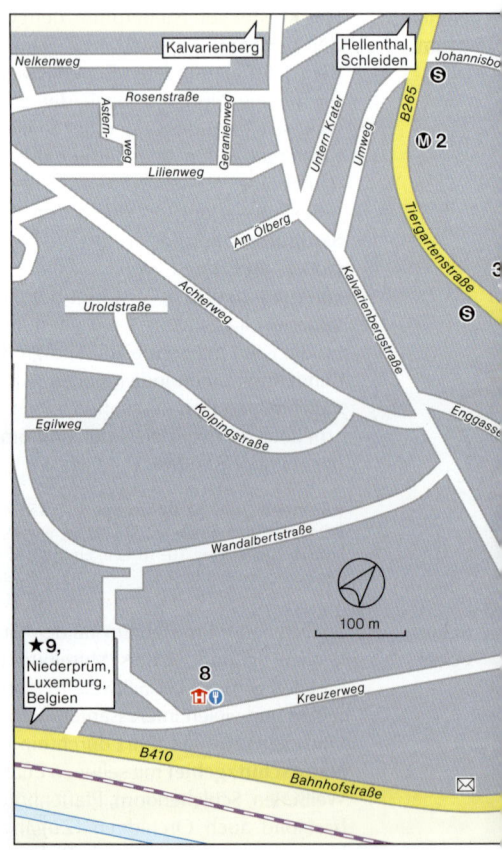

kas steht eine spätgotische Muttergottesfigur mit Kind von hoher künstlerischer Qualität.

Eifel-Zoo   Am Südausläufer der Schneifel stellt der Eifel-Zoo Lünebach eine ganz besondere Attraktion dar. Im unteren Talbereich des Waldbierbachs findet der Besucher auf 300.000 m² Zoogelände über 400 **Tiere aus aller Welt** in naturidentischen Gehegen:

Prüm

★ 1

- ★ 1 Wolfsschlucht
- Ⓜ 2 Museum Prüm
- ★ 3 Infostätte „Mensch und Natur"
- ❶ 4 Haus des Gastes
- 🏨 5 Hotel zum Goldenen Stern
- ⅱ 6 Abtei
- ● 7 Freizeitbad Prüm, Kurcenter
- 🏨❶ 8 Landhotel am Wenzelbach
- ★ 9 Eifel-Zoo Lünebach

Ⓢ Wohnmobil-Stellplatz
✉ Post

Roter Sandberg
Burgring
Steinkaulstraße
Langenmarckstraße
Bertradastraße
Reginostraße
Tiergartenstraße
Reginostraße
Altenmarkt
Bachstr.
Unterbergstr.
Oberbergstraße
Teichstraße
● 7
Johannismarkt
Pfannstr.
Gartenstraße
Pfarrstr.
Spitalstr.
Hahnstraße
Kalkstraße
Spiegelstr.
Montherméerstraße
4 ❶
Hahnplatz
Hahnstraße
Ritzstraße
Waldfreibad
Fuhrweg
🏨 5
Klosterhof
Prümtalstraße
Bahnhofstraße
ⅱ 6
Abtei
Heldstraße
Gerberweg
Fleringen, Gerolstein, Gondelsheim
B265 / B410
Ed.-Nels-Str.
Schönecken
© REISE KNOW-HOW 2011

Westeifel

u.a. Affen, Antilopen, Baumhörnchen, Biber, Hirsche, Jaguare, Kängurus, Lamas, Leoparden, Schnee-Eulen, Störche, Strauße, Tiger und Trampeltiere. Die Eifel-Zoo-Bahn fährt auf einer 1,2 Kilometer langen Strecke, mit Fütterung der Hirsche, die aus der Hand fressen. Ein **Minidorf** mit über 30 Bauten zeigt eine Eifellandschaft im Kleinformat.

●**Eifel-Zoo Lünebach:** 54597 Lünebach-Pronsfeld, Tel. 06556 8 16, Fax 4 11, www.eifel-zoo.de, Gastronomie mit großer Außenterrasse, ganzjährig geöffnet 9–18 Uhr, Eintritt 8 €, Kinder von 3–12 Jahren 6 €, Fahrt mit der Zoobahn 1 €/0,50 €.

Gondelsheim

Unter den vielen sehenswerten Dorfkirchen im Prümer Land sei noch die Katholische **Pfarrkirche Sankt Fides** in Gondelsheim, nordöstlich von Prüm, erwähnt, eine als Wallfahrtskirche errichtete spätgotische, unregelmäßige zweischiffige Hallenkirche aus mehreren Bauphasen. Ihren Westturm flankieren zwei niedrige Kapellenräume, die sich wie das Turmgeschoss mit großen Spitzbögen zum Langhaus hin öffnen. Aufgrund der komplizierten Baugeschichte bietet das Äußere einen malerischen, verwinkelten Anblick. Besonders vielgliedrig gestaltet sich die Südseite mit der an den seitlich vorspringenden Chor angefügten Sakristei und einem polygonalen Treppenturm am Kapellenbau im Westen. Den nur im Glockengeschoss befensterten Turm krönt ein eingezogener achtseitiger Spitzhelm.

Info

●**Postleitzahl:** 54595, **Tel.-Vorwahl:** 06551
●**Haus des Gastes:** Hahnplatz 1, Tel. 5 05 und 94 32 07, www.pruem.de.

Essen & Trinken/ Unterkunft

●**Landhotel am Wenzelbach** €€€: Kreuzerweg 30, Tel. 95 38-0, Fax 95 38-39, www.wenzelbach.de. In waldreicher Umgebung am Stadtrand von Prüm gelegenes Haus, modern eingerichtete Zimmer zum Teil mit Balkon, Nichtraucherzimmer, Familiensuite, behindertengerechtes Zimmer. Das Restaurant mit gemütlicher Gaststube bietet kreative Küche, regionale Gerichte wie etwa Döppekooche, vegetarische Speisen. Do Ruhetag.
●**Hotel zum Goldenen Stern** €€: Hahnplatz 29, Tel. 95 17-0, Fax 7157, www.goldenerstern-pruem.de, ehemaliges Gästehaus der Abtei, seit 1803 als Hotel geführt, 2001/02 renoviert, bietet auch einfache Pilgerzimmer. Mit Eiscafé.
●**Vogtshof von Wetteldorf** €€: 54614 Schönecken-Wetteldorf, Nimstalstr. 1, Tel. 06553 96 13 73, Fax 35 91, www.vogtshof-eifel.de. Beliebter Motorradtreff, Pension mit sieben praktisch eingerichteten, renovierten Dreibett-, Doppel-, und Einzelzimmern; gemütlicher Gastraum bietet gutbürgerliche Küche, vier Kegelbahnen, veranstaltet Motorradtouren in die Umgebung.

Aktivitäten

● **Freizeitbad Prüm:** im Kurcenter, beheiztes Hallenbad, 25-m-Becken (Schwimmer- und Nichtschwimmerbereich), Kinderbecken, Whirlpool, Warmbadebecken 32,5 °C, Bistro, geöffnet für allgemeines Schwimmen 14–20 Uhr, Sa 10–18 Uhr, So 9–18 Uhr, Eintritt 4 €, Kinder 2 €; Kurparksauna separater Eintritt 12,50 €, Kinder von 6–14 Jahren 7,50 €. Tel. 96 54 25, www.kurparksauna.de.

● **Waldfreibad Prüm:** 50-m-Becken (Schwimmer- und Nichtschwimmerbereich), Kinderbereich mit Elefantenrutsche, Sprungtürme bis 3 m, Breitrutsche, große Liegewiese, Kiosk mit Sonnenterrasse, in der Saison 12–19 Uhr, Eintritt 3 €, Kinder 1,50 €, Tel. 21 99.

● **Wintersportgebiet Wolfsschlucht:** Abfahrtspiste mit Schlepplift, Rodelmöglichkeiten, beschilderte und gespurte Langlaufloipe, Skikurse auf Anfrage, Tel. 06551 39 61, Skihütte mit Restauration, Tel. 06551 45 45, großer Parkplatz. Skier können im Blockhaus „Schwarzer Mann" (10 km von der Wolfsschlucht entfernt) ausgeliehen werden, Tel. 06551 32 52, Schneetelefon 06551 94 32 07 oder 45 45.

Veranstaltungen

● **Prümer Sommer:** Musik, Spaß und Unterhaltung mit Folklore, Konzerten, Theater, Kinderprogramm, Handwerker- und Bauernmarkt, Mitte Juni bis Mitte August, Open-Air und in Veranstaltungsräumen in Prüm, www.pruemer-sommer.de.

● **Schönecker Eierlage:** Jeweils Ostermontag, einer der ältesten noch erhaltenen Eierbräuche in Europa, der in Schönecken vermutlich schon seit über 300 Jahren ausgeübt wird und seinen Ursprung wahrscheinlich am Burghof fand. Ausrichter dieses ausgefallenen Brauchtums ist der Junggesellen-Verein, www.eierlage.de.

Islek

Der Name der Westeifel-Landschaft Islek leitet sich vom ehemals fränkischen Ösling-Gau ab und erstreckt sich zwischen den **Flüssen Our und Sauer** im Bereich des Landkreises Bitburg-Prüm im Herzen des **Deutsch-Luxemburgischen Naturparks** an den Grenzen zu Luxemburg und Belgien. Das Gebiet setzt sich in den Luxemburger Ardennen (Eislek) und in Belgien (Eeslek) fort.

Westeifel

Neuerburg

Der Hauptort des Islek ist Neuerburg. Hier gründeten Prümer Mönche im 9. Jahrhundert eine Feste gegen die zunehmenden Normanneneinfälle. Die Herrschaft Neuerburg wurde im Laufe der Jahrhunderte von vielen Eifeldynastien geführt, so auch von den Manderscheidern, die dem Ortsbild um 1500 sein von der Pfarrkirche überragtes Gepräge gaben. Im Dreißigjährigen Krieg, durch die Truppen *Ludwigs XIV.* und während des Spanischen Erbfolgekrieges wurden der Ort und seine Burg immer wieder zerstört. Zuletzt nahmen Neuerburg und seine Umgebung großen Schaden im Zuge der Ardennenoffensive 1944. Trotz des immer wieder erfolgten Wiederaufbaus konnte der Ort einen **hübschen Altstadtkern** mit winkeligen Gassen und dem idyllischen Marktplatz bewahren.

Burg

Von der 16-türmigen Stadtbefestigung steht vor allem noch der **Beilsturm** aus dem 16. Jahrhundert als Teil eines Vorwerkes, heute ein viel besuchter Aussichtsturm. Die Burg war von den Manderscheidern unter anderem durch eine Ostbastion und durch Ringmauern so ausgebaut worden, dass sie sogar den modernen Kanonen des 17. Jahrhunderts standhalten sollte – doch das rettete sie nicht vor der Zerstörung. Der äußere **Torbau** aus dem 13. Jahrhundert und der **Palas** mit dem dreijochigen Saal aus dem späten 14. Jahrhundert blieben aber erhalten. 1710 wurde mit dem Wiederaufbau des Herrenhauses begonnen. Die Reste der Burg dienten im 19. Jahrhundert als Steinbruch. Seit der nur wenig originalgetreuen Restaurierung zwischen den Weltkriegen wird die Burg als **Jugendherberge** des Katholischen Jugendbundes Neudeutschland genutzt. Die Burganlage ist im Außenbereich ganzjährig zugänglich.

Die Vorburg mit der so genannten **Kleinen Burg** zieht sich bis in den Ort hinein – die Kleine Burg ist das ehemalige Vogtshaus aus dem Jahr 1625,

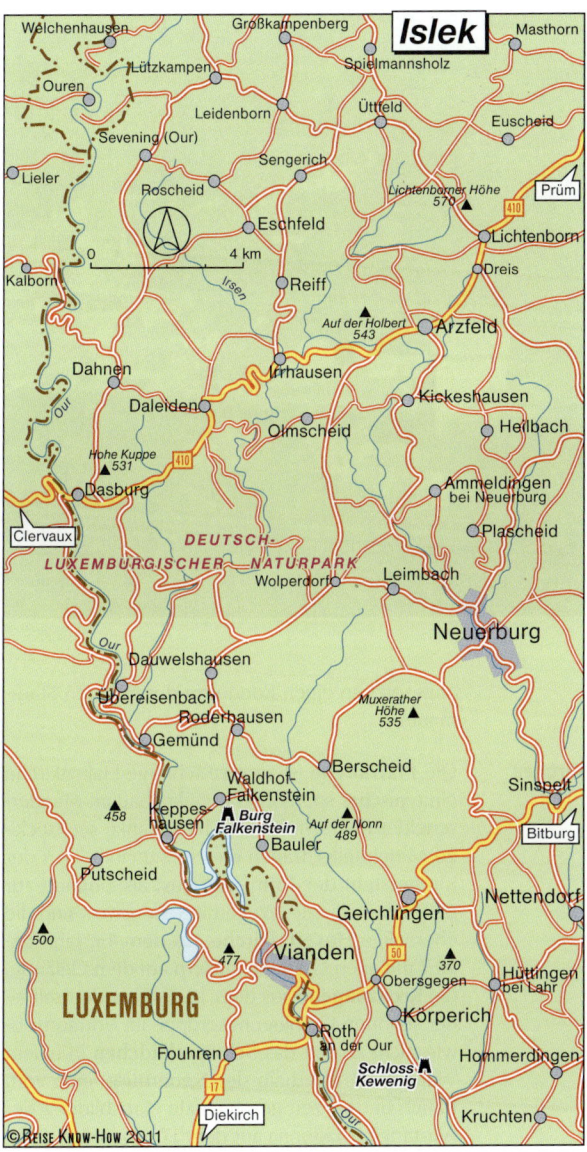

Islek

Welchenhausen · Großkampenberg · Masthorn
Lützkampen · Spielmannsholz
Ouren · Leidenborn · Üttfeld · Euscheid
Sevening (Our) · Sengerich
Lieler · Lichtenborner Höhe 570 · Prüm
Roscheid · Eschfeld · 410 · Lichtenborn
Kalborn · Dreis
Irsen · Reiff
Auf der Holbert 543 · Arzfeld
Dahnen · Irrhausen · Kickeshausen
Daleiden · Olmscheid · Heilbach
Hohe Kuppe 531 · 410 · Ammeldingen bei Neuerburg
Dasburg · Plascheid
Clervaux · DEUTSCH-LUXEMBURGISCHER NATURPARK · Leimbach
Wolperdorf
Neuerburg
Our · Dauwelshausen
Übereisenbach · Muxerather Höhe 535
Roderhausen · Berscheid
Gemünd · Sinspelt
Waldhof-Falkenstein
458 · Keppeshausen · Burg Falkenstein · Auf der Nonn 489 · Bitburg
Bauler
Putscheid · Nettendorf
500 · Geichlingen
477 · Vianden · 50 · 370 · Hüttingen bei Lahr
Obersgegen
LUXEMBURG · Körperich
Roth an der Our · Hommerdingen
Fouhren · Schloss Kewenig · Kruchten
17 · Diekirch
Our
© REISE KNOW-HOW 2011

0 ___ 4 km

Westeifel

angesetzt an einen Rundturm der früheren Stadtmauer.

Kirchen

Die **Pfarrkirche** ist als zweischiffige Hallenkirche
ein typischer spätgotischer Sakralbau im Manderscheider Herrschaftsbereich. Schlanke sechseckige Mittelpfeiler tragen die Netzgewölbe. An der
Kirche steht der Turm, der einst als Eingang zur
Burganlage diente. Weiterhin sehenswert sind die
ehemalige **Hospitalkirche** aus dem 15. Jahrhundert mit alten Grabdenkmälern auf dem Gelände,
die **Kreuzkapelle** aus dem 18. Jahrhundert mit einer schönen Grablegungsgruppe im Vorraum sowie nicht zuletzt das **Schwarzbildchen** in einem
Waldgebiet oberhalb der Neuerburg, eine vom
Rauch der Kerzen geschwärzte Nachbildung der
Altöttinger Madonna aus dem 17. Jahrhundert, mit

der **Johanneskapelle,** einem Wallfahrtsziel mit langer Tradition.

Hof-museum

In Heilbach-Windhausen, auf dem Weg von Neuerburg nach Arzfeld, findet sich ein **Landwirtschafts- und Landmaschinenmuseum.** Die ausgestellten Werkzeuge vermitteln einen Eindruck von den traditionellen Arbeitstechniken und dem früheren bäuerlichen Leben in der Eifel.

●**Hofmuseum Heilbach-Windhausen:** Tel. 06564 29 67, www.vg-neuerburg.de. Die sehenswerte Sammlung wird vom Verein für Heimatkunde in der Verbandsgemeinde Neuerburg betreut, Information W. Fischels (Tel. s.o.), geöffnet Mai bis Sept. Mi und So 14–17 Uhr, ansonsten auf Anfrage.

Info

●**Postleitzahl:** 54673, **Tel.-Vorwahl:** 06564
●**Tourist-Information Neuerburger Land:** Bitburger Str. 21, Tel. 1 94 33, Fax 6 92 58, www.neuerburgerland.de.

Essen & Trinken/ Unterkunft

●**Euvea** €€€: Euvea Freizeit- und Tagungshotel GmbH, Bitburger Str. 21, Tel. 9 60 90, Fax 96 09 66, www.euvea.de. Zentral gelegen, moderne Zimmer, behindertengerecht, drei moderne Tagungsräume, Freizeit- und Aufenthaltsräume, Grillplatz, Spielwiese; Restaurant mit regionaltypischer Küche, Diätmahlzeiten, Bar, Cafeteria, Terrasse; Wellness-Bereich mit Sauna, Whirlpools und Fitnessraum, Physiotherapie, Familien entlastende Angebote für Eltern mit behinderten Kindern.

Jugend-herberge

●**Jugendburg Neuerburg:** Tel. 21 87, Fax 24 69, www.jugendburg-neuerburg.de. Jugendunterkunft des Katholischen Jugendbundes Neudeutschland in der Burg Neuerburg, 88 Betten, Tagungsräume, herrliche Aussicht auf die historische Altstadt von Neuerburg. Sehenswert ist die Burgkapelle, vormals Rittersaal im Palas, die besichtigt und für Trauungen genutzt werden kann.

Aktivitäten

●**Erlebnisbad Aqua-Fun:** Beheiztes Spaß- und Planschbecken, Whirlpool, überdachtes Einschwimmbecken, beheiztes Schwimmerbecken mit Sprungturm, Riesenrutsche, Cafeteria mit großer Freiterrasse, Mitte Mai bis Mitte Sept. Mo 12–20 Uhr, Di–So 10–20 Uhr, Tel. 29 55, www.vg-neuerburg.de. Eintritt 3,50 €, Jugendliche 6–16 Jahre 1,80 €.

Neuerburg, von der Burg aus gesehen

Westeifel

Körperich

Südlich von Neuerburg nahe der luxemburgischen Grenze liegt der Ort Körperich, seit der Steinzeit besiedelt und im Mittelalter als *Kirpurg* urkundlich erwähnt, der zur Grafschaft Vianden gehörte. Typisch für die Gegend um Körperich, die wegen ihrer ertragreichen Böden auch „Gol-

Die Our bildet die Grenze zwischen Deutschland und Luxemburg

dener Grund" genannt wird, sind die aufwendigen Gutsherren- und Adelssitze, z.B. **Schlossgut Petry** mit dem Tapetenzimmer aus der Maria-Theresia-Zeit, **Hofgut Merz** sowie das ehemalige **Wasserschloss Kewenig,** das zu den ältesten Gutshäusern im Landkreis Bitburg-Prüm zählt. Das Schloss wurde 793 dem Kloster Lorsch geschenkt und 1231 urkundlich als *Villa de Cheweningen* erwähnt. Es war einst Sitz der Herren *von Stein.* Die Anlage mit quadratischem Grundriss mit Ecktürmen und Rundbogenfries des 16. Jahrhunderts

verfiel nach der napoleonischen Zeit, wurde aber 1890–91 erweitert und 1970–71 endgültig instand gesetzt.

●**Schlossgut Petry:** 54675 Körperich, Schlossstr. 6, Tel. 06566 9 30 23, www.neuerburgerland.de. Besichtigung auf Anfrage. Hofladen zur Direktvermarktung.

Freibad Körperich

●**Freibad Körperich:** Tel. 06566 4 95, www.vg-neuerburg. de/buerger/buer4_schwimmen.html. Mehrzweckbecken mit fünf 25m-Bahnen, Sprunganlage und Kletterwand, Nichtschwimmerbecken mit Wasserrutsche und einer großflächigen Liegewiese.

Gaytalpark

Im Körpericher Ortsteil **Obersgegen** befindet sich in einem futuristisch wirkenden Ausstellungsgebäude das **Bildungs- und Umweltzentrum** Gaytalpark. Seit 1996 informiert das Zentrum, das ausschließlich mit regenerativen Energien betrieben wird, Besucher über die Wechselbeziehung zwischen Mensch, Natur und Technik. Im Außenbereich bietet ein **Lehrpfad** umfangreiche Informationen zur Naturlandschaft.

●**Umwelt-Erlebnis-Zentrum Gaytalpark:** Bitburgerstr. 1, 54675 Körperich, Tel. 06566 96 930, Fax 96 931, www. gaytalpark.de, Führungen, Programme, Seminare, Exkursionen und Tagungen, umfangreiches Veranstaltungsprogramm insbesondere auch für Schulklassen, Ausstellung, Infothek u. Cafeteria geöffnet Ostern bis Okt. Do–So 10–18 Uhr, ansonsten auf Anfrage, Eintritt 2,50 €, ermäßigt 2 €, Familien 5 €.

Ofen-museum

Östlich von Körperich findet man in **Hüttingen** noch ein interessantes, kleines Ofenmuseum mit einer sehenswerten Ausstellung von Öfen, die teilweise in der nahe gelegenen Hütte Weilerbach produziert worden sind. Alle Ausstellungsstücke sind restauriert und funktionstüchtig. Dazu gibt es das Museumscafé „Ofenstube".

●**Ofen- und Eisenmuseum:** 54675 Hüttingen bei Lahr, Am Römerberg 10, Tel. 65 66 85 42, Fax 65 66 93 12 14, www.ofen-und-eisenmuseum.de, geöffnet Ostern bis Mai Fr–So 14–18 Uhr, Juni bis Okt. täglich (außer Mo) 14–18 Uhr, Eintritt 3 €, Schüler 2 €, Kinder 3–6 Jahre 1 €.

Westeifel

Roth an der Our

Schon im Tal der Our liegt Roth nahe dem malerischen Luxemburger Burgstädtchen Vianden. Ab dem Jahr 1220 war es Sitz einer Kommende der Templer, die nach der Auflösung dieses Ordens 1311 den Trierer Johannitern übertragen wurde. Die auf einem felsigen Bergvorsprung errichtete Burg wurde 1733 bis auf den Treppenturm durch einen **Barockbau** ersetzt, der heute ein Appartementhotel beherbergt. Daneben erhebt sich die Kirche – alles zusammen ein attraktives Bauensemble.

● **Schloss Roth:** 54675 Roth an der Our, Tel. 06566 5 94, www.schloss-roth.de. Vier Appartements, davon eines mit Loggia, in historischem Gemäuer mit modernem Komfort, herrlicher Schlossgarten, Wochenpreis ab 395 €.

Die Ortskirche in Roth an der Our

Burg Falkenstein

Waldhof-Falkenstein ist ein kleiner Ort etwas weiter nördlich an der Our, der bis 1794 zur eigenständigen Herrschaft Falkenstein gehörte, die erstmals urkundlich im Jahre 1173 durch den Namen des Herrn *Ludovicus de Fulcunstein* erwähnt wurde. Die Burg der Herren *von Falkenstein* erhebt sich auf einem steilen Bergsporn hoch über der Our. Heute sind von der mittelalterlichen Burg noch der Wohnturm, ein später zugebautes Wohnhaus und die 1936 wieder hergestellte romanische Kapelle mit dreischiffigem Langhaus, Chor und zwei Seitenkapellen erhalten. Die Burg ist in Privatbesitz und nicht zugänglich.

Dasburg

Der malerisch oberhalb der Our gelegene Ort Dasburg liegt inmitten des Naturschutzgebietes Mittleres Ourtal. Er verdankt den Namen seiner **Burg** einer ehemaligen Lehensburg der Grafen *von Vianden*. Im Laufe der Zeit wechselten die Besitzer der Dasburg. Kaiser *Napoleon* schenkte die Burg seinem Marschall *Oudinot,* der sie 1813 an die Bewohner von Dasburg auf Abbruch verkaufte. Von der mittelalterlichen Anlage sind noch die Fundamente der inneren Wehrmauer, Teile der äußeren Wehrmauer mit zwei Halbtürmen, die Nordseite des 20 Meter hohen Wehrturms und Reste des Eingangstores erhalten.

Die **Marienkapelle** etwas außerhalb des Ortes wurde 1638 zur Abwendung der Pest auf einem Felsblock errichtet, ihre Schutzheiligen gegen die Seuche sind St. Sebastian und St. Rochus. Die 1767 entstandene katholische **Pfarrkirche St. Jakobus** weist für eine Dorfkirche eine außergewöhnliche Innenausstattung im Rokokostil mit reichen Schnitzereien an Altar und Kanzel auf.

Info

●**Tourist-Information Ourtal:** Hauptstr. 3, Tel. 06550 92 98 90, www.dasburg.de.

Essen &
Trinken/
Unterkunft

●**Hotel Daytona** €€: Hauptstr. 3, Tel. 06550 15 30, Fax 9 29 98 88, www.daytonadasburg.com. Motorradfahrertreff und -herberge, einfache Zimmer, A-la-carte-Restaurant mit Tagesmenü-Angebot, Grill im nahe gelegen Hotelgarten, separates TV-Zimmer sowie Raum mit Dartspiel und Poolbillard, abgeschlossene Garage für Motorräder. Im Winter nur am Wochenende geöffnet.

Jugend-
herberge

●**Waldjugendheim:** Dasburg, Tel. 06550 92 97 60, Fax 96 07 20, www.wald-rlp.de. Die Anlage ist eine Einrichtung der Landesforsten Rheinland-Pfalz und der Schutzgemeinschaft Deutscher Wald und besteht aus mehreren Holzgebäuden. Sie liegt am Ortsrand der Ourtalgemeinde Dasburg. 1978 initiierte die Waldjugendgruppe Dasburg zunächst eine Forstlehrhütte, die aufgrund der starken Frequentierung von Gruppen und Schulklassen aus dem In- und Ausland zu einem Waldjugendheim erweitert wurde. Sechs große Schlafräume, dazu auch ein barrierefreier Schlafraum und Nasszelle, Gruppenräume, Ansprechpartner für Programme und Kosten: Förster *Rainer Mettler*, Falkenauel 31, 54673 Daleiden-Falkenauel, Tel./Fax 06550 14 3, www.wald-rlp.de/index.php?id=231.

Daleiden

Im nahe Dasburg gelegenen Eifel-Höhenort Daleiden treffen sich an den Marktsonntagen Besucher wie Einheimische. Die Schönheit des Daleidener Landes begeistert, und nicht ohne Grund wurde der anerkannte Erholungs- und anmutige Urlaubsort 1982 zum **schönsten Ort in Rheinland-Pfalz** gewählt.

Auf dem Scheid erinnert der größte **Ehrenfriedhof** in Rheinland-Pfalz an über 3000 Gefallene des Zweiten Weltkriegs.

In alten Gemäuern widmet sich das **Haus Islek** der Region mit einer sehenswerten Multimediaschau und einem großen Geländemodell. Es ist untergebracht in einem restaurierten typischen Isleker Bauernhaus, mit Touristinformation und einer Ausstellung ländlicher Gerätschaften sowie Multimedia-Informationen zu Landschaft, Flora und Fauna, Geologie, Geschichte und Kultur des Islek.

Westeifel

●**Haus Islek:** 54689 Daleiden, Hauptstraße, Tel. 06550 92 94 15, www.naturpark-suedeifel.de. Mit Bistro-Café „Isleker Stuff", geöffnet täglich ab 10 Uhr, Sa und So ab 11 Uhr, Di Ruhetag. Für Gruppenbesuche ist eine Anmeldung beim Ortsbürgermeister erforderlich (Tel. 2 96).

Orchi-
darium

Eine besondere Attraktion bietet das Orchidarium. Auf einer Gewächshausfläche von ca. 300 m^2 zeigt es eine außergewöhnliche Vielfalt an Orchideen, Bromelien und anderen Raritäten, mit Alpengarten und Verkauf.

●**Orchidarium:** In der Elkes 3–5, Tel. 06550 14 38, Fax 43 32, www.orchidarium.de, ganzjährig geöffnet Mo–Fr 10–17 Uhr, Sa 10–15 Uhr, So und feiertags 13–17 Uhr (März bis Okt.), 14–16 Uhr (Nov. bis Feb.), Rosenmontag, 3.10., Karfreitag, Allerheiligen 1.1., 24.–26.12., 31.12.–1.1. geschlossen, Eintritt 2 €, Jugendliche ab 14 Jahren 1,50 €, Kinder frei.

Natur-
schutz-
gebiet

Nahe gelegen ist das Naturschutzgebiet **Ginsterheiden** im Irsental („Tal der 1000 Schmetterlinge"): Zwischen Daleiden und **Irrhausen** wird die Talsohle des Irsentals von Mischwald-Hängen gesäumt und öffnet sich im Südwesten zum mit rund 80 ha kleinsten Naturschutzgebiet im Deutsch-Luxemburgischen Naturpark. In idealer Weise greift hier das natürlich verlaufende Gewässer mit angrenzenden Wiesen, Fels-Ökosystemen und Niederwaldbereichen ineinander und bietet einer vielseitigen Fauna Lebensraum.

Arzfeld

Der kleine Ort Arzfeld inmitten des Islek ist durch ein historisches Ereignis bekannt. Hier konzentrierten sich die Kämpfe der aufständischen Landbevölkerung gegen die Besetzung durch französische Revolutionstruppen Ende des 18. Jahrhunderts. Sie stellten sich gegen die Unterdrückung, gegen die Kriegslasten und gegen die Behinderung in der Ausübung ihrer Religion. Die Ereignisse gipfelten in Kämpfen, denen die Bezeichnung „Klöppelkrieg" gegeben wurde – in den Kämpfen

fanden fünfzig Bauern den Tod. Zum Gedenken an den Aufstand der Isleker Bauern errichtete der Eifelverein 1908 das **Klöppelkriegerdenkmal** an der Pfarrkirche. Es zeigt auf der Bronzetafel fünf bewaffnete Bauern, wie sie 1798 unter dem Losungswort „für den Glauben" gegen die Franzosen in den Kampf zogen.

Eschfeld

Im nahe gelegenen Eschfeld steht eine **Dorfkirche,** die wegen ihrer **Malereien** weithin bekannt ist. Das 1869 erbaute Gotteshaus wurde vom Ortspfarrer *Christoph März* in 15-jähriger Arbeit von 1906–21 eigenhändig ausgemalt. Er wollte seinen Pfarrangehörigen in den Szenen aus dem Alten und Neuen Testament und aus der Kirchengeschichte das Heilswirken Gottes vor Augen stellen und wesentliche Glaubensinhalte nahe bringen – auch mit hintergründigem Humor.

Museum in der Wartehalle

Im Welchenhausener Ortsteil Lützkampen im nördlichen Winkel der Verbandsgemeinde Arzfeld hat sich ein ganz eigenwilliges Kunstmuseum etabliert. Das Museum in der ehemaligen Wartehalle von Welchhausen bezeichnet sich selbst als **kleinstes Museum der Welt.** Es entstand in Eigeninitiative der Dorfbewohner und zeigt Ausstellungen von Künstlern aus dem Islek und den angrenzenden Regionen Belgiens und Luxemburgs.

●**Museum in der Wartehalle:** Kult-Our-Tal Isleker Art e.V., 54617 Welchenhausen-Lützkampen, Hauptstraße, www. kult-our-tal-museum.de.

Info

●**Tourist-Information Arzfeld:** 54687 Arzfeld, Luxemburger Str. 5, Tel. 06550 96 10 80, Fax 96 10 82, www.islek.info.

Einkaufen

●**Obstweinkellerei Wässerchen:** 54619 Eschfeld, Tel. 06559 8 57, www.waesserchen.de. Bietet neben Säften und Obstweinen auch halbtrockenen Kirsch-Secco, Essigspezialitäten etc. Kellereibesichtigung nach Vereinbarung, Weinproben mit mehreren Sorten Obstwein, Sekt, Saft, Weißbrot und Käse, geöffnet Mo–Mi 9–12 Uhr, Mo und Di 15–18 Uhr, 1. Sa im Monat 10–12 Uhr. Zusätzlich wird eine **Ferienwohnung** vermietet.

Westeifel

052ei Foto: ot

Die Moseleifel

Überblick

Die südöstlichen Ausläufer der Eifel erstrecken sich zur **Mosel** hin und bilden so unterschiedliche Landschaften wie das Maifeld nahe Koblenz, die Moselberge und die Wittlicher Senke. Die letzten Ausläufer reichen bis vor die Tore von Trier.

Maifeld

Südlich des Laacher Sees breitet sich das Maifeld aus, jene Übergangslandschaft zum südwestlichen Teil des Mittelrheinischen Beckens, die durch ihre leicht **hügelige Oberflächengestalt** auffällt. Das Gebiet wird überwiegend **landwirtschaftlich** genutzt, die Böden sind besonders fruchtbar. Begrenzt wird das Maifeld durch die in das Hügelland tief eingeschnittenen Flusstäler der Mosel, des Elzbachs und der Nette.

Mayen

Mayen, Geburtsort des bekannten Schauspielers *Mario Adorf* und von *Balthasar Krems,* dem Erfinder der Nähmaschine, liegt ganz im Nordwesten des Maifeldes im Nettetal angesichts des 588 Meter hohen Hochsimmers im Übergang zur Vulkaneifel, es ist der Hauptort der Region. Hier siedelten schon in der jüngeren Steinzeit oberhalb des linken Ufers der damals noch sumpfigen Nette Menschen. In keltischer Zeit wurden im Umfeld in Steinbrüchen Basalt und Tuff abgebaut, woraus man Mühlsteine und beispielsweise Sarkophage herstellte – so ist der Name Mayen auch keltischen Ursprungs (*magos* = „Ort in der Ebene").

Vorhergehende Seite: Die Mayener Genovevaburg

Schon in römischer Zeit war Mayen ein wichtiger Wirtschaftsstandort. Hier gab es vom Ende des 3. Jahrhunderts bis ins Mittelalter hinein Töpfereien, deren Produkte in ganz Mitteleuropa verbreitet waren. Im 8. Jahrhundert war Mayen Regierungssitz des Pfalzgrafen *Siegfried*. Erstmals urkundlich erwähnt wurde die Stadt im Jahre 847 unter dem Namen *Megina*. Seit der Zeit um 1000 gehörte sie zum Kurfürstentum Trier, wo sie bis zum Einmarsch der Franzosen im Jahre 1794 verblieb. Stadtrechte erhielt Mayen 1291 durch *Rudolf I. von Habsburg*. Im folgenden Jahrhundert baute Kurfürst *Balduin von Luxemburg* die Stadtbefestigung aus. Als Amtssitz von Kurtrier wohnten die Amtsleute auf der Burg, die man heute in Anlehnung an die Genoveva-Sage (siehe Exkurs) auch Genovevaburg nennt. Die Belagerung durch französische Truppen im Jahre 1673 scheiterte noch, doch nach dem erfolgreichen Einmarsch der Franzosen sechzehn Jahre später wurde die Stadt weitgehend zerstört.

Erneut in Schutt und Asche fiel die Altstadt von Mayen durch alliierte Bombenangriffe am Ende des Zweiten Weltkriegs. Doch die Schäden aus jener Zeit sind längst behoben und Mayen präsentiert sich heute als moderne Stadt, deren Geschichte durch die Burg und die renovierte Bausubstanz weiterhin lebendig ist.

Genovevaburg

Das Wahrzeichen von Mayen ist die Genovevaburg auf der Felskuppe des so genannten „Kleinen Simmers". Mit ihrem Bau wurde im Jahr 1280 durch den Trierer Erzbischof *Heinrich von Finstingen* begonnen. Über 400 Jahre blieb die Festung unversehrt, bis 1689 französische Truppen die Stadt mit ihrer Burg zerstörten. Ab 1700 begann der Wiederaufbau der Burggebäude im barocken Stil. Nach dem erneuten französischen Einmarsch an die 100 Jahre später wurde die Genovevaburg 1803 vom damaligen Pächter für 8100 Francs ersteigert, um das Amtshaus und den Ostturm als

Moseleifel

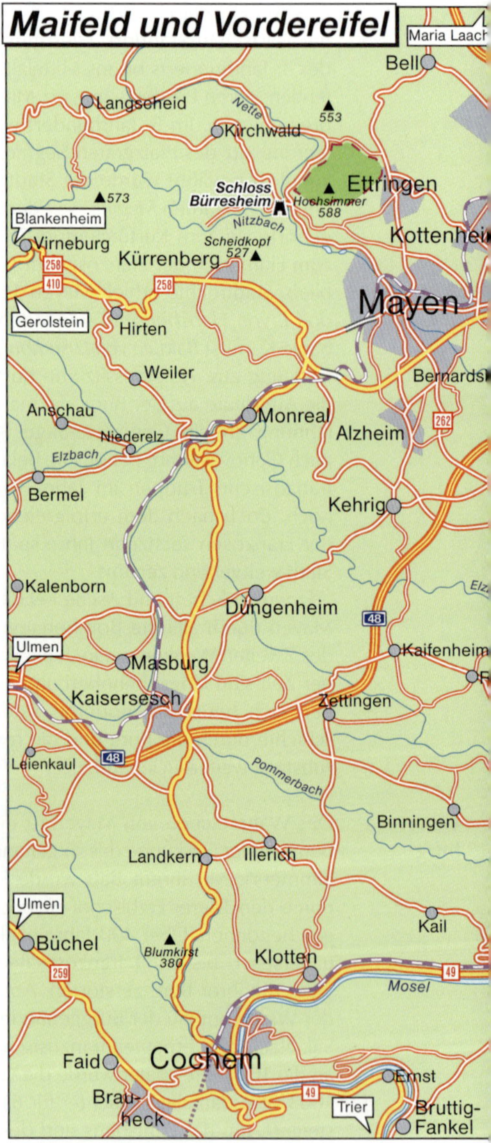

Maifeld und Vordereifel

Maria Laach

Bell

Langscheid

Nette

▲ 553

Kirchwald

Schloss Bürresheim

Ettringen

Hochsimmer ▲ 588

Kottenheim

▲ 573

Nitzbach

Blankenheim

Virneburg

Kürrenberg

Scheidkopf 527 ▲

Mayen

258

410

Gerolstein

258

Hirten

Weiler

Bernards

Anschau

Monreal

Alzheim

262

Niederelz

Elzbach

Kehrig

Bermel

Dungenheim

Elz

48

Ulmen

Masburg

Kaifenheim

Kaisersesch

Zettingen

F

Leienkaul

48

Pommerbach

Binningen

Landkern

Illerich

Ulmen

Kail

Büchel

Blumkirst 380 ▲

Klotten

259

Mosel

49

Faid

Cochem

Ernst

Brau-heck

49

Trier

Bruttig-Fankel

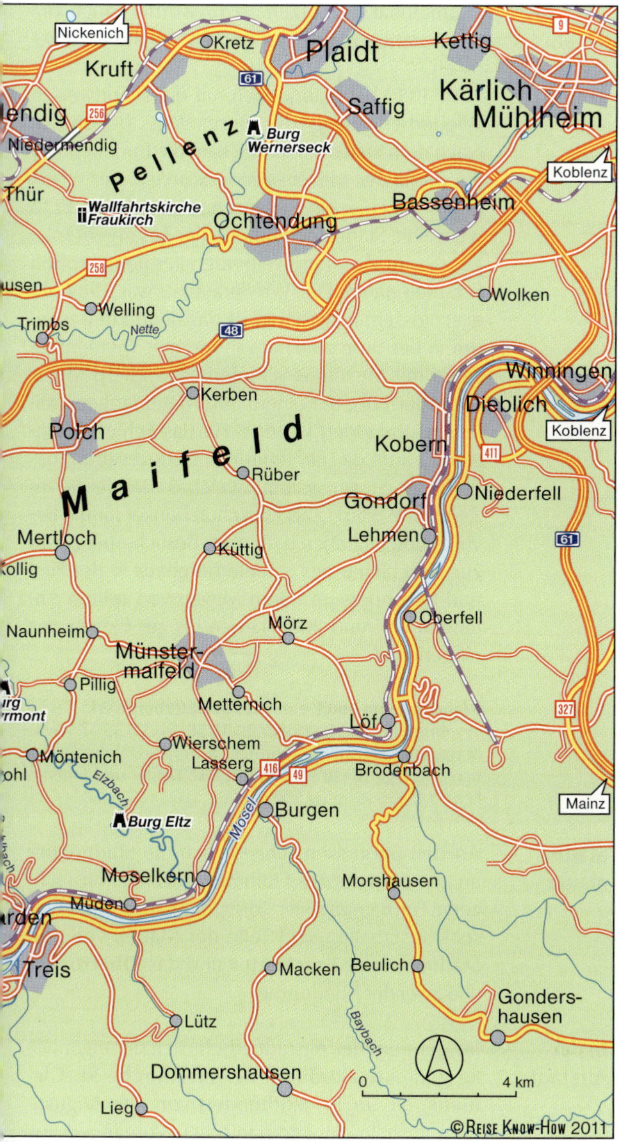

Nickenich, Kretz, Plaidt, Kettig, **9**

Kruft, **61**, Saffig, Kärlich

endig, **258**, Mühlheim

Niedermendig, Burg Werneseck

Thür, **Pellenza**, Bassenheim, Koblenz

Wallfahrtskirche Fraukirch, Ochtendung

258, ...usen, Welling, Wolken

Trimbs, Nette, **43**

Kerben, Winningen

Polch, **Maifeld**, Dieblich, Koblenz

Rüber, Kobern, **411**

Mertloch, Gondorf, Niederfell

...ollig, Küttig, Lehmen, **61**

Naunheim, Mörz, Oberfell

Pillig, Münster-maifeld

...urg ...rmont, Metternich, **327**

Möntenich, Wierschem, Löf

...ohl, Lasserg, **416** **49**, Brodenbach, Mainz

Burg Eltz, Burgen, Mosel

Moselkern, Morshausen

Müden, ...arden

Treis, Macken, Beulich, Gonders-hausen

Lütz, Baybach

Dommershausen, 0 ... 4 km

Lieg

© REISE KNOW-HOW 2011

Moseleifel

Baumaterial zu nutzen. 1815 wurden auch die Wirtschaftsgebäude des oberen Burghofes abgerissen.

Ab 1830 hat man jedoch mit der schrittweisen Wiederherstellung der Burganlage begonnen. Nach dem Ersten Weltkrieg kam die Burg in privaten Besitz des Mäzens *Arend Scholten,* der schon bald darauf hier ein Eifelmuseum einrichtete. 1938 wurde die Stadt Eigentümerin der gesamten Anlage, die im Zweiten Weltkrieg allerdings großen Schaden nahm. Der Wiederaufbau war 1984 abgeschlossen. Inzwischen ist das neue **Eifelmuseum** in der Burg zu einem modernen Themenmuseum mit Museums-Schieferbergwerk 16 Meter unter der Burg mit einem 340 Meter langen Stollen umstrukturiert worden. Für das **Schieferbergwerk** wurde das tief unter der Genovevaburg befindliche Stollensystem, welches Bergleute im Zweiten Weltkrieg als Luftschutzbunker für die Bevölkerung gegraben hatten, als Besucherbergwerk zur Geschichte des Schieferbergbaus in der Eifel und besonders im Raum Mayen von seinen Anfängen vor rund 2000 Jahren bis zur Gegenwart eingerichtet.

●**Eifelmuseum und Deutsches Schieferbergwerk:** Genovevaburg, Tel. 90 35 61 oder 90 35 58, Fax 90 35 57, www. mayen.de, ganzjährig geöffnet Di–Fr 10–17 Uhr, Sa, So und feiertags 10–18 Uhr, Eintritt 6 €, Kinder und Jugendliche 3 €, Kinder unter 100 cm frei.

Stadtmauer

An den Burgfelsen schließt sich die Stadtmauer an, die einst auf zwei Kilometern Länge mit sechzehn Türmen und vier Toren die ganze Stadt umschloss. Erhalten sind Teile der Mauer, von den Stadttoren das **Brückentor** und das **Obertor** sowie zwei der Rundtürme.

In der Altstadt

Im Zentrum der Altstadt erhebt sich der eigenwillig gedrehte Nordturm der **Pfarrkirche St. Clemens,** die im 14. Jahrhundert von den Augustinern anstelle eines romanischen Vorgängerbaus

aus dem 12. Jahrhundert errichtet wurde, wobei der Südturm noch von der alten Kirche stammt. Es ist eine der ersten gotischen Hallenkirchen am Mittelrhein. Zu der wertvollen Inneneinrichtung der 1973 wieder aufgebauten Kirche zählen unter anderem die sechs überlebensgroßen Holzfiguren von *Heinrich Alken* aus der Zeit von 1780 bis 1790 sowie die von *Georg Meistermann* geschaffenen Kirchenfenster.

Das **Rathaus** am Marktplatz wurde 1717 als einfacher Barockbau errichtet. Vom Marktplatz zweigen die lebhaften Straßen der Innenstadt mit teilweise erhaltenen oder wieder errichteten **Bürgerhäusern** ab.

Info

- **Postleitzahl:** 56727, **Tel.-Vorwahl:** 02651
- **Tourist-Info Mayen:** Altes Rathaus am Markt, Tel. 90 30 04 oder 90 30 06, Fax 90 30 09, www.mayen.de.

Moseleifel

Der Marktplatz von Mayen mit dem Rathaus

1 Zum Alten Fritz
★ 2 Brückentor
3 Im Römer
ii 4 St. Clemens
❶ 5 Information im Alten Rathaus
★ 6 Obertor
✛ 7 Krankenhaus
Ⓜ 8 Eifelmuseum
9 Maifelder Hof

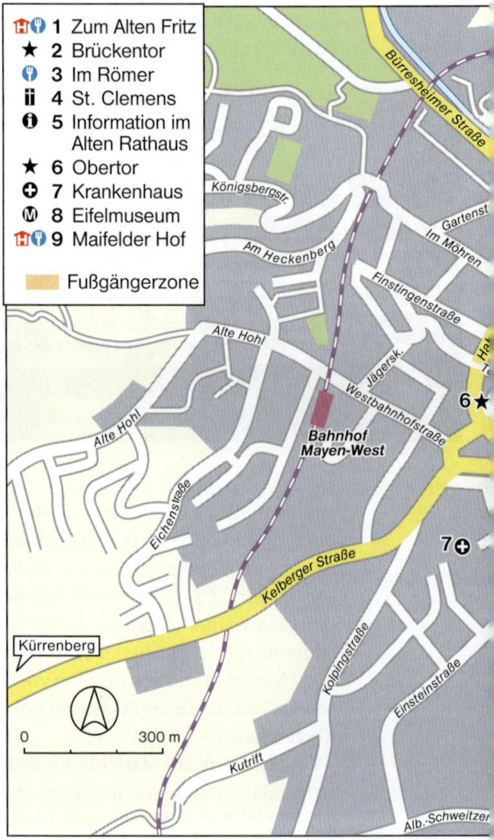

Fußgängerzone

Bürresheimer Straße

Königsbergstr.

Gartenstr.
Im Möhren

Am Heckenberg

Finstingenstraße

Alte Hohl

Jägersk.
Westbahnhofstraße

6 ★

Alte Hohl

Eichenstraße

Bahnhof
Mayen-West

7 ✛

Kelberger Straße

Kürrenberg

Kolpingstraße

Einsteinstraße

0   300 m

Kutrift

Alb.-Schweitzer

**Essen &
Trinken/
Unterkunft**

● **Zum Alten Fritz** €: Koblenzer Str. 56, Tel. 49 77 90, Fax 4 16 29, www.hotel-alter-fritz-my.de. In 3. Generation in Familienbesitz, rheinische und internationale Küche, preiswerte Hauptgerichte, Abendlokal auch So mittags geöffnet, Di und eine Woche nach Karneval geschlossen, auch Partyservice, angeschlossener Hotelbetrieb €€ mit gemütlich eingerichteten Einzel- und Doppelzimmern.

● **Im Römer** €: Marktstr. 46, Tel. 23 15, Fax 90 02 94, www.im-roemer.de. Deutsche Küche, preiswerte Hauptgerichte, mit Außengastronomie, So mittags und Mo geschlossen.

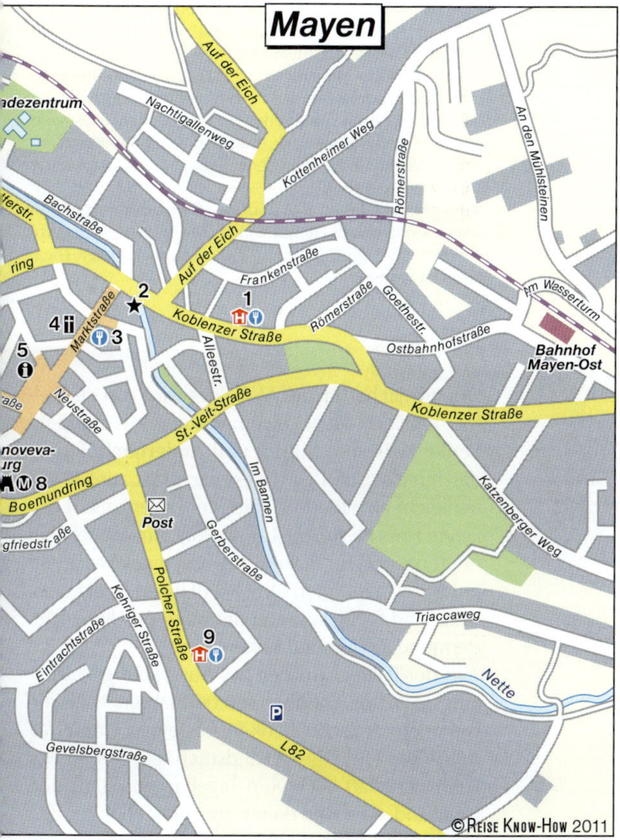

Mayen

Moseleifel

●**Maifelder Hof** €€€: Polcher Str. 72, Tel. 9 60 40, Fax 7 65 58, www.maifelder-hof.de. In der ehemaligen Brauerei der Gebrüder *Rathschek,* gemütlich eingerichtete Zimmer in zwei Kategorien; rustikales Restaurant, schmackhafte Küche, Partyservice mit preiswerten Buffets, Biergarten, Kegelbahn.
●**Wasserspiel** €€: Mayen-Kürrenberg, Im Weiherhölzchen 7–9, Tel. 30 81, Fax 52 33, www.hotel-wasserspiel.de. Kleines Hotel im Wohngebiet des westlich gelegenen Vorortes Kürrenberg mit gepflegten Zimmern; angeschlossenes Restaurant mit reichhaltiger Speisekarte, Räumlichkeiten für Familienfeste, Gartenterrasse.

Veranstaltungen

- **Lukasmarkt:** eine Woche ab dem ersten Sonntag nach Lukas im Oktober. Der „Lukasmarkt" erhielt 1405 seinen heutigen Namen, nachdem Kurfürst *Werner von Falkenstein* die bis dahin an Marienfeiertagen abgehaltenen drei Jahrmärkte auf andere Termine und somit den Lukasmarkt auf den Sonntag nach Lukas verlegte. Heute ist der Lukasmarkt ein Innenstadtvolksfest mit etwa 200 Krammarkthändlern und vielen Attraktionen in der Fußgängerzone (Infos unter www.mayenzeit.de).
- **Burgfestspiele:** Im Innenhof der Genovevaburg finden seit vielen Jahren die Burgfestspiele Mayen statt, sechs Wochen im Juli/August mit künstlerisch anspruchsvollen Theaterprogrammen.

Pellenz

Der nördliche Teil des Maifeldes wird von der Pellenz gebildet, die noch vom Vulkanismus geprägte **Senke zwischen Mayen und Andernach.** Durch das hügelige und von West nach Ost zum Rhein hin leicht abfallende Gebiet der Pellenz fließt der kleine Fluss **Nette,** die Landschaft zum Maifeld hin begrenzend. Zur Pellenz gehören die vorwiegend industriell geprägten Orte Plaidt, Kruft, Nickenich, Kretz und Saffig sowie in der oberen Pellenz Niedermendig, Thür und Kottenheim.

In der Pellenz wurden bei Ausgrabungen Siedlungsreste von vor über 300.000 Jahren, keltische wie auch römische Siedlungsreste und Gräberfelder gefunden. Dieser Landstrich lebt neben der Landwirtschaft auch vom Tagebau von Bims und Lavasand und der damit zusammenhängenden Baustoffindustrie – allerdings wurden ihre einprägsamen Vulkankuppen zumeist abgebaggert. Die Nähe zur Rheinschiene hat neben der traditionellen Steinindustrie auch moderne Gewerbegebiete entstehen lassen.

Pellenz-Museum

Über die lange Geschichte der Pellenz gibt das Pellenz-Museum Auskunft, in einem ehemaligen Kartäuserhof in **Nickenich,** westlich vom Laacher See. Es zeigt eine Ausstellung zur Frühgeschichte und Jungsteinzeit in der Osteifel.

Maifeld

Lavagestein im Mayener Grubenfeld – vom Tagebau zur Skulpturenkunst

Das sich zwischen Mayen und Ettringen erstreckende Mayener Grubenfeld entstand durch mehrere Ausbrüche der **Bellerberg-Vulkangruppe,** einem Komplex aus den Schlackenkegeln des Ettringer Bellerberges, der Kottenheimer Büden und des Mayener Bellerberges – dieser ist mit seinem halbmondförmigen Schlackenwall, der regelmäßig aufsteigenden Kegelfläche und seiner steil abfallenden Innenseite besonders eindrucksvoll. Die austretende Lava war gasreich, das **poröse Gestein** (Tephrit) lässt sich relativ leicht bearbeiten. Schon in vorgeschichtlicher Zeit wurden ab dem 5. Jahrtausend v. Chr. daraus Mühlsteine hergestellt, die bis nach England und an die Donau gelangten.

Mit der beginnenden Steinzeit baute man die oberen Basaltsäulen mit eisernen Steinhämmern ab. Im späten Mittelalter ging man ab dem 15. Jahrhundert zum **Untertagebau** über, der eine Zeit lang parallel zum **Tagebau** bestand. Vom 17. Jahrhundert an gab es ausgedehnte unterirdische Abbauhallen, ab dem 19. Jahrhundert großflächige Tiefengruben. Nun spielte die Produktion von Pflaster- und Werksteinen eine große Rolle. Zu Beginn des 20. Jahrhunderts wurden die bis dahin mit Muskelkraft betriebenen Göpelwerke durch **Kräne** ersetzt. Längst sind die Basaltfelder weitgehend abgebaut, die mit Holz verkleideten Kräne stehen auf verbliebenen Basaltsäulen als Relikte einstiger Bergbautätigkeit.

Im Gelände des Grubenfeldes findet alle drei Jahre ein internationales **Naturstein-Symposium** statt. Bildhauer und Künstler aus aller Herren Länder arbeiten hier mehrere Wochen ohne Vorgaben nach eigenen Ideen am heimischen Stein. Auf dem Symposiumsgelände des Grubenfeldes haben sich über die Jahre eine Reihe zeitgenössischer Kunstwerke angesammelt, die durch die Symposien immer wieder ergänzt werden – „Lapidea" ist das **Skulpturenfeld** genannt worden. Die Skulpturen stehen in einem spannungsreichen Gegensatz zur historischen Bergbaulandschaft des Grubenfeldes.

●**Lapidea:** Am Ostrand der Stadt Mayen in der Nähe der Kreisstraße K21 und Bundesstraße B256/258. Während des Symposiums zeigen Hinweisschilder den Weg dorthin.

●**Vulkanpark Infozentrum Rauschermühle:** 56637 Plaidt, Rauschermühle 6, Tel. 02632 98 75-0, Fax 02632 98 75-20, www.vulkanpark.com.

Moseleifel

●**Pellenz Museum:** 56645 Nickenich, Zehntstr. 7, www. pellenz-museum.de, Di–Fr 9–12 und 14–17 Uhr, Sa, So und feiertags 14–17 Uhr, Eintritt 1 €, Kinder 0,50 €.

Info

●**Verbandsgemeindeverwaltung Pellenz:** 56226 Andernach, Breite Str. 14, Tel. 02632 2 99 34, www.pellenz.de.

Aktivitäten

●**Pellenz-Bahn:** So genanntes Teilstück Andernach – Kaisersesch der Eifelquerbahn (siehe „Gerolstein").

Mendig

Mendig besteht aus den alten Ortsteilen Nieder- und Obermendig. Sehenswert in Niedermendig ist die **Ortspfarrkirche St. Cyriakus,** eine dreischiffige Pfeilerbasilika aus dem 12. Jahrhundert mit alten Fresken, die im 19. Jahrhundert durch ein großes Kirchenschiff erweitert wurde. Der Turm der **Ortspfarrkirche St. Genoveva** in Obermendig stammt noch aus dem Jahr 1250, das Schiff wurde 100 Jahre später als frühgotische Halle errichtet.

Felsen-keller

Nordwestlich des Bahnhofs der Stadt Mendig befindet sich in 32 Metern Tiefe ein Netz von unterirdischen Felsenkellern, in denen früher schwarze Basaltlava abgebaut wurde. Mitte des 19. Jahrhunderts nutzten viele **Brauereien** die gleich bleibende Temperatur von 6–9 °C, um hier Bier zu lagern. Die Felsenkeller können im Rahmen von Führungen besucht werden.

Vulkan-museum

Interessant ist auch die Wingertswand, eine **Bimssteinwand,** deren Schichtung Einblicke in die Erdgeschichte erlaubt. Hierzu bietet das Deutsche Vulkanmuseum Exkursionen an, außerdem: **Lava-Dome,** eine Reise durch 700 m² Erlebniswelt ins Innere der Erde, Führung durch die Lava-Keller unter Mendig in dem vor ca. 200.000 Jahren erkalteten Lavastrom des Wingertsbergvulkans, **Freiluftausstellung** in unmittelbarer Nähe zum Lava-Dome, wo alles rund um die Steinverarbeitung an-

schaulich erläutert wird. Zu sehen sind dort Gru-
benkräne, eine Steinmetzhütte, eine originalgetreu nachgebaute Schmiede, eine alte, funktions-
fähige Grubenbahn und ein Göpelwerk, mit dem
früher Steine mit Pferdekraft aus der Tiefe gehoben wurden.

● **Deutsches Vulkanmuseum** (auch Sitz der Deutschen
Vulkanologischen Gesellschaft): Brauerstr. 1, Tel. 93 99
222, Fax 93 99 223, www.lava-dome.de, geöffnet Di–So
und feiertags 10–17 Uhr, 3. Adventssonntag bis 25.12. sowie Ende Weihnachtsferien bis 31.1. geschlossen, Eintritt
Lava-Dome und Lavakeller 8,50 €, ermäßigt 7 €, Kinder
über 100 cm bis 16 Jahre 6,50 €.

Info

● **Postleitzahl:** 56743, **Tel.-Vorwahl:** 02652
● **Verbandsgemeinde Mendig:** Tel. 98 00-0, Fax 98 00-19,
www.mendig.de.

Moseleifel

Bierdenkmal in Mendig

Essen & Trinken/ Unterkunft

- **Hansa** €€: Niedermendig, Laacher-See-Str. 11, Tel. 9 70 80, Fax 97 08 13, www.mendighansahotel.de. Hotel mit modern eingerichteten Zimmern, auch behindertengerechte Räume; Restaurant € mit traditioneller Küche in der ehemaligen Hansa-Brauerei, Do Ruhetag, Mitte Dez. bis Feb. geschlossen.
- **Vulkan Brauhaus** €: Laacher-See-Str. 2, Tel. 52 03 30, Fax 52 03 91, www.vulkan-brauhaus.de. In den Gasträumen einer alten Brauerei, im Ausschank die naturbelassenen Biere „Vulkan Bräu hell" und „Vulkan Bräu dunkel", frische und reichhaltige Brauhausküche, täglich geöffnet, Biergarten von Mai bis Okt.; mit Brauhaus-Laden, im Angebot Vulkan-Bräu-Spezialitäten, Räucherwaren, Bierbrot, Käse, Souvenirs, Geschenkartikel, geöffnet täglich Mai bis Oktober, Nov. bis April Mo und Di Ruhetag.

Thür

Im Süden der Verbandsgemeinde Mendig liegt der kleine, landwirtschaftlich geprägte Ort Thür am Rande eines weiträumigen Talkessels. Die Bauernhäuser mit ihren Natursteinfassaden sind typisch für das Ortsbild. Inmitten des Ortes steht **Haus Thür,** eine Hofanlage aus dem 15. Jahrhundert, renoviert und mit umgebauten Stallungen und Scheune den Bewohnern als Dorfgemeinschaftshaus zur Verfügung.

Wallfahrtskirche Fraukirch

Unweit südöstlich von Thür steht die bekannte Wallfahrtskirche Fraukirch inmitten der weitläufigen Landwirtschaftsflächen der Pellenz, umgeben von einer eindrucksvollen Hofanlage aus Stallungen, Scheunen und dem Herrenhaus. Die Fraukirch ist eng mit der **Genoveva-Sage** verbunden. Sie beherbergt die Grabstätten des Pfalzgrafen *Siegfried* und seiner Gattin *Genoveva*.

Die der Muttergottes geweihte Kirche wurde auf den Fundamenten einer fränkischen Saalkirche aus dem 8. Jahrhundert errichtet. Bereits zu Beginn des 13. Jahrhunderts wurde der ursprüngliche Bau durch einen Neubau ersetzt, von dem heute noch das Mittelschiff und der Chor erhalten sind. Seit dem Mittelalter war die Fraukirch das

Ziel vieler Wallfahrer. Von diesen Wallfahrten zeugen noch am Rande der Wallfahrtswege nach Fraukirch die erhaltene Votiv-Kapelle aus dem Jahre 1605 westlich der Fraukirch oder auch das „Golokreuz" auf dem Prozessionsweg nach Mendig. Im Chor der Kirche befindet sich ein Hochaltar mit einem Altartisch aus dem 13. Jahrhundert, über dem sich ein Altaraufsatz aus Tuffstein von 1664 erhebt. Hier sind neben der Verkündigung Mariens auch die Hauptszenen der Genoveva-Sage, der zu Unrecht verstoßenen Pfalzgräfin, dargestellt, so im großen Mittelteil hervorgehoben die Vierteilung des Verleumders *Golo*.

In der Tradition der alten Wallfahrten steht die weithin bekannte **Fraukircher Kirmes,** die am zweiten Augustwochenende eine große Zahl von Menschen anlockt.

Die Genoveva-Sage

Der sagenhaften Überlieferung zufolge wurde *Genoveva von Brabant* um 730 n. Chr. als Tochter eines Herzogs von Brabant geboren. Später wurde sie die Gemahlin des Pfalzgrafen *Siegfried zu Mayen*. Als Siegfried, dem Aufruf des Königs folgend, in den Krieg zog, wurde Genoveva durch Siegfrieds Statthalter *Golo,* dessen Werben von der treuen Genoveva verschmäht wurde, unter Vorwand des Ehebruchs beschuldigt und zum Tode verurteilt, vom Henker jedoch heimlich frei gelassen. Daraufhin lebte Genoveva mit ihrem neugeborenen Sohn sechs Jahre in einer Höhle. Die Gottesmutter Maria schickte ihr angesichts ihrer elenden Situation eine Hirschkuh zu Hilfe, die ihr Kind nährte, bis ihr Ehemann sie wiederfand und ihre Unschuld einsah. Zum Dank für Genovevas Errettung soll Siegfried die **Wallfahrtskirche zu Fraukirch,** wo sie sich versteckt hatte, errichtet haben. Golo wurde auf einer nahen Anhöhe gevierteilt.

Weite Verbreitung und Bekanntheit fand die Genoveva-Sage durch den Dramatiker *Friedrich Hebbel*, der das Thema in seiner 1843 entstandenen fünfaktigen Tragödie „Genoveva" umsetzte.

Moseleifel

Ochtendung

Weiter in Richtung Koblenz gelangt man über Ochtendung zur **Burg Wernerseck,** die sich oberhalb des Nettetals erhebt. Burg Wernerseck verdankt den Namen ihrem Bauherrn, Erzbischof *Werner von Trier* (1388–1418). Ab dem 16. Jahrhundert war die Burg an die Herren von Eltz verpfändet, die sie bis ins 19. Jahrhundert besaßen. Es war eine Wohnburg, deren Bergfried für damalige Verhältnisse wohnlich eingerichtet war. Die renovierungsbedürftige Burg befindet sich im Eigentum der Gemeinde Ochtendung, wurde von ihr saniert und steht heute unter Denkmalschutz. Sie wird zu besonderen Ereignissen für das Publikum zur Besichtigung frei gegeben.

Info • **Ortsgemeinde Ochtendung:** 56299 Ochtendung, Raiffeisenplatz, Tel. 02625 45 77, Fax 52 04, www.ochtendung.de.

Essen & **Trinken/** **Unterkunft** • **Hotel-Restaurant Gutshof Arosa** €€€: Koblenzer Str. 2, Tel. 02625 44 71, www.gutshofhotelarosa.de. Praktisch und geschmackvoll eingerichtete Zimmer, Restaurant und Biergarten, die Hotelchefin führt Kochkurse durch, gutbürgerliche Küche. Mo Ruhetag.

Saffig

Saffig, inmitten der Pellenz gelegen, war schon **keltisches, römisches und fränkisches Siedlungsgebiet.** Am Westrand von Saffig stieß man auf einen **Friedhof der Merowingerzeit,** wo 250 Gräber mit Schmuck, Keramik und Waffen als Grabbeigaben ausgegraben werden konnten. Seit dem späten Mittelalter war der Ort in den Händen der Familie *von der Leyen.* Sie errichteten 1739–42 ein **Grafenschloss** mit einem schönen Park sowie eine neue **Pfarrkirche** nach Plänen von *Balthasar Neumann.* Fränkisch prunkvoll mutet dieser Sakralbau mit welscher Haube auf dem Turm an, dem querschiffartig Sakristei und Herrschaftsloge angebaut sind. 1773 verlegte Graf *Franz-Karl von der Leyen* seine Residenz nach Blieskastel. Saffig verlor dadurch seine einstige Bedeutung.

Bassenheim

Schon vor den Toren von Koblenz liegt Bassenheim, eine eher unscheinbare Gemeinde, die aber mit dem **Bassenheimer Reiter** im linken Seitenschiff ihrer Pfarrkirche aus dem Jahr 1900 einen der größten Kunstschätze der Eifel aufweist. Dieses aus Stein gehauene, fast lebensgroße Relief des heiligen *Martin* stammt eigentlich aus dem Mainzer Dom, für den es der so genannte Naumburger Meister wahrscheinlich 1239 gefertigt hat. Es handelt sich um eine der großartigsten Reliefdarstellungen im Übergangsstil zur frühen Gotik von dem Meister, der später die weltbekannte Figurengruppe des Fürstenpaares Ekkehard und Uta für den Naumburger Dom schuf.

An den Waldbottplatz im Ortszentrum grenzt eine Reihe gut restaurierter, pittoresker **Fachwerkhäuser,** darunter auch das barocke Rathaus. Das einstige Schloss der Herren *Waldbott von Bassenheim* ist längst in andere Hände übergegangen und als Privatbesitz inmitten eines großen Parks nicht zu besichtigen und auch nicht einzusehen. Oberhalb des Ortes auf dem Karmelenberg ließen der Reichsfreiherr *Johann Lothar Waldbott von Bassenheim* und seine Gemahlin *Anna Magdalene,* geb. Gräfin *von Metternich,* 1662 die **Marienkapelle** errichten, die zu den ältesten Barockkirchen der Eifel zählt, zu Ehren eines Gnadenbildes, das zu Beginn der zweiten Hälfte des 17. Jahrhunderts in die Bassenheimer Burg gelangte.

Moseleifel

Info

●**Gemeindeverwaltung:** 56220 Bassenheim, Waldbottplatz 9, Tel. 0 26 25 44 56, Fax 64 93, www.bassenheim.de.

Münstermaifeld

Die geschichtlichen Ursprünge des Maifeldes findet man in Münstermaifeld. Funde aus der Steinzeit und aus der keltischen Zeit zeugen von einer frühen Besiedlung. Unter den Merowingern entwickelte sich die Ansiedlung zum Zentrum des Mayengaus, denn hier hatte der Trierer Erzbischof *Magnericus* auf den Fundamenten eines römischen Wachturmes eine Martinskirche zur Christianisierung der Region erbauen lassen. Im Jahre 965 erhielt Münstermaifeld Marktrecht, 1018 kam der Ort ans Bistum Trier. Kurfürst *Balduin von Luxemburg* gab Münstermaifeld die Stadtrechte und ließ es befestigen – von der **Stadtmauer** sind heute noch beachtliche Teile zu sehen.

Münster Weithin überragt wird der Ort vom Westbau des Münsters, dem Münstermaifeld seinen Namen verdankt. Als erster Probst des Stifts wird 1052 *Geramnus* genannt. Das Stift florierte und verfügte

---

Der Goldaltar des Münsters

über umfangreiche Einnahmen, was die Begehrlichkeit des Papstes weckte. Lange konnten sich die Pröpste erfolgreich gegen Zugriffe wehren, bis sich das Erzbistum Trier 1515 selbst die Pfründe sicherte. Nunmehr verwalteten Dechanten das Stift, das zu Beginn des 17. Jahrhunderts durch grausame Hexenprozesse traurige Berühmtheit erlangte. Mit der Säkularisation war auch das Ende des Stifts gekommen. Die Kirche mit ihren Kunstschätzen blieb erhalten, der Kreuzgang wurde allerdings 1828 abgebrochen.

Das altehrwürdige Münster ist vom 11. Jahrhundert an in verschiedenen Bauabschnitten entstanden und zeigt architektonisch in interessanter Folge die Entwicklung der Baustile über Jahrhunderte. Das **Westwerk** der St. Martin und St. Severus geweihten Stiftskirche stammt vom romanischen Vorgängerbau aus dem Jahre 1103. Mit dem Bau des großartigen **Chores,** der die gleiche Höhe wie das Querschiff aufweist, wurde 1225 begonnen. Äußerlich kann man an der horizontalen Wandgliederung des Chores mit Lisenen und Bogenfriesen noch die spätromanische Architektur, aber an der vertikalen Fenstergliederung auch schon Formen der Frühgotik erkennen. Als nächste Bauphase erfolgte die Errichtung des Langhauses, die das Querschiff mit dem Westwerk verband. Die Kirchenweihe fand 1332 statt. Die Zinnen auf dem Westwerk wurden im 15. Jahrhundert aufgesetzt.

Auch im Inneren vereinigen sich spätromanische mit gotischen Bauelementen. Spätromanische Blendarkaden bestimmen den unteren Wandaufbau, die sich darüber erhebende Fensterzone ist mit schmalen Spitzbögen überhöht. Weiterhin sind der reichhaltige **Kapitellschmuck** und die freigelegten **Fresken** aus dem 13. bis 15. Jahrhundert beachtenswert. Im Blickfang des Chores steht der große Hochaltaraufsatz. Dieser spätgotische **Münstermaifelder Goldaltar** ist ein Meisterwerk mittelalterlicher Holzschnitzkunst der Antwerpener Schule. Von großer künstlerischer Bedeutung sind auch die Plastiken am Südportal sowie die aus dem Jahr 1320 stammende Madonnenfigur am nördlichen Chorpfeiler mit einer Tuffsteinrose in der Hand, die Grablegung Christi, eine gotische Steinmetzarbeit des frühen 16. Jahrhunderts, eine Pietà sowie die Orgel mit reich geschnitztem Gehäuse aus dem beginnenden 18. Jahrhundert.

In der Altstadt

Trotz aller Zerstörungen im Zweiten Weltkrieg konnte nahe am Münster mit den **Stiftsgebäuden** und am angrenzenden Marktplatz mit dem **Renaissance-Rathaus** und den Fachwerkbauten ein historisches Stadtbild bewahrt werden. Reizvoll sind auch die alten **Kanonikerhäuser** in der Stiftsstraße innerhalb der alten Stiftsimmunität, das **Alte Pfarrhaus** und das im Kern romanische **Doppelerkerhaus.**

Heimatmuseum

In der Alten Propstei befindet sich seit 2003 ein Heimatmuseum mit einem Kolonialwaren-, einem Tabak-, einem Friseur- und einem Bäckereiladen sowie einer Schulklasse, einer Schusterwerkstatt, einer Sattlerei und einer Polsterei. Die Ausstellungsstücke repräsentieren eine Zeitspanne von 1900 bis etwa 1950/1960.

● **Heimatmuseum:** Information bei der Stadtverwaltung (s.u.), geöffnet April bis Okt. Mo bis So 14–17 Uhr, Eintritt 3 €, ermäßigt 2,50 €/2 €.

Bauernmuseum

Relativ neu ist das **Bauernmuseum,** das der Stifter *Peter Weber* mit Exponaten zum Wohnen in der Eifel um die Zeit um 1900 der Stadt vermacht hat.

● **Bauernmuseum:** Obertorstraße 16, Tel. 02605 18 31 (Dr. Bernhard Koll), Öffnungszeiten nach Vereinbarung.

Info

● **Postleitzahl:** 56294, **Tel.-Vorwahl:** 02605
● **Stadt Münstermaifeld:** Martinstr. 1, Tel. 47 07, Fax 95 26 95, www.muenstermaifeld.de.
● **Kirchen- und Stadtführung:** Ende März bis Ende Oktober So 14 Uhr, werktags nach Vereinbarung, Treffpunkt an der Stiftskirche, Teilnehmergebühr 3 €, Jugendliche bis 14 Jahren 2 €, Kinder frei.

Essen & Trinken/ Unterkunft

● **Hotel-Restaurant Athen** €€: Obertorstr. 4–6, Tel. 17 15, Fax 30 10, www.hotel-restaurant-athen.de. Gepflegtes kleines Hotel im Zentrum, Restaurant mit griechischer Küche, im Sommer Außengastronomie, Biergarten. Mo mittags geschlossen.

Aktivitäten

● **Erlebnis-Freibad:** Pilligertorstraße, Tel. 24 40, www. muenstermaifeld.de. Großes Schwimmbecken 22 °C, Freizeitbecken mit langer Doppelrutsche, 24 °C, Kindererlebnisbecken mit Rutsche, 24 °C, 9–19 Uhr, Mitte Juni bis Mitte Aug. bis 20.15 Uhr, Eintritt 3,50 €, Kinder und Jugendliche 2 €. **Sauna:** Tel. 95 26 14, mit Finnischer Sauna, Dampfsauna, Blocksauna, Freiluftgelände, Solarium, Massage; Tageskarte 8 €, Jugendliche 6 €, Kinder 5 €.

Vordereifel

Als Vordereifel bezeichnet man den Landstrich zwischen dem Maifeld und der Hocheifel. Er wird heute zu weiten Teilen von der Verbandsgemeinde Vordereifel eingenommen, einem künstlichen Verwaltungsgebilde, das aus der Auflösung der alten Kreise Mayen und Adenau hervorgegangen ist. Kulturhistorisch interessantester Ort der Region ist Monreal am Elzbach, der von hier aus seinen Weg durch ein verschlungenes, tief eingeschnittenes Tal südwärts zur Mosel findet.

Elzbachtal   Das romantische Elzbachtal bildet die westliche Grenze des Maifeldes. Hier erheben sich **Burg Pyrmont** und **Burg Eltz,** die bekannteste Burg Deutschlands. Das Elzbachtal kann man von der Mosel vom Ort Moselkern aufwärts **erwandern** und **erradeln** – das Rad muss allerdings mehrfach auf Treppen mit bis zu 50 Stufen getragen und der Fluss mehrfach gequert werden. Die Wegbreite beträgt gelegentlich nur 50 Zentimeter, dazu gibt es kurze Strecken mit über 20 % Steigung. Einkehrmöglichkeiten bestehen kurz vor der Hälfte in Burg Pyrmont oder in der Mühle am Fuß der Burg. Endpunkt der Strecke ist Monreal.

Moseleifel

Monreal

Der von zwei Burgruinen überragte, pittoreske Ort Monreal verfügt über einen gut erhaltenen Kern ansehnlicher Fachwerkbauten und eine spätgotische Pfarrkirche mit sehenswerter Innenausstattung. Urkundlich erwähnt wurde *Mons regalis* (= Königsberg) erstmals 1229, als Graf *Philipp von Virneburg* die Region um Monreal an seinen Bruder *Hermann* übergab. Hermann begann sofort, die große Burg zu bauen und den Flecken *Kunigsberg* mit starken Mauern zu umwehren. Bereits 1306 bekam Monreal die Stadtrechte, erst 1642 folgten die Marktrechte.

Monreal gehörte zwar zum Gebiet des Trierer Erzbistums, die Virneburger Grafen aber hatten auch beste Beziehungen zu den Erzbischöfen in Köln. Dies wurde von den Trierern als ständige Bedrohung angesehen, und so waren Konflikte mit Trier vorprogrammiert. Als im Jahre 1545 das Grafengeschlecht *von Virneburg* ausstarb, zog Trier die ganze Grafschaft als erledigtes Lehen ein und setzte in Monreal eigene Amtmänner ein.

Im Dreißigjährigen Krieg zerstörten schwedische Truppen die Stadt, 1689 legten französische beide Burgen in Schutt und Asche. Aufschwung kam dann im 18. Jahrhundert durch die **Tuchindustrie,** gestützt auf die Wolle der großen Schafherden der Eifel. Erst in der zweiten Hälfte des 19. Jahrhunderts wurde dieser Industriezweig Opfer der internationalen Konkurrenz. Monreal versank in der Bedeutungslosigkeit – doch dies ist heute von Vorteil für den Ort, der sich so sein historisches Ortsbild mit gepflegten **Fachwerkhäusern** aus dem 16. bis 18. Jahrhundert, die noch an die Tuchmacher der Barockzeit erinnern, erhalten konnte und mit dem Fremdenverkehr eine neue wirtschaftliche Grundlage erhielt.

Brücken   Drei steinerne Brücken in mittelalterlicher Bruchsteintechnik führen mitten im Ort über den Elzbach. Die eher unscheinbare obere und die untere Brücke trugen die Stadtmauer, und so ist die mittlere Fahrbrücke, geschmückt mit der spätbarocken **Statue des heiligen Nepomuk** und dem im Rheinland einzigartigen **Löwendenkmal,** am reizvollsten.

Burg

Von der **Rech,** der kleineren der beiden Burgen, verblieben der Turm mit seinen vier kleinen Ecktürmchen und Reste der Umfassungsmauern. Die gegenüber liegende, auch als Löwenburg bezeichnete Große Burg war von tiefen Gräben umgeben. Es gab eine Vorburg, im Burggelände eine sechseckige Kapelle, Wohngebäude und einen runden Bergfried mit dicken Mauern. Das Löwendenkmal auf der mittleren Brücke soll einst vor der Großen Burg gestanden haben.

Kirche

Als bedeutendstes Kunstwerk von Monreal ließen die Virneburger Grafen die Ortspfarrkirche direkt am Elzbach errichten. Die drei Joche des einschiffigen Baus sind mit Kreuzrippengewölben eingewölbt, der Chor hat ein filigranes Netzgewölbe. Ein spitzbogiger Durchlass im vorderen Joch führt in die kleine, seitlich angebaute Heiligkreuzkapelle, ein spätgotisches Schmuckstück, das reich mit Blattwerkkapitellen und figürlichen Schlusssteinen verziert ist.

Info

● **Postleitzahl:** 56727, **Tel.-Vorwahl:** 02651
● **Verbandsgemeindeverwaltung Vordereifel:** 56727 Mayen, Kelberger Straße 26, Tel. 80 09-0, Fax 80 09-20, www.vordereifel.de; www.monreal-eifel.de.

Essen & Trinken/ Unterkunft

● **Stellwerk** €€: Bahnhofstr. 58, Tel. 7 77 67, Fax 28 93, www.stellwerk-monreal.de. Restaurant und Weinschänke im alten Bahnhof, Veranstaltungen, abends geöffnet, So auch mittags.
● **Pension-Ferienwohnungen Zum Obertor** €: Obertorstr. 18, Tel. 67 29, Fax 7 00 98 42, www.eifel.com/monreal/unterkunft/pjung.html. Gemütliche Pension in ehemaligem, restauriertem Bauernhaus im historischen Ortskern von Monreal, praktisch eingerichtete Zimmer, vermietet mehrere Ferienwohnungen.

Moseleifel

Burg Pyrmont

Die Ursprünge der Burg Pyrmont im **Elzbachtal** sind nicht genau bekannt. Sie soll von *Kuno I. von Schönberg* gegen Ende des 12. Jahrhunderts erbaut worden sein. Ihr 24 Meter hoher Bergfried war der erste dieser Art in der Eifel. Mehrere Zwinger mit Rundtürmen schützen die Kernburg, welche durch einen tiefen Graben und einen massiven Torbau von zwei Vorburgen getrennt war. Diese existierten aber schon zu Beginn des 20. Jahrhunderts nicht mehr.

Erstmals urkundlich erwähnt wird Burg Pyrmont im Jahre 1225. In der Folgezeit wurde sie von den sich *Pyrmont* oder *Pirmont* nennenden Nachkommen des Erbauers bewohnt. Einen politischen Höhepunkt erlebte die Burg zum einen während der Regentschaft *Heinrichs von Pyrmont* (1476–95), Reichsfreiherr unter Kaiser *Maximilian,* der als Haupterbe in einem Vergleich mit seinen Brüdern die Anteile an der Ritterburg neu regelte, zum anderen zu Beginn des 18. Jahrhunderts, als die *Waldbott von Bassenheim,* die ab 1652 in den Besitz eines Teils, ab 1710 in den Vollbesitz der Burg Pyrmont gelangten, diese zu einer repräsentativen, schlossartigen Anlage umbauten. Nachdem französische Revolutionstruppen die Eifel erobert hatten, wurde die Burg auf Abbruch verkauft und als Steinbruch benutzt, sie verfiel zunehmend. Nach vielfachem Besitzerwechsel und wenig erfolgreichen Renovierungsversuchen kauften 1963 die Architekten *Hentrich* und *Petschnigg* die Ruine und gaben ihr ein neues Aussehen. Heute ist Burg Pyrmont teilweise bewohnt, teilweise kann sie besichtigt werden.

●**Burg Pyrmont:** 56754 Roes, Tel. 02672 23 45, Fax 88 11, www.burg-pyrmont.de. Der Rittersaal ist auch Trauzimmer des Standesamtes Treis-Karden, kirchliche Trauungen sind im Valentinsgewölbe möglich, der Rittersaal steht für Hochzeitsveranstaltungen zur Verfügung. Information erhält man unter Tel. 02672 23 45, direkte Buchungen kann

man unter info@burg-pyrmont.de vornehmen. Im Angebot ist auch das „Pyrmonter Rittermahle", Besichtigung Mai bis Okt. 11–17 Uhr (Mai, Sept./Okt. bis 16 Uhr), Eintritt 4,50 €, Kinder 4–16 Jahre 3 €.

Essen & Trinken/ Unterkunft

● **Gasterey:** Gaststätte in der Vorburg, Tel. 02672 80 21, Fax 91 01 19, geöffnet im März So, April bis Okt. täglich 10–18 Uhr, Mo und Di Ruhetag.

● **Landgasthof Pyrmonter Mühle** €: 46754 Roes, Tel. 02672 73 25, www.pyrmonter-muehle.de. Schöner Fachwerkbau unterhalb der Burg an einem Weiher mit dem Wasserfall des Elzbachs; kleiner Hotelbetrieb mit acht Doppelzimmern, Do Ruhetag.

Burg Eltz

Das Elzbachtal stellte früher eine wichtige Verbindung zwischen der Mosel und dem fruchtbaren Maifeld dar. Hier errichteten die Ritter *von Eltz* im frühen Mittelalter eine kleine Burganlage. Eine erste urkundliche Erwähnung findet *Rudolf von Eltz* im Jahre 1157 als Zeuge einer von Kaiser *Friedrich I. Barbarossa* ausgestellten Schenkungsurkunde. Teile dieser Anlage – wie der **spätromanische Bergfried** und Reste des **romanischen Wohnhauses** im Untergeschoss des Kempenicher Hauses – sind heute noch erhalten.

Ganerbengemeinschaft

Im Jahre 1268 gliederte sich das Geschlecht von Eltz in drei Linien. Die Brüder *Elias, Wilhelm* und *Theoderich* führten fortan getrennte Haushalte. Sie teilten die Burg und ihre Güter unter sich zu einer im ausgehenden Mittelalter nicht unüblichen Erben- und Wohngemeinschaft auf und bildeten eine so genannte Ganerbengemeinschaft. Innerhalb der Burgmauern konnte sich **jeder Familienzweig sein eigenes Wohnhaus** errichten, für die Erhaltung der Burg und ihrer Wehrhaftigkeit waren sie gemeinsam verantwortlich. Entsprechend ihrer Wappen nannten sich die drei Brüder „Eltz vom Goldenen Löwen" (die späteren *Eltz-Kempenicher*), „Eltz vom Silbernen Löwen" (die *Eltz-Rübenacher*) und „Eltz von den Büffelhörnern" (die *Eltz-*

Rodendorfer). Die Ganerbenregelung auf Burg Eltz verhinderte Auseinandersetzungen zwischen den einzelnen Familienzweigen, die im Laufe der folgenden Jahrhunderte bis etwa 1650 **sieben turmartige Bauten** innerhalb des Burgbergings errichteten und der bis heute unzerstört erhaltenen Burganlage so ihr einmaliges Gepräge geben und sie zum **Innbegriff deutscher Burgenromantik** machen. Besonders im Innenhof wird der Besucher von der Vielfältigkeit der in die Höhe strebenden Architektur der einzelnen Bauteile mit Fachwerk, Erkern, Türmchen und Dachformen beeindruckt.

Eltzer Fehde

Einzig die Eltzer Fehde (1331–36) hätte der Burg Schaden bereiten können. Immer mehr freie Ritter verloren am Ende des Mittelalters ihre Selbstständigkeit. Erzbischof *Balduin von Trier* versuchte nunmehr auch, die Herren von Eltz in seinen Macht-

Wie aus dem Bilderbuch: Burg Eltz

bereich einzuverleiben. Mit anderen freien Rittern zusammen bildeten die Eltzer ein **Bündnis gegen Trier.** Zunächst versuchte Balduin mithilfe des ersten nachgewiesenen **Kanonenangriffes** vergeblich, Burg Eltz von der Westseite her im Sturm zu erobern. Von diesem Angriff zeugen noch die ältesten erhaltenen Kanonenbolzen der Welt. So ließ Balduin gegenüber von Burg Eltz eine Belagerungsburg bauen – die so genannte **Trutzeltz.** Von dort belagerte Balduin Burg Eltz mehrere Jahre. Von der Trutzeltz katapultierte **Steinkugeln** werden noch im Innenhof von Burg Eltz gezeigt. Auf Dauer konnten die Eltzer aber den Trierern nicht widerstehen. Im Jahre 1336 wurden schließlich der **Eltzer Friede** geschlossen und das Ritterbündnis aufgehoben. Die Eltzer erhielten zwar ihre unzerstörte Burg zurück, aber als Lehen von Trier. Ein paar Jahrhunderte später stellten die Eltzer sogar einige Trierer Kurfürsten und Erzbischöfe.

Erhaltung der alten Anlage

Burg Eltz blieb auch beim französischen Einmarsch in die Eifel Ende des 17. Jahrhunderts verschont – durch den glücklichen Umstand, dass *Johann-Anton von Eltz-Üttingen* in der französischen Armee diente und die Zerstörung seiner Stammburg verhindern konnte. 1733 erhielten die *Eltzer vom Goldenen Löwen* den Reichsgrafentitel. Graf *Hugo Philipp* wurde 1815 durch den Kauf des Rübenacher Hauses und des Grundbesitzes der Freiherren *von Eltz-Rübenach* alleiniger Besitzer der Burg, nachdem der Anteil der Linie *Eltz-Rodendorf* schon 1786 nach ihrem Aussterben an die *Eltz-Kempenicher* gefallen war. Im 19. Jahrhundert betrieb Graf *Karl zu Eltz* die Restaurierung seiner Stammburg. Die umfangreichen Arbeiten dauerten von 1845 bis 1888 und verschlangen große Summen aus seinem Privatvermögen. Glücklicherweise folgte er dabei nicht der zeitgenössischen Mode des Historismus, sondern erhielt die vorhandene Architektur.

Moseleifel

**Sehens-
wertes im
Inneren**

Die bis heute erhaltene wertvolle Ausstattung von Burg Eltz zeigt einen Querschnitt durch mehrere Jahrhunderte spätmittelalterlichen Herrenlebens. Besonders eindrucksvoll sind die Holzdecke aus dem 15. Jahrhundert im **Rübenacher Untersaal,** die **Möbel,** die **Gemäldesammlung** mit Bildern von *Lucas Cranach d.Ä.* sowie von Malern der Kölner Schule, das mit gotischen Ornamenten und Figuren ausgemalte **Ankleidezimmer,** das **Rübenacher Schlafgemach** mit seinen filigranen Freskenmalereien aus der Zeit um 1470 und dem Stufenbett mit geschnitztem Baldachin von 1520, der festliche **Rittersaal** und die spätmittelalterliche **Küche** in den Rodendorfer Häusern, das elegante spätgotische Netzgewölbe im **Fahnensaal,** die **Waffensammlung** aus den Türkenkriegen und nicht zuletzt die **Schatzkammer** in den Kellergewölben des Rübenacher Hauses mit Exponaten aus dem 12. bis 19. Jahrhundert. Die Sammlung besteht aus Meisterwerken der Gold- und Silberschmiedekunst, wertvollem Porzellan des 18. Jahrhunderts, mittelalterlichen Jagdwaffen sowie Kuriositäten wie dem „Dukatenscheißer", einer holländischen Elfenbeinarbeit aus dem 16. Jahrhundert.

●**Gräflich Eltz'sche Kastellanei Burg Eltz:** 56294 Münstermaifeld, Tel. 02672 9 50 50-0, Fax 9 50 50-50, www. burg-eltz.de. Führungen mit Besichtigung der **Schatzkammer:** April bis Nov. 9.30–17.30 Uhr, Eintritt 8 €, ermäßigt 5,50 €. **Gastronomie:** Zwei Self-Service-Gaststätten mit kleinen Gerichten sowie Kaffee und Kuchen; **Burgladen** mit Literatur, Souvenirs etc.

Moselbergland

Als Moselbergland bezeichnet man die südlichen, sich zur Mittelmosel erstreckenden Ausläufer der Eifel zwischen dem Maifeld im Osten und dem Bitburger Gutland im Westen. Es ist ein **waldreicher, bergiger Landschaftsstreifen,** der von den Tälern des Elzbachs, des Endertbachs, des Ueßbachs, der Alf, Lieser und Salm teilweise tief eingeschnitten wird und von Senken durchsetzt ist, deren größte die **Wittlicher Senke** ist. Im Umfeld von Bad Bertrich liegt die südöstlichste **Vulkangruppe** der Eifel. Hier sind die für die Osteifel so typischen vulkanischen Erscheinungen wie Schlackenkegel, Schichtvulkane und Lavaströme und sogar ein Maar, das Hardt-Maar, vertreten.

Bad Bertrich

Am Unterlauf des Ueßbachs öffnet sich ein Talkessel, wo die einzige, 32 °C warme **Glaubersalzquelle** Deutschlands den Kurort Bad Bertrich entstehen ließ. An der hier schon in vorrömischer Zeit bekannten Quelle wurde Ende des 4. Jahrhunderts ein großartiges Badegebäude mit Säulentempel errichtet. In nachrömischer Zeit verfielen die Badeanlagen von *Bertriacum,* doch im Jahre 1097 taucht dieser Name in einer Besitzurkunde des Erzbischofs *Egilbert von Trier* erneut auf. 40 Jahre später belagerte 1136/37 Erzbischof *Alberto von Trier* die nördlich vom heutigen Bad Bertrich auf einem Felsen gelegene **Entersburg** und machte sie dem Erdboden gleich – es handelte sich um die um 1095 von Raubrittern errichtete *Nentirsburch,* an deren Standort schon Kelten und Römer Befestigungen angelegt hatten.

Längst wurde die Quelle wieder genutzt, als 1391/92 die Besitzer Bertrichs, die Ritter *Hermann von Arras* und *Heinrich von Pyrmont,* ihren Anteil am Bade an den Erzbischof von Trier verkauften. 1657 verkaufte dann wiederum Kurfürst *Carl Cas-*

Moselbergland

Daun, Koblenz

Üdersdorf

Etlscheid

Schutz

Brockscheid

Gillenfeld

Pulvermaar

Bleckhausen

Römersberg 470

Kleine Kyll

Holzmaar

Stro

Eckfeld

Meerfelder Maar

Manderscheid

Wallscheid

Meerfeld

Pantenburg

Laufeld

Sammetbach

Bettenfeld

Lieser

Ober-öfflingen

Obe-scheidweil

Hasborn

Nieder-öfflingen

Nied-scheidwe

Schladt

Greimerath

↑Kloster
●Himmerod

Plein

Großlittgen

Minderlittgen

Lüxem

Bitburg

50

Burg

Berlin

Landscheid

60

Wittlich

Bombog

Wenger

Bergweiler

●Bruch

Altrich

▲Burg

Gladbach

▲Schloss

Dreis

Salmrohr

SALMTAL

1

Salm

▲ Dodenburg

Klausen

Monz

Schloss

Sehlem

ℹ️
Wallfahrts-kirche

42

Föhren, Bekond

Trier

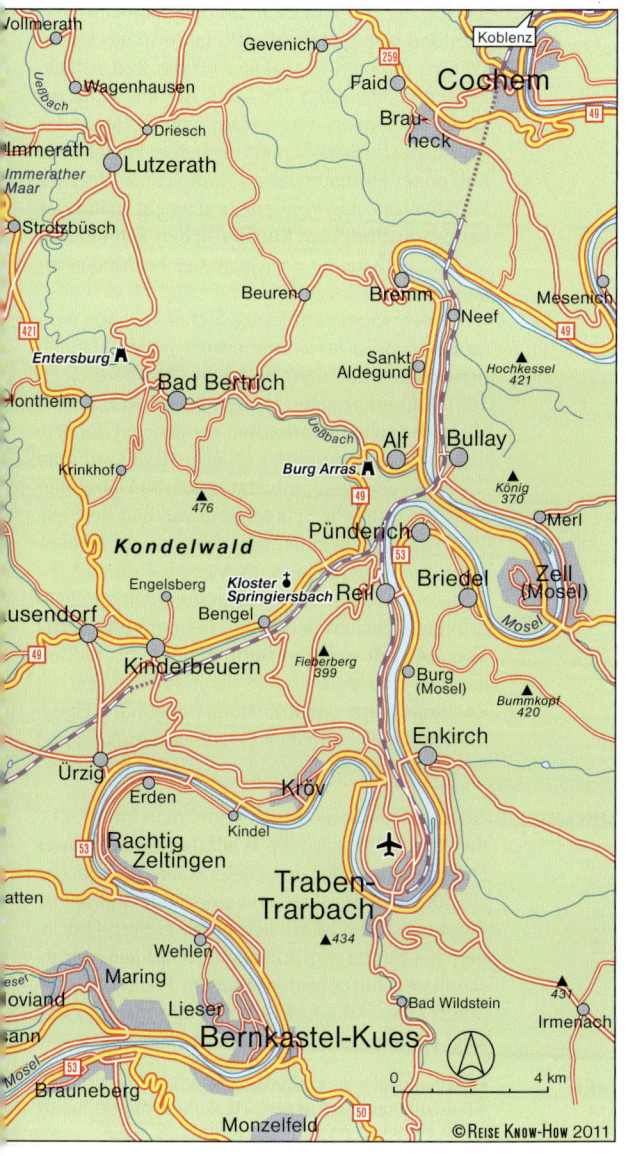

Moseleifel

© REISE KNOW-HOW 2011

par von der Leyen das Bad an die Gemeinde Bertrich und wenig mehr als 100 Jahre später kaufte Kurfürst *Johann von Walderdorff* das Bad zurück. Zwischen 1785 und 1787 ließ der letzte Trierer Kurfürst *Clemens Wenzeslaus von Sachsen* das „Kurfürstliche Schlößchen" nach dem Entwurf des Koblenzer Hofbaumeisters *Andreas Gaertner* als Sommer- und Jagdresidenz und wenig später das heutige **Kurhotel am Kurfürstlichen Schlößchen** als Kavalierhaus für die Gäste des Kurfürsten erbauen.

Mit dem Einmarsch französischer Truppen wurde Bertrich 20 Jahre lang französisches, danach preußisches Staatsbad. So erlebte Bad Bertrich im 19. Jahrhundert einen großen Aufschwung, viele **klassizistische Privatbauten** zeugen von der großen Anziehungskraft der Quelle. 1858 fand man bei Ausgrabungen eine Statuette, die Diana darstellt, die römische Schutzherrin von Bad Bertrich. 1902/03 stieß man bei den Arbeiten zur Neufassung der Bergquelle in 25 Metern Tiefe auf die Reste einer römischen Quellfassung. Mit der 2010 erfolgten Fertigstellung der neuen **Vulkaneifel Therme** stellt sich Bad Bertrich heute als modernes Kur- und Wellnessbad dar, das Patienten mit Rheuma-, Herz- und Kreislauferkrankungen Linderung und gleichermaßen Urlaubern Erholung und Entspannung bietet.

Driesch   Nördlich von Bad Bertrich findet man im Lutzerather Ortsteil Driesch die **Wallfahrtskirche Mater Dolorosa,** eine für den Eifeler Raum so typische Einstützenkirche. Das von der Säule getragene Rippengewölbe ist farblich ornamentiert. Das Innere der Kirche wird von dem großartigen holzgeschnitzten Bitter-Leiden-Altar im Hauptchor geprägt, einer Arbeit, die noch spätgotische Züge trägt und die Leiden Christi darstellt.

Info
ⓘ

- **Postleitzahl:** 56864, **Tel.-Vorwahl:** 02674
- **Touristik-Agentur Bad Bertrich:** Kurfürstenstr. 32, Tel. 93 22 22, Fax 93 22 20, www.bad-bertrich.de.

Essen &
Trinken/
Unterkunft

● **Elfenmühle** €€: Kurfürstenstr. 1, Tel. 93 69-0, Fax 93 69-24, www.elfenmuehle.de. Restaurant mit guter Wildküche, Gartenterrasse, Café mit hausgemachtem Kuchen, frische Waffeln mit heißen Kirschen, Mo Ruhetag. Angeschlossener Hotelbetrieb mit praktisch eingerichteten Gästezimmern.

● **Häckers Kurhotel Fürstenhof** €€€€: Kurfürstenstr. 36, Tel. 93 40, Fax 7 37, www.haeckers-kurhotel.de. Hotel der Spitzenklasse mit eigenem Glaubersalz-Thermalbad, mit Saunalandschaft im Stil der Belle Epoque, luxuriös eingerichtete Zimmer und Suiten; Restaurant Blauer Salon mit Blick in den Kurgarten, Café Crêperie für Kaffee und Kuchen und den kleinen Hunger.

● **Parkhotel am Kurfürstlichen Schlößchen** €€€€: Kurfürstenstr. 34, Tel. 94 40, Fax 8 37, www.parkhotel-badbertrich. de. Urlaubs- und Wellnesshotel, angeschlossenes Gästehaus, bietet verschiedene Wellnessprogramme an.

● **Hotel Alte Mühle** €€€: Bäderstr. 46, Tel. 18 80, Fax 18 84 04, www.hotel-altemuehle.de. Oberhalb des Ortes gelegenes Hotel mit komfortablen Zimmern, teilweise mit separatem Wohnraum, teilweise mit Balkon, große Terrasse für die Hotelgäste auf der 1. Etage, A-la-carte-Restaurant mit großer Moselweinkarte, Gartenterrasse.

Wellness

● **Vulkan Therme:** Clara-Viebig-Str. 3–7, Tel. 91 30 70, www.vulkaneifel-therme.de, die einzige Glaubersalztherme Deutschlands mit 32 °C warmen Wasser aus über 2000 Metern Tiefe, mit Innenbecken, Außenbecken, Heißbecken, Bewegungsbecken, Ruhegalerie, Sauna, Wellnessbereich, modernem Gesundheitszentrum mit klassischen Anwendungen bis hin zu fernöstlichen Heiltechniken und Gastronomie. Die Therme ist geöffnet So bis Do 9–22 Uhr, Fr/Sa 9–23 Uhr, Sauna Mo bis Do 11–22 Uhr, Fr/Sa 9–23 Uhr. Therapie- und Wellnessbereich Mo bis Fr 9–20 Uhr, Sa 9–19 Uhr, So 10–18 Uhr, Eintritt Therme 2 Std. 8 €, Tageskarte 12,50 €, Eintritt Therme und Sauna 2 Std. 10,50 €, Tageskarte 16,50 €.

Burg Arras

Folgt man dem **Ueßbach** unterhalb des 1908 vom Eifel-Verein errichteten Bismarckturms wenige Kilometer flussabwärts, erhebt sich auf einer Bergkuppe oberhalb des Zusammenflusses mit der Alf kurz vor der Mündung in die Mosel Burg Arras. Schon die Römer hatten diesen Platz um 350 n. Chr. befestigt. Pfalzgraf *Herrmann* ließ Ende des 9. Jahrhunderts an dieser Stelle eine erste Burg gegen die sich häufenden Normannenüberfälle errichten. 936 war der Bau der Burg vollendet, die im Wappen drei Normannenschilde führt und **eine der ältesten Burgen Deutschlands** ist.

Später kam Burg Arras in den Besitz von Trier. Erzbischof *Albero von Montreuil* ließ sie im 12. Jahrhundert ausbauen. Wie die meisten Burgen der Eifel wurde auch Burg Arras beim Einmarsch der Franzosen Ende des 17. Jahrhunderts zerstört. Verbliebenes Mauerwerk der lang gestreckten, von der Südwestseite durch zwei Tore zugänglichen Anlage wurde bei der Restaurierung durch die Besitzerfamilie zu Beginn des 20. Jahrhunderts wiederverwendet.

Innerhalb des Burgberings findet man einen Vorhof, von wo aus man durch ein flachbogiges Tor der Zwischenmauer in den inneren Bering gelangt. An der Südostseite erhebt sich der zweigeschossige Palas mit dem Treppenturm. Vorgelagert steht der rechteckige **Bergfried** aus der Entstehungszeit der Burg, den man durch einen Eingang vom Erdgeschoss aus besteigen kann – in der Entstehungszeit gab es dazu aus militärischen Gründen nur eine rundbogige Tür im Obergeschoss. Vom Turm hat man einen weiten Blick über die Eifelausläufer an der Mosel.

Das **Museum Burg Arras** zeigt historische Darstellungen der Mittelmosel, Landschafts-Grafiken, Rüstungen und Waffen. Ein Raum ist als Gedenkstätte des ehemaligen Bundespräsidenten *Heinrich Lübke* eingerichtet (Lübke war ein Angehöriger der heutigen Besitzerfamilie der Burg Arras).

●**Burg Arras:** 56859 Alf, Tel. 06542 2 22 75, Fax 25 95, www.arras.de. Burgmuseum mit Burgbesichtigung (mit Rittersaal und gotischer Kapelle) geöffnet Mo bis Fr 10–18 Uhr, Sa und So 9–18 Uhr, standesamtliche Trauungen in den Burgräumen möglich, Hotelbetrieb €€€€ mit großzügigen, historisierend eingerichteten Zimmern, teilweise mit Baldachin-Betten, Aufenthaltsraum mit Panoramaraum. **Burgrestaurant:** Heimische Küche, große regionale Weinkarte. Neben dem Restaurant können auch der Rittersaal, das Grafische Kabinett und die Terrasse für Veranstaltungen genutzt werden.

Kloster Springiersbach

Wendet man sich von Burg Arras an der **Alf** entlang durch das Höllental aufwärts, so steht kurz vor dem kleinen Ort Bengel unterhalb des Kondelwaldes Kloster Springiersbach. An diesem einst so abgeschiedenen Standort stiftete zu Beginn des 12. Jahrhunderts *Beningna von Daun,* eine Adelige aus der Eifel, ein Kloster nach der Regel der Augustiner-Chorherren. Im Jahre 1769 wurde die alte, wahrscheinlich baufällig gewordene, dreischiffige romanische Basilika abgebrochen und durch eine neue **Rokoko-Kirche** ersetzt. Das Innere des prächtigen Kirchensaalbaus wird von einem Deckengemälde beherrscht. Zur reichen Ausstattung gehören die Altäre und das kunstvoll geschnitzte Chorgestühl.

Die Klosterkirche überstand die Säkularisation der Franzosenzeit, indem sie zur Pfarrkirche von Bengel umfunktioniert wurde. Ein Brand im Jahre 1940 zerstörte das Gotteshaus, das aber schon 1946 wieder errichtet wurde. Am Chor schließt sich der Ostflügel mit dem wieder hergerichteten romanischen, zweiflügeligen Kapitelsaal an. Zum Gebäudekomplex zählen noch das Haus mit der Wohnung des Abtes aus dem 16. Jahrhundert und das spätgotische ehemalige Hospital. Heute hat der **Orden der Karmeliten** in Kloster Springiersbach eine Ausbildungsstätte untergebracht, die auch Besuchern zu Veranstaltungen offen steht.

● **Kloster und Exerzitienhaus „Carmel Springiersbach":** 54538 Bengel, Karmelitenstr. 2, Tel. 06532 9 39 50, Fax 93 95 80, www.karmelitenorden.de/klosterspringiersbach. html, Veranstaltungsort für Exerzitien, Urlaub im Kloster, Vortragsveranstaltungen etc. Der Musikkreis Springiersbach bietet hier überregional bekannte, allmonatliche Konzerte.

Moseleifel

Info

● **Touristinfo Mittelmosel-Kondelwald:** 54536 Kröv, Rathaus, Tel. 06541 70 61 11, Fax 70 61 01, www.mittelmosel-kondelwald.de.

Wittlicher Senke

Die Wittlicher Senke, ein geologischer Graben als Fortsetzung des Trierer Tales in nordöstlicher Richtung, stellt sich schon als Übergangslandschaft zur Mosel dar. Im eigentlichen Sinne handelt es sich um eine etwa 25 Kilometer lange **Niederung,** nördlich begrenzt durch den Meulenwald, südlich durch die Moselberge und im Osten durch den Kondelwald. Die durchschnittliche Höhe dieser Niederung liegt bei etwa 180 Meter über N.N., sodass das ganze Gebiet im Windschatten der Eifel liegt und damit klimatisch entsprechend begünstigt ist – bestes Zeichen dafür sind die **Weinberge** an den Südhängen der Randberge.

Wittlich

Bei Wittlich, inmitten der Wittlicher Senke gelegen, bestand schon eine keltische Siedlung. Ihre Fluchtburg auf dem nahen Tempelberg zeugt davon. In der zweiten Hälfte des 2. Jahrhunderts n. Chr. entstand eine römische Villa mit einer Länge von 140 Metern an der Lieser. In fränkischer Zeit wurde Wittlich in den Herrschaftsbereich der Trierer Erzbischöfe gegeben und verblieb dort über 1000 Jahre. 1065 wurde Wittlich erstmals urkundlich erwähnt, um 1220 erhielt es die Marktrechte.

In den folgenden Jahrhunderten wurde der Ort immer wieder in die Auseinandersetzungen hineingezogen, die die Trierer Erzbischöfe mit ihren Nachbarterritorien ausfochten. So eroberte 1397 der Ritter *Friedrich von Ehrenberg* die Stadt, der Sage nach der Ursprung der Säubrenner Kirmes (s.u.). Nach dieser Sage verschloss ein Stadtwächter ein Stadttor in Ermangelung eines Bolzens nur mit einer Rübe, die nächstens von einem Schwein gefressen wurde, sodass sich das Tor öffnete und die Truppen des Ritters in die Stadt eindringen konnten und diese brandschatzten. Später wütete

Weinbau in der Wittlicher Senke

Der Weinbau an der **Mosel** zieht sich bis in die vom Klima begünstigte Wittlicher Senke hinein, wo an den Wärme speichernden Schieferböden der Südhänge schon nachweislich seit annähernd tausend Jahren Rebstöcke kultiviert werden. Überwiegend gibt es in den fünf Wittlicher Lagen Klosterberg, Portnersberg, Felsentreppchen, Bottchen und Wittlicher Lay **Rieslingreben,** darüber hinaus auch **Blauen Spätburgunder, Kerner** und **Weißburgunder.** Eine feine, pikante Säure, gepaart mit einem kräftigen Geschmack zeichnen die Wittlicher Weine aus. Durch ihre ausgewogene Säure bleiben sie lange frisch und lagerfähig. Bei den Wittlicher Weingütern findet man ein reichhaltiges Angebot an trockenen, halbtrockenen und milden Weinen sowie vorzügliche Winzersekte.

Weingüter in der Region:
- **Weingut Losen – Bockstanz:** Himmeroder Straße 50,
Tel. 06571 84 32, www.loosen-bockstanz.de.
- **Weingut Johannes Lütticken:** Schloßberg 7,
Tel. 06571 85 81, Fax 9 67 05,
www.luetticken-feine-weine.de.
- **Weingut Axel Mertes:** Himmeroder Straße 43,
Tel. 06571 85 82, Fax 96 93 14, www.weingutmertes.de.
- **Weingut Zender – Göhlen:** Rosenweg 10,
Tel. 06571 89 36, www.weingut-zender.com.

057ef Foto: ot

Moseleifel

die Pest und dann brannte die Stadt mehrmals, so zu Beginn des 17. Jahrhunderts samt der von Erzbischof *Otto von Ziegenhais* erbauten Burg Ottenstein nach der Explosion eines Pulverturms.

In der Franzosenzeit wurde Schloss Philippsfreude, an der Stelle der alten Burg errichtet, auf Abbruch verkauft. Die Bombardements des Zweiten Weltkrieg vernichteten wertvolle Teile Wittlichs, doch die Stadt konnte sich im Rahmen des Wiederaufbaus ihr Erscheinungsbild erhalten, das von Bauten aus der **Rokoko-Zeit** geprägt ist.

In der Altstadt

Sehenswert ist das Häuserensemble um den **historischen Marktplatz** mit schönen Fassaden aus Renaissance und Barock. Besonders beachtenswert sind die ehemalige Posthalterei (Nr. 3), das Haus Neuerburg (Nr. 5) sowie das schöne, im Stil der Spätrenaissance reich gegliederte und verzierte Rathaus aus dem Jahr 1647. Die Glasarbeiten im Inneren stammen von *Georg Meistermann,* darunter die berühmten „Apokalyptischen Reiter". Das Gebäude der ehemaligen **Synagoge** in der Himmeroder Straße wurde ab 1976 restauriert und in eine Kultur- und Tagungsstätte umgebaut. Auch von Meistermann sind die Glasfenster in der nach dem Krieg renovierten **Pfarrkirche St. Markus,** einem Bau aus dem beginnenden 18. Jahrhundert im Stil des Trierer Barocks.

●**Kultur und Tagungsstätte Synagoge:** Himmeroder Str. 44, Tel. 06571 44 33, www.wittlich.de/kultur/synag.

Meistermann-Museum

Georg Meistermann (1911–90) hat durch seine **sakralen Glasmalereien** Weltruhm erlangt. Die ausgeprägte Liebe des Wahlkölners zu Wittlich veranlasste ihn, der Stadt seinen Nachlass zu überlassen.

●**Städtische Galerie für moderne Kunst:** Neustraße 2 (am Marktplatz im Alten Rathaus), Tel. 06571 1 46 60, Fax 14 66 16, www.wittlich.de. Großartige Sammlung der Werke *Georg Meistermanns,* geöffnet Di–Fr 10–12 und 14–17 Uhr, Sa, So und feiertags 14–17 Uhr.

Info

- **Postleitzahl:** 54516, **Tel.-Vorwahl:** 06571
- **Moseleifel-Touristik:** Neustr. 18, Tel. 40 86, Fax 64 17, www.moseleifel.de.

Essen & Trinken/ Unterkunft

- **Hotel Lindenhof** €€€: Am Mundelwald 5, Tel. 69 20, Fax 69 25 02, www.lindenhof-wittlich.de. Modernes Haus mit Standardzimmern, Komfortzimmern, Appartements, meist mit Balkon, Wellness-Angebote; mit **Restaurant Vulcano Meditarrano** mit mediterranem Flair über der Stadt, dazu Bar, Wirtshaus und Biergarten.
- **Hotel Well** €€: Marktplatz 5, Tel. 9 11 90, Fax 91 19 50, www.hotel-well-garni.de. Zentral gelegenes Garni-Hotel hinter historischer Fassade in einem Neubau.
- **Waldhotel Sonnora** €€€€: 54518 Wittlich-Dreis, Tel. 06578 4 06, Fax 14 02, www.hotel-sonnora.de. L'Art-de-Vivre-Restaurant, Spitzenrestaurant der Südeifel mit französisch angehauchter Küche, Mo und Di Ruhetage; Hotelbetrieb mit wunderschönen Zimmern in einem Haus in Waldrandlage inmitten eines liebevoll gestalteten Gartens.
- **Restaurant Daus** €€: Karrstr. 19–21, Tel. 91 62-0, Fax 91 62-62, www.restaurant-daus.de. In einem Haus aus dem 17. Jahrhundert an der Stelle, wo einst der erzbischöfliche Hof mit der Kelteranlage stand, gepflegte Räumlichkeiten, Gartenlokal, Saisonkarte mit gemäßigten Preisen. Mi Ruhetag.

Veranstaltungen

- **Säubrennerkirmes:** In jedem Jahr wird am 3. Augustwochenende zum Namensfest des Stadtpatrons St. Rochus die über die Grenzen hinweg bekannte Säubrennerkirmes gefeiert, eines der größten Volks- und Straßenfeste in Rheinland-Pfalz. Im Mittelpunkt steht das Rösten von mehr als hundert Säuen am Spieß, dazu gibt es Schauspiel, Festzug, Markt und Rummel; www.saeubrenner.com.

Salmtal

Die Salm entspringt in der Vulkaneifel, schlängelt sich weitgehend im natürlichen Bett durch die bewaldeten Eifelhöhen südwärts und tritt unterhalb von Bruch in die Wittlicher Senke ein. Weiter führt ihr Weg durch die Senke und nahe an der Wallfahrtskirche von Klausen vorbei zur Mosel, wo sie nahe Klüsserath mündet.

Burg Bruch

In Bruch im reizvollen Salmtal erhebt sich eine **Wasserburg,** mit deren Bau im Verlauf der ersten Hälfte des 13. Jahrhunderts begonnen worden

Moseleifel

und der 1243 abgeschlossen war – in diesem Jahr wird *Theoderich von Bruch* als Besitzer des *Castri de Bruche* urkundlich genannt. Später übernahmen die Herren *von Daun* sie als kurfürstliches Lehen, bis sie 1639 in den Besitz von Kurtrier kam. Die annähernd rechteckige Anlage war ursprünglich von Gräben umgeben, die auch die höher gelegene Kernburg mit Palas, Bergfried und Toranlage von der größeren Vorburg mit den Wirtschaftsgebäuden trennten. Bemerkenswert sind die beiden relativ schlanken und hohen Rundtürme, welche um 1340 – zwecks größerer Wehrfähigkeit der Burg an der Grenze zum Herzogtum Luxemburg – aufgestockt wurden. Der Zehntspeicher von beträchtlicher Länge (43 m) stammt aus der Zeit um 1650.

● **Burg Bruch:** 54518 Bruch, In der Burg 1, Tel. 06578 16 20, www.burg-bruch.de, Besichtigung nach telefonischer Absprache mit der Besitzerfamilie Förschner. **Bed & Breakfast auf der Burg:** In familiärer und gemütlicher Atmosphäre stehen vier renovierte Gästezimmer €€ zur Verfügung. Im Kapellensaal der Burg Bruch können sich Brautpaare durch den Standesbeamten der Verbandgemeinde Wittlich-Land trauen lassen.

Schlösser Das untere Salmtal bietet eine Reihe von Schlössern, die nur aus der Ferne betrachtet werden können, weil sie sich in Privatbesitz befinden, so auch Schloss Walderdorff in **Dreis.** Der nach dem Sauerbrunnen (= *Drees*) neben der Kirche benannte Ort wird Ende des 8. Jahrhunderts erstmals urkundlich erwähnt, seine Burg war schon zur Zeit *Karls des Großen* der Abtei Echternach übertragen. Der heutige Bau wurde als Sommersitz der Echternacher Äbte 1774 erbaut und kam später in den Besitz der Grafen *von Walderdorff.* Der zweieinhalbgeschossige Bruchsteinbau mit Gliederungen in rotem Sandstein ist mit einer reichen Ausstattung an Gemälden und Bildtapeten versehen.

Bei **Dodenburg** steht das Schloss der Reichsgrafen *von Kesselstatt* in einem Seitental der Salm, das heute ein Altenheim beherbergt. Das Barockschloss wurde im 18. Jahrhundert am Standort einer mittelalterlichen Burg errichtet und 1894 mit Schmuckformen im Stil der Neorenaissance versehen – nach diesem Umbau erinnern an die ehemalige Wasserburg nur noch die Ecktürme.

Im weiteren Verlauf der Wittlicher Senke ist Schloss **Föhren** mit seiner Zehntscheune als Veranstaltungsort und mit seinem Hofladen für Wildfleisch und -wurst ein Anziehungspunkt. Das im Besitz der Grafen von Kesselstatt befindliche Schloss erhielt im 17. Jahrhundert seine heutige Gestalt. In der Schlosskapelle werden bis heute die Familienmitglieder in der gräflichen Gruft beigesetzt.

Jenseits der Autobahn wurde in **Bekond** um 1710 für den Trierer Domprobst von Kesselstatt eine ehemalige Wasserburg neu gestaltet. Der eindrucksvolle Herrensitz ist ein typisches Beispiel des ländlichen Barockschlossbaus. Der Mittelbau der heute privat bewohnten Anlage wird zur Aufführung von Kammerkonzerten genutzt. Der Schlosspark mit großer Orangerie von 1732 wurde im 19. Jahrhundert zu einem Landschaftsgarten umgestaltet.

Klausen

Die **Wallfahrtskirche** in Klausen, südlich von Wittlich, kann auf eine über 500-jährige Geschichte zurückblicken. Ein gläubiger Winzer, Bauer und Tagelöhner namens *Eberhard* stellte um das Jahr 1440 am Ort der heutigen Wallfahrtskirche eine Figur der schmerzhaften Muttergottes auf, die schon bald Ziel von Pilgern wurde, die auch Opfergaben vor dem Marienbild ablegten. Eberhard errichtete neben dem Marienbild eine Hütte und lebte dort als Einsiedler. 1459 kamen Augustinerchorherren nach Klausen und bauten hier ab 1474 eine Wallfahrtskirche, die 1502 geweiht werden konnte.

Der sich weithin über die Landschaft erhebende Bau ist eine zweischiffige spätgotische Hallenkir-

che mit Seitenschiff und Chor, kunstvoll eingewölbt mit einem filigranen Netzgewölbe. Am
Westende des nördlich Seitenschiffs findet sich die
geschmückte **Gnadenkapelle** mit dem hölzernen
Gnadenbild aus dem Jahre 1440, dem bis heute
das Ziel der Wallfahrten gilt, darunter die seit 1997
regelmäßig am letzten Sonntag im April durchge-
führte Motorradwallfahrt. Ebenfalls an der Nordseite befindet sich über einer Heilquelle die als Nach-
ahmung der Klause errichtete **Eberhardskapelle.**

Ein großer **Antwerpener Schnitzaltar** ist das
Prunkstück der Kirche, etwa um 1480 entstanden.
Sehenswert sind auch das aus der Entstehungszeit
der Kirche stammende Chorgestühl sowie die barocke Kanzel und die ebenfalls barocken Beicht-
stühle. In der Turmhalle findet man noch das
Grabstandbild des Ritters *Philipp von Ottenesch*
(gest. 1535) in prägnanter Darstellung. Nach dem

O5lei Foto: ot

Wittlicher Volksmund rieben Heiratswillige Frauen an den Falten der Pluderhose der Figur, um ihre Heiratsabsichten zu äußern, und baten mit einem Vers um Erfolg: „Heilige Kudoo hol mich – geb mer n gude Mann, der mich nit schlägt, der mich nit tritt, der nit in t Wirtshaus gieht."

Von den alten Klostergebäuden existieren noch die gewölbte **Bibliothek** aus dem 16. Jahrhundert sowie Remise, Brauhaus und Herberge, die heute als **Gasthöfe** genutzt werden.

Im Jahr 2008 hat die Gemeinde Klausen das ehemalige Restaurant Eberhardsklause am Klosterkomplex erworben und beabsichtigt, in dem Gebäude ein **Wallfahrts- und Pilgerzentrum** mit Begegnungsstätte für Pilger einzurichten.

●**Kirchenführung:** Auf Anfrage beim Pfarramt Klausen, Am Augustiner Platz, Tel. 06578 2 18, Fax 14 46, www.pfarr amt-klausen.de, pro Person 2 €.

●**Bibliotheksführung:** Der Freundeskreis der alten Klosterbibliothek bietet kulturhistorische Führungen durch die Wallfahrtskirche und die Klosterbibliothek an, Dauer etwa 50 Minuten, pro Person 2 €, mindestens 10 Personen; Information: Gerhard Schruff, Marienstr. 56, 54524 Klausen, Tel. 06578 71 77, www.klosterbibliothek-klausen.de.

Info

●**Information:** www.moseleifel-touristik.de oder www.klau sen.de.

●**Forstamt Klausen:** 54524 Klausen, Escher Str. 5, Tel. 06578 2 09, www.forst.klausen.de, geführte Wanderungen „Wald zwischen Eifel und Mosel", „Wald und Wein", Dauer 2 Std., 60 €.

**Essen &
Trinken/
Unterkunft**

●**Hotel-Restaurant Klausenhof** €€: 54524 Klausen, Eberhardstr. 6, Tel. 06578 2 75 Fax 15 64, www.hotel-klausen hof.de. Geschmackvoll eingerichtete Gästezimmer, Hotel-Terrasse mit schöner Aussicht großer „Panorama"-Speisesaal für 100 Personen und weitere Gasträume für 20 und 30 Personen, reichhaltige Küche, besonderes Angebot: 6-Gang-Schlemmermenü mit korrespondierenden Weinen, präsentiert von Profis aus traditionellen Weingütern.

●**Gasthaus Marmann's:** Wittlicher Str. 1, Tel./Fax 06578 2 28, bietet regionale Küche und Weine des Familienweinguts Marmann von der Mosel an (www.marmann-schnei der.de), mit überdachter Terrasse.

Moseleifel

Die Wallfahrtskirche in Klausen

069el Foto: ot

Anhang

Literaturtipps

- *Klaus Grewe:* **Der Römerkanal-Wanderweg;** herausgegeben vom Eifelverein, Düren, 2005. Hervorragende Darstellung des parallel zur Römischen Wasserleitung verlaufenden Wanderweges mit detaillierten Informationen über die Wasserleitung im Generellen wie auch über ihre einzelnen Abschnitte, mit 18 Kartenskizzen.

- *Rudolf Kuhl:* **Roadbook Eifel/Mosel;** Reiner H. Nitschke Verlags-GmbH Euskirchen, 2004. Sehr detaillierte Tourenbeschreibungen mit tabellarischer Auflistung der beachtenswerten Streckenmerkmale wie Kurven, Gefahrenmomente und Richtungshinweise, aber auch zu Gastronomie und Sehenswürdigkeiten.

- *Sophie Lange:* **Alt-Eifeler-Küche, Band 1: Kochen, Spezialitäten, Traditionen, Frauenwirken;** Helios Verlag, Aachen 1994. Das hübsch aufgemachte Buch bietet einen umfangreichen Überblick über die traditionellen Eifeler Speisen. Was dieses Buch besonders reizvoll macht, sind die zusätzlichen Darstellungen und Einblicke in die Alteifeler Lebensweise wie Alltags- und Sonntagsernährung, Tischsitten, Gebet, Schlachten oder den Dorfladen.

- **Meyers Naturführer: Eifel;** herausgegeben vom Geographisch-Kartographischen Institut Meyer, Meyers Lexikonverlag Mannheim, Leipzig, Wien, Zürich 1990. Zusammenfassende Darstellung der wichtigsten landeskundlichen Phänomene der Eifel. Anhand von über 50 ausgewählten Themen wird auf 140 Seiten knapp, aber mit interessanten Details über Geologie, Geographie und landeskundlich-historische Aspekte der Eifel informiert. Im Anhang ein übersichtliches Glossar.

- *Clara Viebig:* **Das Weiberdorf;** Verlag Egon Fleischel & Co., Berlin 1911. Sozialkritischer Roman der „Eifelschriftstellerin" über das Leben in einem Eifeldorf, in dem die Männer aus Not und Armut zum Arbeiten ins Ruhrgebiet gehen und nur an hohen Feiertagen zu ihren Familien zurückkommen.

- *Clara Viebig:* **Kinder der Eifel,** Rhein-Mosel-Verlag, Alf 2007, Eifel-Novellen aus drei Jahrzehnten.

- *Cristiane Rüffer-Lukowicz* und *Jochen Rüffer:* **Eifelsteig,** Bachem Verlag, Köln 2008.

- *Jacques Berndorf:* **Die Nürburg-Papiere,** KBV-Verlag 2010, der berühmte Krimi-Autor, mit richtigem Namen *Richard Preute,* nimmt den Finanzskandal um das Freizeitzentrum Nürburgring zum Hintergrund seines neuesten Romans.

- *Barbara und Hans Otzen:* **Das Eifel-Kochbuch,** Edition Lempertz, Königswinter 2009, Darstellung der Eifeler Küche mit ihren regionalen Bezügen.

HILFE!

Dieser Reiseführer ist gespickt mit unzähligen Adressen, Preisen, Tipps und Infos. Nur vor Ort kann überprüft werden, was noch stimmt, was sich verändert hat, ob Preise gestiegen oder gefallen sind, ob ein Hotel, ein Restaurant immer noch empfehlenswert ist oder nicht mehr, ob ein Ziel noch oder jetzt erreichbar ist, ob es eine lohnende Alternative gibt usw.

Unsere Autoren sind zwar stetig unterwegs und versuchen, alle zwei Jahre eine komplette Aktualisierung zu erstellen, aber auf die Mithilfe von Reisenden können sie nicht verzichten.

Darum: Schreiben Sie uns, was sich geändert hat, was besser sein könnte, was gestrichen bzw. ergänzt werden soll. Nur so bleibt dieses Buch immer aktuell und zuverlässig. Wenn sich die Infos direkt auf das Buch beziehen, würde die Seitenangabe uns die Arbeit sehr erleichtern. Gut verwertbare Informationen belohnt der Verlag mit einem Sprechführer Ihrer Wahl aus der über 220 Bände umfassenden Reihe „Kauderwelsch" (siehe unten).

Bitte schreiben Sie an: REISE KNOW-HOW Verlag Peter Rump GmbH, Postfach 140666, D-33626 Bielefeld, E-Mail: info@reise-know-how.de
Danke!

Kauderwelsch-Sprechführer –
sprechen und verstehen rund um den Globus

Afrikaans ● Albanisch ● Amerikanisch – *American Slang, More American Slang,* Amerikanisch oder Britisch? ● Amharisch ● Arabisch – Hocharabisch, für Ägypten, Algerien, Golfstaaten, Irak, Jemen, Marokko, ● Palästina & Syrien, Sudan, Tunesien ● Armenisch ● *Bairisch* ● Balinesisch ● Baskisch ● Bengali ● *Berlinerisch* ● Brasilianisch ● Bulgarisch ● Burmesisch ● Cebuano ● Chinesisch – Hochchinesisch, kulinarisch ● Dänisch ● Deutsch – *Allemand, Almanca, Duits, German, Nemjetzkii, Tedesco* ● *Elsässisch* ● Englisch – *British Slang, Australian Slang, Canadian Slang, Neuseeland Slang,* für Australien, für Indien ● Färöisch ● Esperanto ● Estnisch ● Finnisch ● Französisch – für Restaurant & Supermarkt, für den Senegal, für Tunesien, *Französisch Slang, Franko-Kanadisch* ● Galicisch ● Georgisch ● Griechisch ● Guarani ● Gujarati ● Hausa ● Hebräisch ● Hieroglyphisch ● Hindi ● Indonesisch ● Irisch-Gälisch ● Isländisch ● Italienisch – *Italienisch Slang,* für Opernfans, kulinarisch ● Japanisch ● Javanisch ● Jiddisch ● Kantonesisch ● Kasachisch ● Katalanisch ● Khmer ● Kirgisisch ● Kisuaheli ● Kinyarwanda ● *Kölsch* ● Koreanisch ● Kreol für Trinidad & Tobago ● Kroatisch ● Kurdisch ● Laotisch ● Lettisch ● Lëtzebuergesch ● Lingala ● Litauisch ● Madagassisch ● Mazedonisch ● Malaiisch ● Mallorquinisch ● Maltesisch ● Mandinka ● Marathi ● Mongolisch ● Nepali ● Niederländisch – *Niederländisch Slang,* Flämisch ● Norwegisch ● Paschto ● Patois ● Persisch ● Pidgin-English ● *Plattdüütsch* ● Polnisch ● Portugiesisch ● Punjabi ● Quechua ● *Ruhrdeutsch* ● Rumänisch ● Russisch ● *Sächsisch* ● *Schwäbisch* ● Schwedisch ● *Schwiizertüütsch* ● *Scots* ● Serbisch ● Singhalesisch ● Sizilianisch ● Slowakisch ● Slowenisch ● Spanisch – *Spanisch Slang,* für Lateinamerika, für Argentinien, Chile, Costa Rica, Cuba, Dominikanische Republik, Ecuador, Guatemala, Honduras, Mexiko, Nicaragua, Panama, Peru, Venezuela, kulinarisch ● Tadschikisch ● Tagalog ● Tamil ● Tatarisch ● Thai ● Tibetisch ● Tschechisch ● Türkisch ● Twi ● Ukrainisch ● Ungarisch ● Urdu ● Usbekisch ● Vietnamesisch ● Walisisch ● Weißrussisch ● *Wienerisch* ● Wolof ● Xhosa

Register

A
Abtei Himmerod 162
Abtei Maria Laach 115
Adenau 119
Ahrhütte 191
Ahrmündung 101
Ahrsteig 95
Ahrtal, oberes 188
Ahrtal, unteres 78
Ahrweiler 85
Alendorf 194
Allerseelenschlacht 258
Altenahr 92
Andernach 110
Andernacher
   Musiktage 112
Anreise 14
Ardennen 39
Ardennenoffensive 258
Ardenner Center 306
Are, Burg 92
Aremberg 191
Arras, Burg 365
Arzfeld 330
Autofahren 15
Auw bei Prüm 308

B
Baasem 206
Bad Bertrich 361
Bad Breisig 102
Bad Münstereifel 173
Bad Neuenahr 80
Bad Tönisstein 105
Bahn 14, 108
Barock 55
Bassenheim 349
Behinderte 16
Bekond 373
Berndorf 213
Berndorf, Jacques 57
Bertradaburg 224
Biker 29
Birgel 211
Birresborn 221
Bitburg 234
Bitburger Gutland 231
Blankenheim 198
Bleialf 308

Blens 279
Blumenthal 304
Bodenschätze 58
Bollendorf 251
Boos 129
Brauereien 344
Brohltal 104
Bürresheim,
   Schloss 131
Burg Are 92
Burg Arras 365
Burg Bruch 371
Burg der Vögte 168
Burg Eltz 357
Burg Falkenstein 328
Burg Gudenau 64
Burg Hengebach 278
Burg Kreuzberg 94
Burg Lissingen 221
Burg Löwenstein 218
Burg Lüftelberg 67
Burg Olbrück 108
Burg Pfalzkyll 244
Burg Pyrmont 356
Burg Ramstein 246
Burg Reifferscheid 298
Burg Rheineck 103
Burg Rittersdorf 236
Burg Satzvey 166
Burg Seinsfeld 229
Burg Vogelsang 287
Burg Zievel 167
Burgbrohl 105
Burgen 51, 55
Bus 14

C
Campingplätze 32

D
Dahlem 205
Daleiden 329
Dasburg 328
Daun 143
Dauner Maare 144
Dernau 89
Devon 40
Dodenburg 372
Dollendorf 195

Drachenfelser
   Ländchen 64
Drachenfliegen 23
Dreis 372
Driesch 364
Dudeldorf 241
Düren 70

E
Echternacherbrück 251
Eifelpark Gondorf 245
Eifelsteig 34
Eifelverein 33, 60
Eifel-Zoo 316
Einkaufen 17
Einruhr 282
Eishöhlen 221
Eltz, Burg 357
Elzbachtal 353
Entersburg 361
Erdzeitalter 40
Erlebnispark
   Nürburgring 61, 125
Ernstberg 136
Erzabbau 58
Erzbistümer 51
Eschfeld 331
Essen 18
Euskirchen 68

F
Fahrradfahren 22
Falkenstein,
   Burg 328
Fauna 46
Feiertage 22
Ferienparks 32
Ferschweiler
   Plateau 248
Feste 22
Fleringen 315
Fliegen 23
Fließem 237
Flora 43
Flugplätze 24
Forstwirtschaft 59
Frankenreich 51
Französische
   Herrschaft 52

Fraukirch,
  Wallfahrtskirche 346
Freilingen 196
Fremdenverkehrs-
  ämter 25
Fürstentümer 51

G
Ganerben-
  gemeinschaft 357
Gastronomie 21
Gaytalpark 326
Gemünd 291
Genovevaburg 335
Genoveva-Sage 347
Geografie 39
Geologie 40, 186
Geopark Gerolsteiner
  Land 220
Gerolstein 216
Gerolsteiner Land 216
Geschichte 49
Geysir 139
Gillenfeld 151
Glaubersalzquelle 361
Golf 24
Gondelsheim 318
Gondorf 244
Gotik 54
Grafschaften 54, 51
Gran Dorado Park 128
Gransdorf 230
Gudenau, Burg 64

H
Hamm, Schloss 237
Handwerks-
  erzeugnisse 17
Hardtburg 184
Hauptstadt der
  Eifel-Krimis 144, 212
Heckenland,
  Monschauer 270
Heilbachsee 128
Heimbach 277
Helenenberg 247
Hellenthal 297, 301
Hengebach, Burg 277
Hillesheim 211
Himmerod, Kloster 162
Hocheifel 118

Hocheifel,
  westliche 301
Hochseilgarten 183
Hohe Acht 129
Hoher List 138, 148
Hohes Venn 254
Hollerath 305
Hopfenanbau 248
Hotels 31
Hürtgenwald 255
Hüttingen 326

I
Immerather Maar 152
Informationsstellen 25
Internet-Adressen 25
Islek 319
Iversheim 178

J
Jammelshofen 129
Jünkerath 210
Jugendherbergen 33

K
Kakushöhle 183
Kalkeifel 186
Kall 291
Kalterherberg 270
Karbon 39
Karmelitenkloster 367
Karneval 203
Karolinger 54
Kasselburg 219
Kategorien, Hotels 32
Kategorien,
  Restaurants 21
Kelberg 127
Kempenich 134
Kermeter 288
Kerpen 214
Kesseling 118
Kinder 26
Klausen 373
Klima 27
Kloster Himmerod 162
Kloster
  Kornelimünster 73
Kloster Maria Laach 115
Kloster Mariawald 290
Kloster Marienthal 88

Kloster Niederehe 215
Kloster Niederprüm 315
Kloster
  Springiersbach 367
Kloster Steinfeld 292
Kloster Wenau 259
Klosterbauten 54
Kommern 171
Kordel 245
Kornelimünster 73
Körperich 324
Kreuzberg, Burg 94
Kronenburg 207
Kronenburger See 208
Kultur 54
Kunst 54
Kunsthandwerk 17
Kupferhöfe 72
Kurorte 35, 60
Kyllburg 227
Kyllburger
  Waldeifel 225
Kylltal, oberes 204
Kylltal, unteres 241

L
Laacher See 112
Lammersdorf 272
Lampertstal 192-193
Landwirtschaft 58
Langfig 94
Lapidea 343
Lavabombe 153
Lavagestein 343
Lebensmittel 17
Lissingen, Burg 221
Literatur 57
Literaturtipps 378
Lommersdorf 197
Losheim 306
Löwenstein, Burg 218
Lüftelberg 66
Lutzerath 364

M
Maare 41, 144, 152
Maarseen 41
Maifeld 334
Malberg, Schloss 228
Manderscheid 155
Maria Laach 115

Mariawald, Kloster 290
Marienthal, Kloster 88
Marmagen 182
Mäuseberg 138
Mayen 334
Mayener
    Grubenfeld 343
Mayschoß 89
Mechernich 170
Meckenheim 66
Meerfelder Maar 160
Meiserich 142
Mendig 344
Mineralquellen 138, 143
Mirbach 195
Monreal 354
Monschau 261
Monschauer
    Heckenland 270
Moselbergland 361
Moseleifel 333
Mosenberg 159
Motorradfahren 29
Motorradtreff 29, 119,
    142, 272, 318, 329
Münstermaifeld 350
Mützenich 271

N
Namedy 111
Nationalpark 49
Nationalpark Eifel 286
Naturparks 48
Naturschutz 48
Naturschutzgebiet
    Ahrmündung 101
Nettersheim 180
Neuerburg 320
Nideggen 273
Niederburg 156
Niederehe, Kloster 215
Niederprüm,
    Kloster 315
Niederzissen 106
Nordrhein-Westfalen 53
Nürburg 126
Nürburgring 124

O
Oberburg 156
Oberes Ahrtal 188

Oberes Kylltal 204
Oberhausen 296
Obersgegen 326
Oberwinterer Terrassen-
    und Hügelland 64
Observatorium 148
Ochtendung 348
Olbrück, Burg 106
Olef 296
Oleftalsperre 301
Ormont 307
Otrang, Römervilla 239

P
Paragliding 23
Pellenz 342
Pensionen 31
Perlenbachtalsperre 271
Pfalzkyll, Burg 244
Pflanzenwelt 43
Philippsheim 244
Preiskategorien,
    Hotels 32
Preiskategorien,
    Restaurants 21
Preußen 53
Prüm 310
Prümer Burg 249
Prümzurlay 249
Pulvermaar 152
Pyrmont, Burg 356

Q
Quartär 42
Quellen 138, 143

R
Radioteleskop 177
Radwege 23
Ramstein, Burg 246
Rech 89
Reifferscheid 297
Reisezeit 27
Reiten 31
Reiter,
    Bassenheimer 349
Remagen 97
Rescheid 304
Restaurants 21
Rheinbach 67
Rheineck, Burg 103

Rheineifel 96
Rheinisches
    Schiefergebirge 39
Rheinland-Pfalz 53
Ripsdorf 194
Rittersdorf, Burg 236
Rock am Ring 124
Rodderberg 65
Rohren 271
Rokoko 55
Romanik 54
Romantik 57, 60
Römer 49, 54
Römische Wasser-
    leitung 181, 292
Roth an der Our 327
Rotwein von der Ahr 79
Rotweinwanderweg 95
Rurberg 283
Rureifel 273
Rurtalsperre 281

S
Saffenburg 89
Saffig 348
Salmtal 371
Satzvey, Burg 166
Schalkenmehren 150
Schleiden 294
Schloss Burgau 71
Schloss Bürresheim 131
Schloss Hamm 237
Schloss Malberg 228
Schloßthal 196
Schmidtheim 204
Schneifel 307
Schönecken 315
Schuld 189
Schwammenauel 285
Segelflugplätze 24
Seinsfeld, Burg 229
Sinzig 100
Skigebiete 272
Skilanglauf 35
Souvenirs 17
Speicher 243
Spezialitäten 17
Sportflugplätze 24
Springiersbach,
    Kloster 367
St. Thomas, Kloster 225

Stadtkyll 209
Stausee Bitburg 236
Steinbachtalsperre 179
Steinborn 148
Steinerberghaus 118
Steinfeld, Kloster 292
Sternwarte 148
Stolberg 71
Straßennetz 14
Strohner Schweiz 152

T
Talsperren, Rureifel 280
Tertiär 40
Thermalquellen 34
Thür 346
Tierwelt 46
Tomburg 185
Tourismus 59
Tourismusbüros 25
Truppenübungs-
platz 284

U
Udenbreth 305
Ulmen 140
Ulmener Maar 141
Ultraleicht-Fliegen 23
Unteres Ahrtal 78
Unteres Kylltal 241
Unterkunft 31
Urbar von Prüm 313
Urft 292
Urfttalsperre 283

V
Vegetation 43
Venn, Hohes 254

Veranstaltungen 22
Viebig, Clara 57
Villa Otrang 239
Villip 64
Virneburg 130
Vogelsang,
Burg 284, 287
Vordereifel 353
Voreifel 166
Vossenack 259
Vulkaneifel 135
Vulkan-Express 15, 108
Vulkanismus 40
Vulkanpark 109

W
Wachendorf 168
Wacholder 193
Wachtberg 64
Waldeifel,
Kyllburger 225
Waldgeschichte 47
Waldhof-Falkenstein
328
Wallender Born 138
Wallfahrtskirche
Fraukirch 346
Wallfahrtskirche
Klausen 373
Walporzheim 88
Wandern 33
Wanderrouten 109
Wasserleitung,
römische 50, 181, 292
Wasserscheide 190
Wassersport 34
Weilerbach 249
Wein-Ahr 88

Weinbau 79, 369
Wellness 34
Welschbillig 247
Weltkriege 53
Wenau, Kloster 259
Westliche
Hocheifel 301
Westwall 53, 258
Wetter 27
Wikingerburg 249
Wildenburg 297, 299
Wildgehege 302
Wildpark 145, 173
Windsberg 159
Wintersport 35, 60,
129, 138, 210, 307
Winzergenossen-
schaften 79
Wirtschaft 58
Wittlich 368
Wittlicher Senke 368
Woffelsbach 283

Z
Zievel, Burg 167
Zitterwald 305
Zoo 316
Zülpich 70
Zug 108
Zweiter Weltkrieg 53

Die Autoren

Barbara und Hans Otzen – ihr gemeinsames Leben ist von Beginn an durch seine Reiselust geprägt worden. Es hat ihn an den Amazonas, in die Anden und nach Ostafrika gezogen. Aus all diesen Reisen sind Reiseführer entstanden, die in renommierten Verlagen erschienen.

Inzwischen konzentrieren sich beider Interessen auf die europäischen Länder und Kulturen, ganz besonders auch auf die nähere Umgebung ihres Wohnsitzes im Rheinland. Geschichte und Kunst wie gleichermaßen Essen und Trinken spielen nicht nur in ihren Reiseführern über Österreich, Frankreich, Italien und die Niederlande eine große Rolle, sondern auch in ihren Wein-Reiseführern und in Kochbüchern, für die sie schon Buchpreise namhafter Institutionen erhalten haben. Mit der Eifel fühlen sich die Autoren besonders verbunden, liegt diese hoch interessante Ferien- und Erlebnisregion doch unmittelbar vor ihrer Haustür.

Im REISE KNOW-HOW Verlag sind von Barbara und Hans Otzen auch die Reiseführer „Normandie", „Niederlande" und „Hollands Westküste" sowie die Wein-Reiseführer „Deutschland", „Italien" und „Toskana" erschienen.